Schauplätze

Claus Kleber · Cleo Paskal

SPIELBALL ERDE

Claus Kleber · Cleo Paskal

SPIELBALL ERDE

Machtkämpfe im Klimawandel

C. Bertelsmann

Redaktion: Angela Andersen, Boston (USA)
Fachlektorat: Dr. Eva Danulat, Hamburg
Lektorat: Eckard Schuster, München
Übersetzungen: Thomas Pfeiffer, Stuttgart
Grafiken: Peter Palm, Berlin

MIX
Papier aus verantwortungsvollen Quellen
FSC® C014496

Verlagsgruppe Random House FSC-DEU-0100
Das für dieses Buch verwendete FSC®-zertifizierte
Papier *Munken Premium Cream* liefert
Arctic Paper Munkedals AB, Schweden.

1. Auflage

Umschlaggestaltung: buxdesign, München
Bildredaktion: Dietlinde Orendi
Satz: Uhl + Massopust, Aalen
Druck und Bindung: GGP Media GmbH, Pößneck
Printed in Germany
ISBN 978-3-570-10134-6

www.cbertelsmann.de

Inhalt

Vorausgeschickt:

Es war Weihnachten 1968, ich ein Junge von dreizehn Jahren. Die Stimme des Astronauten Bill Anders im Fernseher klang verzerrt durch ein kosmisches Rauschen. Der Text war zu anspruchsvoll für mein Schulenglisch, aber ich wusste, dass diese Worte in einer Umlaufbahn um den Mond gesprochen wurden, und ich spürte, was für ein magischer Augenblick es war.

»Gleich wird die Sonne aufgehen über dem Mond«, sagte die Stimme, »und wir, die Crew von Apollo 8, haben eine Nachricht für alle Menschen unten auf der Erde, die wir mit Ihnen teilen wollen.« Nach einer kurzen Pause tauchte dieselbe Stimme wieder aus dem Rauschen auf, eine Lesung begann: »Im Anfang schuf Gott Himmel und Erde; die Erde aber war wüst und wirr, Finsternis lag über der Urflut, und Gottes Geist schwebte über dem Wasser. Gott sprach: Es werde Licht! Und es wurde Licht. Gott sah, dass das Licht gut war. Gott schied das Licht von der Finsternis.«

Wieder füllte Rauschen eine Pause, als Bill Anders die Bibel weiterreichte an Jim Lovell. In unserem Wohnzimmer starrten meine Eltern, mein kleiner Bruder und ich atemlos auf das fast unbewegte Bild, das sich den Astronauten aus ihrer Kapsel bot: die trostlos graue Oberfläche des Mondes, um den sie kreisten. Dann begann erneut die Lesung. Nie zuvor hatte jemand eine menschliche Stimme aus solcher Entfernung gehört.

»Und Gott nannte das Licht Tag, und die Finsternis nannte er Nacht. Es wurde Abend, und es wurde Morgen: erster Tag.

Dann sprach Gott: Das Wasser unterhalb des Himmels sammle sich an einem Ort, damit das Trockene sichtbar werde. So geschah es. Das Trockene nannte Gott Land, und das angesammelte Wasser nannte er Meer. Gott sah, dass es gut war.«

Auf diesem Flug entstand eines der berühmtesten Fotos aller Zeiten. Es zeigt leuchtend blau über dem Mondhorizont den Aufgang der Erde aus dem tiefen Schwarz des Weltraums. Für mich hatte dieser Anblick eine große Bedeutung. Meine Kindheit fiel in eine besonders kalte Zeit des Kalten Krieges. Die Gefahr, dass wir unseren Planeten in einen nuklearen Winter bomben würden, war jeden Augenblick präsent. Da erschien das Bild aus dem All wie ein Hilferuf. Es galt, diese zerbrechliche blaue Kugel vor dem kollektiven Wahnsinn der Menschen zu schützen.

Mehr als vierzig Jahre später stehe ich auf dem Dach eines Hochhauses in der Inneren Mongolei, auf der Hauptverwaltung des chinesischen Stahlriesen *Baotou Iron and Steel* und sehe die Folgen eines neuen Wahnsinns. So weit das Auge reicht: Kraftwerksblöcke, rauchende Schlote, schwarz-braune Löcher von gewaltigen Minen. Hierher wurde schmutzige Produktion verschoben, für die sich erst Europa und die USA, dann Japan, Taiwan, Hongkong und schließlich Chinas Städte an der Pazifikküste zu schade waren. Wir konnten uns einbilden, dass wir damit nichts zu tun haben, weil es so weit weg ist. Aber hier liegt eine Endmoräne unseres gemeinsamen Industriezeitalters. Wir haben unseren Planeten aufgewühlt und von Grund auf verändert. Nicht mit Atomwaffen, sondern mit Baggern und Schornsteinen, Sägen und Feuer. Es war ein gewaltiges Werk.

Würde die gesamte Masse der Erde unter ihren derzeit sieben Milliarden menschlichen Bewohnern aufgeteilt, bekäme jeder von uns einen Anteil von eintausend Milliarden Tonnen. Dieses Größenverhältnis lässt den Gedanken zunächst irrsinnig erscheinen, dass das Treiben von uns Winzlingen den Planeten nachhaltig verändern könnte. Und doch ist das passiert.

Die landwirtschaftliche Produktion ist in den letzten beiden Jahrhunderten durch den Einsatz von Stickstoffdünger geradezu explodiert. Über neunzig Prozent des Pflanzenlebens auf der Erde ist – so wird geschätzt – von Menschen gezüchtet oder beeinflusst. Die schiere Biomasse von Menschen und der von Menschen gezüchteten Rinder, Schweine und Hühner übertrifft bei Weitem die aller anderen großen Tiere. Bäume, Getreide, Gemüse und Tierarten, die allein nach menschlichen Nützlichkeitsmaßstäben gezüchtet wurden, dominieren die Biosphäre. Das in Jahrmillionen in fossilen Brennstoffen gebundene Kohlendioxid wird seit Beginn der Industrialisierung immer schneller freigesetzt und in die Luft geblasen.

Die Auswirkungen auf den Planeten sind so dramatisch, dass manche Erdwissenschaftler – Geologen, Klimatologen und Stratigrafen (Menschen, die die Erdgeschichte in Äonen, Epochen und Stufen einteilen) – ein neues Erdzeitalter ausrufen wollen. Das Holozän, das vor etwa 11 500 Jahren begann, sei vorbei. Seinen letzten Abschnitt – das »neuzeitliche Klima-Optimum« der letzten hundertfünfzig Jahre – haben wir dafür genutzt, unseren Planeten mit Feuer und Maschinen umzubauen.

Der Niederländer Paul Crutzen, Nobelpreisträger der Chemie, sprach als Erster vom »Anthropozän«, einem von Menschen gemachten Erdzeitalter. Immer mehr Geologen und Stratigrafen finden Belege für seine These. Kongresse und Veröffentlichungen widmen sich dem Streit.[1] Ein Ausschuss der *International Commission on Stratigraphy* (ICS)[2] prüft nun, wann diese neue Epoche denn genau begonnen haben kann – mit der Industrialisierung? Und ob die Hinterlassenschaften unserer Zeit – abgebrannte Regenwälder, ausgeblutete Ackerböden, versandete Stauseen, ausgebleichte Korallenriffe – so erheblich sind, dass sie auch in Jahrmillionen noch im Erdboden erkannt werden. So was verlangen Stratigrafen, bevor sie bereit sind, ein neues Erdzeitalter anzuerkennen.

Mögen sie weiter um Begrifflichkeiten streiten, tatsächlich geht es um Handgreiflicheres als um wissenschaftliche Nomenklatur. So gewaltige Umbrüche haben die Welt noch jedes Mal in Sieger und Verlierer geteilt. Große Industrien und Mächte haben längst begonnen, sich darauf einzustellen. Was heißt das für unsere dicht vernetzten, hoch gezüchteten und gerüsteten Industriegesellschaften? Wo wird der Klimawandel Konflikte eskalieren? Wo wird er den nötigen Druck für eine friedliche Lösung lange vernachlässigter Krisen liefern? Welche Rolle kann Deutschland, kann Europa, da spielen? Es soll sich keiner einbilden, dass uns das Geschehen gleichgültig sein kann, bloß weil uns auf unserem wohltemperierten, geologisch ruhigen europäischen Kontinent die Probleme noch fern erscheinen. Was da geschieht, presst die Dynamik einer Erdepoche in zwei-, dreihundert Jahre. Das ist das Werk der Moderne – eine Revolution, die ihre Schöpfer fressen kann, wenn sie Menschen und Staaten überfordert.

»Wir handeln ohnehin wie Götter«, schrieb Stewart Brand, einer der verlachten Visionäre von 1968, in seinem legendären »Whole Earth Catalog«.[3] »Wir sollten versuchen, wenigstens gut darin zu werden.« Wahrscheinlich bleibt uns kaum etwas anderes übrig. Es wird schwer, eine Weltbevölkerung, die nach Einschätzung der Vereinten Nationen bis Ende des 21. Jahrhunderts auf zehn Milliarden anwachsen wird, bei ständig steigenden Ansprüchen ohne massive weitere Eingriffe in die Natur auch nur zu ernähren und zu kleiden. Es wird auf das *Wie* ankommen.

Nach Gesprächen in Berliner Ministerien, im Pentagon in Washington, bei den Vereinten Nationen, im Austausch mit Thinktanks in China, Indien und Peru weiß ich, dass Militärs, politische Strategen, Städteplaner und Rohstoffexperten die rasanten Veränderungen des Planeten längst in ihr Kalkül einbeziehen. Auch wenn sie oft nur ungern darüber reden: Wir wollten erfahren, was da läuft.

Wir fragten an in Asien, Russland, Südamerika und Afrika. Selbst wenn wir nicht mit der Tür ins Haus fielen und von einer Bedrohung für den Weltfrieden redeten, waren viele nicht gerade wild darauf, uns für solch ein Projekt Rede und Antwort zu stehen. Dabei ist der Themenkomplex »Klimawandel und nationale Sicherheit« schon längst keine exotisch-akademische Angelegenheit mehr. Da geht es um akute Gefahren.

Wir trafen auf unseren Reisen Menschen, die sich unserer Arbeit in den Weg stellten, und solche, die aus Furcht vor Repressalien nicht mit uns sprechen wollten. Aber eben auch andere: Bauern in Äthiopien, chinesische Klimaforscher in Shanghai, Indianer in den Slums von Lima in Peru, den US-Generalstabschef und den Generalsekretär der Vereinten Nationen. Ihnen waren wir willkommen, weil wir Bewusstsein wecken wollen für ein Thema, das ihnen den Schlaf raubt.

Aus unseren Recherchen entstand zunächst eine große ZDF-Dokumentation und dann – den Bogen naturgemäß viel weiter spannend – dieses Buch. Es entstand auf einer Reise, die mich manches Mal zurückführte zu den Gefühlen des Dreizehnjährigen angesichts der leuchtend blauen Kugel im Weltall. Wenn wir den Begriff »Anthropozän« ernst nehmen, dann bedeutet er Verantwortung für unseren Planeten. Russell Schweickart, einer der NASA-Astronauten, deren Kollege ich als kleiner Junge werden wollte, hat seine Gefühle nach der Rückkehr vom Mond so eindringlich zusammengefasst, wie es wohl nur in großer Entfernung gelingt:

> »Die Erde wird so klein und zerbrechlich und ein so kostbarer kleiner Punkt in diesem Universum. Du erkennst, dass auf diesem kleinen, blau-weißen Ding alles liegt, was für dich von Bedeutung ist. Die ganze Geschichte und die Musik und die Poesie und die Kunst und der Krieg und der Tod und die Geburt und die Liebe und die Tränen und die Freude und die Spiele – alles findet sich auf diesem Punkt da draußen, der so klein ist, dass dein Daumen ihn verdecken kann. Und dir wird klar, dass dieser Anblick dich verändert hat.«[4]

Wir können nicht alle so weit da rausfliegen, damit wir den gleichen Weitblick bekommen wie die Crews der Apollo-Raumschiffe. Wir müssen es auch so schaffen, die Folgen unserer eigenen Taten unter Kontrolle zu bekommen – gemeinsam und in Frieden. Das wird schwierig und wird nicht überall gelingen, weil die alten Mechanismen schon wieder greifen, das Recht des Stärkeren und die Aufteilung der Welt in Sieger und Verlierer. Wenn das so weitergeht, werden am Ende alle verlieren, weil wir im endlosen Schwarz eben nur diesen einen kleinen Ball haben, der uns (er)trägt.

Ich bin kein Astronaut geworden, nicht mal Pilot. Einen Blick aus dem All kann ich nicht bieten. Aber ich bin Reporter und bekam die Chance, über einen Zeitraum von fast zwei Jahren an viele Schauplätze einer Entwicklung zu reisen, die niemanden kalt lassen kann. Dieses Buch erzählt davon. Es soll helfen, den Blick dafür zu schärfen, wo die Konfliktlinien aufbrechen, wo von allen Aufmerksamkeit gefordert ist, und vielleicht auch die Bereitschaft wecken, eigene Ansprüche und Sichtweisen infrage zu stellen. Dafür wurde es geschrieben.

Seit vielen Jahren ist Angela Andersen – eine deutsche Journalistin, die in den USA lebt – meine Partnerin und Co-Autorin bei den meisten Filmprojekten. So auch bei der großen, zweiteiligen ZDF-Dokumentation *Machtfaktor Erde*, die sich 2011 ähnlichen Fragen widmete wie dieses Buch. Angelas Beiträge waren hier wie da unschätzbar wertvoll. An den verschiedensten Orten der Welt begegnete uns bei Recherchen und Drehreisen, zunächst als Name in Gesprächen und dann auch persönlich, die angesehene kanadische Strategie-Expertin Cleo Paskal. Sie hat 2010 mit ihrem bahnbrechenden Buch *Global Warring* den Blick darauf gelenkt, »wie«, so der englische Untertitel, »Krisen in Umwelt, Wirtschaft und Politik die Weltkarte neu zeichnen werden«.[5] Ihre internationalen Verbindungen und Kenntnisse sind eine unverzichtbare Säule dieses Buchs. Sie hat den Inhalt ihres Werks für unsere gemeinsame Veröffentlichung zur Verfügung gestellt. Sollte das Buch in Ihren Händen Fehler enthalten, sind sie jedoch meine allein.

KAPITEL 1

Klima macht Geschichte

Im Hotelzimmer ist das Klima genau so, wie es der kleine weiße Reglerkasten an der Wand vorschreibt: warm und trocken. Draußen, nur eine dünne Scheibe bruchsicheres Glas entfernt, herrscht der Monsun. Normalerweise kann man von diesem Fenster aus den anmutigen, glitzernden Bogen des Marine Drive sehen, den eleganten Strandboulevard, den die Bewohner von Mumbai aufsuchen, um sich daran zu erinnern, warum sie ihre wuchernde, verrückte und völlig überbevölkerte Stadt lieben. Heute zeigen die Fenster nur eine gräulich-schwarze Wand aus Nässe.

Der Monsun tobt durch Mumbai wie ein betrunkener Mob, drückt Ladenscheiben ein, reißt Straßen auf, schlägt und peitscht auf alle nieder, die das Pech haben, hinaus zu müssen, oder zu arm sind, um sich ein Dach über dem Kopf leisten zu können. Der Monsun ist furchtbar, und er ist lebensnotwendig. Mumbai und ganz Indien wurden um die zyklische Wiederkehr dieser so ungezügelten wie brachialen Regenmassen herum geschaffen.

Dieses Land braucht den Monsun. Für die modernen indischen Städte mögen die Sturzfluten eine Heimsuchung sein, aber draußen auf dem Land füllen sich die Wasserspeicher und Staubecken der Kraftwerke wieder, kehrt das Grün in die zundertrockenen Wälder zurück, leiten Bewässerungskanäle das Wasser auf versengtes, rissiges Ackerland, das wieder feucht und fruchtbar wird. Es gab einen Monsun, bevor es ein Indien gab. Das Land wurde groß und geformt durch das periodische

Bombardement des Leben spendenden und Leben nehmenden Regens. Der Monsun war ein zuverlässiges Klimametronom, das den Takt der Jahre schlug und den Menschen sagte, zu welcher Jahreszeit sie die Saat ausbringen, zu welcher Jahreszeit sie ernten und zu welcher Jahreszeit sie heiraten sollten. Selbst heute noch werden in diesem mehr und mehr durch Hightech geprägten Land der erwartete Beginn und das Ende des Monsuns in Zeitungen vermeldet. Prognosen bezüglich »guter« oder »schlechter« Niederschlagsperioden und -mengen können die Börse in helle Aufregung versetzen. Tief im Inneren dieser riesigen, verschlungenen und diversifizierten Volkswirtschaft liegt das Wissen, dass der Monsun immer noch eine Rolle spielt – eine große Rolle.

Doch in letzter Zeit verhält sich der Monsun – und das Klima im Allgemeinen – eigenartig. Sie sind weniger vorhersagbar, fast schon unberechenbar geworden, Niederschlagsverteilung und Temperaturen sind aus dem Lot geraten. Es regnet, wenn es schneien sollte, ist heiß, wenn es kalt sein sollte, es gibt Überschwemmungen in der Wüste und Trockenheit in den Feuchtgebieten. Insgesamt sind in Indien die Regenmengen seit den 1950er-Jahren um fünf bis acht Prozent zurückgegangen, andererseits werden ganze Regionen von Sturzfluten unter Wasser gesetzt.[1]

In Mumbai versucht man, die Natur auf rigoros moderne Weise zu unterwerfen, mit einer Stadtplanung und Gebäuden, die dem neuesten Stand der Technik entsprechen. Auf dem Land hingegen bemüht man sich, mit der Natur zu arbeiten, hauptsächlich in Form traditioneller Bewässerungstechniken. Beide Ansätze scheitern. Etwas hat sich verändert. Oder, genauer gesagt, etwas verändert sich schneller als jemals zuvor.

Um zu verstehen, was sich da verändert, lohnt es, einen genaueren Blick auf das Wetter zu werfen. Als System ist der Monsun komplex und elegant – die melodische Verschmelzung verschiedener klimatischer Noten zu einer zusammenhängenden Symphonie. Da sind das aggressive, hartnäckige Piccolo des aufziehenden Regens auf knochentrockenem Boden, das Rauschen der niemals nachlassenden Winde, die Bassschläge des Donners, das metallische Krachen der Blitze. Presst man die Hand gegen das kalte Fenster, kann man die Vibrationen spüren, den Lärm, die Gewalt.

Der Monsun ist aber auch überraschend sensibel. Wie bei einer großen Komposition muss sich auch bei einem Monsun eine Vielzahl von Elementen perfekt ineinanderfügen. Windverhältnisse, Atmosphärendruck, Wassertemperaturen, Luftqualität, Meeresströmungen und Tausende weiterer Faktoren, hier auf dem Subkontinent wie in anderen Teilen der Welt, müssen zusammenwirken, bevor sich auch nur ein einziger Regentropfen bilden und zur Erde fallen kann. Ein starker El Niño im Pazifik kann die Bauern im Punjab-Gebiet um ihre Ernte bringen. Aber die Bauern, die im Punjab sitzen und auf den Regen warten, können kaum wissen, ob dies nur ein schlechtes Jahr in vielen guten Jahren wird oder ob es mit den guten Jahren auf lange, lange Zeit vorbei ist. Genau das ist der Unterschied zwischen Wetter und Klima.

Wetter ist etwas, das heute passiert, morgen und vielleicht nächste Woche. Klima dagegen passiert im Zeitraum von Jahren, Jahrzehnten, Jahrhunderten und Jahrtausenden. Wenn es in Manhattan beim Feuerwerk zum 4. Juli regnet, dann geht es um Wetter – also um etwas, was dummerweise niemand einen Monat im Voraus vorhersagen kann. Aber der Umstand, dass der amerikanische Unabhängigkeitstag ins Wasser fällt und nicht etwa unter einer Schneedecke versinkt, ist Klima – weil die Temperaturen im Nordosten der USA im Juli gewöhnlich über dem Gefrierpunkt liegen. Ein sonniger Tag ist Wetter, ein Sommer ist Klima. Diesen Unterschied zu verstehen erlaubt uns eher abzuschätzen, was als Nächstes kommen könnte und was wir deswegen unternehmen sollten.

Leider wird das Vorhersagen immer schwieriger. Es ist beileibe nicht nur der Monsun, der mal hier- und mal dorthin weht. Zu Beginn eines jeden Jahres veröffentlicht die Weltorganisation für

Meteorologie (*World Meteorological Organization*, WMO) der Vereinten Nationen eine Zusammenfassung der Klimabedingungen des Vorjahrs. In dem im Frühjahr 2012 erschienenen Bericht der WMO zum globalen Klima[2] steht unter anderem:

- Die globale Durchschnittstemperatur lag 2011 um 0,4 °C über dem langjährigen Jahresmittel (1961–1990) von 14 °C.
- Zur Zeit seines jährlichen Maximums erreichte das Ausmaß des arktischen Eises den zweitniedrigsten Stand (nach 2006) seit Beginn der Messungen (1979), und während der sommerlichen Schmelze war nur die Eisbedeckung im Jahr 2007 geringer (und die wurde dann im August 2012 unterschritten).
- Die mittleren Temperaturen erreichten 2011 nicht den Rekordwert von 2010, doch sie waren die höchsten, die je in einem La-Niña-Jahr gemessen wurden.
- Sintflutartige Regenfälle suchten etliche chinesische Provinzen, darunter Sichuan, Shaanxi und Henan, heim – für Sichuan waren es die folgenschwersten seit 1847.
- Bei dem aus humanitärer Sicht schlimmsten Zyklon des Jahres starben auf der philippinischen Insel Mindanao fast 1260 Menschen, mehr als 300 000 wurden obdachlos.
- Die mittleren globalen Niederschlagsmengen waren 2011 die zweithöchsten seit Beginn der Aufzeichnungen: Es fielen 46 Millimeter mehr Regen als im Jahresmittel für 1961–1990; höher waren sie nur im Jahr 2010 (+ 52 Millimeter).
- Extreme Niederschläge führten zur Überschwemmung von Mekong- und Chao-Praya-Becken. In der Folge waren in Thailand zwischen Oktober und Anfang Dezember große Teile von Bangkok und Umgebung überflutet, was zu bedeutenden wirtschaftlichen Schäden führte.
- Im zweiten Jahr in Folge litt Pakistan stark unter den Monsunfluten. 2011 konzentrierten sich die extremen Regenfälle auf die Südprovinz Sindh, wo die Niederschlagsmengen zwischen Juli und September zweieinhalbmal so groß wie die Durchschnittswerte waren.

- Große Teile Westeuropas erlebten den trockensten Frühling seit Beginn der Aufzeichnungen. In der Nähe von Rostock kam es zu einem Sandsturm, der auf der Autobahn Richtung Berlin eine Massenkarambolage mit 82 Fahrzeugen auslöste. Acht Menschen starben.
- Die extreme Dürre, die sich Ende 2010 in Teilen Ostafrikas entwickelte, hielt über einen Großteil des Jahres 2011 an. Am schlimmsten betroffen waren die halbtrockenen Gebiete im östlichen und nördlichen Kenia sowie der Westen von Somalia. Die Vereinten Nationen schätzten, dass 13 Millionen Menschen Hilfe benötigten.[3]
- In den USA registrierte Oklahoma zwischen Juni und August eine Durchschnittstemperatur von 30,5 °C – vier Grad über dem langjährigen Mittel und der höchste Wert, der je für einen amerikanischen Bundesstaat gemessen wurde. Auch in Texas wurde der Hitzerekord gebrochen.

Haben wir es hier einfach mit ungewöhnlichen Wetterphänomenen zu tun? Oder verändert sich das Klima in dramatischer Weise? Die Antwort ist so wichtig für unser Überleben, dass die Menschen sich diese Frage in den unterschiedlichsten Formen stellen, seit ihnen erstmals bewusst geworden ist, dass auf den Winter der Frühling folgt. Die Klima- und Wettervorhersage ist nicht nur eine der schwierigsten, wichtigsten und am intensivsten betriebenen Wissenschaften, sondern auch eine der ersten, der sich die Menschen widmeten.

Die allzu menschliche Geschichte der Klima- und Wettervorhersage

Die wissenschaftliche Wettervorhersage stößt seit ihren Anfängen auf viel Kritik, und auch die modernen Klimamodellierer stehen fast pausenlos unter Beschuss. Zu oft schon haben zu viele Leute in den Freitagabendnachrichten die Wettervorhersage gesehen und sich auf einen sonnigen Samstag am Strand gefreut, um sich dann am nächsten Morgen vom Regen einen Strich durch die Rechnung machen lassen zu müssen. Solche Dinge bleiben im Gedächtnis haften – und beeinflussen auch, wie viele von uns über den Klimawandel denken. »Wenn die nicht einmal das Wetter von morgen hinbekommen«, so die Überlegung, »wie wollen die dann vorhersagen, was in 20 Jahren passieren wird?« Dabei sind Wetter- und Klimaforschung weit gekommen.

Eines der Kennzeichen des modernen Lebens ist die scheinbare Immunität gegenüber der Natur. Das gilt jedenfalls für Deutschland und andere Industrieländer, in denen die meisten Menschen arbeiten, essen oder ihre freie Zeit genießen – fast unabhängig davon, wie das Wetter ist. Das ist ein recht neues Phänomen. Den Großteil der Menschheitsgeschichte hindurch war das Wetter tagtäglich von lebenswichtiger Bedeutung – an vielen Orten rund um die Welt ist es das auch heute noch.

Die frühen Jäger und Sammler folgten den Pflanzen und Tieren, die ihrerseits den klimatischen Zyklen folgten. Ein ungewöhnlich kalter Sommer konnte die Vegetation verkümmern lassen, von denen sich die Bisons ernährten, die wiederum Nahrung für die Menschen waren – also starben Menschen. Das war langfristig keine vielversprechende Strategie. So versuchten wir, unsere Nahrungsmittelversorgung unter Kontrolle zu bekommen, indem wir selbst Pflanzen zogen und Tiere züchteten. Nachdem wir sesshafte Bauern geworden waren, wurde es für uns noch wichtiger, das Wetter und das Klima zu verstehen. Wir steckten alles, was wir hatten, in die kleinen statischen Flecken Land, die wir beackerten, und sahen voller Verzweiflung zu, wie sie von Frost, Hagel, Überschwemmungen und Dürren verheert wurden. Denker der griechischen Antike beschäftigten sich mit so praktischen Dingen wie Bewässerungsmethoden, um uns vor den Launen des Wetters zu schützen – wie Archimedes mit seiner »Wasserspirale«. Andere weise Männer des Altertums widmeten sich astronomischen Studien und erstellten Kalender, legten Jahreszeiten fest und vermittelten ein gewisses Verständnis für das Klima im Allgemeinen.

Trotzdem passierte weiter Unerwartetes: Der Regen blieb aus, die Ernte vertrocknete, Wasserspeicher fielen trocken, und wieder starben Menschen. Mit immer neuen Mitteln, von Gebeten bis hin zu Menschenopfern, wurde versucht, das Wetter zu beschwören. Die meisten frühen Kulturen hatten einen Wettergott, die Theologie ist voll von ihnen, vom babylonisch-assyrischen Sturmgott Adad bis zum Blitze schleudernden Zeus der Griechen. Die Wikinger verehrten Thor mit seinem Donner, die Polynesier beten zu Apu-Hau, dass er ihnen keine Stürme schicken möge, und die Hindus haben Indra, der auf einem Albino-Elefanten reitet und vom Wetter, aber auch vom Krieg kündet – eine weitsichtige Verquickung der beiden Themen. Viele das Wetter vorhersagende Bauernregeln und Redensarten wie »Abendrot, Schönwetterbot' – Morgenrot, schlecht Wetter droht« entstanden und gaben den Menschen zumindest ein wenig Vertrauen, wenn sie Vegetationszeiten bestimmen oder einen günstigen Tag festlegen wollten, um in See zu stechen.

Im Allgemeinen war die Vorhersage des Wetters jedoch eine derart wichtige und mysteriöse Angelegenheit, dass sie lange im Bereich des Religiösen angesiedelt blieb. Konnten die Götter uns nicht vor schlechtem Wetter bewahren, suchte man Schuldige unter den Menschen. So erließ 1484, auf dem Höhepunkt der Ernten vernichtenden »Kleinen Eiszeit« in Europa, Papst Innozenz VIII. die sogenannte Hexenbulle, in der er den Klerus zur Jagd auf die Hexen aufrief, die man für das schlechte Wetter verantwortlich machte. In der Folge wurden viele tausend Menschen systematisch gefoltert. Von Schmerzen gebrochen, gestanden viele Frauen, Männer und Kinder Unmögliches – sei es, Hagel auf die Erde geschickt, sei es, Regenstürme heraufbeschworen zu haben.[4] Noch 1653, als Dörfer in den französischen Alpen vom Vorrücken der Gletscher bedroht wurden, schickte man Priester zu einem Exorzismus aus, bei dem sie Weihwasser auf die Eisströme sprenkelten. Geholfen hat es nicht.[5]

Derweil trieben die frühen Wetterbeobachter ihre stark nachgefragten, wenn auch nicht wirklich wissenschaftlichen Forschungen weiter. Im England des 18. Jahrhunderts hatte der Handel die Abhängigkeit von der heimischen Landwirtschaft so weit reduziert, dass das Wetter nicht mehr ganz so entscheidend für das Überleben der Menschen war. Von allergrößter Bedeutung hingegen blieb die Wetterbeobachtung und -vorhersage auf See. Mit dem Aufstieg von Britannia zur Herrscherin der Meere musste man wissen, aus welchen Richtungen die Winde bliesen, wie hoch die Wellen gingen und wo Schiffe versenkende Stürme drohten. Was die imperiale Inselmacht Großbritannien anging, waren Handel und Militär nicht nur eng miteinander verbunden, sondern auch in hohem Maße vom Wetter abhängig – und die Beschäftigung mit dem Wetter war fast schon so etwas wie eine patriotische Pflicht. Dieses verbreitete Interesse an der Wettervorhersage ließ eine ausgedehnte und von niemandem regulierte Wetterprognoseindustrie entstehen, mit der das religiöse Establishment kaum Schritt halten konnte. Besonders beliebt waren Astrologen, die mithilfe von Himmelskonstellationen Wetterhoroskope für bis zu einem Jahr im Voraus erstellten. Allein von *Vox Stellarum,* einem dieser Almanache, wurden 1768 um die 107 000 Exemplare verkauft.[6]

Das Wetter erlangte eine so überragende Bedeutung für die britische Seemacht – und damit auch das ökonomische und militärische Wohlergehen des Empire –, dass das britische *Board of Trade* 1851 die Wettervorhersage den Händen der Kirche und der Scharlatane entzog und den nationalen Meteorologischen Dienst gründete. Sein erster Leiter, Robert FitzRoy (einst Kapitän der »Beagle«, auf der Charles Darwin seine berühmte Forschungsreise unternahm), erfand günstige Barometer, errichtete Wetterstationen und bediente sich vor allem der neuen Technik der Telegrafie, um auch aus entlegenen Gebieten hochaktuelle Wetterinformationen zu beschaffen. Diese technologischen Innovationen verbreiteten sich schnell im ganzen Empire. Britische Kolonialbehörden in verschiedenen Teilen der Welt tauschten Informationen aus. Klimaentwicklungen begannen, sich in dechiffrierbaren Mustern zu zeigen. Zu dieser Zeit wurde zum Beispiel das heute unter dem Namen »El Niño« bekannte Klimaphänomen entdeckt – Erwärmung des Oberflächenwassers im tropischen Pazifik, die immer wieder um Weihnachten herum auftritt (daher »Niño« – Sohn – nach dem Jesuskind). Diese ersten systematischen Forschungen sind der Grund dafür, dass die meisten modernen Klimaaufzeichnungen bis in die 1860er-Jahre zurückreichen.[7] Die wissenschaftlichen Methoden wurden immer besser, und ab 1861 wagte FitzRoy die ersten täglichen Wettervorhersagen, die in der *Times* abgedruckt wurden.[8] Langsam wuchs das Vertrauen in das Büro für Wetterstatistik und seine Prophezeiungen.[9]

Heute gehört das von der britischen Regierung betriebene *Meteorological Office* zu den angesehensten und wissenschaftlich fortschrittlichsten Zentren für Wetter- und Klimaforschung weltweit. Seine Daten und Analysen beeinflussen Regierungen, Aktienmärkte, Unternehmen und Nichtregierungsorganisationen (NGOs) rund um die Welt. Das, wie es kurz heißt, *Met Office* mit seinen rund 1000 Wissenschaftlern residiert in Exeter im Südwesten Englands. Der Bau, ein modernes, hoch aufragendes und nüchternes Glasgebäude, ist eine Kathedrale der Wissenschaft. Dilbert-Comics im Kopierraum und Einstein-Poster an den Wänden zeigen: Hier ist ein Spielplatz für Computerfreaks. Das Wetter und das Klima aber nehmen sie sehr, sehr ernst. Um das Gebäude herum wurde ein halbes Dutzend Hochwasserschutzmaßnahmen installiert, darunter ein Feuchtgebiet im Miniaturformat, ein Schutzwall und ein komplexes Entwässerungssystem. Sie wissen, was auf uns zurollt.

Was die *Wetter*vorhersage angeht, ist das *Met Office* bereits ziemlich gut. Nun arbeitet man daran, auch die Qualität der *Klima*prognosen zu verbessern. Es steht ständig unter Feuer von Menschen und Gruppen, die den Klimawandel an sich abstreiten. Da kann jeder Fehler für die wissenschaftliche Glaubwürdigkeit tödlich sein. Entsprechend sorgfältig wird dort an den

Prognosen gearbeitet. Die britische Regierung hatte es bis 2011 dem Verteidigungsministerium unterstellt – ein weiterer Hinweis auf die strategische Bedeutung von Wetter und Klima, die anderswo offenbar klarer gesehen wird als in Deutschland. Eine Abteilung – das *Hadley Centre* – befasst sich ausschließlich mit Klimaprognosen.[10] Mehr als 120 Wissenschaftler arbeiten mit zwei Supercomputern und Kollegen rund um die Welt an der Erstellung zuverlässiger Klimaszenarien für die Zukunft. Sie spielen nicht nur Klimamodelle durch, sie spielen Modelle von Modellen durch und gleichen verschiedene Szenarien miteinander ab; so erhalten sie nicht nur eine Vorstellung von den verschiedenen Ergebnissen dieser Szenarien, sondern auch von deren Wahrscheinlichkeit. Um ihre Vorhersageprogramme zu testen, führen sie sogenannte *Hindcast*-Simulationen durch – die Computer werden mit historischen Wetterdaten gefüttert, dann errechnen die Programme das Klima von heute. Die Ergebnisse werden mit der Realität verglichen – da zeigt sich, was die Programme für die Zukunft taugen.

Solche Forschung befasst sich ausschließlich mit der physischen Welt, mit dem Abschmelzen der Gletscher, dem Anstieg des Meeresspiegels, den Veränderungen der Niederschlagsmuster. Dafür, was Menschen dann tun oder anrichten, wurden noch keine Computerprogramme geschrieben.

Gleichwohl sind wir in vielen Ländern interessanten Menschen begegnet, die warnen, dass solche grundlegenden Veränderungen Verteilungskämpfe auslösen können, Kriege, Flüchtlingsströme, Hungersnöte. Schon die wirtschaftlichen Folgen des Klimawandels allein können dramatisch sein.

Um solche geopolitischen Konsequenzen des Klimawandels zu bewerten, braucht es eine zuverlässige Basis. Die gewaltigen Datenmengen und Analysen des *Hadley Centre* sind dafür ein guter Start. Die Vereinten Nationen haben das *Intergovernmental Panel on Climate Change* (IPCC) geschaffen, einen mit rund 2000 Wissenschaftlern aus 100 Ländern besetzten Ausschuss der Vereinten Nationen, der 2007 mit dem Friedensnobelpreis ausgezeichnet wurde. Der im Deutschen auch als Weltklimarat bezeichnete zwischenstaatliche Ausschuss für Klimaänderungen begutachtet und verwertet die vielen tausend wissenschaftlichen Studien zum Klimawandel, die inzwischen rund um die Welt entstehen. So soll sich ein globaler wissenschaftlicher Konsens entwickeln.[11] Das gelingt immer besser, aber auch der Weltklimarat ist nicht über Zweifel erhaben. 2007 veröffentlichte der IPCC einen umfassenden Bericht zum Stand des Klimawandels, in dem auf sehr schwacher Grundlage behauptet wurde, dass die Gletscher des Himalaya bis zum Jahr 2035 verschwunden sein würden. Dieses Datum erwies sich als unhaltbar und wurde zur Zielscheibe für Hohn und Spott der sogenannten Klimaskeptiker.[12] Trotzdem sind die Berichte des IPCC so etwas wie die Klassiker der Klimawissenschaft: umfangreich, solide und etwas schwerfällig, aber meist zuverlässig. Sie verzichten auf unglaubwürdig präzise Vorhersagen und definieren »Korridore« von Wahrscheinlichkeiten.

Dieses Buch hält sich im Zweifel an gemäßigtere Szenarien. Statt »Sturmflut spült Manhattan weg« denken wir an die weitaus wahrscheinlichere langsame, aber unaufhaltsame Erosion der Küsten. Auf dieser Basis versuchen wir, realistisch zu bleiben bei der Einschätzung möglicher Folgen. So gehen wir – auf der Grundlage neuer Messungen[13] – davon aus, dass die Himalaya-Gletscher schmelzen, aber in den nächsten zwanzig Jahren nicht restlos verschwinden werden. Die politischen Folgen dieses Prozesses sind schon im Gange. Und alarmierend genug.

Auch wenn bezüglich der Ursachen Uneinigkeit herrschen mag, so stimmen doch so gut wie alle, auch fast alle Skeptiker, darin überein, dass das Klima sich verändert; die Skeptiker sind größtenteils nur hinsichtlich der Ursachen unterschiedlicher Meinung. Ja, in manchen Gebieten mag es kälter werden und in manchen Jahren die globale Durchschnittstemperatur sogar unter den »Normalwert« fallen. Trotzdem haben wir es insgesamt mit einer deutlichen planetaren Erwärmung zu tun. Wir haben einen Punkt erreicht, an dem ein gewisses Maß klimatischer Veränderungen feststeht.[14]

Wir werden das zu spüren bekommen. Unsere Verkehrssysteme, Städte, Verteidigungsfähigkeiten, Landwirtschaft, Energieerzeugung, Wasserversorgung und vieles mehr sind ausgelegt für die Welt, wie wir sie kennen. Unerwartete Veränderungen – wie Verschiebungen der Niederschlagsmuster – haben deshalb fast immer negative Auswirkungen. Unsere Zivilisationen sind dafür nicht gemacht. Es ist, als würden wir am Strand, etwas oberhalb der Hochwasserlinie, eine scheinbar sichere Sandburg bauen, und plötzlich steigt die Flut höher als je zuvor.

Jedes Land ist auf seine eigene Weise von einer stabilen Umwelt abhängig – so wie Indien vom Monsun. So ist es nicht überraschend, dass Veränderungen der Umwelt und des Klimas Missernten, Überschwemmungen, Dürren und Infrastrukturschäden hervorrufen und diese dann ökonomische, gesellschaftliche und sicherheitspolitische Probleme schaffen. Es reicht nicht mehr, sich über die Ursachen des Klimawandels zu streiten. Wir müssen uns dringend auch mit seinen Auswirkungen befassen, wenn wir seinen geopolitischen, ökonomischen und strategischen Fallout so gering wie möglich halten wollen. Darum geht es in diesem Buch.

Militärs wissen seit jeher um die Bedeutung von Wetter und Klima. Schon der chinesische General Sun Tzu schrieb in seinem klassischen Text *Die Kunst des Krieges* davon, dass es vor Ergreifen jeglicher militärischer Aktion fünf Faktoren zu beachten gilt: Wetter, Terrain, Disziplin (einschließlich der Nachschublinien), politische Verhältnisse und Qualität der Führung.[15] Klimawandel kann unvorhersagbare extreme und zerstörerische Wetterereignisse mit sich bringen, die Ausrüstungen und Lager zerstören. Langfristige Klimaveränderungen können das Terrain massiv verändern und damit Nachschublinien beeinträchtigen. Beispielsweise könnten Straßen auf Permafrostböden tauen und sich in Schlammpisten verwandeln, Flüsse ihren Verlauf verändern und Überschwemmungen verursachen und Erosionseffekte bislang passierbare Gebiete unpassierbar machen. Diese Störungen können die Disziplin untergraben, und das beschränkt sich nicht auf Schlachtfelder – Polizei und Militär haben in New Orleans nach dem Hurrikan »Katrina« diese Erfahrung gemacht. Und sind gescheitert.

In der Geschichte finden sich zahllose Beispiele für den Einfluss von Umweltfaktoren auf Kriege und Politik. Cleo Paskal berichtet, dass ihr das klar geworden sei beim Tee mit Professor William M. S. Russell, seines Zeichens Verfasser von *Man, Nature and History,* einer klassischen Studie zum Thema Mensch und Umweltveränderungen.[16] Sie saßen bei ihm zu Hause in Reading, England. Der Frühling hatte gerade erst begonnen, es war schon ungewöhnlich warm, und die Sommerblumen draußen vor dem Fenster blühten bereits. Professor Russell kam auf das 12. Jahrhundert zu sprechen, als das Klima in England warm genug war, um Wein anzubauen. »Unsere Vorfahren produzierten damals einen recht guten Wein. Doch dann kam die Kleine Eiszeit, und die Rebstöcke erfroren. Zum Glück aber war das kalte Wetter besonders dazu angetan, die beste Waffe der damaligen Zeit stärker zu machen: den Eibenholzbogen. Mit dieser Überlegenheit eroberten wir eine Weinbauregion in Frankreich.« Man kann den Zusammenhang zwischen Klimawandel und Machtpolitik kaum amüsanter darstellen. Heute ist es in Großbritannien so warm geworden, dass dort wieder Wein wächst.[17] Die Frage ist: Wer wird die Eibenholzbögen der Zukunft entwickeln?

Die Auswirkungen von Wetter und Klima auf die Geopolitik können dramatische Formen annehmen. Nicht nur einmal haben in der Vergangenheit die Launen des Wetters und ungenügende Vorhersagefähigkeiten den Gang der Geschichte verändert. Stürme etwa haben bei mehreren historischen Wendepunkten eine ausschlaggebende Rolle gespielt. Ende des 13. Jahrhunderts entsandte Kublai Khan eine Invasionsflotte gegen Japan. Ein Taifun versenkte über 200 der 700 mongolischen Schiffe, rund 13 000 der insgesamt 28 000 Soldaten ertranken. Der Rest zog sich zurück. Die Japaner sprachen vom Götterwind, dem *Kamikaze.*[18] 1588 fügten heftige Stürme den Resten der zur Eroberung Großbritanniens ausgeschickten spanischen Armada schwere Verluste zu, und zum Dank dafür prägten die Engländer einen berühmten Orden mit der Aufschrift »God blew with His winds and they were scattered«.[19] Weniger gnädig gesonnen war Gottes Wetter den Briten während des amerikanischen Unabhängigkeitskrieges, als widrige Winde ihre Schiffe bei der Schlacht von Long Island vom Landen abhielten. Andernfalls hätten sie gute Aussichten gehabt, George Washington und seine Truppen zu umzingeln.[20] Glück hatten die USA 1991 während des Golfkrieges, als stürmische Winde Saddam Hussein daran hinderten, seine Scud-Raketen abzufeuern.[21] Im März 2003 dagegen wurde die amerikanische Invasion im Irak wegen heftiger Sandstürme drei Tage lang aufgehalten.[22] Mit anderen Worten: Wetter und Klima sind strategische Faktoren.

Militärplaner sind sich der Gefahr bewusst. Während des Zweiten Weltkrieges profitierte die Wetterkunde von den technologischen Innovationen, die von den Meteorologen des *United States Army Air Corps* entwickelt wurden. Und als während des Kalten Krieges strategische Langstreckenbomber eine zusehends wichtigere Säule der Abschreckung wurden, war es von entscheidender Bedeutung, selbst das Wetter auf fernen Kontinenten vorhersagen zu können. So weist eine 1996 erstellte Studie der U.S. Army darauf hin, dass die nordkoreanische Führung Wetterdaten als »strategische Waffe« einstuft und Befehl erteilt hat, jeden in Gefangenschaft geratenen südkoreanischen Meteorologen standrechtlich hinzurichten. »Angesichts einer derart extremen Haltung«, so der Bericht weiter, »werden die nordkoreanischen Militärplaner sehr geneigt sein, ihr Wissen um die lokalen Wettermuster einzusetzen [...]. Sie könnten zum Beispiel einen schweren Taifun als Deckung für ihren anfänglichen Vorstoß nach Südkorea nutzen. Inmitten von Stürmen, schweren Regenfällen, Morast und Überschwemmungen wird Chaos regieren, und für ihre Strategie gilt: Je mehr Chaos, umso besser.«[23]

Hier bewerteten die amerikanischen Strategen ein einzelnes extremes Wetterereignis wie eine »dritte Armee« auf dem Schlachtfeld. Weitaus komplexer wird die Sache, addiert man die Effekte des Klimawandels zu den Gefahren einer ohnehin schon explosiven Region. 2007 veröffentliche eine mit elf pensionierten US-Generälen und -Admirälen besetzte Gruppe einen wegweisenden Report mit dem Titel *National Security and the Threat of Climate Change,* in dem sie unter anderem erklärten, dass »der Klimawandel in einigen der labilsten Regionen der Welt als Bedrohungsvervielfacher wirkt«.[24] Die Offiziere warnen davor, dass ökologische Stressfaktoren schwelende Krisen zu offenen Konflikten machen können. Das würden nach ihrer Überzeugung auch die Vereinigten Staaten zu spüren bekommen. »Klimawandel«, so ihre Schlussfolgerung, »stellt eine schwerwiegende Bedrohung der amerikanischen nationalen Sicherheit dar.«[25]

Der Klimawandel platzt in interessante Zeiten – im Sinne des berüchtigten chinesischen Fluches, der Feinden interessante Zeiten an den Hals wünscht. Das Ende des Kalten Krieges war eben doch nicht das »Ende der Geschichte«. Neue Bruchlinien zeichnen das Gesicht der Erde. Der asiatische Kontinent steht immer stärker im Zeichen des Konkurrenzkampfes zwischen Indien und China. Die USA orientieren ihre militärische Macht Richtung Asien – und lassen ein Europa hinter sich, das seine eigene Rolle noch nicht gefunden hat. Russland, die Ressourcen-Supermacht, kämpft sich mit allen Mitteln zu alter Größe empor. Afrika und Südamerika verlangen zentrale Rollen im globalen Spiel. Überall entstehen Reibungsflächen, zwischen die der Klimawandel zusätzlichen Zündstoff wirft.

Die Verbindung zwischen Militär und Klimaforschung hat in den USA eine lange, streckenweise dunkle Geschichte. Der radioaktive Staub der Atombombentests der 1940er- bis 1960er-Jahre wurde durch die gewaltige Energie dieser Explosionen bis in hohe Schichten der Atmosphäre geschleudert und in der Folge als *Fallout* auf dem Erdball verteilt. Im »Nahbereich« von 1000 Meilen war die Strahlung des *Bikini Snow* noch so groß, dass viele der Menschen an Schilddrüsenkrebs erkrankten. Ich habe 1993 auf den Marshall Islands Opfer dieser »Tests« kennengelernt. Sie lebten, im Stich gelassen, immer noch auf Inseln, auf die sie nach den Tests, angeblich »vorübergehend«, zwangsweise umgesiedelt wurden. Es war ein Schock, zu sehen, wie leichtfertig Höllenwaffen gezündet worden waren, deren Wirkung niemand überblickte. Der Kalte Krieg diente den Verantwortlichen zur Rechtfertigung unverantwortlicher Experimente.

Überrascht stellten Waffenentwickler und Atmosphärenforscher damals fest, dass die Vorgänge im Inneren der kompakten Atombomben und in der Weite der Erdatmosphäre denselben Gesetzen der Strömungsphysik gehorchen. Deshalb stammen manche Computermodelle zur Berechnung der Folgen des Klimawandels aus Labors, die zur Entwicklung der Nuklearsprengköpfe gegründet wurden. Unter ein und demselben Dach bildeten sich damals auch schon Lager der »Klimaforscher« und der »Klimaskeptiker«, die sich bis heute streiten.[26]

Dieses Buch berichtet von unseren Reisen zu den Brennpunkten dieser Entwicklung und schildert Begegnungen mit Menschen, die darüber schon länger und härter nachdenken mussten als wir. Die Gefahren, von denen hier die Rede sein wird, kennen keine Grenzen. Der Planet Erde mag schon ganz andere Veränderungen des Klimas erlebt haben als das, was nun beginnt. Aber nicht die Menschen. Die Menschen der Altsteinzeit waren weniger zahlreich als die Einwohner einer einzigen mittleren Großstadt heute. Und sie waren es gewohnt, ihre wenigen Habseligkeiten zu packen und weiterzuziehen, wenn Wetter oder die Wanderungen der Beutetiere es verlangten.[27] So leicht ist das heute nicht mehr. Für uns Menschen des 21. Jahrhunderts beginnt eine Herausforderung, auf die wir nicht vorbereitet sind.

KAPITEL 2

Im Klimastress

Vorahnungen in New York

Es waren nicht nur die sechs Stunden Zeitunterschied, die mich nicht schlafen ließen. Irgendetwas stimmte nicht mit der vertrauten Geräuschkulisse von New York. Es fehlte das Rollen der Reifen über nassen Asphalt. Hupen und Polizeisirenen drangen nur von Weitem durch die Häuserschlucht, nichts davon kam offenbar aus unserer Straße. Es wäre unnatürlich ruhig gewesen, hätte es nicht immer wieder diesen gewaltigen, nassen Schlag gegeben. Es klang, als versuche ein gigantischer Albatros, sich beim Start von der Wasseroberfläche zu lösen. Ich machte mir im Halbschlaf Gedanken, wie das zu erklären sein könnte. Dann stürzte offenbar aus großer Höhe ein schweres Stück Metall auf die Straße. Nun reichte es mir. Ich ging zum Fenster meines Hotelzimmers an der 49. Straße und zog die Jalousien nach oben. Es war eine stürmische Nacht. Der Wind hatte eine gewaltige Plane vom Baugerüst am Haus gegenüber heruntergerissen. Die riesige Plastikplane zerrte wie ein Segel an dem Gestänge und schlug immer wieder heftig dagegen, als wollte sie sich befreien.

Das also war mein Albatros, 14 Stockwerke hoch. Er hatte genügend Kraft, um weitere Verbindungen zu zerreißen und Teile des Gestänges aus den Verankerungen zu lösen. Mit jedem Bruch vergrößerten sich die Fläche und die Kraft des Segels. Eine äußerst heikle Lage. Jeden Moment konnte das ganze Gerüst zusammenstürzen. Das New York City Police Department hatte die gesamte Straße gesperrt, nun hielten sich die Beamten in sicherer Entfernung. Mit ungewöhnlicher Diskretion hatten sie ihre Sirenen ausgeschaltet. Nur die Signalbalken auf den Dächern ihrer Wagen schickten blaue Blitze durch die Regennacht. Mit der schläfrigen Gleichgültigkeit, die zu einer Jetlag-Nacht gehört, trollte ich mich zurück ins Bett für ein paar weitere unruhige Stunden.

Nach dem Frühstück musste ich das Hotel durch den Hintereingang zur 48. Straße verlassen. Als ich am späten Nachmittag von meinen Terminen zurückkam, um das Gepäck für den Rückflug nach Deutschland zu holen, war die 49. Straße weiter gesperrt. Der Wind war deutlich abgeflaut, aber der Polizei war es immer noch zu gefährlich, sich dem schwankenden Gerüst zu nähern. Das konnte ich gut verstehen, aber ich war nicht sehr beeindruckt von den Fähigkeiten der New Yorker Polizei, auf einen Zwischenfall zu reagieren, der in den Häuserschluchten von Manhattan ja nicht so ungewöhnlich sein konnte.

An dieses kleine Erlebnis musste ich denken, als ich im August 2011 aus sicherer Entfernung verfolgte, wie New York sich auf Hurrikan »Irene« vorbereitete. Der Wirbelsturm rollte gerade mit Windgeschwindigkeiten von bis zu 150 Stundenkilometern auf die Küste von North Carolina zu. Die Vorhersagen des *National Hurricane Center* besagten, dass er dann auf nördlichen Kurs drehen werde, zielbewusst, als hätte er Manhattan im Visier. Bürgermeister Michael Bloomberg wusste den Bürgern seiner Stadt nichts Besseres zu empfehlen als die Flucht. Für 370 000 Menschen in New York wurde Evakuierung angeordnet. »Warten Sie nicht bis zum letzten Augenblick«, drängte er, umringt von den Chefs von Polizei, Feuerwehr, Katastrophenschutz und *Metropolitan Transit Authority*. »Samstag, wenn der Sturm hier erwartet wird, kann es zu spät sein.« Er wusste schon, dass er dann zumindest in den tief liegenden Bezirken von Süd-Manhattan sämtliche Verkehrssysteme stilllegen musste. Das vom Sturm in die Bucht gedrückte Wasser des Hudson River würde in die U-Bahn-Schächte stürzen. Die

Verantwortlichen mussten damit rechnen, dass die Glasfassaden vieler Wolkenkratzer dem Winddruck nicht standhalten und als tödlicher Scherbenregen in die Häuserschluchten stürzen könnten. Manhattan ist für diese Art von Wetter buchstäblich nicht gebaut. Warum auch? In den letzten 200 Jahren wurde New York City nur wenige Male von so gewalttätigen Stürmen heimgesucht.[1] 1821 überflutete ein Hurrikan das südliche Drittel von Manhattan, 1938 stand Midtown – wo Times Square, Empire State Building und die meisten Broadway-Theater liegen – hüfttief unter Wasser.

Dank der üblichen Aufgeregtheit der Medien nahm ganz Amerika Anteil an dem heranrasenden Wirbelsturm. Sämtliche Fernsehprogramme hyperventilierten mit beinahe minütlichen Statusberichten. Reporter stellten sich, wo immer es ging, in den Sturm und absolvierten ihre *stand-ups* in Ölzeug und Gummistiefeln. Entlang der vorhergesagten Zugroute galt es als Bürgerpflicht, Wasserkanister und Batterien zu kaufen – und Sperrholz, mit dem man Fenster und Türen verbarrikadieren konnte.

Natürlich rief die Mobilisierung auch Kritiker auf den Plan. Patrick Michaels, Klimaforscher am Cato Institute, einem Sprachrohr des erzkonservativen Lagers, schlug vor, »Irene« in »Hurrikan Medienrummel« umzutaufen.[2] Er glaube nicht, dass dieser Sturm mehr als acht Tote »aushusten« werde.

Der zynische Kommentar lag nicht nur im Ton daneben. »Irene« forderte in den USA 48 Tote und richtete einen wirtschaftlichen Schaden von 15,8 Milliarden Dollar an. Besonders die Gebiete nördlich von New York City waren betroffen. Auf der Liste der folgenreichsten Wirbelstürme in der Geschichte der USA steht »Irene« auf Rang sieben.[3] New Yorker werden »Irene« vor allem deshalb in dankbarer Erinnerung behalten, weil wenigstens in ihrer Stadt die schlimmsten Befürchtungen nicht wahr wurden. Die Glasfassaden stürzten nicht in die Häuserschluchten, weite Teile der Stadt behielten ihre Stromversorgung, die Wasserleitungen platzten nicht unter dem Überdruck, Hudson und East River traten nur geringfügig und kurz über die Ufer. »Irene« hatte in letzter Minute ihren Kurs geändert und der Stadt einen Schlag mit voller Wucht erspart. Auch ich atmete auf. Es wäre furchtbar gewesen, nach nur sechs Jahren zum zweiten Mal über den Untergang einer großartigen Stadt berichten zu müssen.

Falls, wie erwartet, »Jahrhundertstürme« in Zukunft alle vier Jahre passieren[4], wird es auch für New York nicht auf Dauer so gut ausgehen. Wir wissen ja längst, wie die Kraft der Natur eine moderne Stadt zusammenschlagen kann.

Katrina – eine Stadt geht unter

Im Sommer 2005 erlebte ich in der Redaktion – so wie Millionen Menschen rund um die Welt auf ihren Fernsehschirmen –, wie sich New Orleans, eine Stadt voller Leben, Musik und Geschichte und eine der schönsten der Welt, in ein stinkendes Katastrophengebiet verwandelte. Die meisten folgten dem Drama mit dem Wunsch im Herzen, irgendwie helfen zu können. Behörden und Sicherheitsorganisationen weltweit nahmen die Katastrophe mit kühlerem Blick unter die Lupe – weil sie Schwächen im System offenbarte, aus denen man überall lernen sollte.

Um eines gleich klarzustellen: »Katrina« wurde nicht vom Klimawandel ausgelöst. Einzelereignisse sind immer Wetter, nicht Klima. Der Klimawandel führt aber wahrscheinlich dazu, dass solche Einzelereignisse häufiger werden. Da ist entscheidend, was »Katrina« verrät über die Belastbarkeit einer modernen, technologisch fortgeschrittenen Nation, wenn sie von der Natur so auf die Probe gestellt wird.

Im Sommer 2005 war die Bühne für die Katastrophe schon bereit, lange bevor der aufziehende Sturm die ersten Blätter aufwirbelte. Für einige der Probleme war nicht Klimawandel verantwortlich, sondern eine weitaus direktere Spielart der vom Menschen bewirkten Umweltveränderung. »Das Hauptproblem von New Orleans ist«, erklärte Dr. Virginia Burkett vom *U.S. Geological Survey*, »dass ein großer Teil des Stadtgebiets unter dem Meeresniveau liegt und nur durch Dämme vor dem Wasser geschützt wird. Zu Zeiten der Indianer befand sich das Land noch auf oder knapp über Meereshöhe. Nicht einmal 1718, als New Orleans gegründet wurde, lag das Stadtgebiet unterhalb des Meeresspiegels. Doch als dann Dämme gebaut, das Grundwasser abgepumpt und der Boden trockengelegt wurden, hat sich die ganze organische Materie im Boden zersetzt. Das beschleunigte die Absenkung der Stadt. Deshalb liegt New Orleans heute unter dem Meeresspiegel.«[5]

Mit ihren Eingriffen nahmen die Menschen also das Absinken einer Stadt in Kauf, die mitten in einem Hurrikangürtel liegt. Städte in Hurrikanzonen werden von Hurrikanen heimgesucht, Städte, die absinken, werden überflutet – so einfach ist das. Was also in New Orleans passierte, hätte keine Überraschung sein dürfen. Und doch traf der Sturm Behörden und Regierungen in der Stadt, im Bundesstaat und in Washington unvorbereitet.

»Katrina« war noch nicht einmal ein besonders kraftvoller Hurrikan. Als der Wirbelsturm New Orleans erreichte, hatte er sich auf Kategorie 3 (von fünf möglichen) abgeschwächt.[6] Die Schäden hielten sich zunächst in Grenzen. Doch dann – die Wucht des Windes ließ schon nach – brachen die Dämme. Damit begann die Sintflut. Wasser strömte in die Stadt, ganze Wohnviertel versanken, Befehlsstationen soffen ab, und Fluchtrouten wurden unpassierbar. Die Evakuierungsmaßnahmen wurden chaotisch und mangelhaft koordiniert. Die Notrufzentrale von New Orleans gehörte zu den ersten Einrichtungen, die überflutet und evakuiert wurden. Eigentlich sah der Notfallplan vor, die Anrufe über die städtische Feuerwehrzentrale abzuwickeln, doch die war ebenfalls evakuiert worden. Entscheidende Stunden vergingen, bis die Anrufe bei der darauf völlig unvorbereiteten Notrufzentrale im 120 Kilometer entfernten Baton Rouge eingingen, Tage, bis das Notrufsystem halbwegs wiederhergestellt werden konnte, und in einigen Fällen über ein Monat, bis die letzten Notrufe abgearbeitet waren.[7]

Die Behörden waren insgesamt mit der Situation überfordert. Zu Beginn kam es vielfach zu unkoordinierten Einzelmaßnahmen, von denen manche einander neutralisierten oder die Probleme sogar noch weiter verschärften. Die Lage hatte sich so zugespitzt, dass, wie Thomas Redmann vom NOPD *(New Orleans Police Department)* berichtete, »wir nicht mehr wussten, wohin die Befehlszentrale der Polizei verlegt worden war, geschweige denn, wie wir mit ihr kommunizieren konnten. [...] Zu Hunderten gingen die Leute mitten am Tag die Canal Street hinunter, rissen die Sicherheitsgitter vor den Geschäften weg und schlugen die Scheiben ein. Sie klauten die Stadt regelrecht leer«.[8] Die Plünderer zu verhaften brachte meist nichts, da in den Gefängnissen gleichfalls Chaos herrschte. Zwei Berichten zufolge wurden etliche Häftlinge, darunter auch Minderjährige, mit ein wenig Wasser und Essen zurückgelassen und standen zum Teil bis zur Brust in der stinkenden Brühe.[9] Viele Polizisten leisteten inmitten des Chaos vorbildliche Arbeit, aber viele eben auch nicht. Am dritten Tag nach »Katrina« blieb ein Drittel der Polizisten des NOPD unentschuldigt dem Dienst fern.[10]

Als am Tag vier die Nationalgarde die Stadt erreichte, stattete Gouverneurin Kathleen Blanco sie mit der Vollmacht aus, notfalls »tödlichen Gebrauch von der Schusswaffe« zu machen: »Die Nationalgardisten tragen M16-Gewehre, und die sind geladen und entsichert. Diese Truppen wissen, wie man schießt und wie man tötet, und ich gehe davon aus, dass sie das zur Not auch tun werden«, erklärte Blanco.[11] In den folgenden Tagen kam es in New Orleans zu etlichen fragwürdigen und zum Teil tragischen Todesfällen durch Schusswaffengebrauch – nach den Drohungen der Regierungschefin des Staates war das kaum verwunderlich.[12]

New Orleans verwandelte sich in eine *No-go-Area*, in der bewaffnete Truppen versuchten, mit kriminellen Banden fertigzuwerden. Privaten Sicherheitsunternehmen wie der aus dem Irak-Krieg berüchtigten Söldnerfirma *Blackwater* wurden quasi hoheitliche Befugnisse eingeräumt. Ihre Truppen wurden noch vor dem Roten Kreuz nach New Orleans hineingelassen.[13] Dass Einwohner der Stadt – vor allem Schwarze – damit als potenzielle Kriminelle und nicht als Opfer betrachtet wurden, war für 100 000 betroffene Bürger eine Beleidigung in einer Lage, in der sie solidarische Hilfe dringend gebraucht hätten. Die Söldner von *Blackwater* kümmerten sich allem Anschein nach weniger um Rettungs- und Hilfsarbeiten als um den Schutz teurer privater Immobilien vor Plünderern.[14]

Der Absturz einer großartigen Stadt in die Anarchie brauchte nicht mehr als vier Tage. Die Behörden waren auf mehreren Ebenen gelähmt, die Kommunikationslinien zusammengebrochen, Polizei und Militär überfordert. Dass man die Anwendung roher Gewalt als Lösung betrachtete, deutet ebenfalls darauf hin, dass New Orleans unvorbereitet war auf eine Katastrophe, die nur eine Frage der Zeit war.

Auch später, bei den Bemühungen, die Folgen von »Katrina« in den Griff zu bekommen, traten Probleme auf. Rund 800 000 Menschen wurden aus der Region geschafft, Familien auseinandergerissen und Hunderttausende in eilig eingerichteten *Trailer Camps* von Atlanta bis San Antonio untergebracht. Die amerikanische Bundesbehörde für Katastrophenhilfe (*Federal Emergency Management Agency*, kurz FEMA) verteilte zwar Milliarden US-Dollar, doch das System versagte in vielen Bereichen. So wurden laut Schätzungen des US-Rechnungshofes Auszahlungen für betrügerische Ansprüche in Höhe von 600 Millionen bis 1,4 Milliarden US-Dollar geleistet.[15]

Gleichzeitig erhielten Hunderttausende der »Katrina«-Flüchtlinge aus Louisiana zu wenig Unterstützung und Hilfen, was dazu führte, dass die Konflikte auch auf zuvor nicht betroffene Gebiete übersprangen. Besonders deutlich zu spüren bekam das Houston, das rund 150 000 »Katrina«-Flüchtlinge aufnahm. Da hatte sich die texanische Stadt zu viel zugemutet. Innerhalb weniger Wochen kam es beispielsweise an Schulen in Houston zu Kämpfen zwischen den ortsansässigen und den aus New

Orleans umgesiedelten Jugendlichen.[16] Mit einem Anstieg der Morddelikte um fast 20 Prozent erreichte die Verbrechensrate in Houston ein Jahr nach »Katrina« einen Rekordstand, an rund jedem fünften Mordfall war als Opfer oder Verdächtiger ein Flüchtling aus den evakuierten Gebieten beteiligt.[17] In den völlig überlasteten Notaufnahmen der Krankenhäuser drängten sich »Katrina«-Opfer ohne Krankenversicherungsschutz, die Häufigkeit sexuell übertragbarer Infektionen stieg an, und überproportional viele der Flüchtlinge brauchten teure Antidepressiva. Der Stadt Houston ging das Geld aus. Für Bürgermeister Bill White war ein Jahr nach »Katrina« klar, dass »der Notstand noch immer andauert«.[18] Das nächste Mal, wenn US-Städte aufgefordert werden, Flüchtlinge aus dem eigenen Land aufzunehmen, könnten sie deutlich zurückhaltender reagieren.

Auch in New Orleans selbst hielten die Probleme an. Im Juni 2006 forderte die Gouverneurin wegen der sich weiter verschärfenden Kriminalität erneut Soldaten an, um in der Stadt für Sicherheit zu sorgen.[19] Noch ein Jahr nach »Katrina« lag die Einwohnerzahl bei nur der Hälfte des früheren Stands. Die Selbstmordrate hatte sich nahezu verdreifacht, Teile der Stadt waren immer noch verseucht.[20] Die gesellschaftlichen Auswirkungen von »Katrina« waren noch lange nicht überstanden.

Das Ausmaß der materiellen Zerstörung war gigantisch. Insgesamt wurden die durch den Hurrikan angerichteten Schäden auf über 100 Milliarden US-Dollar geschätzt[21] – mehr als die Kosten für den amerikanischen Einsatz im Irakkrieg im selben Jahr.[22] »Katrina« zeichnete die Küstenlinie am Golf neu. Allein Louisiana verlor durch den Hurrikan geschätzte 56000 Hektar Land. Auch viele der durch die Trockenlegung von Feuchtgebieten und die Kanalisierung des Mississippi sowieso schon in ihrer Schutzfunktion geschwächten Inseln wurden massiv getroffen. Die wichtigen Chandeleur-Inseln etwa, die in Richtung New Orleans ziehende Stürme wie eine Art Bremsschwelle verlangsamen, verloren durch »Katrina« rund 85 Prozent ihrer Fläche.[23]

»Katrina« und der nur einen Monat später folgende Hurrikan »Rita« zerstörten 113 Förderplattformen, schalteten nahezu ein Fünftel der amerikanischen Raffineriekapazitäten aus und beschädigten Hunderte von Pipelines.[24] Die Öl- und Gasförderung im Golf von Mexiko brach ein und ließ weltweit die Ölpreise in die Höhe schnellen.[25]

Katrina überforderte die Supermacht

Das katastrophale Krisenmanagement zwang die Sicherheitsbehörden der USA dazu, ihre Position zu Umweltveränderungen in mehreren Punkten zu überdenken. Bis dahin hatten sich die meisten Analysen zum Klimawandel vor allem mit der Frage beschäftigt, wie die USA mit Flüchtlingswellen von außen fertigwerden könnten und wie sich das US-Militär auf den erwarteten höheren Bedarf an humanitären Einsätzen in ausländischen Krisenregionen vorbereiten sollte. Es war offenbar höchste Zeit, die Aufmerksamkeit nach innen zu lenken. Dann aber gleich richtig! 2007, zwei Jahre nach »Katrina«, koordinierte das Militär eine groß angelegte Übung, basierend auf dem apokalyptischen Szenario, dass die Vereinigten Staaten gleichzeitig von einem Hurrikan, einer Terrorattacke und einem Atomschlag getroffen würden. Generalmajor R. Martin Umbarger von der *National Guard* des Bundesstaates Indiana erklärte gegenüber der *Washington Post:* »Uns allen ist klar geworden, dass es sich bei dem, was wir da gerade durchexerziert haben, um ein sehr wahrscheinliches Szenario für die Nation handelt.«[26]

Die Simulation zeigte, dass die Nationalgarde nur über 38 Prozent der Lastwagen, 27 Prozent der Hubschrauber und anderen Fluggeräte und 46 Prozent der Kommunikationsausrüstung verfügte, die sie brauchte, um auf eine derartige inländische Krise angemessen reagieren zu können.[27] Die Supermacht hatte sich anderweitig verausgabt. Zwischen 2001 und 2007 waren eine viertel Million Männer und Frauen der Nationalgarde – die zu Hause als Reserve für den Katastrophenschutz gebraucht werden – zeitweise in Afghanistan oder im Irak im Einsatz. Da wird der Zusammenhang zwischen Sicherheitspolitik und Wettergeschehen handfest.

Jack Reed, Mitglied des Streitkräfteausschusses im US-Senat, stellte die entscheidende Frage: »Wie kann man eine zahlenmäßig bedeutsame Streitmacht in Übersee aufrechterhalten und parallel dazu auch noch eine Nationalgarde in den Vereinigten Staaten, die in der Lage ist, auf Katastrophen zu reagieren?«[28] Allein damit, dass man über die nötige Zahl an Köpfen verfügt, ist das Problem ja nicht gelöst – die Rettungskräfte müssen auch die notwendigen Qualifikationen haben, um in Krisen zu bestehen. Es ist riskant, Soldaten, die gerade von einem Kampfeinsatz zurückkehren, zu zivilen Rettungseinsätzen heranzuziehen, für die sie nicht angemessen ausgebildet sind.

Unter dem Strich ist das US-Militär in seiner derzeitigen Verfassung schlicht nicht in der Lage, mit mehreren zeitlich dicht aufeinanderfolgenden nationalen Umweltkatastrophen fertigzuwerden. Eine Lösung wäre, die Nationalgarde mit angemessenem Gerät auszurüsten und personell zu verstärken, wobei garantiert werden müsste, dass Reservisten der Nationalgarde nicht zu Auslandseinsätzen herangezogen werden (einer der Hauptgründe dafür, dass immer weniger Amerikaner bereit sind, in der Nationalgarde zu dienen, ist die Angst, dann zu einem Kriegseinsatz ins Ausland geschickt zu werden). Dann werden sie aber wieder den Generalstäben fehlen, die mit begrenzten Mitteln schon die Aufrüstung der USA im Pazifik stemmen sollen.

Wenn die Natur die Nation zu Hause vor immer schwierigere Aufgaben stellt, werden sich Präsident, Kongress und Volk nicht um harte Entscheidungen drücken können. »Katrina«, ein nur mittelschwerer Wirbelsturm, hat das bewiesen. Bisher macht Amerika einem wenig Hoffnung, dass die politische Kraft für so schmerzhafte Entscheidungen da ist.

Flucht in patriotischen Aktionismus

Im Sommer 2012, sieben Jahre nach »Katrina«, schließen sich die neuen Schutzwälle um New Orleans – gerade noch rechtzeitig, bevor Ende August der Hurrican »Isaac« die Region um New Orleans heimsucht. »Zu gewaltig, um sie auf einmal zu erfassen – außer aus dem Weltraum«, schwelgte die *New York Times* über die neuen Bauwerke.[29] Zum Verteidigungssystem gehören Deiche, meilenlange Betonmauern, gigantische, bewegliche Fluttore und die größte Pumpstation der Erde – was man mit 14,5 Milliarden US-Dollar halt kaufen und bauen kann. Dies alles nur, um eine Stadtregion zu schützen, die vor dem Sturm rund eine halbe Million Einwohner hatte[30] – was bedeutet, dass für jeden einzelnen 29000 US-Dollar in Schutzbauten investiert wurden. Trotzdem sind die Geschützten weder überzeugt noch zufrieden. Das Projekt wurde ausgelegt für das, was inoffiziell eine »Jahrhundertkatastrophe« genannt wird, weil nach den Erfahrungen und Modellrechnungen jedes Jahr eine 1-prozentige Wahrscheinlichkeit besteht, dass sie eintritt. Das hat leider bereits jetzt wenig mit der Realität zu tun. Schon »Katrina« wäre nach diesen Rechnungen ein »400-Jahre-Sturm« gewesen. Und die Klimamodelle sagen häufigere und heftigere Hurrikans voraus.

Nun betraf »Katrina« ein relativ begrenztes Gebiet und eine relativ kleine Stadt. Man mag sich nicht ausmalen, was wäre, würden innerhalb einer Hurrikansaison Miami, Houston und Manhattan vergleichbare Hilfe brauchen – eine in Zukunft nicht mehr auszuschließende Serie. Im Sommer 2012 warf New York City angesichts von Hurrikan »Isaac« einen neuen, besorgten Blick auf seine Abwehrbereitschaft bei Hochwasser und Stürmen. Das Ergebnis war alles andere als beruhigend. New York ist Jahre – und viele Milliarden Dollar – davon entfernt, gerüstet zu sein. Der Finanzdistrikt, in dem die Geldströme der Welt zusammenlaufen, das Transportsystem der Megalopolis, die Wohnungen von Hunderttausenden von Menschen sind gefährdet. Und nach Schätzungen der US-Klimaforscher könnte der Wasserspiegel um New York bis zum Jahr 2050 um mehr als einen halben Meter steigen.[31] Dann könnte es auch für die Führung eines so reichen und großen Landes wie der USA notwendig werden, eine Art »urbane Triage« durchzuführen, bei der einzelne – oder alle – besonders gefährdete Städte oder Gebiete aussortiert und abgeschrieben und die begrenzten Ressourcen auf sicherere oder rettbare Orte konzentriert werden.

Solche Überlegungen vertragen sich nicht sonderlich gut damit, dass Politiker in den USA und in vielen anderen Ländern darauf angewiesen sind, ihre Wähler auch in gefährdeten Gebieten für die nächsten Wahlen bei Laune zu halten. In einigen Regionen schlug das wenig ruhmreiche Verhalten des damaligen US-Präsidenten George W. Bush im Umgang mit »Katrina« stärker auf die politische Einstellung der Leute durch als selbst der Irakkrieg. Matthew Dowd, der als Chefstratege Bushs Präsidentschaftskampagne von 2004 verantwortet hatte, bekannte später: »Für mich war ›Katrina‹ der Wendepunkt. Da wurde das Band zwischen dem Präsidenten und der Öffentlichkeit zerschnitten. Danach hatte er nicht mehr die Autorität, zur amerikanischen Öffentlichkeit zu sprechen. Seine Reden zur Lage der Nation? Interessierten niemanden. Gesetzesinitiativen? Interessierten niemanden. Seine Auslandsreisen? Interessierten niemanden. Ich wusste, das war es, Mann. Wir sind erledigt.«[32] Dan Bartlett, der damalige Kommunikationsdirektor des Weißen Hauses, brachte es noch drastischer auf den Punkt: »Politisch gesehen war das der letzte Nagel in den Sarg.«

Solche Erfahrungen werden auch von Strategen außerhalb der USA studiert. Die werden ihren Chefs nahelegen, im Angesicht der neuen Gefahren den Bürgern möglichst viel Empathie entgegenzubringen. Die wenigsten werden bereit sein, freiwillig für immer ihr Zuhause zu verlassen, und lieber diejenigen abwählen, die so etwas von ihnen verlangen. Daraus ergibt sich der gleiche politische Druck wie in New Orleans. Das heißt praktisch, dass alle Gelder lockergemacht und alle Hilfen geleistet werden, die den Wählern das Weiterleben in gefährdeten Gebieten ermöglichen. So wird die nächste Katastrophe programmiert.

Deutschlands Katrina: Vincinette

»Katrinas« deutsche Schwester hieß »Vincinette«. Sie raste am 15. Februar 1962 als Orkan aus dem Nordmeer Richtung deutsche Küste – über das Seegebiet, das Meteorologen »Rennstrecke der Zyklone« nennen. Der Luftdruck in »Vincinettes« Zentrum sank weiter, sie nahm immer mehr Kraft und Wasser in sich auf. Dann erwischte sie noch eine der gewaltigen Fernwellen, die wie mobile Bergzüge über den Atlantik rollen, und surfte auf ihr weiter. Als »Vincinette« an Land ging, übertraf ihre Wucht alle Erwartungen und alle Erfahrungen seit Menschengedenken. Wütend schob sie Nordseefluten von der Küste 100 Kilometer die Elbe hinauf. Am Freitag, 16. Februar, 21.30 Uhr – eigentlich Zeitpunkt des Niedrigwassers –, lag der Pegelstand in St. Pauli 1,2 Meter über dem normalen Hochwasserwert. Da wussten die Fachleute in Seewetteramt und Deutschem Hydrographischen Institut, dass Hamburg für diese Nacht untergehen würde.

In den frühen Morgenstunden des 17. Februar erklärte Polizeisenator Helmut Schmidt dem eilig zusammengeholten Krisenstab, dass mit »20 000 oder gar mehr Opfern« gerechnet werden müsse.[33] Die Deiche waren bereits an mehr als 50 Stellen gebrochen, die Telefon- und Stromnetze ausgefallen, ebenso die Gas- und Wasserversorgung; viele Funkverbindungen funktionierten nicht mehr. Uwe Sommer und seine Kameraden waren auf sich allein gestellt. Nur gut, dass er den dunklen Stadtteil, der nun metertief unter eisigem Wasser stand, seit Kindestagen kannte. Als das Wasser durch die Deiche kam, war Wilhelmsburg, die zweitgrößte Flussinsel Europas, 35 Quadratkilometer Hamburg, vollgelaufen wie eine Badewanne. Wer konnte, hatte sich auf die wenigen Hügel oder auf Hausdächer gerettet. Die Lage der Menschen war verzweifelt. Es gab keine organisierte, koordinierte Hilfe. Hamburg hatte noch nicht einmal einen Katastrophenplan für so einen Fall.

Aber das wusste Uwe Sommer zu diesem Zeitpunkt nicht. Seine Bundeswehreinheit war völlig überstürzt aus der Grenadierkaserne Fischbeck nach Hamburg geholt und auf der Brücke nach Wilhelmsburg abgesetzt worden. Jetzt sollten sie irgendwie helfen. Wilhelmsburg war *Ground Zero* dieser Flut. Am Ende würden mehr als 200 der 315 Opfer von hier stammen. Uwe Sommer half, die Leichen aufzustapeln, Überlebende mit Ruderbooten von Dächern zu holen, Lebensmittel zu verteilen. In diesen Tagen begann seine Beziehung mit den Deichen von Wilhelmsburg – er ist sie nie mehr losgeworden.

Als er mir dies alles erzählt, im Sommer 2012, ist die große Flut 50 Jahre her. Die Gedenkfeiern, die zu den runden und halbrunden Jahrestagen noch veranstaltet werden, ziehen kaum mehr jemanden an, der nicht zum Kreis der Veteranen und Überlebenden von damals gehört. Wilhelmsburg hat sich verändert. Die große Insel in der Elbe ist jetzt ein Vielvölkerstadtteil. »50 000 Menschen, 100 Nationen«, knurrt Uwe Sommer, und er meint das nicht fröhlich. Die »Ausländer« seien nicht zu gewinnen für den freiwilligen Dienst in der Deichwacht, deren Chef in Wilhelmsburg er seit Jahrzehnten ist. Ich dachte jedenfalls, dass das die angemessene Bezeichnung sei für den Mann, der den Laden dort zusammenhält. »Chef?«, brummt er da missmutig zurück. »Was soll ich mit so 'nem hochtrabenden Titel? ›Beauftragter‹ heißt das. Ich bin halt einer von den letzten Bekloppten, die noch an so was wie Pflicht glauben.« Man merkt, wie sehr ihm die neue Zeit missfällt.

Wir sitzen in den Mannschaftsräumen einer alten, maroden Turnhalle. Seit Jahrzehnten ist das jeden Mittwoch Treffpunkt der freiwilligen Deichwacht. 75 Leute bräuchte er, wenn's ernst werden sollte; 49 gehören nur noch dazu. Ich kann mir vorstellen, dass die zu Uwe Sommer aufschauen, dem Alten, der von Anfang an dabei war und der mit seinem massiven Körperbau, der tiefen Stimme, dem vollen silbernen Haar und Bart bestimmt noch ein Team jüngerer Männer und Frauen führen kann. Trotz seiner 70 Jahre. Mindestens zweimal im Jahr sind Übungen, eine davon nachts. Dann muss die Deichwacht beweisen, dass sie in Rekordzeit ausrücken kann – und im Wettlauf mit dem Wasser

Sandsäcke »klotzen«. Die müssen schneller sitzen, als die Elbe die Deiche aufweicht. Auch in eisiger Kälte, wenn die Säcke einfrieren und steinhart werden. Irgendwann kam ein Schlaukopf in der Verwaltung auf die Idee, dem Sand Salz beizumischen. Als Frostschutz. In der Nacht haben sie sich die Hände wundgescheuert an der aggressiven Last. Dafür gibt es dann für eine Stunde Schwerarbeit 2 Euro und 5 Cent »Aufwandsentschädigung«. Und noch nicht mal ein Stück greifbare Dankbarkeit der Gemeinde. Aus der verfallenden Turnhalle müssen sie jetzt raus. Da sollen schöne Beete hin für die Internationale Gartenbauausstellung, bei der sich Wilhelmsburg als das neue In-Viertel der Hansestadt präsentieren möchte.

Nach der Katastrophe 1962 gab es Pläne, den Stadtteil aufzugeben und auf das Festland – in die Heide – zu verlegen. Damals wäre das keine so große Sache gewesen, organisatorisch gesehen. Viele Häuser in Wilhelmsburg waren heruntergekommen. Kriegsflüchtlinge lebten in Schreberhütten und Behelfsunterkünften. Aber sie haben sich gegen die Umsiedlung zur Wehr gesetzt. Wie 40 Jahre später die Einwohner von New Orleans. Dafür läuft jetzt eine Wanderung in umgekehrter Richtung ab. Wilhelmsburg liegt verführerisch nahe an der Innenstadt.

Die Besserverdiener dort setzen an zum »Sprung über die Elbe« und werden auf der ländlichen Insel landen. Uwe Sommer musste jahrelang darum kämpfen, dass seine Leute wenigstens eine bescheidene Unterkunft neben dem neuen Sandsacklager bekommen – für ihre Einsatzkleidung. Und vor allem für die wöchentlichen Treffen. Wenn es die nicht mehr gibt, kommt endgültig keiner mehr, glaubt Sommer. Am Ende hat er dem Bezirk Bürocontainer aus dem Kreuz geleiert, die jetzt zusammengeschweißt, gestrichen und hergerichtet werden. Immerhin. Es wird irgendwie weitergehen. Muss ja.

Dann nimmt mich Uwe Sommer mit an seinen Deich. 23,5 Kilometer Schutzwall, der Wilhelmsburg und seine 50 000 Menschen umschließt. Ein mächtiges Bauwerk – anscheinend für die Ewigkeit aufgeschüttet, gefestigt, mit einem breiten, soliden Weg entlang der Krone. Die träge fließende Elbe da unten sieht nicht aus, als könne sie ihm etwas anhaben. Kein Wunder, dass die zugezogenen Wilhelmsburger glauben, dass da nichts mehr zu tun sei. Uwe Sommer hat den Versuch aufgegeben, sie zu erreichen. Wenn sie zuhörten, könnte er ihnen sagen, dass am großen Wasser nichts für die Ewigkeit ist. Er weiß, wie schnell der Wall löchrig wird, wenn die Schafe ausbleiben, die die Grasnarbe festtreten. Oder die Wühlmäuse kommen, die erste kleine Löcher graben, Angriffspunkte für das Wasser, das endlos Nachschub hinter sich hat. Das reicht, um die erste Bresche zu schlagen. Dann ist kein Halten mehr, wenn die Deichwacht nicht sofort zur Stelle ist. Dann wird Wilhelmsburg wieder zur Badewanne, zur Todesfalle. Ob in den vielen Familien, in denen nicht Deutsch gesprochen wird, dann irgendeiner die jährlichen Broschüren mit den Rettungshinweisen, den Informationen zu den Sammelpunkten und den Fluchtwegen gelesen hat, weiß keiner. So weit, wie man glaubt, ist Hamburg im Ernstfall vielleicht gar nicht weg von New Orleans, denke ich mir, als wir von der Deichkrone wieder heruntersteigen.

Die Behörden und die Fachleute versichern, dass Hamburg inzwischen sicher sei – acht Sturmfluten, die höher waren als 1962, haben die Dämme inzwischen schon überstanden. Aber Uwe Sommer grummelt, dass sie das damals auch geglaubt hatten. 107 Jahre hatten die Deiche gehalten – dann kam »Vincinette«. Ihm kann keiner was erzählen. Hamburg wird die Deichwacht weiter brauchen. Er weiß nur nicht, wer den Laden zusammenhält, wenn er mal nicht mehr da ist.

Die Behörden erklären, dass sie sich nicht auf dem Erreichten ausruhen. Sie rechnen damit, dass der Klimawandel mit erhöhtem Meeresspiegel und stärkeren Winden die Hochwasserstände in Hamburg um einen Meter in die Höhe treiben kann. Und das muss noch nicht alles sein. Es wird an neuen Konzepten gearbeitet, die der Elbe wieder mehr Freiräume geben sollen, um ihr Wasser auf den 100 Kilometern bis Hamburg bei Sturmflut in den Flussauen zu verteilen. Die elegante neue Hafen-City mit der spektakulär hochgestellten Elbphilharmonie ist für kommende Hochwasser gebaut. Dann werden einfach die Tiefgaragen, Straßen und ersten Stockwerke geräumt. Man lässt dem Wasser seinen Lauf. Teil der Hamburger Antwort auf den Klimawandel wird eine teilweise Kapitulation vor den Kräften der Natur sein. Nicht überall ist man so weit.

Europas Klima: nicht mehr so gemäßigt

Grob gesprochen ist Südeuropa dabei, heiß und trocken, Nordeuropa dagegen, warm und feucht zu werden, während extreme Wetterereignisse europaweit zunehmen. Die Hitzewelle von 2003 war ein eindrucksvoller Vorbote kommender Ereignisse. Quer über den Kontinent stiegen die Sommertemperaturen auf mehr als 40 °C, in Großbritannien kletterte das Thermometer zum ersten Mal seit Beginn der Wetteraufzeichnungen auf die 38-Grad-Marke. In Deutschland, Spanien, Großbritannien, Frankreich und Italien kostete die Hitzewelle insgesamt mehr als 30 000 Menschen das Leben. In Großbritannien erklärte der Chef-Wissenschaftsberater der Regierung, Sir David King, gemessen an den Opfern sei die Hitze von 2003 die »schlimmste jemals in Europa beschriebene Naturkatastrophe« gewesen.[34]

2010 brannten dann die Wälder und Torfmoore um Moskau in der größten Hitzewelle seit Beginn der russischen Wetteraufzeichnungen vor 130 Jahren. Zwei Monate lang lieferten bis zu 600 Feuer spektakuläre Bilder für Nachrichtensendungen in aller Welt. Präsident Medwedjew verhängte über sieben Regionen den Notstand. Nach offiziellen Angaben starben mehr als 50 Menschen in den Flammen. Der Export von russischem Sommerweizen wurde gestoppt, um die Versorgung im eigenen Land einigermaßen aufrechtzuerhalten. Dass die Hitze sich so katastrophal auswirken konnte, hatte viele Ursachen. Eine davon war, dass die Moore um Moskau im großen Stil trockengelegt worden waren, um Bauland zu gewinnen und um den Torf als Brennmaterial zu nutzen oder zu exportieren. Die Hitze selbst war nach neueren Forschungsergebnissen des Potsdam-Instituts für Klimafolgenforschung ein Ergebnis des Klimawandels.[35] Das war kein bloßes Wetter mehr. Jahrelange Regendefizite hatten Wälder und Boden in Zunder verwandelt. Die Experten des britischen *Hadley Centre* warnen, dass Europa ab 2040 jedes zweite Jahr von solchen Hitzewellen heimgesucht werden könnte.[36]

Die europäischen Bergregionen werden sich auf häufigere Überflutungen in Winter und Frühjahr und trockenere Sommer einstellen müssen, wodurch auch die Stromerzeugung aus Wasserkraft beeinträchtigt und die Wirtschaft in Mitleidenschaft gezogen würde.[37] Die Landwirtschaft im nördlichen Europa dürfte von längeren Wachstumsperioden profitieren, dafür leidet die Bevölkerung aber schon jetzt unter einer Zunahme von Krankheiten wie der Lyme-Borreliose, die von Zecken übertragen werden.[38] Zudem kann niemand mit Sicherheit sagen, wie sich der Temperaturanstieg auf die Tiere und Pflanzen im Mittelmeer auswirken wird, einer bereits heute durch Überfischung und Verschmutzung geschwächten Biosphäre. Im Sommer 2006 lösten die veränderten Umweltbedingungen an den Küsten der Balearen und Ostspaniens eine Quallenplage aus, bei der über 30 000 Menschen Verbrennungen durch Nesselquallen erlitten. Zahlreiche Badestrände mussten gesperrt werden, der wichtigste Wirtschaftszweig der Region, der Tourismus, hatte empfindliche Einbußen hinzunehmen. Quallen können mehr als nur Touristen verjagen: Abgesehen davon, dass sie Fischbestände dezimieren können, blockierten Quallen im selben Jahr vor der japanischen Küste etwa den Kühlwasserzulauf eines Atomkraftwerks, das daraufhin seine Stromerzeugung zurückfahren musste. Im Sommer 2011 mussten aus dem gleichen Grund beide Reaktoren des Kernkraftwerkes Torness in Schottland heruntergefahren werden.[39]

Vom Thema Wetter besessen, wie sie nun einmal sind, haben die Briten bei der Bewertung konkreter Klimarisiken einen Vorsprung vor dem Rest der globalen Meute. Eine von der *Grea-*

ter London Authority beauftragte Studie mit dem Titel *Climate change and London's transportation systems* vermittelt eine Vorstellung von den Problemen, mit denen sich ein Großteil der Ersten und ein guter Teil der restlichen Welt demnächst herumschlagen muss.[40] Das Beispiel London zeigt besonders eindrucksvoll, wie sich aufgrund des »Hitzeinsel-Effekts« Städte viel stärker erwärmen als ländliche Regionen. Im Zentrum Londons liegen die Temperaturen schon jetzt um bis zu 6 °C über denen der ländlichen Umgebung. In ganz Großbritannien haben innerhalb des vergangenen Jahrhunderts die Niederschläge im Winter um elf Prozent zu- und im Sommer, wenn die Feldfrüchte sie am dringendsten benötigen, um zehn Prozent abgenommen. Bis 2050 werden den Prognosen zufolge die Winterniederschläge um weitere 20 Prozent zulegen, während im Sommer um 20 bis 40 Prozent weniger Regen fallen wird – aber härter und heftiger.

Das werden nicht nur Bauern zu spüren bekommen, sondern auch Städter, die nicht mehr gewohnt sind, Wetter als Gefahrenquelle ernst zu nehmen. Zwischen 1992 und 2003 wurden in der Londoner U-Bahn mehr als 1200 Überschwemmungen gezählt, die in 200 Fällen die zeitweilige Schließung der Stationen erforderten. Für rund die Hälfte der Vorfälle waren Blitzfluten verantwortlich. Diese werden aller Voraussicht nach in Zukunft häufiger auftreten.[41] Die höheren Temperaturen wirken sich darüber hinaus auf die Bahngleise und die Zugsicherheit aus und zwingen bereits heute die Zugführer häufig zu einer Drosselung der Geschwindigkeit.

Schließlich besteht noch die Gefahr einer vollständigen Überflutung Londons. In *The draft climate change adaptation strategy for London* von 2010, einem Strategiebericht, wird gewarnt, dass »ein signifikanter Teil der kritischen Infrastruktureinrichtungen Londons, darunter Notfalldienste und Versorgungsbetriebe, auf die die Stadt im Falle einer Flutkatastrophe angewiesen ist, überschwemmungsgefährdet ist«.[42] Die Themse, die durch London fließt, ist ein Tidefluss, der gegenwärtig durch die *Thames Barrier*, ein 300 Kilometer langes System von Flutmauern, sowie 35 große und mehr als 400 kleinere Flutwehre in Schach gehalten wird. Der Bau der *Thames Barrier* wurde nach der Sturmflut von 1953 beschlossen, bei der 307 Menschen ums Leben gekommen waren. Das brachte den Abgeordneten in ihrem am Fluss gelegenen Parlament die Erleuchtung, dass man vielleicht etwas tun sollte, um dergleichen in Zukunft zu verhindern.[43] Das gewaltige bewegliche Flutschutzwehr, das 1982 in Betrieb ging und London bis 2030 schützen soll, ist auf einen jährlichen Anstieg des Themsepegels von 0,76 Zentimetern ausgelegt, was gerade genug ist, um den gegenwärtigen Anstieg von 0,66 Zentimetern pro Jahr zu kompensieren. Darüber, wie es nach 2030 weitergehen soll, wurde noch nicht entschieden.[44]

Die *Thames Barrier* schützt London ja nur vor Fluthochwasser aus der Nordsee. Dazu kommen aber noch Überschwemmungsgefahren durch Starkregen, Flusshochwasser aus dem Binnenland, ansteigendes Grundwasser oder die Überlastung der Kanalisation.[45] Der von der britischen Regierung vorgelegte *Flood and Coastal Defense*-Bericht kommt zu der zentralen Schlussfolgerung: »So weitermachen wie bisher ist keine Option – die Risiken werden unzumutbar groß. Wir müssen sie auf breiter Front angehen.«[46] Bislang allerdings ist davon nichts zu sehen. Bei der Schlüsselstellung, die Londons Finanzindustrie für die Weltwirtschaft einnimmt, sollte das uns allen Sorgen machen.

Wer noch einen Schritt weiterdenkt – an die Gefährdung von küstennahen Wirtschaftszentren wie Mumbai, Karatschi, New York, Miami usw. –, wird nicht mehr glauben, dass Klimawandel ein bloßes Umweltproblem ist. Die persönlichen Tragödien mögen in den Notunterkünften von New Orleans oder irgendwann in den tief liegenden Vierteln von Karatschi beginnen. Die politischen und ökonomischen Wellen werden wir rund um den Globus spüren. Ausgerechnet jetzt, da die Welt ohnehin in einer grundlegenden geopolitischen und geoökonomischen Neuausrichtung begriffen ist. Das sind immer Phasen, in denen schon kleine Veränderungen große Wirkungen haben können. Eine

Zeit, in der man aufziehende Stürme besonders gut im Auge behalten sollte.

Wassernot im Regenwald?

Es ist noch gar nicht spät, vielleicht acht Uhr abends, aber längst tiefschwarze Nacht. Das Licht ist vor einer guten Stunde weggebrochen, so schnell, als hätte jemand einen Schalter gedreht. Vom Mond ist noch nicht der geringste Schein zu sehen, die Sterne geben, jedenfalls für meine Augen, nicht genügend Licht, um irgendetwas zu erkennen. Für meine Wahrnehmung schießen wir auf Teufel komm raus durch endlose Dunkelheit. Der Bootsführer hat das Tempo kein bisschen gedrosselt. Keine Ahnung, wie der wissen will, wo es langgeht. Wahrscheinlich navigiert er irgendwie nach den Sternen, beruhige ich mich selbst. Aber wie geht das auf einem Fluss? Egal, denke ich und rede mir ein, dass er schon wissen wird, was er tut. Schließlich ist er ein Sohn des Amazonas. Sein flaches, langes Boot fliegt förmlich über den gewaltigen, warmen Strom. Das Brüllen der zwei riesigen Außenborder hinter mir wirkt jetzt einschläfernd. Wir sind erschöpft von einem langen Tag, an dem wir unsere Ausrüstung durch trockene Flussbette geschleppt haben, auf unserem Weg zu Bewohnern des Regenwaldes, die die Welt nicht mehr verstehen. Ich bekomme das Geschehen an Bord nur noch im Dämmerzustand mit. Uns allen geht es so. Köpfe kippen auf die Schultern der Sitznachbarn. Wahrscheinlich ist das Irrsinn, was wir hier mit uns machen lassen, aber irgendwie wird uns diese rasende Fahrt schon zurückbringen nach Manaus.

Da, plötzlich, schrecken alle auf, als wäre ein Schuss gefallen. Mit einem Ruck, der uns von den Sitzen wirft, hat der Bootsführer seine schwimmende Rakete nach links gerissen. Ich erkenne, wie ein Felsen an uns vorbeischießt, zum Greifen nah und schon wieder weg. Für den Bruchteil einer Sekunde hat die Funzel, die über unseren Köpfen schaukelt, ihn wie im Blitzlicht sichtbar gemacht. Ein gewaltiger Brocken. Hätte der Bootsführer auch nur einen Wimpernschlag langsamer reagiert – der Fels hätte gereicht, um unser Boot zerschellen zu lassen oder es hoch in die Luft zu schleudern. Hier wäre unsere Reise zu Ende gewesen. Nun, endlich, drosselt der Mann am Ruder ein wenig die Motoren. Dieser Anblick hat wohl sogar ihn ein bisschen aus dem Gleichgewicht gebracht. Sein Instinkt, sein uraltes Wissen um den Fluss sind nicht mehr unfehlbar. Dieser Felsen hatte hier nichts verloren, so mitten im Fluss. Der gehörte tief unter die Wasseroberfläche. Aber der größte Fluss der Erde, dessen Rhythmus alle am Amazonas kennen, der sich nie geändert hat, der diesen Teil der Welt und das Leben der Menschen hier bestimmt, seit es Menschen gibt, war auf einem Tiefststand, wie ihn noch keiner je gesehen hatte.

Die alte Raimunda hat mir das und vieles mehr erzählt. Am frühen Morgen haben wir sie am Ufer bei ihrem Dorf abgeholt. Sie ist hier geboren und aufgewachsen, ein Berufsleben lang war sie Geburtshelferin und Lehrerin – sie kennt die Menschen an den Seitenarmen des gewaltigen Stroms. Sie wird in der Lage sein, uns die Türen und die Herzen zu öffnen. Das hatten uns die Freiwilligen von der *Fundação Amazonas Sustentável*[47] gesagt, einer Umweltorganisation in Manaus. Raimunda ist einer jener Menschen, zu denen man sofort Vertrauen fasst. Ich jedenfalls. Nach allem, was sie mir im Plauderton erzählt, muss sie ein wildes Leben geführt haben. Sie ist jetzt fast siebzig, aber immer noch voll jugendlicher Energie. Die letzten Jahre haben ihren Körper schwer und stämmig werden lassen, aber ihre Augen blitzen und flirten unverändert lebenslustig in ihrem von der Sonne gegerbten Gesicht. Nur wenn wir über den Amazonas und seinen Regenwald sprechen, wird sie ernst. Sie hat hier Kinder auf die Welt geholt und vielen von ihnen Lesen und Schreiben beigebracht. Sie kann nicht verstehen, wie es die Menschheit fertigbringt, diesen Fluss, diesen Wald, diesen Leben spendenden Schatz vor die Hunde gehen zu lassen. Genau das scheint jetzt zu passieren.

Wir sind zu einem historischen Zeitpunkt hierher gekommen. Erst fünf Jahre zuvor – 2005 – waren die Wasserpegel des Amazonas, des Rio Negro und anderer Flüsse dieses gigantischen Ökosystems schon einmal auf Rekordwerte gesunken. Damals galt das Phänomen als eines, das nur »ein Mal in 100 Jahren« auftritt. Nun – im Sommer 2010, ein Jahr nach einem Rekordhochwasser 2009 – war es schon wieder so weit. Simon Lewis von der *University of Leeds*, ein Fachmann für Tropenwälder, hat errechnet, dass der Regenwald des Amazonas, wenn das so weitergeht, bald nicht mehr als »Senke« von Treibhausgas funktionieren könne.[48] Noch entzieht er der Atmosphäre ein Viertel des weltweiten CO_2-Ausstoßes, spaltet das Gas in Sauerstoff und Kohlenstoff und schließt damit den natürlichen Kreislauf, der Leben ermöglicht. Sollte es in Zukunft häufiger zu solchen »Jahrhundertdürren« in Südamerika kommen, werden die vermodernden Bäume mehr CO_2 in die Atmosphäre entlassen, als die am Leben gebliebenen aufnehmen können. Aus dem »Abfluss« für Treibhausgase würde netto eine neue, mächtige Quelle – eine katastrophale Vorstellung, an die man nicht glauben mag.

Dass etwas grundsätzlich schiefläuft im Amazonasbecken, das habe ich schon an der lang gestreckten Mauer des Flusshafens von Manaus gesehen. Die alten Landestege strecken sich sinnlos über einen mehr als hundert Meter breiten »Uferstreifen« aus sonnengedörrtem Schlamm ins Nichts. Weit weg von den Molenköpfen und Lagerhallen dümpeln im Schlamm dicht gedrängt die Flussboote, die Menschen und Fracht über Hunderte Kilometer zu ihren Zielen im weiten Netz der Wasserstraßen transportieren. Viele Dörfer können sie schon jetzt nicht mehr erreichen, berichten mir die alten Kapitäne. Die Regierung lasse Nahrungsmittel aus der Luft abwerfen, aber niemand wisse, was am Boden los sei. Dort draußen sind Menschen seit Wochen abgeschnitten vom Rest der Welt. Ohne Wasser keine Wasserstraßen.

Wir haben überlegt, ob wir uns einen Hubschrauber mieten,

um uns im endlosen Grün einen eigenen Eindruck und eigene Bilder zu verschaffen, aber das war mit unserem Etat völlig ausgeschlossen. So sind wir auf das rasende Boot und zu Raimunda gekommen – es wird die eintägige »Economy-Version« einer Expedition in den Regenwald. Die ehemalige Lehrerin arbeitet als Freiwillige für die *Fundação*, die versucht, große alte Bäume des Amazonaswaldes dadurch zu schützen, dass sie diese »pachtet«. Gesetze von Angebot und Nachfrage, die den Regenwald in manchen Regionen an den Rand des Zusammenbruchs gebracht haben, sollen ihn in dieser Region nun retten. Dörfern, die keine andere Möglichkeit hatten, an Geld zu kommen, als das illegale – aber kaum je verfolgte – Fällen von Urwaldriesen, wird Geld dafür geboten, dass sie die wertvollen Bäume bewahren. Diese »Pachtgebühr« wird nur ausgezahlt, solange die Bäume stehen. Regelmäßig kommen Inspektoren der Organisation und vergewissern sich, dass die Zusagen eingehalten wurden. Raimunda und eine Übersetzerin der Organisation breiten im dürren Gras eine detaillierte Karte der Region aus. Da wachsen grün markierte geschützte Gebiete zu größeren Flächen zusammen. Sie hatten schon geglaubt, dass da etwas Gutes gelinge – und nun taucht ein Problem auf, das niemand für möglich gehalten hätte: Wassermangel im Regenwald.

Raimunda hat uns zu Dörfern und Familien tief in den Wäldern geführt. Das schnelle Boot, mit dem wir die weite Strecke von Manaus bis zu Raimundas Dorf bewältigt hatten, war schon wenig später in einem der Nebenflüsse des Amazonas stecken geblieben. Glücklicherweise war auch hier ein Dorf in der Nähe, in dem ehemalige Schüler von Raimunda lebten. Sie holten Kanus hervor, lange, extrem flache Boote, die auch voll beladen kaum mehr als eine Handbreit Tiefgang haben. Die Außenbordmotoren hatten sie umgebaut mit extrem langen Antriebswellen, die wie Angelruten nach hinten ragten. An deren Enden befanden sich winzige Propeller, kaum unter der Wasseroberfläche, die für Vortrieb sorgten. Hier kannte man sich offenbar aus mit niedrigen Wasserständen, aber so wie jetzt hatten auch die Alten ihren Fluss noch nie erlebt. Nach ein paar weiteren Kilometern war endgültig Schluss, im weiten Flussbett zog sich nur noch ein kümmerliches Rinnsal durch den rissigtrockenen Boden. Wir krempelten die Hosen hoch, stiegen aus und wanderten weiter, die Ausrüstungskisten und das Stativ der Kamera auf den Schultern.

Eine gute Stunde weiter flussaufwärts (seltsam, das zu sagen, wo es doch keinen Fluss mehr gibt) hat auf einer Lichtung Raimundo de Souza für seine Frau und ihre drei Kinder ein Haus mit einer schönen Terrasse gebaut. Es kostet uns jedes Mal Überwindung, in so ein abgelegenes Idyll mit einem Kamerateam einzudringen. Obwohl wir vier – Angela, die Regisseurin, Jürgen, der Kameramann, Jan, sein Assistent, und ich selbst – so zurückhaltend auftreten, wie wir nur können: Wir sind doch jedes Mal eine kleine Invasion aus einer anderen Welt. Gut, dass Raimunda uns forsch vorangeht, vorbei an einem Fischerboot, das jetzt weit weg vom Rinnsal auf dem Trockenen liegt. Unsere Begleiterin war mit Raimundos Eltern schon befreundet, als er noch ein kleiner Schuljunge war. So ist das Eis schnell gebrochen. Wir werden mit Tee, Kaffee und Saft willkommen geheißen.

Raimundo hat hier vor Jahren mit seiner Frau und drei Kindern ein gutes Auskommen gefunden. Die eigenen Felder, Büsche und Bäume trugen bisher immer genug, um davon zu leben. Das Mehl aus den Wurzelknollen des Maniok, den sie anpflanzen, und die Fische aus dem Fluss haben auf dem Markt in Manaus noch immer so viel Geld eingebracht, dass sie sich manche Dinge leisten konnten, die bar bezahlt werden müssen. Sie haben fast so etwas wie Wohlstand erreicht, seit Lucineide, Raimundos Frau, einen Teil des Wohnzimmers in einen kleinen Laden verwandelt hat, in dem Familien aus den Wäldern ringsum einkaufen können.

Wie lange ließe sich das halten, wenn es keinen Fluss und somit keine Fische mehr gäbe, wenn für die Familien am Fluss die kleine Bootsfahrt zu ihrem Laden zu einer anstrengenden

Tageswanderung durch das ausgetrocknete Flussbett, wenn für sie selbst Manaus fast unerreichbar würde? Schon jetzt leisten sich Raimundo und Lucineide, die früher die gemeinsamen monatlichen Ausflüge in die Hauptstadt des Regenwaldes genossen hatten, nur noch alle drei Monate eine der anstrengend und teuer gewordenen Reisen und wechseln sich dabei ab, auch wenn sie die liebgewonnene Zweisamkeit auf dem Strom vermissen.

Die beiden wirken nicht sehr alarmiert, als sie mir das schildern. Sie vertrauen darauf, dass die Natur schon irgendwie in ihr altes Gleichgewicht zurückfinden wird. Ja, sagen sie auf meine Frage mit Überzeugung, sie glauben, dass ihre Tochter und die beiden Söhne hier das gleiche Leben führen können wie sie selbst. Natürlich nur, wenn sie sich dafür entscheiden und nicht wie Lais – der Älteste – nach Manaus ziehen. Das Haus am Waldrand wird für sie da sein, die Natur wird für sie sorgen, wenn sie das wollen. Die Eltern mögen es sich nicht anders vorstellen, weil es nie anders war. Aber auf so eine Zukunft ist kein Verlass mehr. Sie können nicht wissen, was bevorsteht, niemand weiß es.

Erst in jüngster Zeit entsteht langsam eine wissenschaftlich fundierte Vorstellung von dem gewaltigen System, das den Regenwald mit seinen Pflanzen und Tieren am Leben erhält. Die sonnenerwärmte Luft zieht durch Verdunstung jedes Jahr geschätzte 15 400 Kubikkilometer Wasser aus dem Boden, den Flüssen und Bäumen des Amazonaswaldes und verteilt sie über große Teile Brasiliens. Das entspricht der Wassermenge in einem in seiner Größe kaum vorstellbaren Schwimmbecken, das einen Kilometer breit ist und einen Kilometer tief und von New York über Frankfurt bis nach Tokio reicht. Der Pilot, Ingenieur und Umweltschützer Gérard Moss, ein Pionier der Dokumentation dieser feuchten Luftströmungen, nennt sie »Fliegende Flüsse«. »Die meisten Menschen betrachten das Amazonasgebiet als die Lunge der Welt oder als Möglichkeit, CO_2 einzufangen«, sagt er. »Ich möchte, dass sie verstehen, dass das Amazonasbecken eine riesige Wasserpumpe ist – Regen ist unsere wichtigste Ressource. Die Fliegenden Flüsse transportieren möglicherweise so viel Wasser wie der Amazonas selbst. Diese Regenmaschine muss unbedingt bewahrt werden.«[49]

Forschungen des deutschen Max-Planck-Instituts für Chemie in Mainz zeigen, dass Aerosole, winzige organische Schwebteilchen mit weniger als einem tausendstel Millimeter Durchmesser, vom Wind aus dem Wald gewirbelt und in 18 Kilometer Höhe getragen werden, wo sie zu Kristallisationskernen für Regen und Eis werden. »Zur Regenzeit kann man sich den brasilianischen Regenwald nach diesen Erkenntnissen als einen Bioreaktor vorstellen. Der Wald im Amazonas macht seinen Regen selbst«, erklärt Ulrich Pöschl, einer der Forscher. »Was wir schon jetzt sagen können, ist, dass die Wolkentropfenzahl über dem Amazonas-Regenwald [...] von der Menge der Aerosole abhängt, die das Ökosystem freisetzt.«[50] Es ist nichts Neues, dass der Wald auf Regen angewiesen ist. Wenn aber auch umgekehrt der Regen den Wald braucht, dann bedeutet das die Gefahr eines negativen Rückkopplungseffekts – weniger Wald bedeutet weniger organische Partikel in der Luft, weniger Kondensation, weniger Regen – und am Ende Gefahr für die Wasserversorgung des Waldes und der gesamten Region. Und das wäre ein Unglück nicht nur für Brasilien oder Südamerika.

Zu Beginn des 21. Jahrhunderts geisterte durch das globale Netz der strategischen Denkfabriken die These, dass in der »neuen Weltordnung« Russland zum »Kraftwerk«, China zur »Fabrik« und Indien zum »Büro« der Welt würden.* In dieser Aufteilung wurde Brasilien die Rolle als »Farm« der Welt zugedacht. Das Land unternahm alle Anstrengungen, um diesbezüglich seine wirtschaftlichen Chancen zu nutzen. Immer tiefer fres-

* Der Begriff »Office« beschrieb Indien als ein Zentrum für Dienstleistungen von Computersoftware über Rechts- und Steuerberatung bis zu medizinischen Kliniken. Das Akronym BRIC für Brasilien, Russland, Indien und China als Wirtschaftsmächte der Zukunft wurde 2001 von Jim O'Neill, einem Analytiker bei Goldman Sachs, geprägt.[1]

sen sich Äcker und Weiden in den Regenwald. Dahinter stehen mächtige brasilianische und internationale Konzerne, die genau wissen, wie man die Ahnungslosigkeit der lokalen Bevölkerung und die Bestechlichkeit der Beamten für die Interessen der globalisierten Agrarindustrie ausnutzt. Von 1996 bis 2006 wuchs der Wert der brasilianischen Getreideproduktion um 365 Prozent, die Rindfleischexporte haben sich in dieser Zeit verzehnfacht, das Land stieg 2009 zum weltgrößten Exporteur von Geflügel, Zucker und Äthanol auf. Seine Sojaexporte haben fast das Niveau der USA erreicht, des immer noch größten Exporteurs auf diesem Feld.[51]

Die Ausweitung von Agrarland ist ein Element dieser unglaublichen Erfolgsgeschichte, aber nicht das entscheidende. Das ist Wasser. Brasilien hat so viel »erneuerbares Wasser«, also Oberflächen- und Grundwasser[52], wie ganz Asien.

Dabei zeigen die Fakten, dass die landwirtschaftliche Produktion nicht mehr, jedenfalls nicht direkt, auf Kosten des Regenwaldes wächst. Brasiliens bewirtschaftete Fläche hat in den letzten Jahren kaum noch zugenommen. Vielmehr wurden große Savannengebiete (portugiesisch *cerrado*), etwa in den Bundesstaaten Piauí und Bahia, durch Zugabe von Kalk (25 Millionen Tonnen im Jahr) und durch Züchtung neuer, angepasster Sorten um ein Vielfaches intensiver genutzt.[53]

Das heißt leider nicht, dass die Vernichtung von Regenwald in Brasilien zu Ende wäre. Im Gegenteil: Die mächtige Lobby der Agrarindustrie, die mehr als ein Fünftel des brasilianischen Bruttoinlandsproduktes erwirtschaftet, unternimmt immer wieder Anläufe, um freie Hand bei der Nutzung des Landes zu bekommen – was mit Sicherheit wieder die bekannten Ergebnisse brächte: Rodungen im großen Stil.[54] Die Präsidentin Brasiliens, Dilma Rousseff, blockierte im Mai 2012 erst in letzter Minute unter massivem Druck von Umweltgruppen ein Gesetz, das die zuletzt errungenen Fortschritte beim Schutz des Regenwaldes wieder beschnitten hätte. Das geschah wahrscheinlich aus Rücksicht auf Rousseffs Rolle als Gastgeberin des damals bevorstehenden UN-Klimagipfels »Rio+20«. Diese Sorge ist jetzt ja überholt.

»Wir müssen den Menschen klarmachen, dass der Regenwald noch lange nicht verloren ist«, erklärte mir unsere Begleiterin von der Amazonas-Stiftung auf unserer langen Fahrt über den Fluss. »Wahrscheinlich hat andauernde Berichterstattung über die Abholzungen dazu geführt, dass im Rest der Welt der Eindruck entstand, dass die Vernichtung des Amazonaswaldes nicht mehr aufzuhalten ist. Das wäre furchtbar, und es ist auch falsch.« Tatsächlich zeigt die Auswertung von Satellitenbildern, dass fast 80 Prozent noch stehen – und gerettet werden können.[55] Es lohnt sich also, weiterzukämpfen. Zurzeit ist Brasiliens Regierung – jedenfalls im Prinzip – auf der Seite des Regenwaldes.

Die Abholzung ist bis 2011 auf rund 6200 Quadratkilometer im Jahr zurückgegangen – ein beachtlicher Fortschritt nach jeweils annähernd 30000 Quadratkilometern in den Jahren 1995 und 2005, aber immer noch mehr als die siebenfache Fläche von Berlin. Nach wie vor wird der Urwald erschlossen und zerschnitten. Straßen, die zum Beispiel dazu dienen, die Sojaernte aus Mato Grosso zu den Häfen von Santarém und Belém am Amazonas zu bringen, werden zu Einfallswegen für Krankheiten, Feuer, Austrocknung und illegale Abholzungen.

Nach wie vor riskieren Brasilien und die Menschheit den Verlust eines unwiederbringlichen Schatzes. Und dabei haben wir gerade erst begonnen zu verstehen, in welche natürlichen Kreisläufe wir damit brutal eingreifen. Eines der wichtigsten ökologischen Systeme der Erde ist in großer Gefahr. In mein Gedächtnis hat sich ein Symbol dafür eingebrannt: der mächtige Felsen, der so plötzlich aus dem Dunkel aufgetaucht war und uns das Leben hätte kosten können.

Wenn Lima verdurstet

Ich bin in einem der Slums von Lima, immer noch in Südamerika, aber am westlichen Rand des Kontinents, rund 2000 Kilometer von Manaus entfernt. Zwischen den Wäldern des Amazonasgebiets und mir steht jetzt, mehr als 6000 Meter hoch, das Andengebirge. Ich habe mir den blauen Wassereimer, dessen Inhalt Georgina gerade in ihren Waschzuber gekippt hat, zum Hocker gemacht, um mit ihr auf gleiche Augenhöhe zu kommen. Wenn ich es mit fuchtelnden Händen ergänze, reicht mein Spanisch gerade so, um ihr deutlich zu machen, dass ich von ihren Sorgen erfahren will.

Hätte ich Adleraugen, könnte ich von diesem Hügel, von Georginas Hütte aus, alle Elemente der traurigen Geschichte überblicken, derentwegen wir nach Lima gekommen sind. Unter uns, zu meiner Rechten, schiebt sich der Verkehr über breite Autobahnen auf das Zentrum von Lima zu. Dort stehen die glitzernden Bürotürme der Banken und Konzerne, liegt das historische Zentrum mit seinen Künstlervierteln und Parks und Prachtbauten aus der Kolonialzeit. Zu meiner Linken erkenne ich die Umrisse des Vorgebirges der Cordillera Blanca, des Teils der Anden, der das Schicksal der Hauptstadt bestimmt. Regenreiche Ostwinde aus dem Amazonasgebiet können das Gebirge nicht überwinden, Lima liegt in seinem Regenschatten – eine verteufelt perfekte Abschirmung, die fast acht Millionen Menschen in einem ganzen Jahr weniger als einen Fingerbreit Regen lässt. Trotzdem verbrauchen Bewohner der »besseren« Stadtteile täglich 245 Liter wertvolles Trinkwasser – jeder!

Heute ist ein guter Tag im Slum *Pamplona Alta*. Schwere Tankwagen krauchen die Serpentinen zwischen den ärmlichen Hütten empor, auch bis zu Georginas Hütte, und bringen endlich wieder Wasser. Auf beiden Seiten der staubigen Straße haben die Menschen Eimer, alte Fässer und Kanister bereitgestellt, um es in ihre Unterkünfte zu schleppen. Nie so viel, wie wirklich nötig, sondern so viel, wie sie bezahlen können. Es ist drückend heiß, die Luft staubtrocken. Eine schlimme Vorstellung, sich in einem solchen Klima Wasser vom Mund absparen zu müssen. Aber das ist das Schicksal von Georgina und weit mehr als einer Million Menschen in Lima, die in Elendsvierteln leben und keinen Anschluss haben an die zentrale Wasserversorgung der Stadt.[56] Wie viele der 400 000 Slumbewohner um sie herum ist die Indianerin Georgina mit ihrer Familie aus den Bergen im Süden Perus in die Hauptstadt gezogen, weil sie Arbeit suchte und irgendeine Art von Zukunft für ihre Kinder. Jetzt stecken sie hier fest und kommen finanziell nicht auf die Beine, auch weil sie den illegalen, aber unverzichtbaren Wasserhändlern 20-mal mehr bezahlen müssen, als das saubere Leitungswasser in den Häusern der Wohlhabenden kostet.

»Was, wenn die Tankwagen mal nicht mehr kommen?«, frage ich Georgina. Sie schaut hinüber zu dem quirligen Schwarm lachender Kinder, die sich um den Schlauch balgen, und zuckt ratlos mit den Schultern. »Dann müssten wir irgendwie runter in die Stadt, da haben sie ja Wasser.«

Was Georgina beschreibt, ist eines der Ernstfallszenarien, für das General a.D. Luis Palomino Rodríguez Pläne macht. Der ehemalige Offizier der peruanischen Armee hat einen Ruf als durchsetzungsfähiger Manager in Katastrophenfällen. So wurde er nach seinem aktiven Militärdienst Chef des Nationalen Instituts für Zivilverteidigung. Ihn solle ich treffen, hatten mir Fachleute in Berlin und Washington geraten, er könne am besten einschätzen, was auf die Gesellschaften an der Pazifikküste Südamerikas mit dem Klimawandel zukomme. Der General hatte vorgeschlagen, dass wir uns in seinem Lagezentrum treffen, obwohl dieses nicht mehr ganz seinen technischen Anforderungen entspreche – die Eröffnung des großen Neubaus mit modernster Ausrüstung lasse noch ein paar Wochen auf sich warten. Nach dieser Ankündigung überrascht mich die gar nicht bescheidene Ausstattung der Villa in einem Wohnviertel von Lima. Schon der Antennenwald auf dem Dach zeigt, dass hier jedenfalls keine normale Familie lebt.

Der Keller ist ein einziger großer Raum, in dem mehr als ein Dutzend Männer und Frauen an Kontrollpulten Anzeigen auf Rechner- und großen Wandbildschirmen beobachten. Auf langen Tischen sind detaillierte Landkarten ausgebreitet. Der grauhaarige Mann in der Mitte einer Gruppe von Offiziellen ist ganz offensichtlich der Herr im Haus. Kleine Hinweise mit der Hand oder ein scharfer Blick reichen – schon wird ihm das Gewünschte gebracht. Auf mich wirkt er weniger schneidig als nachdenklich und besorgt. Da er weiß, in welche Richtung meine Fragen gehen werden, hängen schon Reliefkarten der Anden bereit. Ein großer Bildschirm zeigt historische und aktuelle Ansichten der größten Gletscher. Der General ist freundlich, aber nicht an Small Talk interessiert. Mir ist das recht. Wir haben auch für Lima – wie für fast alle unsere Reisen für dieses Projekt – viel zu wenig Zeit.

»Limas Problem ist das Schmelzen der Gletscher«, kommt Señor Rodríguez sofort zur Sache. »Es regnet hier so gut wie gar nicht. Unser Wasser kommt aus den Bergen, vor allem über den Fluss Rímac und durch einen Tunnel.« Den Fluss hatte ich schon gesehen. Ich stand tags zuvor mit der Chefingenieurin der Wasserwerke von Lima auf der Staumauer, von der aus das Wasser in die Kläranlagen und Rohrleitungssysteme gelenkt wird – ein stolzer Anblick. Als ich mich aber umdrehte und in das Flussbett unterhalb der Staumauer sah, wurde mir klar, dass Lima hier an seine Grenzen geraten ist. Da war kein Fluss mehr, nicht einmal ein Rinnsal. »In manchen Jahreszeiten nutzen wir den Rímac zu hundert Prozent«, erklärte die Ingenieurin. Und was sind »manche Jahreszeiten«? »Die werden länger«, war ihre knappe Antwort. In den letzten Jahren ist der Durchfluss des Rímac in der Trockenzeit um ein Fünftel zurückgegangen.

Ich erzähle General Rodríguez von dieser Begegnung. Er nickt und zeigt mit seinem Stock auf Satellitenbilder an der Wand: »Das ist der Eulalia-Gletscher, die wichtigste Quelle des Rímac.« Da braucht es keine Worte mehr. In den peruanischen Anden liegen 70 Prozent der äquatorialen Gletscher der Erde. Die fast senkrechte Einstrahlung der Sonne im tropischen Gürtel beiderseits des Äquators macht sie besonders empfindlich für jede Erwärmung der Atmosphäre. Schon jetzt ist der Verlust an Substanz so groß, dass trotz der höheren Temperaturen weniger Wasser ins Flussbett gelangt. In den letzten 30 Jahren haben die Gletscher von Peru mehr als 20 Prozent ihrer Fläche verloren. Ein Bericht der Weltbank warnte 2009, dass sie in zwei Jahrzehnten verschwunden sein könnten. Was wird dann aus Lima, der nach Kairo zweitgrößten Wüstenstadt der Welt?

General Rodríguez hat die Eskalation der Krise, mit der er rechnet, militärisch genau in Stufen geordnet: »Wenn die letzten Blasen von geschmolzenem Wasser in den Gletschern aufbrechen, wird es noch einmal Überschwemmungen geben, Erdrutsche und Epidemien. Dann folgt die Dürre. Wenn das Wasser zur Neige geht, beginnen die Kämpfe. Zunächst zwischen Nachbarn, dann zwischen Stadtvierteln. Am Ende wird daraus ein Krieg.« In dieser brutalen Deutlichkeit hatte ich seine Analyse nicht erwartet. »Ein Bürgerkrieg?«, frage ich zurück. »Ums Wasser, ja!« – seine Antwort kommt wie aus der Pistole geschossen. »Menschen können eine ganze Zeit lang ohne Nahrung auskommen, aber kaum mehr als ein paar Tage ohne Wasser.«

Die kühle Präzision, mit der er diese finstere Prophezeiung vorträgt, kaschiert auch Ratlosigkeit. Wir sprechen noch eine ganze Weile miteinander und schauen dabei auf die farbigen hochaufgelösten Bilder und Diagramme an der Wand. Auch die teuersten Computer können ihm keinen Weg aus der Krise errechnen, die mit jedem Sonnenstrahl auf den Gletschern näher rückt.

Es fehlt nicht an klaren Beschreibungen von Albtraumszenarien, aber es fehlen Antworten. Susana Villarán, eine ehemalige Bürgerrechtsanwältin, 2011 zur Bürgermeisterin von Lima gewählt, verspricht, innerhalb von drei Jahren sämtliche Haushalte der Stadt an die öffentliche Trinkwasserversorgung und Kanalisation anzuschließen und dafür zu sorgen, dass Verschwendung eingestellt wird. So sollen die Parks von Lima und die üppig bepflanzten Grünstreifen der Avenidas in Zukunft mit geklärtem Abwasser besprengt werden. Selbst wenn das alles gelingt, wird das den Lauf der Dinge bestenfalls bremsen. »Den entscheidenden Fehler haben die Spanier vor 500 Jahren gemacht«, erklärt José Salazar, der Präsident der nationalen Wasserbehörde. Die Inkas und andere präkolumbische Zivilisationen waren klug genug, ihre Städte in den Anden zu bauen, in der Nähe von Wasserquellen. Den Konquistadoren war es wichtiger, dass sie in der Nähe der Häfen blieben, von wo aus sie das Mutterland schneller erreichen konnten. Wer seine Existenz auf der Zerstörung einer Hochkultur aufbaut, muss Fluchtwegen wohl eine besondere Bedeutung zumessen. Heute bekommt das moderne Peru die Rechnung dafür präsentiert.

Es gibt Pläne, das Wasser der Restgletscher aufzustauen und gezielt, nach und nach, Richtung Lima zu lenken. Eine andere Initiative versucht, die Luftfeuchtigkeit, die morgens und abends aus dem Pazifik aufsteigt, mit Folien einzufangen und für die Landwirtschaft zu nutzen. Meerwasserentsalzung wäre ein weiterer Weg, der aber enorm viel Energie verschlingt, die erst noch produziert werden und von irgendjemand bezahlt werden müsste. Von Georgina und ihrer Familie? Sie werden das nicht können.

Als wir abends in die Stadt gehen, um *beauty shots* zu drehen, geraten wir in eine Demonstration. Es geht um die Bezahlung im öffentlichen Dienst. Tausende sind unterwegs, berittene Polizei begleitet den lärmenden Zug. In den Seitenstraßen stehen finster aussehende Reservetruppen. Alles bleibt friedlich, aber der Satz von General Rodríguez geht mir nicht aus dem Sinn: »Wenn das Wasser zu Ende geht, beginnen die Kämpfe!« Was dann?

KAPITEL 3

Militär an der Klimafront

Das Nervenzentrum des US-Militärs ist ein gewaltiges Gebäude, ein Kontrapunkt zum so zivilen Weißen Haus auf der anderen Seite des Potomac-Flusses. Das Pentagon, Sitz des Verteidigungsministeriums, zeigt in Stein gehauen die Wucht einer Macht, deren Streitkräfte immer noch mehr als 40 Prozent der Rüstungsausgaben der Welt verschlingen.[1] Am Eingang listen Tafeln die Superlative auf: größtes Bürogebäude der Welt, 600000 Quadratmeter Gesamtfläche, Gänge, die sich zu einer Länge von 28 Kilometern addieren. Jeden Morgen saugt der riesige, fünfeckige Kasten aus Beton und Stahl über Autobahnen und durch die eigene U-Bahn-Station im Keller 23000 Menschen in sich hinein und spuckt sie abends wieder aus. Wenn man, wie wir, vor den Säulenkolonnaden des VIP-Eingangs steht, ist es schwer, davon nicht beeindruckt zu sein. Mir jedenfalls ging das immer so, und auch in den Gesichtern erfahrener Staatsmänner und -frauen habe ich oft den Ausdruck von Staunen gesehen, wenn sie hier für den obligatorischen Termin jeder Washington-Reise vorfuhren.

Wir sind mit dem Vorsitzenden der US-Generalstäbe verabredet, um mit ihm über die Folgen des Klimawandels zu sprechen. Wenn unsere These stimmt, dass die Veränderung unseres Planeten langfristig auch Sicherheitspolitiker und Militärstrategen herausfordert, dann muss das für den Chef der global operierenden US-Streitkräfte schon heute dringenden Entscheidungsbedarf bedeuten. Ihm und seinen Planern bleibt gar nichts anderes übrig, als 20, 30 Jahre in die Zukunft zu blicken. Die Beschaffungszyklen der großen Waffenprogramme zwingen dazu. Deshalb sind wir hier. Wir wollen die Streitfrage, ob es ausschließlich oder hauptsächlich menschliche Aktivitäten sind, die die Erdatmosphäre aufheizen, außen vor lassen. Es gibt schon Filme und Bücher genug über die Vergehen der Menschen an der Natur. Wir wollen etwas erfahren darüber, welche Konsequenzen Klimaveränderungen haben, die – unabhängig von den Ursachen – nicht mehr ernsthaft zu leugnen sind.

Während wir auf die *K-9 Unit* mit ihren Spürhunden warten, die unsere Ausrüstung nach Sprengstoffgeruch absuchen sollen, denke ich zurück an meine ersten Besuche im Pentagon zur Zeit des ersten Irakkrieges, 1991. Damals herrschte hier eine Atmosphäre, die vor Spannung knisterte. Die schlagkräftigste und teuerste Streitmacht der Geschichte stand mitten in ihrer ersten großen Herausforderung seit dem Ende des Kalten Krieges. Und – psychologisch noch wichtiger – seit der Niederlage in Vietnam. Wenige Monate später – im Mai 1991 – erklärte Präsident Bush (Vater) auf einer Pressekonferenz zum Ende der Kampfhandlungen: »Mein Gott, wir haben das Vietnam-Syndrom ein für alle Mal aus dem Weg gekickt!«[2] Das Gefühl des Triumphes hielt nicht einmal zehn Jahre.

Am 11. September 2001 habe ich dann die riesige Wunde gesehen, die die Todespiloten des American-Airlines-Flugs 77 in die Zentrale der Militärmacht USA geschlagen haben. Ich erinnere mich an den beißenden Brandgeruch, der damals tagelang über der ganzen Hauptstadt lag. Schon sind die Bilder wieder da vom brennenden Pentagon, von den angstvoll blassen Gesichtern der Autofahrer auf der M Street vor dem ARD-Studio – Regierungsbeamte, die hoffnungslos stecken geblieben waren im Verkehr, der nur noch eine Richtung kannte: raus. Die Regierung hatte ihren Leuten befohlen, das Weite zu suchen, weil sie ihre Sicherheit in den Regierungsgebäuden nicht mehr garantieren konnte. Monitore im Studio zeigten, wie Verteidigungsminister Donald Rumsfeld in kopflosem Aktionismus über die verkohlte Rasenfläche rannte und versuchte, eine helfende Hand

Mondlandschaften: An Weihnachten 1968 sahen zum ersten Mal Menschen einen »Erdaufgang« über dem Mond (oben). Seitdem haben wir unseren Planeten immer gründlicher aufgewühlt. Unten: Die Mine *Bayan Obo* in China.

3

Niedrigstand: Die Hafenmauer von Manaus findet sich im Dezember 2010 weitab vom Fluss. Unten: Wir sind unterwegs auf den schmal gewordenen Zuflüssen des Amazonas.

4

5

Wasserstraßen: Raimunda führt uns zu den Menschen am Fluss. Noch nie haben sie ihre einzige Verbindung zur Außenwelt als so jämmerliches Rinnsal erlebt.

6

7

Stadtwüste: Hunderttausende Menschen leben in Slums auf den staubtrockenen Hügeln um Lima. Dort bezahlt Georgina den Betreibern der Tanklaster 20-mal mehr für ihr Wasser als Bürger der Hauptstadt mit Anschluss an das Leitungsnetz.

8

Ausgebeutet: Oberhalb dieser Staumauer entnimmt Lima dem Fluss Rímac das Wasser, das es braucht. Alles! Das Flussbett unterhalb der Sperre trocknet aus. Wie viel Zeit bleibt, bis Verteilungskämpfe beginnen?

11

Staatsgeschäfte: Das Parlament von Tonga – Wahrer der Unabhängigkeit der Inselnation – wird eingeschworen; ein Amtsantritt in turbulenten Zeiten. Unten: 'Akau'ola ist verantwortlich für das Schicksal einiger hundert Menschen auf seiner Insel.

12

13

Selbstbestimmt? »Haben wir denn eine Wahl?«, fragt Minister Lord Ma'afu zurück, als ich ihn nach Chinas wachsendem Einfluss auf Tonga frage. Konzerne und Händler aus China übernehmen mehr und mehr das Wirtschaftsleben.

4

Exponiert: 2012 komplettiert China eine Radarstation auf dem Subi-Riff bei den Spratly Islands, um die sich China und die Philippinen streiten – nur ein Schachzug in einem großen Spiel.

an eine der Krankentragen zu bekommen, bis ihn ein Offizier zurückführte in die Kommandozentrale, zu seinen eigentlichen Aufgaben. Ich habe ihn ein Jahr später auf diese Szene angesprochen. Er wollte darüber nicht reden. Diese Stunden waren auch für ihn, den abgebrühten Machtpolitiker, zu viel gewesen. An jenem Tag hatte »mein« Amerika, das sich so unverwundbar gefühlt und gebärdet hatte, seine Verletzlichkeit erfahren. 125 Militärs und Zivilangestellte starben alleine im Pentagon.

Die Erfahrung des 11. September hat das Land ängstlicher und aggressiver gemacht. Nachrichten von neuen Gefahrenquellen treffen auf ein gereiztes Nervensystem. Immer stärker empfinden die Amerikaner ihre weltweiten Interessen und Abhängigkeiten als Last. Aber sie existieren nach wie vor, und der Mann, den wir an diesem Tag interviewen, hat die Pflicht, sie zu verteidigen. Admiral Mike Mullen ist als *Chairman of the Joint Chiefs of Staff* der höchste Offizier der USA. Ihm unterstehen die CINCs, die als *Commanders in Chief* für Zonen verantwortlich sind, in die das US-Militär den Erdball aufgeteilt hat. Zwischen ihnen verbleibt – jedenfalls theoretisch – kein Quadratmeter Erde ohne US-Aufsicht. Sie verhandeln in ihrer jeweiligen Weltregion mit den meisten Staats- und Regierungschefs auf Augenhöhe. Sie werden mit den Prokonsuln des Römischen Reichs verglichen.[3] Keine andere Macht erhebt heute solche Ansprüche. Jedenfalls noch keine.

Die Verabredung mit dem Generalstabschef erlaubt uns den Zugang über den Prominenteneingang. Das geschäftige Brummen des Machtapparats mit seinen Zehntausenden Arbeitskräften dringt hierher nicht vor. Die Wände des *Chairman's Corridor* sind mit edlem Holz verkleidet. Unseren Weg säumen – gemalt von den Künstlern des hauseigenen *Art Department* – Porträts der Feldherren vergangener Zeiten. Admiral Mullen hat sich mit den Problemen des 21. Jahrhunderts herumzuschlagen. Zwei Kriege in Irak und Afghanistan sind abzuwickeln. Keiner wird als Sieg in die Geschichte eingehen. Sie haben 6500 US-Soldaten das Leben gekostet. Und die amerikanischen Steuerzahler fast

1300 Milliarden Dollar.[4] Sie werden, so sagen mir Militärs und Politiker in Washington, die letzten Engagements dieser Art sein, auf die sich Amerika eingelassen hat. Zukunftsgewandte Strategien und Aufklärung sollen in Zukunft das militärische Denken der Supermacht beherrschen. Konflikte sollen erkannt und entschärft werden, bevor aus ihnen Kriege erwachsen. Da muss Klimawandel mit seinem Potenzial, bestehende Konflikte zu verschärfen, eine Rolle spielen.

Wir dürfen das Gespräch mit dem Generalstabschef nicht in seinem Büro drehen. Es würde Tage brauchen, da alles rauszuschaffen, was keine Kamera zeigen darf, war die Begründung. Der *Flag Room* des Generalstabs war eine protokollarisch akzeptable Alternative, für unsere beiden Kameramänner wird es ein Albtraum. Es ist fast unmöglich, optische Tiefe in den fensterlosen Raum zu bringen, der für Ordensverleihungen und andere Zeremonien im kleinsten Kreis gedacht ist. Immer wieder verlangen die Protokolloffiziere, dass die Flaggen und Ehrenzeichen, die unser Erster Kameramann Tal Larish gerade erst ansprechend arrangiert hat, wieder in eine korrekte Rangordnung gebracht werden, die nur ihnen vertraut ist. Ich weiß, dass Angela Andersen, die Regie führt, am Ende dafür sorgen wird, dass Optik über militärischen Comment triumphiert, halte mich da raus und sammle meine Gedanken beim Auf- und Abgehen in den langen Fluren. Ich bin angespannt. Dieses Gespräch hat eine zentrale Bedeutung für das, was wir uns vorgenommen haben. Am Ende laufe ich dem Admiral und seiner Entourage buchstäblich in die Arme.

Mike Mullen, formidabler Basketballspieler, Vietnam-Veteran, Absolvent der Harvard Business School, ist der neue Typ des amerikanischen Top-Offiziers, in Akademien und Denkfabriken ebenso zu Hause wie an Bord eines Kriegsschiffs oder auf einem Kasernenhof. Ich hätte mir wegen unseres Themas keine Sorgen machen müssen. Admiral Mullen springt sofort darauf an: »Die allermeisten Militärs in der Welt haben den Klimawandel lange geleugnet. Das US-Militär hat das hinter sich. Klimawandel ist eine Realität. Der müssen wir uns stellen«, sagt er mit Entschiedenheit und liefert Begründungen ungefragt mit: »Das Gesicht der Erde verändert sich. Die Menschheit wächst rasant. Da stellen sich unabweisbare Fragen: Wie sichern wir die nötigen Ressourcen? Wie ernähren wir diese Menschen? Wenn so wichtige Interessen auf dem Spiel stehen, wenn sich ganze Völker in Bewegung setzen, dann – das lehrt die Geschichte – gibt es Spannungen und Bedrohungen. Und wir haben jetzt schon Spannungen. Mit Nationen, mit denen wir gute Beziehungen haben. Und auch mit solchen, mit denen wir angespannte Beziehungen haben. Wir streiten um Ansprüche.«

Schon in den ersten Minuten des Gesprächs hat Mullen in einem großen Bogen die meisten der Themen angesprochen, die mich beschäftigen. Meine Reisen für dieses Projekt haben mir vor Augen geführt, was die Stichworte bedeuten, die er so schnell hintereinander fallen lässt: der neue Kampf um Ressourcen; Menschen, die sich in Bewegung setzen, weil ihnen ihre Heimat keinen Lebensraum mehr bietet; der Vormarsch Chinas im Pazifik, der Mullen offenbar sehr beunruhigt. An vielen Punkten der Welt ist Klimawandel Salz in alten Wunden, ein *threat multiplier*, ein Verstärker von Gefahren. Sobald ich Mullen – und später seine Offiziere – aber frage, wo sich die Antwort des US-Militärs auf diese Bedrohung schon heute konkret feststellen (und filmen) lässt, werden die Antworten unpräziser. Sie haben die Herausforderung erkannt und stellen sich darauf ein, immerhin. Aber sie sind offenbar noch am Anfang einer sehr steilen Lernkurve. Und sie bewegen sich auf politisch vermintem Gelände. So gefährlich, dass auch der mächtige *Chairman* seine Worte wägen muss. Der Klimawandel ist eines der Themen, an denen sich die Geister in dem seit einigen Jahren ideologisch tief gespaltenen Land besonders scharf scheiden.

Rick Santorum, für besonders konservative Republikaner Anfang 2012 noch Favorit für die Präsidentschaft, beschrieb in seinen Wahlkampfreden den Klimawandel als Schwindel, als »Teil eines raffinierten Planes der Linken, die das als Vorwand benutzen, um der Regierung noch mehr Kontrolle über das Leben der Bürger zu verschaffen«. Solche Sprüche finden nicht nur am rechten Rand des Spektrums Zustimmung. Ihre Anziehungskraft ist so groß, dass sie die politischen Kompassnadeln biegt. Im Wahlkampf 2008 hatten Barack Obama und sein republikanischer Gegner John McCain noch beide Maßnahmen zur Reduktion von Treibhausgasen im Programm. 2012 zieht sich Mitt Romney – vorsichtig wie immer – auf den Standpunkt zurück, dass er nicht wisse, was den Klimawandel verursacht.[5] Und auch Obama hütet sich, noch einmal so träumerisch wie im Wahlkampf 2008 von einer US-Politik zu sprechen, die »den Anstieg der Ozeane bremst und mit der Heilung des Planeten beginnen wird«.[6]

Tatsächlich wird kaum noch bestritten, dass Klimawandel stattfindet. Die Jahre 2011 und 2012 haben in den USA mit Rekordschäden, die durch Wetterereignisse verursacht wurden – wie eine spektakuläre Serie von Tornados im Mittleren Westen und die Dürre von 2012 –, zu diesem Bewusstsein beigetragen.[7] Der öffentliche Streit betrifft jetzt vor allem noch die Frage, ob wir Menschen für diese Veränderungen verantwortlich sind. Darin steckt eine Menge politischer Zündstoff, und entsprechend ruppig sind die Umgangsformen.

Im Jahr 2008 – bemerkenswerterweise noch unter Präsident Bush (Sohn) – war es gelungen, im eigenen Geheimdienst des US-Energieministeriums ein Referat für »Energie- und Umweltsicherheit« einzurichten. Eine bahnbrechende Entwicklung. Diese neue Abteilung hatte das Potenzial, dem Klimaschutz, für viele immer noch exklusives Thema grüner Träumer, das Gewicht militärischer Machtfragen zu verleihen. Das amerikanische Energieministerium verdankt seinen politischen Einfluss vor allem der Aufsicht über die Atomlabore und Atomwaffenfabriken der USA.

Ich hatte die Frau, die das neu geschaffene Büro leitete, einige Jahre zuvor kennengelernt. Damals arbeitete sie noch für die CIA und brannte darauf, dem Kokon der Geheimhaltungsregeln dort zu entkommen. Sie glaubte an die Kraft freier Information und hatte in der Umweltsicherheit ihr Thema gefunden. Im Energieministerium konnte sie den Maulkorb ablegen, tourte durch die Universitäten und Denkfabriken der USA und sprach über die harte machtpolitische Seite des Klimawandels.

Auch mit ihr war ich in Washington zu einem Gespräch verabredet. Der Termin wurde unter eigenartigen Umständen in letzter Minute abgesagt. Später habe ich erfahren, dass sie an genau diesem Tag gefeuert worden war. Einflussreiche Kräfte in den Büros von Senatoren der »Ressourcen-Staaten«, vor allem aus den Öl- und Kohlegebieten des Westens und Südens, haben ihrem Referat erst die Mittel abgegraben und die willensstarke Klimaschützerin am Ende zurück in den CIA-Kokon verbannt.[8] Seitdem ist es in Washington wieder ruhiger geworden zu diesem Thema. Die engagierten jungen Mitarbeiter, die sich bei ihr zusammengefunden hatten, retteten sich in Nischen an Hochschulen und in Forschungsinstituten des US-Militärs. Die Streitkräfte gewähren Leuten wie ihnen Freiraum, weil sie, wie Admiral Mullen sagte, »reale Gefahren sehen« und wenig übrig haben für die politischen Winkelzüge im Kongress.

Trotzdem bleibt die Verbindung von Klimawandel und Sicherheitspolitik offenbar ein explosives Gemisch. Immer wieder rennen wir mit unseren Anfragen für Drehgenehmigungen an die Wand. Das *Pacific Command* des CINCPAC auf Hawaii, das von Nordkorea über China bis Pakistan und Indien für einige der politisch wie klimatisch gefährlichsten *Hotspots* auf dem Globus verantwortlich ist, wäre ein idealer Drehort für uns. Angela hat dort für unsere Dokumentation *Allmacht Amerika* gedreht und einen guten Draht zu den Entscheidern vor Ort. Ich selbst habe brauchbare Verbindungen in die Thinktanks und Planungsstäbe der USA hinein – aber wir kommen nicht weiter. Unsere Ersuchen werden nicht beantwortet oder immer wieder unter fadenscheinigen Gründen abgelehnt. Schließlich geben wir das *Pacific Command* als Drehort auf. Es wäre nicht zu verantworten, mit einem Team bis nach Hawaii zu reisen, ohne verbindliche Zusagen zu haben.

Wir haben ja noch das *War College* der US-Armee in Carlisle, Pennsylvania. Dort verbringen wir – ohne Team – einen hochinteressanten Tag im Trainingscenter, in dem *War Games* veranstaltet, mögliche Konflikte der Zukunft durchgespielt werden. Für Tage oder Wochen werden Hunderte von Offizieren in das Schulungszentrum eingesperrt. Krieg findet dort »virtuell« statt. In einer riesigen Kommandozentrale sitzen die Befehlshaber der einzelnen Einheiten vor Bildschirmen. Dort und auf einer Kinoleinwand erfahren sie, was ihre Befehle »im Feld« anrichten. Dr. Kent Butts, das »Gehirn« hinter diesen Übungen, denkt sich mit seinem Stab immer komplexere Szenarien aus. Der Stress, so sagt er uns, kommt während der Übungen der echten Erfahrung sehr nahe.

Seit Jahren streut er in die Herausforderungen Umweltveränderungen mit ein – etwa Überflutungen, die plötzlich viel bedrohlicher werden als die Kampfhandlungen selber. In einen Konflikt zwischen Indien und Pakistan »platzt« ein virtueller Wirbelsturm, der Karatschi ausschaltet, das wirtschaftliche Zentrum des Landes. Plötzlich ergeben sich völlig neue Aufgaben für die US-Flotte, die, zum Eingreifen bereit, im Arabischen Meer kreuzt. »Seit den ersten großen Schlachten des Altertums haben Armeen die natürlichen Gegebenheiten für ihre Zwecke genutzt und in ihre Taktik eingebaut«, sagt mir Kent Butts. »Das ist wahrhaftig nichts Neues. Aber da galt die Natur – mal abgesehen vom Einsetzen des Winters oder einer Trockenzeit – als Konstante. Das ist anders geworden. Der Boden unter unseren Füßen verschiebt sich. Das sind längst strategische Fragen geworden. Besonders im Pazifik.«

Das Institut von Dr. Butts im *War College* ist der Traum eines Filmemachers. Das große Lagezentrum könnte Hollywood nicht eindrucksvoller bauen. Er zeigt uns die Quartiere der Generäle für die Dauer der Übungen: elegant ausgestattete Büros mit angrenzenden Schlafzimmern, auf den Schreibtischen große Computerbildschirme, an den Wänden Ölgemälde von den Schlachten einer anderen Epoche, einige Kuriositäten der

Militärkultur. Angela darf sich einen *burn bag* mitnehmen, einen Papiersack für Dokumente, auf den in großen Buchstaben der Befehl gedruckt ist, dass er keinesfalls einfach weggeworfen werden darf. Der brisante Inhalt muss mit dem Sack verbrannt werden.

Wir verlassen Carlisle mit der Zusage, dass wir die nächste Übung drehen dürfen. Dr. Butts, der sich in der Welt der Strategen mit der Einbeziehung von Umwelteinflüssen einen Namen gemacht hat, ist sehr dafür, diese neue Realität bekannt zu machen. Wir sprechen sogar darüber, welcher Konfliktherd sich für die Zwecke unserer Dokumentation am besten eignen würde. Es hätte nicht besser laufen können, denken wir – und haben uns gründlich getäuscht.

Einige Wochen später verlaufen alle unsere Bemühungen im Sande. Von »höherer Stelle« werden immer neue Hindernisse aufgebaut, immer neue Anforderungen gestellt. Jedes Mitglied des Teams müsse sich einem gründlichen Backgroundcheck durch das Pentagon stellen. Dort will man damit nichts zu tun haben. Es wird allmählich albern. Wir haben für andere Filme mit US-Einheiten in den USA, in Thailand und Afghanistan bei Manövern und in Kampfeinsätzen gedreht, wir waren in den Bunkern von Atomraketen und in Kommandozentralen. Nie hat jemand solche Forderungen gestellt. Offensichtlich sind neugierige Fremde in dieser Phase der Strategieentwicklung mancherorts nicht erwünscht.

Später, als wir das Interview mit Admiral Mullen im Kasten haben, überlegen wir, mit diesem Pfund zu wuchern. Ein Anruf aus dem Büro des Generalstabschefs würde wahrscheinlich Wunder wirken. Wir verzichten. Unser Zeitplan ist ohnehin schon zum Zerreißen gespannt, und wer weiß, wie viel *red tape*, bürokratische Hindernisse, uns die Verweigerer trotz Unterstützung von höchster Stelle noch in den Weg werfen würden. Die US-Streitkräfte sind auch ohne Drehgenehmigung nützlich.

Einige der umfassendsten Studien über die Folgen des Klimawandels sind im Auftrag oder im Umfeld des Pentagons entstanden.[9] Sie fragen, was geschehen wird, wenn afrikanische Stammesgesellschaften so auf Dürren reagieren, wie sie es seit Jahrtausenden getan haben: mit massenhafter Wanderung, bei der sie jetzt auf Grenzen mit schwer bewaffneten Militärs treffen. Sie beschreiben das Potenzial für Verteilungskämpfe zwischen Indien und China. Beide schicken sich an, Großmächte des 21. Jahrhunderts zu werden, und stoßen schon bald an die unbarmherzige älteste Grenze des Wachstums: Wassermangel.

Anderswo mischt die Veränderung der Ozeane und ihrer Strömungen die Karten für den weltweiten Fischfang neu. Fischereikonflikte zwischen China und Japan, immer wieder einmal am Rande bewaffneter Auseinandersetzungen, könnten die Pazifikflotte der USA zu Beistand für den wichtigen Verbündeten im Westpazifik zwingen. Wenig entwickelte Staaten in Asien und im Osten Afrikas können scheitern, zu *failed states* werden, wenn die Fischschwärme ausbleiben oder von technisch höher gerüsteten Konkurrenten abgefangen werden. Die Verbindungen zwischen den Todespiloten des 11. September und den Rückzugsgebieten für Al-Qaida im Machtvakuum Afghanistans haben Amerika gezeigt, wie nah ihm solche Konfliktzonen sind, die am Ende der Welt zu liegen scheinen. Somalia ist ein weiteres Beispiel – dort beteiligt sich auch die deutsche Bundesmarine an Operationen gegen Piratenbanden, die unter anderem deshalb Zulauf bekommen, weil die Menschen in Ostafrika im Fischfang keine ausreichende Lebensgrundlage mehr finden.[10]

Man darf die Folgen des Klimawandels im Binnenland nie und nirgendwo unterschätzen – Dürre bedrohte im Sommer 2012 zum Beispiel auch Amerikas Kornkammer im Mittleren Westen –, jedoch zeigen sich aktuell die dramatischsten Veränderungen durch Klimawandel in Küstengebieten, und ausgerechnet dort lebt schon jetzt ein Großteil der Weltbevölkerung. Alleine im Jahr 2008 wurden bis zu 20 Millionen Menschen durch steigenden Meeresspiegel, Desertifizierung und Überflutungen vertrieben.[11]

Generalstabschef Mike Mullen, mein in diesen Fragen so engagierter Gesprächspartner, ist ein Mann der Marine. Bei vielen Katastrophen, vom Hurrikan »Katrina« zu Hause bis zum Zyklon »Nargis«, der 2008 das Irrawaddy-Delta in Myanmar verwüstete und Tausende Opfer forderte, waren amerikanische Kriegsschiffe mit als Erste mit schwerem Gerät im betroffenen Gebiet. US-Marine-Offiziere reden ausgesprochen gerne über solche Missionen.

2009 überschüttete mich der Kapitän des atomgetriebenen Flugzeugträgers »USS George Washington« im Japanischen Meer mit einer langen Liste humanitärer Einsätze. Das Thema war ihm lieber als meine Fragen nach der militärischen Schlagkraft seines gewaltigen Kriegsschiffs. Das ging so lange, bis ich etwas ungeduldig fragte, ob ich denn jetzt rund um die halbe Welt geflogen sei, um einen Erste-Hilfe-Kahn von Mutter Teresa kennenzulernen. Die Bemerkung hat die Auskunftsfreude des Kommandanten nicht gesteigert.

Von einigen Kritikern werden die immer zahlreicheren humanitären Missionen als Vorwand beschrieben, der die bei Weitem teuerste Kriegsflotte der Geschichte in dieser Größe weiter rechtfertigen soll – damit sie gefechtsbereit bleibt für zukünftige Aufgaben.[12] Von Amerika aus gesehen ziehen die am westlichen Horizont schon herauf.

»Das 21. Jahrhundert wird das Jahrhundert des Pazifiks sein«, sagt mir Admiral Mullen in unserem Gespräch. »Mein CINC PACOM [der Kommandeur des Pazifik-Kommandos, das ungefähr ein Siebtel der Erdoberfläche umfasst] konzentriert sich sehr auf diese Entwicklung. Mehr als je zuvor. Das soll aber nicht nur die Sorge der USA sein. Wir haben ein starkes Bündnis mit Japan, mit Südkorea, Australien und anderen Nationen in diesem Teil der Welt. Wir alle zusammen können damit fertigwerden. Wir müssen nicht hilflos zuschauen, wie China sich breitmacht.«

Da ist es wieder, Amerikas zentrales Thema für die nächsten Jahrzehnte: der neue Wettbewerber auf der Weltbühne, der rasend schnell wächst und militärisch aufrüstet. Die Bühne für das Ringen ist bestimmt. Sie ist schier endlos weit und tiefblau und verändert sich mit wachsendem Tempo: das »Meer der Stille«, der Pazifische Ozean. Wer hier die Veränderungen der Natur besser versteht und nutzt, erringt einen gewaltigen Vorteil. Und das sind derzeit nicht unbedingt die Vereinigten Staaten.

KAPITEL 4

Pazifische Strategien

Ein Ozean frisst seine Inseln

Wenn die neun Inseln, die den Pazifikstaat Tuvalu bilden, einmal untergehen, wird das kein dramatisches Finale à la Hollywood, mit Monsterwellen, die Palmen wie Streichhölzer knicken, und Häusern, die von den Fluten aufs Meer hinausgerissen werden. Es wird ein schrittweises, schmerzvolles und sich lange hinziehendes Ende. Die Korallenriffe – natürliche Wellenbrecher – bleichen aus und sterben ab. Meerwasser dringt durch den Untergrund. Die Erde wird feucht, dann nass, und schließlich quillt das Salzwasser geradewegs aus dem Boden und bedeckt alles. Erst knöcheltief, dann knietief, wie das in den letzten Jahren mehrmals geschehen ist. Aber dann wird sich das Meerwasser nicht wieder zurückziehen. Es wird in die Lebensadern der Inseln dringen und das Süßwasser verderben. Dann werden die Pflanzen, die mit zähem Griff die Erdkrume festhalten, verdorren und dem Boden keinen Halt mehr bieten. Die Inseln werden einfach überspült. Und Tuvalu wird nicht mehr existieren.

Praktisch alle Klimawandelszenarien stimmen darin überein, dass die flachsten Atolle im Pazifik ein Raub der Wellen werden.[1] Uneinigkeit besteht nur in der Frage, wann es so weit sein wird. Die meisten Klimaforscher gehen davon aus, dass sie bis Ende des Jahrhunderts verschwunden sein werden, andere sind überzeugt, dass das schon viel eher passieren wird. Auf der zu Vanuatu, einem anderen kleinen Inselstaat im Pazifik, gehörenden Insel Tegua musste 2005 das Dorf Lateu abgebaut und 600 Meter weiter ins Inselinnere verlegt werden, nachdem es in den Vorjahren vier- bis fünfmal jährlich vom Meer überschwemmt worden war. Die Umweltorganisation der Vereinten Nationen, UNEP, bezeichnete Lateu als »eine der ersten Siedlungen – wenn nicht sogar die erste –, die [in modernen Zeiten] wegen des Klimawandels verlegt werden musste«.[2] Auf den zu Papua-Neuguinea gehörenden Carteret-Inseln mussten 2009 die ersten von rund 2700 Bewohnern auf eine vier Bootsstunden entfernt liegende Insel umziehen – trotz des Baus von Deichen und der Anpflanzung von Mangroven.[3] Bis 2015 werden, so die Prognosen, die Carteret-Inseln im Meer versunken sein – wie schon 1999 zwei zur zentralpazifischen Republik Kiribati gehörende unbewohnte Eilande.[4] Nach Schätzungen des Roten Kreuzes ist seit Mitte der 1970er-Jahre die Zahl der von dem zunehmend erratischen Wetter betroffenen Menschen in Ozeanien enorm gestiegen.[5]

Europäische Politik hat sich mit diesen Problemen bisher kaum beschäftigt. Das mag daran liegen, dass offenbar kein Konsens darüber besteht, wie sehr und warum das Meer ansteigen wird. Weshalb sich Sorgen machen, wenn nicht einmal die Experten sich einig sind? Dabei stimmen sie in einem ganz zentralen Punkt so gut wie alle überein: dass der Meeresspiegel ansteigt und weiter ansteigen wird.[6] Neuere Studien gehen von einem Anstieg um 38 bis 59 Zentimeter bis Ende des Jahrhunderts aus.[7] Im Zeitraum von 1993 bis 2003 ist der Meeresspiegel um etwa drei Zentimeter gestiegen – der durchschnittliche jährliche Anstieg war fast doppelt so hoch wie der in den vorangegangenen 50 Jahren.[8, 9] Dabei stellt der steigende Meeresspiegel ja nur einen Teil des Problems dar, denn ein Großteil der unmittelbaren Schäden an den Küsten wird durch den damit einhergehenden schwereren Seegang und heftigere Stürme verursacht.

Der Anstieg des Meeresspiegels wird durch mehrere Faktoren verursacht. Einer der wichtigsten davon ist die thermale Ausdehnung, zu der es kommt, wenn sich infolge der steigenden Lufttemperaturen die Meere aufheizen.[10] Wenn ein Ozean sich erwärmt, braucht er schlicht mehr Platz. In den obersten drei Metern der Weltmeere ist ebenso viel Wärmeenergie gespeichert wie in der gesamten darüberliegenden Atmosphäre.[11] Einmal erwärmt, sind die Meere so gute Speicher, dass sie die Wärme selbst bei sinkenden Lufttemperaturen auf lange Zeit, möglicherweise sogar auf Jahrhunderte hinaus, nur sehr langsam abgeben.[12] Aus diesem Grund strömt durch die Heizkörper, mit denen wir unsere Häuser heizen, ja auch Wasser und nicht etwa Luft. Und selbst im günstigsten Fall – wenn nämlich die Treibhausgaskonzentrationen auf heutigem Niveau eingefroren würden – wird sich der Meeresspiegel aufgrund der thermischen Trägheit des Ozeans noch viele Jahrzehnte weiter erhöhen.[13]

Dazu kommen die abschmelzenden Gletscher im Himalaya, in den Alpen, den Anden und anderen Gebirgen, die bereits heute zum Meeresspiegelanstieg beitragen. Das oft bemühte Albtraumszenario ist der Kollaps des kilometerdicken Eispanzers, der den größten Teil Grönlands bedeckt. Die Antarktis erscheint derzeit von der Klimaerwärmung weitgehend unberührt, aber in der Arktis ist das Abschmelzen schon deutlich zu beobachten – bedrohliche Aussichten! Während der letzten Eiszeit lag fast ein Drittel aller Landflächen unter Eis und der Meeresspiegel bis 150 Meter unter dem heutigen Niveau.[14] Das macht deutlich, wie wichtig die gewaltigen Massen gefrorenen Wassers für das Antlitz der Erde sind. Wenn nur 15 Prozent des grönländischen Eisschilds schmelzen, würde das weite Teile Floridas, des Nildeltas und der Niederlande (um nur ein paar tief liegende Regionen zu nennen) unter Wasser setzen. Nur reiche Nationen könnten sich dann den Versuch leisten, das Meer mit immer höheren Deichen in Schach zu halten. Menschen in ärmeren Ländern bliebe nur die Flucht, um dem Tod durch Ertrinken oder Verhungern zu entkommen.

Für Tom Roper, den früheren australischen Minister für Planung und Umwelt, sind solche Staaten Nachbarn. »Seit dem Tsunami [von 2004] wissen wir, was ihnen blühen könnte«, sagt er. »Auf den Malediven gingen rund 15 Prozent der Landfläche verloren und mussten Meerwasserentsalzungsanlagen[15] herangeschafft werden, damit die Leute dort überhaupt bleiben konnten. Ihre Felder wurden schwer verwüstet und haben immer noch nicht die alte Produktivität erreicht. Die Zerstörung der Riffe beeinträchtigte den Fischfang. Das vermittelt uns ein gutes Bild davon, was sich demnächst in einer ganzen Reihe von Ländern abspielen könnte.«[16] Für einige Atolle ist diese Zeit bereits gekommen.

Viele erheben sich nur ein, zwei Meter über den Meeresspiegel. Die meisten haben eine natürliche Schutzmauer aus Korallenriffen, die die Wucht der Pazifikwellen brechen. Eine Zeitlang hoffte man, dass die Riffe mit dem steigenden Meeresspiegel wachsen würden, stattdessen aber sterben sie ab. Korallenriffe sind das Werk winziger Lebewesen, Korallenpolypen, die in Symbiose mit Algen leben. Die Polypen schützen die Algen vor schädlicher UV-Strahlung und liefern ihnen Stoffwechselprodukte zur Ernährung; im Gegenzug versorgen die Algen ihre Wirte mit energiereichen Stoffen und erleichtern die Produktion von Kalk für den Riffbau. Eine perfekte Partnerschaft – aber auch eine sehr fragile, die außerhalb eines schmalen, um 26 °C liegenden Temperaturbands auf Dauer nicht überleben kann. Wird das Wasser zu warm, stößt der Polyp die Algen aus, wahrscheinlich weil sie dann für ihn giftig werden. Ohne die Algen verlieren die Korallen ihre Farbe, sie bleichen aus und verhungern.

Um den Jahreswechsel 1997/98 gab uns ein besonders stark ausgeprägter El Niño einen Vorgeschmack auf kommende Zeiten. In praktisch allen Riffregionen der Welt trat Korallenbleiche auf, durch die insgesamt 16 Prozent[17] der Riffe schwer geschädigt wurden.[18] Viele dieser Riffe konnten sich nicht erholen und sind seitdem zerfallen. Da Riffe den Lebensraum für etwa ein Viertel der bekannten Meereslebewesen bilden, überrascht es nicht, dass in den am schlimmsten betroffenen Gebieten die regionale Artenvielfalt bei Fischen um 50 Prozent zurückgegangen ist und einige Spezies lokal ganz verschwunden zu sein scheinen.[19]

Ein weiteres Problem besteht darin, dass mit der steigenden CO_2-Konzentration in der Atmosphäre mehr Kohlendioxid vom Meerwasser aufgenommen und anschließend in Kohlensäure umgewandelt wird.* Dadurch werden die Ozeane immer saurer, was für das marine Leben im Allgemeinen und für Korallen im Besonderen verheerend ist, weil die Verfügbarkeit von Karbonat-Ionen zurückgeht, aus denen die Korallen ihre Außenskelette bilden.[20] Die Bemühungen von Wissenschaftlern, wärmeresistente Algen und damit möglicherweise robustere Korallen zu züchten, geben ein wenig Anlass zu Hoffnung, befinden sich aber noch im Anfangsstadium. Derweil sagt eine Studie voraus, dass in 20 Jahren in Teilen des Indischen Ozeans keine Korallen mehr leben können, eine zweite gibt dem Great Barrier Reef vor Australien immerhin noch eine Lebenserwartung bis 2050, und einer dritten zufolge könnten binnen der nächsten zehn bis 30 Jahre weltweit 60 Prozent aller Korallenriffe verloren gehen.[21]

Sollten die Korallenriffe in den Weltmeeren tatsächlich großräumig verschwinden, hätte das vielfältige Konsequenzen. Denn sind die schützenden Riffe erst einmal verschwunden, werden damit ganze Ökosysteme zerstört, die Fischvorkommen gehen zurück, und die Erosion der Küsten nimmt massiv zu. Darüber hinaus locken viele Inselnationen mit bunten Korallenriffen Touristen an. Wer bis zu den Seychellen, den Malediven, den Fidschi-Inseln oder in die Karibik reist, erwartet, dass er in geschützten, farbenprächtigen Gewässern schwimmen und tauchen kann. Für einige Länder und insbesondere die kleinen Inselstaaten im Pazifik ist der drohende Verlust der Korallen jedoch nicht nur eine Frage des wirtschaftlichen Wohlergehens, sondern des schieren Überlebens.[22]

Wir haben erlebt, wie sehr die Angst vor den Veränderungen

---

* Ein Phänomen, das nicht nur die ferne Südsee beeinträchtigt, sondern auch »unsere« Meere um Europa, siehe Nils Ehrenberg: »Saurer, wärmer, artenärmer«, in: *Bild der Wissenschaft*, 8/2010, S. 36.[II]

die Menschen auf diesen Atollen verunsichert. *Global Player* von einem ganz anderen Kaliber beginnen, das zu ihrem Vorteil zu nutzen.

Tonga, zum Beispiel

Meine Ankunft im Paradies war liebevoll bis ins letzte Detail geplant – und das war mir überhaupt nicht recht. Aber Cleo Paskal, die im Kreis der Mächtigen von Tonga über mehr persönliche Kontakte verfügt als ich in Berlin (beides hat sein Gutes), zeigte beim Arrangement keinerlei Kompromissbereitschaft. Wir hatten den alten Sitten des Südpazifiks zu gehorchen.

Mein Team musste mich alleine zurücklassen auf dem Boot, das uns bis Taunga gebracht hatte, einer der äußeren Inseln im Archipel von Tonga. Es bereitete an Land die Dreharbeiten vor, ich nutzte die Wartezeit dazu, mich ganz in Schwarz zu kleiden. Eine Stunde später kam ein kleiner Kahn vom Strand, um nun auch mich zu holen. Ich nahm mir den Zettel mit Cleos Anweisungen noch einmal vor. Jetzt bloß nichts falsch machen!

Wortlos, wie befohlen, stieg ich ein und setzte mich auf das schmale Brett, den Blick in Fahrtrichtung. Mit schlafwandlerischer Sicherheit fand der Bootsführer die Fahrrinne durch das bunt schimmernde Korallenriff. Auf dem kleinen Steg hatten sich festlich gekleidete Frauen und Kinder versammelt, um mich mit einer Blumengirlande zu empfangen und mir einen der traditionellen Baströcke umzubinden. Auch dieser Teil der Zeremonie geschah schweigend, nur unterbrochen vom aufgeregten Lachen der Kleinen.

Nun ging es durch den Palmenhain am Strand hinauf zum Dorfplatz. Tevita Motulalo, unser einheimischer Producer, hatte mich auf das Bild vorbereitet, das sich mir dort bieten sollte. In festlicher Runde, geschmückt mit Schärpen aus Blättern, saßen dort die Würdenträger der Insel im Schneidersitz im Gras: der Navigator des Königs, sein Stratege, sein Koch, sein Mundschenk … – die Führungsriege einer Flotte, die zur Eroberung ferner Inseln durch Polynesien kreuzt, Krieger aus Tonga, respektiert und gefürchtet bis hinauf nach Hawaii, fast dreitausend Seemeilen im Norden. So erzählt es die Legende der Inseln. Die Männer von Taunga erscheinen schon lange nicht mehr in Kriegskanus an fernen Küsten – bei den Weißen heißen ihre Inseln seit dem Besuch von Captain Cook vor 200 Jahren *The Friendly Islands* –, aber die Bewohner haben sich die Erinnerung und die würdevollen Ehrentitel aus der kriegerischen Epoche bewahrt. Die Enden des Ovals nehmen der Medizinmann und 'Akau'ola ein. Sein traditioneller Titel bedeutet »Navigator« oder »Admiral« der königlichen Flotte. De facto ist er in seinem Teil des Inselreiches Eigentümer des Landes und »Chef« oder »Häuptling« seines Volkes.

Immer noch schweigend folge ich den Blicken der Männer zum einzigen freien Platz in der Runde und zwinge meine Beine in einen Schneidersitz. Nun wirft der Zeremonienmeister einige Handvoll Späne und etwas Wasser in eine Holzschüssel, die geformt ist wie der Panzer einer großen Schildkröte. Singend im Rhythmus der Bewegung beginnt er, das Holz mit einem großen Mörser zu zerreiben. Ich weiß von Tevita, dass nun aus den Wurzeln des Pfefferstrauchs Kava entsteht, ein milde berauschender Sud, der entspannend wirken und den Redefluss befördern soll. Sobald sich Späne und Wasser zu einer sämig-beigen Flüssigkeit verbunden haben, bekommt jeder von uns eine gefüllte Kokosnussschale in die Hände. Mir fällt ein, dass ich vergessen habe, Jürgen, unseren Kameramann, um Zurückhaltung beim Drehen zu bitten – zumindest was den Blickwinkel auf mich angeht.

Nun beginnt die Runde der Reden. Einer nach dem anderen bringt einen langen Trinkspruch aus, den ich natürlich nicht verstehe. Trotzdem muss ich aufmerksam zuhören, während sich mein Empfinden mehr und mehr auf das Kribbeln in den Beinen und einen wachsenden Schmerz im Rücken konzentriert. Als Kind hat mir langes Sitzen im Schneidersitz nichts ausgemacht.

Aber das haben meine Gelenke wohl vergessen. Ich weiß, dass ich warten muss, bis einer der Redner mit meinem Namen endet. Ein überraschend klares und korrektes »Claus« ruft mich, wie ich weiß, nicht zu einer Rede, sondern zur Tat: Ich leere meine Schale in einem Zug – die aufgelösten Sägespäne schmecken wie aufgelöste Sägespäne.

Mit dem Absetzen der Schale ist der förmliche Teil beendet. Mit freundlichen Mienen kommen die Männer auf mich zu und heißen mich als Gast willkommen. Nun darf ich antworten, aber ich spreche ja ihre Sprache nicht. Der herzhafte Schlag einer großen Pranke auf meine Schulter beendet auch diese Verlegenheit: »Claus, old boy, welcome to my island«, begrüßt mich der sonore Bariton von 'Akau'ola mit einem britischen Upper-Class-Akzent, den Peter Ustinov nicht besser intoniert hätte. Ich bin in einer traditionsbewussten Gesellschaft gelandet, die ihren Platz in der Welt einfordert.

Der Chef der Insel hat seine Ausbildung in London genossen, sein Vater war dort Botschafter, und diese Verbindung zu den Windsors prägt sein Selbstbewusstsein. Der spätere 'Akau'ola beendete sein Studium mit einer Pilotenlizenz und einem Bachelor in Luftverkehrswirtschaft der *University of Auckland*. So wurde er Tongas Vertreter bei internationalen Luftverkehrskonferenzen. Seit dem turbulenten Bankrott der sehr kurzlebigen *Royal Tongan Airlines* verfügt das Königreich zwar über keine staatliche Fluggesellschaft mehr, aber Tongas Stimme zählt bei internationalen Abkommen nach wie vor so viel wie die der USA oder Deutschlands. 'Akau'ola wurde viele Jahre lang umworben. Er hat die Welt bereist – und zwar *in style*. Dann ging auch diese Position an einen Günstling des Königs, und die guten Jahre waren erst einmal vorbei. Was ihm blieb, waren die ererbten Inseln und der Titel seines Vaters auf Taunga am Nordrand des Tonga-Archipels.

Das ist – in aller Kürze – die Geschichte meines Gastgebers, mit dem ich nach einem großen Spanferkelgrillen am Strand – einer vom Häuptling erbetenen Aufmerksamkeit des deutschen

Fernsehens für sein Volk – entspannt im seichten Wasser seiner privaten Badebucht treibe. Wir entscheiden, dass diese Szene zu idyllisch ist, um im deutschen Fernsehen gezeigt zu werden. Ein hilfsbereiter Junge läuft zurück ins Dorf und holt eine Flasche kalten Weins. Der Sonnenuntergang rückt näher. »Hier führe ich alle abschließenden Verhandlungen mit meinen internationalen Gästen«, lacht 'Akau'ola. »Das hat Tonga nie geschadet.«

Er lebt gerne gut, aber er fühlt sich auch verantwortlich für fast 400 Menschen auf seiner Insel. Allein mit Fischfang, dem Ertrag von ein paar Früchten und Salat, dem Geld, das die Auswanderer aus Australien, Neuseeland und den USA überweisen, werden sie den Anschluss an die große Welt nicht schaffen. Jetzt kommt zu ihren Schwierigkeiten noch der Klimawandel dazu. 'Akau'olas Volk ist es gleichgültig, ob Wissenschaftler streiten. Hier spüren sie unmittelbar, dass das Grundwasser salziger wird, dass die Korallen ihre Farbe verlieren, dass die warmen Jahreszeiten heiß und die kühlen kalt werden. Die Familien von Taunga haben begonnen, sich Decken zu kaufen – so etwas hat früher niemand gebraucht. Und es ist vielleicht erst der Anfang. Auf anderen Inseln im Südpazifik wird schon Trinkwasser importiert. Die Jungen streben fort.

Vorläufig ist es die größte Sorge des 'Akau'ola, dass *Warwick Inc.* nicht zurückruft. Das Imperium des Hongkong-Chinesen Richard Chiu, dem rund um die Welt Luxushotels gehören, hat 2007 eine Anwartschaft gekauft, auf 100 000 Quadratmetern von Taunga ein Luxusresort zu bauen. Die Anlage würde die Insel beherrschen. Der Besuch der Delegation aus Hongkong und der Vertragsabschluss waren Anlass für ein gewaltiges Bankett am Strand, gefolgt von einem Cocktailempfang, der allen noch in Erinnerung ist. Sogar Ihre königliche Hoheit, die Prinzessin-Regentin, war aus der Hauptstadt Nuku'alofa angereist. Seitdem – vier lange Jahre schon – fragen die Insulaner 'Akau'ola, wann denn die Bauarbeiten beginnen und die gut bezahlten Jobs kommen, von deren Lohn sie ihre Kinder auf Schulen nach Australien und Neuseeland schicken wollen. Aber auf die E-Mails und Anrufe nach Hongkong und Paris, wo Richard Chiu residiert, bekommt 'Akau'ola keine Antwort mehr.

Dass Richard Chiu aus China kommt, passt für 'Akau'ola ins Bild. Das Reich der Mitte schafft sich im Pazifik eine neue, weit gespannte Peripherie, und Tonga spielt ganz offensichtlich eine Rolle in Beijings Plänen.

Von 'Akau'ola höre ich eine Redewendung, die in der Hauptstadt Nuku'alofa eine große Rolle spielt: *credit, no strings attached*, der »Kredit ohne Bedingungen«. China hat ihn Tonga gewährt. Seitdem werden manche Weichen für Tonga in Beijing gestellt. 'Akau'ola hat das zu spüren bekommen, als er noch in den Luftverkehrskonferenzen saß.

Da entstand eine besondere Beziehung zwischen ihm und den Abgesandten der Vereinigten Arabischen Emirate. Die wussten sich in Stil und Substanz erkenntlich zu zeigen für das Abstimmungsverhalten der ehrenwerten Vertreter des Königreichs Tonga. Die Reisearrangements zur Konferenz am Golf waren fürstlich. Schließlich ist Flugverkehr ein lebenswichtiger Wirtschaftszweig für die Golfstaaten geworden. Es lag nahe, dass sich die Diplomaten aus den Emiraten an ihren Freund erinnerten, als es um die Vorbereitung des Klimagipfels 2009 in Kopenhagen ging. Der steigende Meeresspiegel bedroht die Küsten des Persischen Golfs ebenso wie die von Tonga. Die Araber warben bei 'Akau'ola dafür, sich der Verhandlungsposition der Europäischen Union anzuschließen und für ehrgeizige Klimaziele zu streiten. Als die Verständigung bei der Regierung in Nuku'alofa bekannt wurde, flog 'Akau'ola aus der Delegation. Tonga endete in Kopenhagen im Lager der Chinesen, stimmte gegen Europa und gegen die Interessen der eigenen Schicksalsgenossen, der gefährdeten Inselstaaten im Pazifik. Einen Zusammenhang mit dem vielgerühmten großzügigen Kredit kann niemand beweisen. Er liegt aber zu nahe, um nur an einen Zufall zu glauben. Drei Tage in Nuku'alofa reichen, um die letzten Zweifel zu beseitigen: China hat Pläne für das Königreich Tonga.

Nuku'alofa: Reise in die Hauptstadt

Im Südpazifik kann niemand etwas gegen langsames Reisen haben. Fast zwei Stunden gleiten wir mit einem Boot durch türkisgrünes Wasser, vorbei an zahllosen Inseln, auf denen wir nur ein paar kleine Hütten erspähen. Dann geht es mit einer Propellermaschine hinauf in den Himmel und dann eine Stunde zwischen Schäfchenwolken Richtung Süden. Unter uns ziehen winzige grüne Paradiese vorbei, eingesäumt von weißen Stränden und bunt schimmernden Korallenkränzen. Schneller kommt man vom entlegenen Reich von 'Akau'ola nicht zurück zur Hauptinsel Tonga'tapu, auf der die Hauptstadt von Tonga liegt.

Im Zentrum von Nuku'alofa entspricht dann nur noch der Königspalast mit seinen weißen Balkonen und Holzschnitzereien den verträumten Erwartungen, die man im kalten Europa von einem Südseereich entwickelt. Ansonsten ist das 21. Jahrhundert hier angekommen. Zweckmäßige Geschäfts- und Bürogebäude prägen das Bild. Autos aus japanischer, koreanischer und chinesischer Produktion verstopfen die Straßen. Aus allen Richtungen dröhnt Baulärm. Gäbe es da nicht die vielen Männer und Frauen mit breiten, kunstvoll geflochtenen Bastmatten um den Leib, dessen Fülle in Tonga Wohlstand anzeigt – Nuku'alofa könnte eine boomende Kleinstadt irgendwo sonst im warmen Süden sein. Es fällt nur auf, dass so viele der Bauten erstaunlich neu aussehen.

Tevita hat für mich einen Termin mit Paul Karalus arrangiert. Er sei der Chef der Wiederaufbaukommission, Unternehmer, ehemaliger Minister und kenne alle Geschichten aus der verfilzten Business-Welt von Tonga. Ich hatte im Land der Hünen einen anderen Typ Mann erwartet als den schmalen, sommersprossigen Weißen, der mir auf der Hauptstraße entgegenkommt. Irgendwo, lerne ich, waren Iren im Stammbaum des Neuseeländers, den die Liebe vor Jahrzehnten nach Tonga gebracht hatte. Paul – wir sind schnell beim Vornamen – ist inzwischen ein so fester Bestandteil des Insel-Establishments, wie man es mit seiner Hautfarbe nur werden kann.

»Wir haben für das deutsche Fernsehen eine Aussichtsplattform vorbereitet«, lacht er und zeigt auf einen mächtigen fünfstöckigen Neubau an der wichtigsten Straßenkreuzung. Vom flachen Dach aus bekommen wir einen perfekten Überblick auf das Zentrum von Nuku'alofa bis hinaus auf den Pazifik. Ich spüre bis hier oben, wie der Neuanfang die Stadt umkrempelt. Man erkennt nur noch wenige traditionelle Viertel. Ansonsten, wohin ich auch schaue: ausgehobene Gruben, Gerüste und Rohbauten.

»Nach den Unruhen 2006 waren zwei Drittel der Innenstadt abgebrannt und geplündert«, sagt Paul. »Das war unser 11. September.« Ein Vergleich, der mir in vielen Ländern begegnet. Er erschien mir noch jedes Mal unangemessen, so auch hier. Aber der 16. November 2006 markiert ein Trauma des so ruhig und stabil erscheinenden Königreichs. Damals brachen Unruhen aus, denen ein bis heute nicht völlig aufgeklärter Mix aus politischen, sozialen und ethnischen Motiven zugrunde lag. Der äußere Anlass war, dass sich das Parlament von Tonga am Nachmittag wieder einmal in die Weihnachtsferien verabschiedet hatte, ohne die versprochenen demokratischen Reformen in Gesetze zu gießen.

Da hatten die Abgeordneten das Wutpotenzial der Bürger unterschätzt. Die Wirtschaft des Landes war seit Jahren auf Talfahrt, während die 1-Prozent-Klasse der traditionellen Inselfürsten und ihrer Freunde bei der Privatisierung des Gemeinguts ihre Pfründen mehrte. Alles, woraus sich neues Geld machen ließ – Mobilfunk- und Kabellizenzen, die tongaische Internet-Domain ».to«, Slots für die Umlaufbahnen geostationärer Satelliten bis hin zum (versuchten) Verkauf von genetischen Daten von Tongaern –, kontrollierte das Insel-Establishment. Hinzu kam eine wachsende Überfremdung durch Einwanderer, vor allem aus China. Seit den 1990er-Jahren hatten chinesische Einwanderer die meisten kleinen Geschäfte für Lebensmittel und Alltagsgüter übernommen. Sie setzten ihre eigenen Spielregeln durch: Unbezahlte Rechnungen wurden nicht mehr formlos »angeschrieben«, die Preise der einheimischen Konkurrenz gedrückt, die Öffnungszeiten so verlängert, dass lokale Geschäfte nicht mehr mithalten wollten oder konnten. Ein Abgeordneter des tongaischen Parlaments gab wütend zu Protokoll: »Die Chinesen übernehmen hier einen ganzen Wirtschaftszweig. Wir dürfen nicht akzeptieren, dass ein so wichtiger Teil unseres Lebens von Nicht-Tongaern dominiert wird.«[23] Nicht einmal ein Appell des Königs konnte die Wut dämmen. Nach einer Schießerei zwischen Tongaern und Chinesen entschied die Regierung, dass die Chinesen das Land innerhalb eines Jahres verlassen müssten. Der Beschluss wurde nie vollstreckt, die Aggressionen gegen die Fremden schwelten weiter.

All das explodierte, als am 16. November 2006 eine Demonstration, die als Pro-Demokratie-Kundgebung begonnen hatte, außer Kontrolle geriet. Wobei selbst über diesen Unruhen wohl noch ein Rest von südpazifischem Flair wehte. Die Internetvideos von damals zeigen brennende Gebäude und dichte schwarze Rauchwolken über der ganzen Stadt, aber die Menschen wirken nicht aggressiv. Sie ziehen mit ihrer Beute lachend durch die Straßen, als hätten sie gerade besonders günstige Weihnachtseinkäufe gemacht. »Proletarisches Shopping« nennt es später ein sozialistischer Blogger.[24] Selbst die Polizei regelt den Strom der Plünderer mit verlegenem Lächeln. Weder die Ordnungs- noch die revolutionären Kräfte haben Erfahrung mit solchen Unruhen. Aber die Bilanz von Tongas »Tag des Aufruhrs« war ernst und erschreckend: acht Menschen tot, die Innenstadt ein Trümmerfeld, das einzige Luxushotel der Hauptstadt – Eigentum der Königsfamilie – abgebrannt, die Arbeitsplätze damit vernichtet, die wirtschaftlichen Aussichten düsterer denn je. In einer Demonstration der andauernden Verbundenheit mit ihren Landsleuten schickte die chinesische Regierung ein Flugzeug, das mehr als 200 Chinesen erst einmal nach Hause holte.

In dieser Situation kamen die üblichen internationalen Hilfsmechanismen zum Einsatz: Weltbank, Internationale Bank für Wiederaufbau und Entwicklung, Hilfsprogramme der von den USA dominierten ASEAN-Staaten usw. »Sie kamen alle mit ihren dicken Ordnern voller Vertragsunterlagen und Bedingungen«, erinnert sich Paul Karalus. »Da ging es nicht nur um finanzielle Fragen, sondern auch um politische. Förderung der Demokratie, Gleichberechtigung für Frauen, Umweltauflagen, alles Mögliche. Sehr kompliziert. Die Chinesen waren da ganz anders.«

Die kleine Delegation aus Beijing kam mit dem Angebot, von dem auch jetzt, vier Jahre später, alle noch reden und mit dem für Tonga ein neues Kapitel begann: die *no strings attached loans* von denen mir schon 'Akau'ola berichtet hatte. 440 Millionen Yuan, der Gegenwert von rund 43 Millionen Euro – für China war das angesichts seiner gewaltigen Devisenreserven eine vernachlässigbar kleine Investition. In Tonga landet der Geldsack mit der Wucht, die in Deutschland ein 310-Milliarden Euro-Kredit hätte.[25] Es gibt keine Bedingungen, keine Einmischung in Tongas innere Angelegenheiten. Für die ersten Jahre wird die Rückzahlung gestundet. Die Zahlung geht direkt an die Regierung. Zu einem Zinssatz von zwei Prozent. Sie gibt das Geld für vier Prozent an lokale Unternehmen weiter – ein gutes Geschäft für beide Seiten, weil die Regierung einen guten Schnitt macht und tongaische Unternehmen auf normalem Wege nicht an internationale Finanzierungen herankommen.

Das Geld aus Beijing wirkt auf Nuku'alofa wie eine Lieferung Ecstasy-Pillen auf eine erschlaffende Party. Und Paul Karalus mittendrin. Ich ziehe mit dem bedächtigen Mann aus Neuseeland durch die Straßen der Hauptstadt und habe den Eindruck, dass ihm das eigene Projekt unheimlich geworden ist. Von den vielen Baustellen grüßen die Vorarbeiter. Große Schilder preisen an, was dort entstehen soll – in chinesischen Schriftzeichen. Eine Schule, ein Einkaufszentrum, ein neuer Hafen mit *Welcome Terminal*, groß genug für die neuesten und längsten Kreuzfahrtschiffe. Irgendwie scheint noch genügend Geld übrig gewesen zu sein, um den Königspalast im Rahmen der Erhaltungsreparaturen auf die vierfache Größe auszuweiten.

Der Betrieb in der Innenstadt von Nuku'alofa kommt mir vor wie eine Miniaturausgabe von Beijing in der heißen Bauphase vor den Olympischen Spielen 2008. Die Arbeiter, fast überall, sind Chinesen. »Uns bleibt doch gar nichts anderes übrig«, sagt Karalus. »Wir haben nicht genügend eigene Arbeitskräfte, und in dem Tempo, in dem das hier geht, können wir nicht ausbilden. Wenigstens gibt es keine Sprachprobleme, wenn die Chinesen unter sich bleiben.« Ironie der Geschichte: Am Ende haben die Unruhen, die ja auch gegen die Einwanderer aus China gerichtet waren, Chinas Präsenz auf Tonga drastisch vergrößert.

Wir folgen Paul bis in ein Besprechungszimmer im Hinterhof des Regierungsgebäudes. Dort empfängt Lord Tu'ivakano, der gerade neu vereidigte Premierminister, eine Delegation chinesischer Banker und Bauunternehmer. Es herrscht freundliche Atmosphäre, bunte Tüten mit Geschenken werden ausgetauscht. Für einen kurzen Augenblick darf unsere Kamera die Begrüßung noch einfangen, dann schließt sich die Tür. Ich erhasche einen letzten Blick auf ein Porträt des 2006 verstorbenen Königs Taufa'ahau Tupou IV., dessen überwältigende Statur beim Staatsbesuch in Deutschland 1985 einen so großen Eindruck hinterließ. Damals war Unabhängigkeit noch Tongas größter Stolz.[26] In diesem Augenblick erscheinen mir die Gesichtszüge des alten Monarchen müde und ratlos.

Tatsächlich hat das Königreich seine Seele nicht verloren, sondern verkauft. In einem Vertrag auf Raten, der in 20 Jahren den Boden für Fremdbestimmung bereitet.[27] Wenn die Zeit der Rückzahlung kommt, wird Tonga die Bedingungen nicht diktieren können. Zu sehr ist das Königreich bereits gefangen im Netz von Abhängigkeiten, das China über den Südpazifik zieht. Die Bedingungen könnten für die neue Großmacht nicht günstiger sein. Die kleinen Inselstaaten suchen verzweifelt nach starken Partnern. Der Risiko-Index der Vereinten Nationen 2011 nennt Vanuatu und Tonga die durch Naturkatastrophen am meisten gefährdeten Staaten der Welt.[28]

Für Lord Ma'afu Tukui'aulahi sind das keine Angelegenheiten, über die er noch Studien lesen muss. Er sieht sein Land in der Zange zwischen schnell wachsenden Gefahren vonseiten der

Natur und der Gier der Geier, die es auf Tongas Schätze abgesehen haben. Der adlige Riese mit dem kahl geschorenen Charakterschädel und den nachdenklich-traurigen Augen ist Minister für Umwelt, Naturschätze und Klimawandel im neuen Kabinett von Tonga. Der direkte Zugriff auf einige der lukrativsten Ressorts gibt ihm Macht und Einfluss.

Es gehört zu den schwierigsten Aufgaben meines Gewerbes, dass es mich immer wieder dazu zwingt, innerhalb kürzester Zeit wildfremde Menschen in fernen Kulturen zu beurteilen. Kann ich ihnen und ihren Geschichten trauen? Natürlich recherchieren wir vorher wie nachher, so gut es geht, aber das bietet keine 100-prozentige Gewissheit.[29] Bei Lord Ma'afu folgte ich meinem Gefühl. Ich hatte den Eindruck, dass er es ernst meint mit seinem Amt und mit seinen Pflichten für Tonga.

Als ich ihn einige Tage zuvor kennenlernte, war ich buchstäblich aus dem Himmel gefallen. Nach über 30 Stunden Anreise mit dem Flugzeug aus dem januarkalten Deutschland – bis ans ferne Ende der Welt. Cleo Paskal, die gerade im Dienst der vornehmen britischen Denkfabrik *Chatham House* in Tonga war, hatte mir ein fast unglaubliches Entrée arrangiert. Sofort nach der Landung, so hatte sie geschrieben, erwarteten mich der zukünftige Premier, sein Stellvertreter Lord Ma'afu und Lord Dalgety, ein einflussreicher Jurist und Chef des *Nuku'alofa Club*, Treffpunkt der Einflussreichen, in ebenjenem Etablissement. Von mir wurde erwartet, dass ich nach den Sitten des Landes korrekt gekleidet antrete – also von Kopf bis Fuß in Schwarz. In Anbetracht der Eile und in Ermangelung anderer Möglichkeiten wechselte ich – übermüdet und verschwitzt, wie ich war – mein Kostüm in einem grauenhaft stinkenden Pissoir im Flughafen. Salonfähig fühlte ich mich danach weniger denn je, aber der Form war Genüge getan.

Der berühmte Club, der – wie die lokale Presse damals erleichtert meldete – die Unruhen von 2006 unbeschädigt überstanden hatte, wirkt wie aus dem vorletzten Jahrhundert aus einer englischen Provinzstadt herübergebeamt. Nur dass statt der Queen ein Porträt des aktuellen tongaischen Königs den Kaminsims ziert. Seine Majestät erscheint etwas weniger beleibt als ihr Vater, der die Inseln über 40 Jahre regiert hatte. Tupou V. ist in majestätischer Pose dargestellt.[30] Es fehlen die Insignien seiner Schrulligkeit, das Monokel, die weiße Pickelhaube, das umgebaute Londoner Taxi, mit dem er sich über die Insel chauffieren lässt. Es werde mir nicht vergönnt sein, ihn zu treffen, bedauern meine Gastgeber. Majestät sei in Staatsgeschäften international unterwegs. Das ist er meistens.

Der Hausherr, Lord Dalgety, enthält sich jeder Folklore und begrüßt mich ohne Sakko in hellblauem Hemd mit einer Clubkrawatte. Der Premier in spe und sein Stellvertreter erlauben sich ebenfalls helle Hemden und tragen zum Sakko knöchellange Wickelröcke, zusammengehalten von einer fast meterbreiten Bauchbinde aus Bast. Das Schwarz-Gebot gilt offenbar nur für Gäste.

Am nächsten Morgen werden meine Gesprächspartner im holzgetäfelten Plenarsaal des bescheidenen weißen Parlamentsgebäudes ihren Amtseid ablegen – in einer Zeremonie, die bis hin zur Perücke des *Speaker* den Traditionen des britischen Parlaments entspricht. Sie nehmen sich vorher die Zeit, mit dem Gast aus Deutschland bei Hummer und Pommes Frites Tongas Sorgen zu besprechen.

Ohne Zögern nennen die Lords den Klimawandel an erster Stelle. Sie wissen von der erregten wissenschaftlichen Debatte über die Frage, ob der Meeresspiegel tatsächlich steigt. Lord Tu'ivakano wischt das mit einer ungeduldigen Handbewegung vom Tisch. Der Friedhof von Sun Island, wo die Tongaer seit Generationen ihre Vorfahren bestatten, steht jetzt immer wieder unter Wasser. Sie werden die Toten demnächst auf höher gelegenes Land umbetten. Die Wirbelstürme werden heftiger und zahlreicher, die schützenden Korallenriffe brechen die Wellen nicht mehr wie früher, die großen Fischschwärme haben ihre Zugrouten verlassen, die Fischerei ernährt die Fischer nicht mehr. Die Erträge der Landwirtschaft sind unter das Niveau von 1980 gefallen und sinken weiter. Die Gesetze von Tonga geben jedem Mann, der älter ist als 16 Jahre, einen Anspruch auf etwas mehr als drei Hektar königliches Land. Früher konnte er damit eine Familie ernähren. Heute nicht mehr. Die Ernten fallen trotz moderner Düngemittel immer ärmlicher aus, weil der steigende Meeresspiegel zu immer stärkerer Versalzung des Grundwassers führt.

Tonga muss seine Zukunft sichern, sonst kann es seine eigene Bevölkerung nicht mehr ernähren. Schon heute sind die Gelder, die tongaische Gastarbeiter aus Neuseeland, Australien und den USA nach Hause schicken, die größte Einnahmequelle des Landes.[31] Die Weltfinanzkrise hat diese Zahlungen erschreckend schrumpfen lassen – ein Warnschuss![32] Tonga muss Möglichkeiten finden, auf eigenen Füßen zu stehen. Die Zeit drängt.

Glücklicherweise sei nicht alles hoffnungslos, erklärt Lord Ma'afu. Tonga verfüge über relativ hohe Inseln. Auch wenn die Küsten erodieren – das Land ist nicht in Gefahr, überflutet zu werden wie Kiribati oder Tuvalu. Es sei eine sichere Basis für Häfen und Flughäfen. Ein lohnender Platz für Investitionen – finanzielle, politische, militärische. »Eine lohnende Beute«, mögen andere denken. Die *Exclusive Economic Zone* (EEZ) von Tonga, die nach dem Seerecht der Vereinten Nationen 200 Seemeilen über den äußeren Kranz der Inseln hinausreicht, ist fast doppelt so groß wie Deutschland.[33] Erste Erkundungen und Probebohrungen von neuseeländischen und koreanischen Forschungsschiffen entlang des Tonga-Grabens haben vielversprechende Resultate erbracht. Lagerstätten von Kupfer, Mangan, Zink, Kobalt, Gold und Silber scheinen mit der nächsten Generation von Unterwasser-Bergbautechnologie ausbeutbar zu sein. Die kanadische Firma *Nautilus Minerals Inc.* hat sich Explorationsrechte gesichert und eine ständige Vertretung in Tonga etabliert. »Und was ist mit China?«, frage ich in die Runde. »China hat nicht die nötige Technologie«, erklärt Lord Ma'afu und lächelt: »Noch nicht!«

Tatsächlich beginnt China ein Jahr nach unserem Besuch, im

Mai 2012, mit Tiefseebohrungen in einem umstrittenen Gebiet im Südchinesischen Meer.[34] Die Sicherung von Ressourcen für Chinas weiteren rasanten Aufstieg ist ein erstrangiges Ziel der Kommunistischen Partei. Das Fundament für eine massive chinesische Beteiligung an der Ausbeutung von Tongas Schätzen ist jedenfalls gelegt. Die Beweise dafür begegnen uns auf Schritt und Tritt.

Wir erfahren, dass der tongaisch-chinesische Freundschaftsverein am Abend einen Empfang plant für die Delegation aus Beijing, die wir beim Premierminister gesehen hatten, und sichern uns eine Einladung. Es heißt, wir könnten sogar mit der Anwesenheit Ihrer königlichen Hoheit rechnen, der Prinzessin-Regentin, die während der häufigen Abwesenheiten des Königs die Staatsgeschäfte führt.

Der Innenhof eines an sich wenig glanzvollen Einkaufszentrums ist für den großen Abend geschmückt. Ein mächtiger Sessel mit dem königlichen Wappen am Rücken wurde aus der königlichen Residenz herbeigeschafft. Das gesellschaftliche und wirtschaftliche Establishment der Inseln hat sich um große runde Tische verteilt. Anmutige polynesische Tänzerinnen warten auf ihren Einsatz.

Seine Exzellenz, der Botschafter der Volksrepublik China, lässt es sich nicht nehmen, mit seinen engsten Mitarbeitern und dem Chef des Freundschaftsvereins am Straßenrand auf die Ankunft Ihrer Hoheit zu warten. Ich versuche, mit ihm ins Gespräch zu kommen – über die beachtliche chinesische Präsenz fast 10 000 Kilometer entfernt von Beijing oder über sein Botschaftsgebäude, das mit seiner Größe keine Konkurrenz in Nuku'alofa hat. »Wir versuchen nur zu helfen«, sagt er schroff und wendet sich ab. Die Ankunft des royalen Konvois erspart ihm meine Nachfrage. Es erscheint ein recht kompakter chinesischer Minivan, eskortiert von vier Polizisten auf Motorrädern. Die Prinzessin hat einige Mühe, sich rückwärts durch die enge Seitentür zu zwängen, aber das Erlebnis der Begrüßung, die dann folgt, ersetzt mir jedes Interview. Strahlend nimmt die

Regentin den Botschafter in Empfang, der mit ausgebreiteten Armen auf sie zustürzt. So viel Emphase hatte ich von einem chinesischen Diplomaten nicht erwartet. Nun bin ich kein Experte für das Protokoll am tongaischen Hof, aber ich glaube nicht, dass man Ihre königliche Hoheit so ohne Weiteres umarmen darf. Für den Mann aus dem Reich der Mitte scheint das nicht zu gelten.

Immer noch strahlend stellt ihm Prinzessin Pilolevu Tuita ihre Nichte vor, die demnächst nach Beijing geht, um Chinesisch zu lernen. Später wird mir eine würdevolle Hofdame der Prinzessin erklären, wie viele Sorgen es ihr mache, dass Tonga sich gerade mit Haut und Haar an China verkauft. Vor der Kamera will sie die Sätze nicht wiederholen. Die Dinge sind zu weit fortgeschritten. Tongas Kompassnadel weist unwiderruflich Richtung Beijing.

Am nächsten Morgen treffe ich auf die *Hard-Power*-Seite der neuen Orientierung – bei Colonel Siamelie Latu, Kommandeur der tongaischen Streitkräfte. Im Ringen der Großmächte um die Vorherrschaft im Pazifik werden die 500 Mann dieser Truppe keine entscheidende Rolle spielen. Trotzdem erlebe ich auf dem Gelände der *Vilai Barracks* außerhalb von Nuku'alofa keine Operettenarmee. Die Paradeformationen marschieren tadellos, kleinere Einheiten demonstrieren gekonnt die Abwehr eines Überfalls auf einen Konvoi, die Ausrüstung macht einen erstklassig gepflegten Eindruck. Die meisten Soldaten und Offiziere sind kampferfahren. Tonga stellte der »Koalition der Willigen« im Irak 250 Mann. Im November 2010 wurde eine erste Einheit von 55 Soldaten nach Afghanistan verlegt. Da hat amerikanischer Einfluss noch einmal gezogen.

Der Colonel, ein kräftiger, düster wirkender Offizier, erscheint in Zivil. Er muss heute nur noch seine Unterlagen zusammenpacken, es ist sein letzter Arbeitstag als Chef der Streitkräfte. Nächsten Monat wird er seinen neuen Dienst antreten: als Tongas Botschafter in Beijing. Nein, sagt er, einen solchen Funktionswechsel habe es in der Geschichte der Streitkräfte noch nie gegeben, aber für ihn sei das kein großer Schritt. Es sei doch gleich, wo und wie er den Interessen des Landes diene. Ich habe den Eindruck, mit einem Mann zu sprechen, der mir nicht traut. Mit diesem Interview macht er wahrscheinlich seine ersten Schritte auf quasi diplomatischem Parkett, und er sondiert das Gelände mit Vorsicht. Dafür fallen seine Aussagen dann aber doch erstaunlich klar aus: »Tonga hat ein feines Gespür dafür, mit wem es sich anfreunden muss. China ist heute schon ein sehr mächtiges Land. In spätestens 15 Jahren wird es das mächtigste der Welt sein. Da müssen wir sehen, wie Tonga profitieren kann.« Dass Tonga in einer solch ungleichen »Partnerschaft« erdrückt werden könnte, macht ihm bei China weniger Sorgen als bei den USA. »China weiß noch, wie es sich anfühlt, ein Land der Dritten Welt zu sein. Es versteht unsere Sorgen besser als die alten Großmächte. Das merkt man schon daran, wie uns China seine Finanzhilfe gewährt hat. Da gab es keine Auflagen und Bedingungen.« Immer wieder dieses Argument!

China spielt seine Karten optimal. So konnte im September 2010 der erste Besuch der chinesischen Kriegsmarine in Tonga – geführt von einem veritablen Konteradmiral – als kleines Volksfest über die Bühne gehen. Die Bilder auf der offiziellen Website der Volksbefreiungsarmee zeigen jubelnde Chinesen und Tongaer auf dem Pier von Nuku'alofa. Ein Heimspiel.

Verglichen mit diesem Event hinterließ zwei Monate später eine Visite des amerikanischen Generalstabschefs Mullen weniger nachhaltige Spuren. Der Admiral aus den USA war nur auf der Durchreise. China ist entschlossen, zu bleiben.

Vor dem langen Rückflug nach Deutschland bitte ich Lord Ma'afu noch einmal um einen Termin – für ein letztes Interview und um mich zu verabschieden. Er sitzt in seinem eindrucksvoll großen, mit Erinnerungsstücken gefüllten Ministerbüro am Schreibtisch, über Organigramme seines Ministeriums gebeugt. Eine Consultingfirma hat versucht, die byzantinischen Strukturen einer seit Jahrzehnten gewachsenen Feudalbürokratie nachzuzeichnen. Irgendwo durch diese Blätter verlaufen die Verantwortungsstränge für Tongas Eintritt in die vernetzte Welt des 21. Jahrhunderts. »Wie soll das nur werden?«, fragt er – mehr sich selbst als mich. Angela hat mit einem kurzen Blick entschieden, dass der düstere Raum für ein Fernsehinterview nicht zu gebrauchen ist, und einen Platz auf der Balustrade gefunden – mit dem Licht und der Weite des Pazifiks im Hintergrund. Es tut dem Lord offenbar gut, aus dem problembeladenen Büro hier rauszukommen, obwohl ihm meine Fragen zu China nicht angenehm sind. Er muss die Linie des Königs und der Regierung vertreten, obwohl er selbst seine Zweifel hat. Ich versuche, ihn aus der Reserve zu locken, und frage, warum seine Sätze heute so unverständlich und verklausuliert klingen. Das passe so gar nicht zu ihm. »Das ist vermintes Gelände«, lacht er verlegen. »Ich muss sehr sorgfältig auftreten.« »Glauben Sie denn, dass Tongas Wohlergehen den Chinesen wirklich am Herzen liegt?« »Do we still have a choice?«, fragt er zurück. »Haben wir denn noch eine Wahl?«

Machtfaktor Pazifikklima

Das 20. Jahrhundert war für die USA das Jahrhundert des Atlantiks – er war das *mare nostrum* seiner entscheidenden Beziehungen, Bündnisse und Konfrontationen. Im 21. Jahrhundert müssen die amerikanischen Interessen und die entsprechenden wirtschaftlichen, diplomatischen und militärischen Anstrengungen die Himmelsrichtung wechseln. Nach Westen, nach Asien, vor allem nach China und jedenfalls über den Pazifik.

Kalafi Moala, Herausgeber einer unabhängigen Zeitung in Tonga und ein Mann, der mich mit seinem Mut und seiner politischen Weitsicht beeindruckt hat, brachte mir die Besonderheit »seines« Meeres nahe. Wir Europäer, sagte er, sähen die endlose blaue Fläche auf dem Globus durch die Scheuklappen unserer Geschichte auf unserem kleinteiligen, überfüllten Kontinent. Für uns sei der Pazifik eine große Leere zwischen Asien und Amerika, ein Nichts, das man mit Flugzeugen und Schiffen überwinden müsse. Für die Völker dieser Inselstaaten sei der Pazifik lebendig, voller Geschichte und Geschichten, Beziehungen, Leben und Kulturen – ein blauer Kontinent!

Ich weiß nicht, ob man der Festlandmacht China ein ähnlich emotionales Verhältnis zum Stillen Ozean unterstellen darf wie dem Denker in Tonga, aber es spricht alles dafür, dass die Strategen in Beijing die Schlüsselstellung dieses Weltmeeres für das begonnene Jahrhundert mindestens so klar sehen wie ihre Kollegen in Washington.

Der Pazifik ist reich an Bodenschätzen und Fisch, durch ihn verlaufen immer wichtigere Lebensadern des Welthandels und des militärischen Nachschubs, die kleinen Nationen seiner Inselstaaten haben mit ihren Stimmen ein weit überproportionales Gewicht in internationalen Organisationen. Ein Land, das hier nicht entscheidenden Einfluss hat, kann keine Großmacht werden – noch nicht einmal eine bleiben.

Geostrategie

Zwischen Amerika und Asien ist die Pazifikregion eine Art gewaltige Pufferzone. Die rostenden Wracks japanischer und amerikanischer Kampfflugzeuge und Kriegsschiffe aus dem Zweiten Weltkrieg vor den Küsten der Pazifikatolle bezeugen das. Auch für künftige Kriegführung wäre die Region ein unverzichtbares Aufmarschgebiet, sollte es zum Beispiel je notwendig werden, amerikanische oder verbündete Truppen näher Richtung Taiwan zu verlegen. US-Militärs beobachten die Wiederauferstehung des chinesischen Riesen nach nahezu zwei Jahrhunderten der Schwäche mit Misstrauen. Die Interessen der USA reichen von Bündnisverpflichtungen gegenüber zahlreichen Staaten über die Eindämmung Nordkoreas bis zu den Seewegen für Amerikas Handel und Energieversorgung. Vier der derzeit acht Atommächte sind Anrainer des westlichen Pazifiks und des Indischen Ozeans (zählt man Nordkorea mit, sind es fünf von neun).

China sieht im westlichen Pazifikraum mit seinen vielen Inseln, die wie Trittsteine bis direkt vor die Küste von Festlandchina führen, heute so etwas wie ein riesiges, nur unzureichend gesichertes Einfallstor für potenzielle Angreifer – und rüstet seine Seestreitkräfte mit U-Booten, Kriegsschiffen und Waffensystemen auf. Es gilt, Chinas Doktrin der »aktiven Verteidigung auf See«[35] zu untermauern und möglichst rasch die »effektive Kontrolle über die innerhalb der ersten Inselkette liegenden Seegebiete« zu sichern. Damit sind das Süd- und das Ostchinesische Meer mitsamt Taiwan gemeint.[36] Die offizielle Position der »Marine der Volksbefreiungsarmee« scheint direkt Sun Tzus *Kunst des Krieges* entnommen zu sein. »Wir können«, heißt es da, »Probleme nicht mit politischen oder diplomatischen Mitteln lösen, solange wir nicht über eine starke Seemacht verfügen. Denn nur dann wird es uns möglich sein, unsere Feinde zu überwinden, ohne in die Schlacht ziehen zu müssen. Sollten Einschüchterungsversuche ergebnislos bleiben, wären wir dann in der Lage, tatsächlich einen wirksamen Schlag zu führen.«[37]

Ganz in diesem Sinne treibt China den Ausbau einer Seemacht voran. Schon 2006 demonstrierte die chinesische Marine ihre Fähigkeit, sich unbemerkt amerikanischen Kriegsschiffen bis auf Torpedoreichweite anzunähern: Ein chinesisches U-Boot tauchte unvermittelt in Feuerdistanz zum Flugzeugträger »USS Kitty Hawk« auf, der zwischen Südjapan und Taiwan unterwegs war.[38] Anfang 2009 bedrängten chinesische Boote amerikanische Kriegsschiffe bei mehreren Zwischenfällen vor Chinas Küste. 2011 stellte China den ersten eigenen Flugzeugträger in Dienst – und ließ aus seinen Rüstungsfabriken durchsickern, dass diese eine Rakete entwickelt hätten, die genügend zielgenau sei, um Flugzeugträger zu versenken.[39] Damit können nur amerikanische gemeint sein. Diese wenig subtilen Hinweise zeigen unmissverständlich, was China will: die Vereinigten Staaten aus der (wie man es in Beijing sieht) eigenen Spielfeldhälfte verdrängen.

Parallel dazu betreibt China den Aufbau eines Netzwerks potenzieller Stützpunkte, die als vorgeschobene Posten für Konflikte im Pazifik dienen und Taiwan, Japan, Südkorea und möglicherweise sogar den Nahen Osten von amerikanischen Verstärkungen abschneiden könnten. Außerdem könnte China dieses Netzwerk dazu benutzen, die Öltankerrouten in den Westen wenigstens zeitweise zu unterbrechen.

Natürliche Ressourcen und Handelswege

Als größter Ozean der Erde stellt der Pazifik ein gewaltiges Reservoir lebenswichtiger und strategischer Rohstoffe dar. Welche Bedeutung hier selbst kleinen Nationen zukommt, belegt eindrucksvoll der Inselstaat Kiribati: Er erstreckt sich von Ost nach West über 4000 Kilometer und von Nord nach Süd über stellenweise bis zu 2000 Kilometer. Das Seerecht der Vereinten Nationen gewährt um jede der Inseln eine exklusive Wirtschaftszone von 200 Seemeilen. Insgesamt verfügt Kiribati damit über drei Millionen Quadratkilometer Wasserfläche – fast so viel wie die Festlandfläche von Indien.

Der Meeresboden ist eine Schatzkammer. Cadmium und Titan hat man bereits gefunden – und das, obwohl die Region bislang noch kaum untersucht worden ist. In dem Maße, wie durch die Überfischung des Atlantiks und die Übersäuerung des Meeres die Fangmengen zurückgehen, können die im Pazifik noch vorhandenen Bestände weiter an Wert gewinnen. Und China ist längst zur größten Fischfangnation aufgestiegen.

Kontrolle über den Pazifik bedeutet auch Kontrolle über wichtige Handelsrouten. Auch dessen ist man sich in Beijing sehr genau bewusst. China strebt nicht nur nach mehr Einfluss in der Pazifikregion, es will auch die Seewege zu seinen zahlreichen neuen Verbündeten absichern, darunter auch die in Südamerika. China umwirbt Südamerika auf die gleiche Weise – und aus den gleichen Gründen –, wie es das mit Afrika macht. Der Halbkontinent soll nicht nur als potenzieller Markt für chinesische Produkte, sondern auch als wichtiger Lieferant von Rohstoffen dienen, um Chinas Binnenmarkt zu stützen. Traditionell haben die Vereinigten Staaten, etwa beim Bau und der Kontrolle des Panamakanals, eine vorherrschende Rolle in Mittel- und Südamerika gespielt. Wie im Falle des Panamakanals lockert sich der amerikanische Griff auch andernorts, was dem stets auf der Lauer liegenden China Chancen eröffnet, seinerseits einen Fuß in die Tür zu bekommen.

Einfluss in internationalen Foren

Wer in internationalen Organisationen Einfluss gewinnen will, muss Abstimmungen gewinnen können und wird schnell feststellen, wie sehr es sich lohnt, auf den pazifischen Inseln Freunde zu gewinnen oder zu kaufen. Es gibt 14 kleine Pazifikstaaten mit einer Gesamtbevölkerung von schätzungsweise acht Millionen Menschen. Einige, beispielsweise Tuvalu oder Nauru, bringen es nicht einmal auf 12 000 Einwohner. Es gibt mindestens 40 internationale Organisationen von globaler Bedeutung, die nach dem Prinzip »Ein Land, eine Stimme« organisiert sind, darunter die Asiatische Entwicklungsbank, die International Labour Organization ILO, die Welternährungsorganisation FAO und die UNESCO. Die acht Millionen Bewohner der kleinen pazifischen Inselstaaten verfügen dort über 14 Stimmen – die mehr als 1,3 Milliarden Chinesen und die rund 310 Millionen US-Amerikaner dagegen jeweils nur über eine.

Es lohnt sich also, um die Stimmen der Pazifiknationen zu buhlen – und China ist nicht das einzige Land, das es versucht. So sagte Professor Ron Crocombe, der 2009 verstorbene »Vater der Pacific Studies«:[40] »Die Nordostasiaten verstehen es meisterhaft, die Egos von Politikern zu kraulen. Sie kümmern sich um sie auf eine Art und Weise, wie es nicht viele andere Länder tun. [...] China ist dabei als Geberland noch mehr als andere auf den eigenen Vorteil aus, es zahlt kleine Beiträge für die Entwicklungshilfe. Die sind aber sehr viel stärker darauf orientiert, die Gunst besonders mächtiger Individuen zu kaufen, sie mit Reisen zu verwöhnen und überhaupt auf eine Weise zu behandeln, wie sie noch nie zuvor behandelt worden sind.«[41]

Auf Tonga bin ich auf Spuren dieser Art von Diplomatie gestoßen, die auch andere Staaten beherrschen. 'Akau'ola berichtete uns davon, wie die Vereinigten Arabischen Emirate (VAE) eine große Delegation aus Tonga zu einem wochenlangen Aufenthalt am Persischen Golf eingeladen hatten, um ihr ihre Position in der internationalen Luftfahrtorganisation IATA nahezubringen. Erfolgreich! »Die haben Millionen nur für Reisekosten aufgewendet«, meinte 'Akau'ola. Für eine Stimme in der für die Zukunft der Emirate so entscheidenden Wirtschaftsorganisation ein bescheidener Aufwand.

Auch in dieses Spiel bringt China das größte Gewicht ein. Mehrfach wurde uns in Tonga davon erzählt, mit welchem protokollarischen Aufwand – inklusive ausführlicher Termine beim Staats- und beim Regierungschef – die Delegationen der Inseln in Beijing empfangen wurden. »Genau dasselbe Programm wie für Obama«, hieß es immer wieder.

Das hat ein Ausmaß angenommen, das der alten Weltmacht nicht mehr gleichgültig sein kann. Außenministerin Hillary Clinton klagte im März 2011 vor dem Auswärtigen Ausschuss des Senats in Washington: »Denken Sie an die Nationen der kleinen Inselstaaten. Die Menschen dort sind davon überzeugt, dass ihre Inseln versinken. Egal, was Sie [im Kongress der USA] darüber denken. Sie haben viele Beweise dafür. China hat alle Führer dieser kleinen Pazifikstaaten nach Beijing eingeladen und fürstlich bewirtet. [...] Wenn jemand glaubt, ein Rückzug unsererseits in dieser Hinsicht sei irrelevant für unsere Vormachtstellung in einer Welt, in der wir im Wettbewerb mit China [...] stehen, dann irrt er sich. [Die Chinesen] geben riesige Summen aus, sie haben eine enorme diplomatische Präsenz im gesamten Pazifikraum.«[42]

Hillary Clinton, die stets kalkuliert agierende Machtpolitikerin, explodierte förmlich. »Lassen wir mal alles beiseite, woran wir glauben, all die moralischen, humanitären, wohltätigen

Aspekte, reden wir über klare Realpolitik. [...] Da ist etwa die 15-Milliarden-Dollar-Investition von ExxonMobil zur Ausbeutung der Gasvorkommen in Papua-Neuguinea. Und jetzt tut China alles, um uns dort zu überholen – von hinten, von oben und von unten.«

Es hat eine Weile gedauert. Für ein Jahrzehnt verschlang der »Krieg gegen den Terror« Amerikas Energie und Aufmerksamkeit in Irak und Afghanistan. Jetzt erst wendet sich die alte Supermacht der strategischen Herausforderung im Pazifik zu. Diese Politik hat nach dem Schlüsselwort eines Gastbeitrags von Hillary Clinton in der Zeitschrift *Foreign Policy*, dem Leitmedium der amerikanischen Außenpolitik, den Spitznamen *Pivot* (»Drehung«) bekommen: »Die ›Drehung‹ ist nicht einfach, aber wir [...] sind entschlossen, sie zu vollenden – eine der wichtigsten diplomatischen Anstrengungen unserer Zeit.«[43] Hillary Clinton ist die Außen- und nicht die Verteidigungsministerin. Wahrscheinlich fügt sie deshalb hinzu: »Wir zielen auf eine bessere Zusammenarbeit zwischen den drei Giganten des Pazifiks: China, Indien und den Vereinigten Staaten.« Natürlich ist das nicht die ganze Wahrheit.

The Pivot – die neue Strategie der USA

Am 5. Januar 2012 machte Präsident Obama die »Drehung« Richtung Pazifik zu einer offiziellen Doktrin seiner Präsidentschaft. Und er wollte, dass diese Wendung auch bemerkt wird, sonst hätte er sich nicht für die Präsentation eines Strategiepapiers vom Weißen Haus auf die andere Seite des Potomac, ins Pentagon, fahren lassen. Umringt von den höchsten Militärs des Landes, erklärte er die Grundlinien für die Verteidigungshaushalte der nächsten Jahre. Die Kernbotschaft: Die Ära, die am 11. September 2001 begonnen hatte, ist vorbei. Die Gefahren gehen in Zukunft nicht von Al-Qaida und nicht mehr vom Osten Europas aus, sondern zunehmend von China und Iran. Die USA brauchen jetzt eine kraftvolle Präsenz im Pazifik. Selbst drohende Budgetkürzungen werden Amerika nicht daran hindern, die Streitkräfte im Pazifik auszubauen.

Übermäßige Zurückhaltung in militärischen Fragen kann man Obama nicht vorwerfen. Er hatte ausgerechnet seine Rede zur Verleihung des Friedensnobelpreises 2009 in Oslo zu einem Plädoyer für die Anwendung militärischer Macht genutzt. »Die Feststellung, dass Gewalt manchmal notwendig sein kann, ist kein Aufruf zum Zynismus – sie ergibt sich aus der Geschichte, aus der Unvollkommenheit der Menschen und aus den Grenzen der Vernunft.« Dieser entschlossene Blick richtet sich nun auf den Pazifik. Und trifft auf eine Macht, die diesen Ozean als eigene Domäne sieht: China.

Gemessen an der Brisanz der amerikanischen Kehrtwendung waren 2012 die ersten Reaktionen aus Beijing auf Obamas neue Strategie zunächst verhalten. Die amtliche Nachrichtenagentur Xinhua überschrieb ihre Analyse gleichmütig mit den Worten: »Konstruktive Rolle der USA in Asien und Pazifik willkommen«, brachte im Artikel selbst aber immerhin die Warnung unter, dass »möglicher amerikanischer Militarismus in der dynamischsten Region der Welt auf großes Missfallen und starken Widerstand stoßen« werde.[44] Die staatliche Zeitung *China Daily* zitierte eine weniger verblümte Aussage des stellvertretenden Außenministers Liu Zhenmin, dass »Kräfte von außerhalb der Region« (ein Codewort für die USA) »sich nicht in Streitfälle im Südchinesischen Meer einmischen sollten«.

Langsam wurde die Lautstärke größer und der Ton schärfer. Im Juni 2012 ging US-Verteidigungsminister Leon Panetta auf eine Reise durch die Region, die klar machen sollte, dass es den USA ernst ist. Es galt, Stimmen zum Schweigen zu bringen, die bezweifelten, dass die alternde Supermacht noch die Kraft habe, den Worten Taten folgen zu lassen.[45] »Es ist schon schwierig [für die USA], wenn China die ›Drehung‹ ernster nimmt als unsere eigenen Verbündeten in der Region«, spottete ein Washingtoner Fachmann.

Die mittelfristige Planung des US-Generalstabs wirkt tatsächlich nicht sonderlich beeindruckend. Die Zahl der US-Kriegsschiffe im Pazifik soll bis 2020 von 50 auf 58 steigen, davon 27 in US-Häfen in Wartestellung. Auf einer Tagung asiatischer Militärs und Verteidigungspolitiker in Singapur redete Minister Panetta am 1. Juni 2012 gegen die verbreitete Skepsis an: »Ich ermuntere Sie, die verbesserten technischen Möglichkeiten unserer Streitkräfte ebenso aufmerksam zu betrachten wie die bloßen Zahlen, wenn Sie das volle Gewicht unserer Präsenz und unserer Entschlossenheit erfassen wollen.« In diesem Moment schien es Panetta gleichgültig zu sein, ob seine Rede in China als Drohung empfunden werden könnte. Vielleicht wollte er sich sogar Gehör verschaffen – China hatte zu der Konferenz nämlich demonstrativ eine Delegation niedrigen Ranges geschickt, als wäre die strategische Wende der USA nicht weiter ernst zu nehmen. Panetta verwies auf die neuesten F-35-Kampfflugzeuge und die moderne »Virginia«-Klasse von U-Booten, die den US-Streitkräften »auch in Regionen, in denen unser Zugang und unsere Freiheit zu agieren bedroht werden, volle Bewegungsfreiheit geben würden«.[46] Am Ende des *Pivot* sollen 60 Prozent der US-Marinestreitkräfte auf den Pazifik ausgerichtet sein.

Dergleichen hat man dort lange nicht gehört. Nach dem verlorenen Krieg in Vietnam hatten sich die USA weitgehend aus der Region zurückgezogen. Nun kommen sie wieder. Die amerikanischen Streitkräfte verfügen seit April 2012 über ein permanentes binationales Trainingscamp in Darwin im Norden Australiens. Sie stationieren vier neue, leicht bewaffnete Kriegsschiffe in Singapur, die im Südchinesischen Meer patrouillieren werden. Dort heizen sich gerade lange eingefrorene Konflikte zwischen China und seinen Nachbarn Vietnam, Philippinen, Indonesien auf.

Der US-Verteidigungsminister reiste von Singapur nach Vietnam und Indien – zwei Staaten, die eine tiefe Skepsis gegenüber China verbindet. Von großer symbolischer Kraft war Panettas Besuch in der Cam Ranh Bay in Vietnam – während des Krieges eine der wichtigsten Basen von US-Marine und Air Force.

Jetzt hat Vietnam in Aussicht gestellt, dass auch US-Kriegsschiffe diese Bucht und ihren Hafen anlaufen dürfen.[47] Was für eine Kehrtwende! Aus dem erbitterten Gegner, den Washington im Krieg als Chinas Marionette betrachtete, wird ein Verbündeter der USA gegen China.[48]

All das geht so rasend schnell, weil Chinas Wirtschaftswachstum und Energiehunger den Takt angeben. Das Land ist in weniger als 20 Jahren vom Ölexporteur zum zweitgrößten Importeur nach den Vereinigten Staaten aufgestiegen – mit einer Dynamik, die es in wenigen Jahren an die erste Stelle bringen wird. Sollte der Energienachschub stocken, werden die Wachstumsraten einbrechen – mit unabsehbaren Folgen auch für die innere Stabilität Chinas. Das erklärt, weshalb der Zugriff auf die Brennstoffe unter dem Grund des Südchinesischen Meeres – geschätzte 30 Milliarden Tonnen Öl und 16 000 Milliarden Kubikmeter Gas – für China eine Existenzfrage ist.[49] Da kann das Seerecht der Vereinten Nationen, das auch noch dem kleinsten nationalen Felsen im Meer eine exklusive Wirtschaftszone von 200 Seemeilen zuweist, seine ganze explosive Kraft entwickeln.

Der Stolz der chinesischen Ölindustrie, die erste Tiefseebohrinsel des Staatsunternehmens CNOOC, bohrt seit Mai 2012 südlich von Hongkong zwischen den Paracel- und den Zhongsha-Inseln (Macclesfield Bank) im Südchinesischen Meer – in einem Gebiet, das auch von Taiwan beansprucht wird. Die ganze Region ist ein wahrer Feuerwerksladen voller brandgefährlicher Konflikte: Paracel, Spratly, Scarborough (Huangyang), Senkaku (Diaoyu) usw. Die exotischen Namen stehen für uralte, jetzt wieder hochaktuelle Konflikte zwischen China, den Philippinen, Malaysia, Taiwan, Korea und Vietnam. Das von Beijing beanspruchte Seegebiet reicht bis vor die Küsten der Philippinen, Vietnams und Malaysias. Da liegen mehr als 500 unbewohnte Eilande. China kontrolliert vier von ihnen, Vietnam 29, andere Anspruchssteller jeweils drei. Von den mehr als tausend Ölquellen im Südchinesischen Meer, die jährlich zwischen 50 und

100 Millionen Tonnen Rohöl erbringen sollen, gehört bislang keine einzige China.[50] Beijing handelt also im Gefühl, an der Reihe zu sein.

Das neue Engagement der USA in dieser unbeständigen Region muss nicht unbedingt zur Beruhigung der Lage beitragen. Mancher der traditionellen (Philippinen) oder der neuen Partner (Vietnam) könnte sich durch die Rückendeckung aus Washington dazu ermuntert fühlen, dem Vordringen Chinas mit Eifer entgegenzutreten. Dann sähen sich die USA sehr schnell vor der Alternative, den starken Worten der letzten Monate Taten folgen zu lassen – oder das Gesicht und aufkeimende neue Glaubwürdigkeit gleich wieder zu verlieren. Mit der Stille dieses Ozeans ist es jedenfalls wieder einmal vorbei.

Einfluss des Klimawandels

Im Mai 2011 veranstaltete das *Center for Climate Change Law* der *Columbia University* in New York eine Konferenz über die völkerrechtlichen Folgen des Klimawandels und steigender Meeresspiegel. Nach den Vorträgen[51] und dem fehlenden Echo in den Medien zu urteilen, wurde es ein Treffen der Gutwilligen und Machtlosen.

Es gehört zu den tragischsten Aspekten des Klimawandels, dass er von den großen Industriestaaten ausgeht – aber als Erstes die daran unschuldigen Inselstaaten des Pazifiks in eine ausweglose Situation bringt. Sie können die Veränderung des Planeten gewiss nicht stoppen. Selbst Schutzmaßnahmen wie der Bau von Deichen und Kanälen, mit denen die USA New Orleans bis auf Weiteres wieder bewohnbar gemacht haben, übersteigen bei Weitem die Möglichkeiten dieser Nationen. So beschäftigte sich die New Yorker Konferenz sehr ernsthaft mit der Frage, welche Reste von Staatlichkeit untergehende Inseln mit allen Mitteln bewahren müssen, um sich wenigstens die Rechte aus der EEZ (*Exclusive Economic Zone*), der exklusiven Wirtschaftszone, sichern zu können – also ihren Anteil an den Schätzen des Meeres, in dem sie versinken. Ein makabrer Gedanke, der unter einer makabren Überschrift besprochen wird: »Kampf um Atlantis-Rechte«.

Ein auf Umweltrecht spezialisierter Anwalt von den Philippinen berichtete der Konferenz, dass er erfolglos versuche, die betroffenen Staaten zur Gegenwehr zu ermuntern. »Wir dürfen die Hand nicht beißen, die uns füttert«, werde ihm wegen der gelegentlich fließenden Hilfsgelder gesagt. Er antworte dann: »Das ist auch die Hand, die euch unter Wasser drückt.« Keiner dieser Staaten, nicht Tonga, nicht Kiribati – und schon gar nicht Guam, das ein US-Territorium ist –, wird den USA, Europa oder China den Krieg erklären, weil deren CO_2-Ausstoß den Meeresspiegel steigen lässt.[52]

Trotzdem wird der Klimawandel im Ringen um die Vormacht im Pazifik ein wichtiger Faktor, und die bedrohten Inselstaaten müssen dabei keine bloßen Opfer sein. Sie werden gebraucht. Schon China wird den Ausbau seiner Seestreitmacht nicht ohne Standbeine auf festem Land vorantreiben können. Für die Vereinigten Staaten, deren Heimatbasen von den umstrittenen Seegebieten Tausende von Meilen weiter entfernt sind als Chinas Häfen, gilt das doppelt. Das gibt den Inselstaaten eine starke Verhandlungsposition. Und sie haben noch mehr zu bieten. Denn Techniken für Tiefseebergbau und Öl- und Gasförderung auf See machen rasante Fortschritte – schneller noch als der Anstieg des Meeresspiegels –, und somit werden die Milliardenschätze in den exklusiven Wirtschaftszonen der weitläufigen Archipele bald ausbeutbar.

Die kleinen Pazifikstaaten müssten es sich nicht ein weiteres Mal nach dem Zweiten Weltkrieg gefallen lassen, dass ihre Inseln zu bloßen Trittsteinen der Großmächte werden. Sie könnten den Riesen Bedingungen diktieren, wenn der Pazifik Schauplatz eines neuen Kalten Krieges oder auch bloß einer »gedrehten« amerikanischen Eindämmungspolitik gegenüber China wird. Das Mindeste, was sie verlangen könnten, ist Verständnis für ihre existenzielle Not. Sie haben es in der Hand. Und es wäre ein guter erster Schritt, wenn sie begännen, ihr überproportionales Stimmengewicht in internationalen Organisationen zu bündeln und im eigenen Interesse einzusetzen, statt es kurzsichtig an den Meistbietenden zu verkaufen.* Der Reigen der UN-Klimakonferenzen – zuletzt in Rio de Janeiro im Sommer 2012 wieder unbefriedigend vertagt – wäre eine gute Bühne für eine erste Demonstration neuen Selbstbewusstseins.

Nicht alle werden diesen Schritt alleine schaffen. Die Malediven hatten von 2008 bis 2012 in Mohammed Nasheed einen Präsidenten, der einen Fonds für den Ankauf von Land in Indien, Australien oder Sri Lanka auflegen wollte, um für den schlimmsten Notfall vorzusorgen: den Untergang seines Landes. Er verstand es zumindest, auf die Ängste seines Volkes aufmerksam zu machen. Die Bilder seiner spektakulären Kabinettsitzung unter Wasser vor dem Klimagipfel in Kopenhagen gingen 2009 um die Welt. Das ist ein beachtlicher Erfolg für den Präsidenten einer Nation mit 300 000 Menschen.

Mein Eindruck von Tonga sagt mir, dass dieses Land noch einen weiten Weg vor sich hat, bevor es in der Lage ist, chinesischen oder amerikanischen Interessen mit Bestimmtheit entgegenzutreten. Hier könnte eine Chance liegen für die Diplomatie eines Landes, das nicht – wie die alte und die neue Supermacht – befrachtet ist mit offensichtlichen Eigeninteressen und auch nicht mit dem Ballast einer aggressiven Kolonialpolitik – wie etwa Frankreich, das im Südpazifik zuletzt vor allem wegen seiner Atomtests von sich hören machte. Deutschland wäre wohl willkommen – schließlich schloss das deutsche Kaiserreich

* Ein bemerkenswerter Fall ist die Aktion der Föderierten Staaten von Mikronesien, die 2010 von der Tschechischen Republik vor dem Ausbau des größten Kohlekraftwerkes eine Umweltstudie darüber verlangten, welche Auswirkungen der CO_2-Ausstoß auf Mikronesien habe. Die Anfrage stürzte die tschechische Regierung tatsächlich in eine Koalitionskrise, konnte den Ausbau des Kraftwerks aber nicht verhindern.
»Micronesia gets Power-Plant Review«, in: *Wall Street Journal*, 27. Januar 2010[III], »Compromised Minister set to approve coal plant extension«, in: *The Prague Post*, 28. April 2010.[IV]

im 19. Jahrhundert als eines der ersten Länder einen Freundschaftsvertrag mit Tonga –, aber der nette tongaische Geschäftsmann und Hotelier mit deutschem Namen, der Deutschland in Nuku'alofa als schlichter Honorarkonsul vertritt, hat wenig Chancen gegen die mächtige chinesische Vertretung neben dem Königspalast.

KAPITEL 5

Klimamacht China

Auftakt auf Spitzbergen

Meine erste Begegnung mit der Klimamacht China erlebte ich in einer Region, in der ich sie nie erwartet hätte.

Wir machen uns im milden Deutschland keine Vorstellung davon, wie weit Europa in den Norden reicht. Unsere EU ist tatsächlich auch eine arktische Macht. Von Frankfurt bis Ny Ålesund, der nördlichsten Siedlung Europas und einer der nördlichsten der Welt, ist es eineinhalbmal so weit wie nach Moskau, aber es geht stracks Richtung Nordpol, weit über das Nordkap hinaus. In einem Tag ist die Reise dorthin nicht zu schaffen. Die Flugpläne zwingen uns zu einer Übernachtung am Flughafen von Oslo, dann erst fliegen wir weiter – mit einem Zwischenstopp in Tromsø, dem nördlichsten internationalen Flughafen des Kontinents –, hinaus über den Arktischen Ozean. Dort erst liegt Longyearbyen, die Hauptstadt der Inselgruppe Spitzbergen.

Nach 30 Stunden erreichen wir die Grenze zwischen dem Europa, das wir kennen, und dem wilden Norden. Wir sind in einer kargen, leeren Felslandschaft gelandet, aus der die schwarzen Flächen der Startbahn und des Vorfeldes kaum herausstechen. Zu Fuß gehen wir vom Airbus der SAS auf das geduckte Flughafengebäude zu, seitab steht ein schwerer russischer Transporthubschrauber, der schon aus der Ferne einen etwas ramponierten Eindruck macht. Der Anblick bereitet uns mulmige Gefühle, denn dieses Gerät – das letzte flugfähige seiner Art auf Spitzbergen – haben wir gechartert, um in drei Tagen zu einer abgelegenen, halb vergessenen russischen Bergbausiedlung zu kommen, dem Stützpunkt Moskaus im Westen der Arktis.

Erst einmal steht Ny Ålesund auf dem Drehplan. Wir zerren unsere 20 Kisten Ausrüstung vom Band und rollen sie in einer Karawane von Gepäckwagen den Hang hinunter zu einer großen Hütte aus Wellblech, dem Hangar der örtlichen Lufttransportfirma. Dort wartet eine zweimotorige Propellermaschine, für den letzten Teil unserer Reise ins Dorf der Arktisforscher.

Professor Heinrich Miller, den wir begleiten, beobachtet das Treiben »seines« Fernsehteams mit Amüsement. Er ist Leiter der Abteilung Glaziologie am Alfred-Wegener-Institut für Polar- und Meeresforschung in Bremerhaven und, so hat man uns berichtet, die graue Eminenz der deutschen Arktisforschung. Er hat längst aufgehört zu zählen, wie oft ihn seine Expeditionen in die Arktis und die Antarktis geführt haben, aber seine Augen leuchten vor Freude darüber, wieder in der Kälte zu sein. Das offizielle Foto auf der Website seines Instituts zeigt ihn in ähnlich glücklicher Stimmung, im roten Anorak, irgendwo draußen im Eis, der dichte Schnurrbart über dem breiten Lachen weiß gefroren. Man könnte sich keinen besseren Führer für die Welt hier oben wünschen.

Genau an der Tür des Hangars beginnt für mich der wilde Norden. Ich habe jedenfalls noch nie ein Flugzeug in einer Garage beladen, gemeinsam mit der Besatzung, das Gepäck Stück für Stück sorgfältig gewogen und austariert, damit der Trimm der Maschine gleichmäßig bleibt. Dann schieben Helfer die großen Hangartore auseinander, und ein Traktor zieht uns hinaus auf die Startbahn. Ich liebe solche Flugzeuge, die in niedriger Höhe brummend durch den Himmel ziehen – mit direktem Kontakt zum Cockpit und einem weiten Blick durch große Scheiben. Schroff ragen knapp unter uns steile Bergzüge aus einer endlosen weißen Fläche. Wir sind angekommen im Bannkreis der Arktis, in der Klimaküche für die Nordhalbkugel der Erde.

Es ist Ende September, die Polarnacht rückt jeden Tag mit

großen Schritten näher. Wir schaffen es gerade noch vor der Dunkelheit. Der Pilot steuert die Maschine im Sinkflug zwischen zwei Gipfeln hindurch und dreht vor der Landung eine große Kurve über der Siedlung. Im letzten Abendlicht blicken wir auf eine traumhafte Landschaft. Den Horizont begrenzen weiße Bergketten, aus denen sich Gletscher in das tiefdunkelblaue Wasser des Fjords schieben. Unter uns erkennen wir die enorme Schüssel eines Radioteleskops, am Kai des kleinen Hafens einen herrlichen alten Zweimaster, davor bunte Holzhäuser – zusammengewürfelt mitten in braunschwarzem Geröll. Da rattern schon die Räder der Maschine auf der kurzen Schotterpiste.

Vom ersten Augenblick an wird uns klar, dass wir nicht in einem x-beliebigen Dorf angekommen sind. Ny Ålesund ist der Außenposten einer global vernetzten Forschergemeinde am Rand der schmelzenden Eiskappe. Der rasante Wandel des Klimas hat diesen kalten Hain von Academia an die vorderste Front einer entscheidenden Zukunftswissenschaft gebracht. Nach einem internationalen Vertrag, der 1920 die strittigen Gebietsansprüche um Spitzbergen klärte, darf hier jede Vertragspartei – zurzeit sind es 39 Nationen – eine Forschungsstation betreiben. Daraus ist ein hierarchiefreies Welt-Dorf entstanden. Ein junger unkomplizierter Franzose, der uns freundlich in Empfang nimmt, hat derzeit die Rolle eines Sprechers der Forschergemeinde. Viel Ärger hat er damit nicht. Alle »harten« Entscheidungen trifft der Vertreter der Logistikfirma Kings Bay AS, ein norwegischer Staatsbetrieb, der für Nachschub und Ordnung zuständig ist. Es gilt eine simple, aber unverhandelbare Gemeindeordnung. Dazu gehört, dass sämtliche Haustüren unverschlossen bleiben müssen, damit sich jeder überall vor herumstreunenden Eisbären in Sicherheit bringen kann. Und dass wir keinen der Gemeinschaftsräume mit einer Kamera betreten dürfen. Das ist verständlich, in dieser engen, auf viele Monate festgelegten Gemeinschaft sind die Reste von Privatsphäre besonders wertvoll. Aber leider ist damit die Kantine, in der sich die meist jungen Forscherinnen und

Forscher aus aller Herren Ländern treffen, *off limits*. Schade! Es wären schöne Bilder gewesen, die gezeigt hätten, wie sich die Welt der Wissenschaft gemeinsam der dringenden Frage widmet: Was, zum Teufel, läuft falsch in der Atmosphäre unseres Planeten, und was lässt sich da noch tun?

Wir verstauen unser Gepäck im *Guesthouse*, erkunden ein erstes Mal die recht überschaubare Siedlung – die wir wegen der Eisbären nicht einmal ein paar Meter weit verlassen sollen –, besorgen im kleinen Laden am Hafen noch ein bisschen Wein und schauen dann durch die Fenster zu, wie in den Hütten um uns herum schnell und sehr früh die Lichter ausgehen. Der ruhige Rhythmus dieses Nestes am Ende der Welt erweist sich als ansteckend. Auch unser Haus ist bald dunkel.

Am nächsten Morgen will uns Professor Miller zu »seinem« Gletscher am Ende des Fjords bringen. Wir bekommen nahtlose Overalls aus schwerem, grell orangefarbenem Kunststoff verpasst – Rettungsanzüge, mit denen wir in dem eiskalten Wasser notfalls eine Zeit lang überleben könnten. Dann geht es mit Schlauchbooten in rasender Fahrt, vorbei an blau schimmernden Eisbergen, über das spiegelglatte Wasser zur Abbruchkante des Eises. Die kristallklare Luft täuscht unsere Sinne. Wir hatten die Entfernung weit unterschätzt. Getrieben von ihren bärenstarken Außenbordern, fliegen die Zodiacs über das Wasser, und dennoch dauert es mehr als eine Stunde, bis wir in die Nähe des Gletschers kommen.

Nun wirkt die Eiskante, die aus der Entfernung als eine Gerade erschien, wie ein blau-silbrig schimmerndes Gebirge, durchzogen von schmutzigen Linien. Vorsichtig tasten wir uns heran, bei 300 Meter Abstand ist Schluss. Der Gletscher kalbt. Wenn sich einer der gewaltigen Türme von der Vorderseite löst und ins Wasser stürzt, kann uns die Welle in tödliche Gefahr bringen. Wir sind tief beeindruckt von dem majestätischen Anblick, aber Professor Miller vergleicht ihn in seiner Erinnerung mit dem viel mächtigeren Gletscher, der er vor 20 und mehr Jahren noch gewesen war. »Wo wir jetzt mit unseren Booten fahren, lag damals noch eine Dutzende Meter dicke Eisschicht auf dem Wasser. Weg! Der Gletscher stirbt vor sich hin. Alle unsere Daten zeigen, dass das ein Phänomen ist, das die ganze Arktis erfasst. Wir warnen schon lange, aber erst jetzt beginnt man so langsam auf uns zu hören.«

Diese Sätze wiegen für mich schwer, weil der erfahrene Arktisforscher so gar nichts von einem Alarmisten an sich hat. Er hat ein Forscherleben damit zugebracht, die Teile des arktischen Puzzle zu einem Gesamtbild des Geschehens zusammenzufügen. Während wir in respektvoller Entfernung an der gewaltigen Wand entlanggleiten, spricht er in nachdenklichen Sätzen über seine Erfahrungen der letzten vier Jahrzehnte. Er hat an zahllosen Expeditionen zum Nord- und zum Südpol teilgenommen, selbst geforscht und auf Kongressen seine Ergebnisse den Fragen und dem Urteil der angesehensten Experten ausgesetzt. Er ist vernetzt mit Kollegen in aller Welt und bestens vertraut mit den Gegenargumenten der »Klimaskeptiker«. Er gibt bereitwillig zu, dass es immer noch Phänomene und Prozesse gibt, die er und seine Kollegen nicht völlig durchschauen. Aber für ihn steht fest, dass der Planet sich noch schneller als erwartet verändert und dass die Folgen immens sein werden.

»Wenn nur der Eispanzer über Grönland schmilzt, dann reicht das schon, um den Wasserspiegel der Weltmeere um mehr als sechs Meter zu heben. Dann ist Hamburg unbewohnbar. Das passiert nicht von heute auf morgen. Aber es passiert, und wir müssen uns darauf einstellen. Politiker und Strategen müssen sich dafür interessieren. Wir messen hier ja nur die Anfänge – aber wir müssen die Entwicklung zu Ende denken. Wir können ja nicht ausweichen. In der Völkerwanderung des Mittelalters hatten die Menschen noch Platz. Sie konnten wandern. Heute geht das nicht mehr. Und die Folgen von dem, was hier oben geschieht, reichen bis in die Alpen und den Himalaya.«

Ich denke beim Zuhören an unsere Arbeit in der Redaktion. Wenn wir in den Nachrichten über Klimawandel berichten, wird uns von Zuschauern immer wieder vorgeworfen, dass wir einer überzogenen Kampagne fragwürdiger Wissenschaftler Vorschub leisten. Die blasen, von Geltungssucht getrieben, unbewiesene Thesen hinaus – so steht es in zahllosen Briefen und Mails. Professor Miller verkörpert das Gegenteil eines solchen Zerrbildes.

Wir verbringen drei Tage in Ny Ålesund, lernen die Forscher und ihre Projekte kennen. Sie nähern sich den Phänomenen der Klimaänderung von allen Seiten. Sie messen mit Laserstrahlen die Dichte von Schmutzpartikeln in mehreren Kilometer Höhe unter dem arktischen Nachthimmel. Wetterballons registrieren die veränderten Strömungen. Glaziologen halten mit GPS-Sonden die Bewegungen und das schwindende Volumen der Gletscher fest. Überall hören wir dieselbe Botschaft: »Die Klimaerwärmung ist eine Tatsache, sie nimmt immer mehr Fahrt auf, und wir haben keine Ahnung, wie das enden soll.«

Das ist auch die klare Botschaft aus der neuesten unter den Forschungsstationen in Ny Ålesund: der *Yellow River Station* der Volksrepublik China, eröffnet 2004. Zwei mächtige steinerne Löwen bewachen den Eingang des massiven zweistöckigen Gebäudes. Eine beeindruckende Präsenz für ein Land, das im Verdacht steht, den Klimawandel nicht ernst zu nehmen. Wir haben uns bei der Zentrale in Beijing angemeldet, sind willkommen und dürfen uns überall umsehen. Die jungen Forscher sind sichtlich stolz auf ihre Ausrüstung und ihre Experimente. Sie suchen vor allem nach der Antwort auf die Frage, weshalb die Gletscher so schnell schrumpfen. Hier oben – und in ihrer Heimat. Dr. Fang Lijun, die Leiterin der Station, und einer ihrer Abteilungsleiter nehmen mich mit zu einem Spaziergang an den Sund. Dankenswerterweise auf Englisch sprechen sie mit mir über ihre Motive dafür, sich für diese Arbeit fern der Heimat und unter schwierigen Bedingungen entschieden zu haben. Sie wollen ihrem Land helfen. »China erlebt jedes Jahr immer schlimmere Dürren. Das Klima über dem tibetischen Hochland verändert sich enorm. Wir glauben, dass das sehr viel mit dem zu tun hat, was hier oben geschieht. Davon kann die Ernährung unseres Volkes abhängen.« Sie wollen sich nicht länger nur auf die Forscher des Westens verlassen. China ist dabei, sein Schicksal in die eigenen Hände zu nehmen. Dafür stehen die steinernen Löwen in Ny Ålesund.

Es wird Zeit, unser Urteil über die Großmacht der Zukunft in dieser Beziehung zu korrigieren. Für mich beginnt das mit einer Reise in die Stadt, aus der die steinernen Löwen stammen.

Wo sind die Klimaleugner?

»Wenn Sie irgendwo in der Welt jemanden treffen, der behauptet, dass er China kenne, dann fragen Sie ihn, wann er zuletzt dort war. Wenn es mehr als drei Monate her ist, dann brauchen Sie sich mit ihm nicht länger zu unterhalten«, hatte mir ein alter Chinese vor vielen Jahren in San Francisco einmal gesagt.

An den Rat des alten Herrn aus der Chinatown muss ich beim Landeanflug auf Shanghai denken. Wahrscheinlich würde er mir heute raten, das Limit auf drei Wochen herunterzusetzen. China hat seine Entwicklung immer weiter beschleunigt. Ich war bisher nur ein einziges Mal in Chinas dynamischster Stadt, 1998 im Pressetross von Präsident Clinton. Der Shanghai Pudong International Airport war damals noch eine Baustelle, inzwischen gehört er zu den 20 größten Flughäfen der Welt und ist schon wieder zu klein. Die Arbeiten für eine weitere Verdoppelung der Kapazität haben begonnen.

Mir wird kaum Zeit bleiben, die Stadt anzuschauen. Wir wollen 100 Kilometer nordwestlich von Shanghai in einer der großen chinesischen Fabriken für Solarmodule drehen, die mittlerweile den Weltmarkt beherrschen. Davon erwarte ich mir nicht viel Schönes (ein Irrtum, wie sich herausstellen sollte), aber ich bin glücklich, dass mich unsere erste Verabredung zunächst ins Zentrum von Shanghai, an eine der magischen Adressen der Welt, führen wird: auf *The Bund*, die Prachtmeile von Shanghai am Ufer des Huangpu-Flusses. Die herrlichen Kolonialbauten aus der Zeit der britischen Zollhoheit über den größten Hafen der Welt haben mich schon 13 Jahre vorher bei meinem ersten Besuch begeistert. Sie sind immer noch da, aber inzwischen stehen sie zwischen spektakulären Neubauten internationaler Star-Architekten. Der elegant geschwungene Fernsehturm Shanghai Pearl Tower, den ich als alles überragendes Monument der Moderne in Erinnerung hatte, wird längst vom 492 Meter hohen massiven Wolkenkratzer Shanghai World Financial Center dominiert. Auch dieser Bau wird seinen Rang bald an den noch einmal 140 Meter höheren Shanghai Tower verlieren, der rasend schnell in den Himmel wächst.

Es ist ein milder, sonniger Tag – perfekt, um die prächtige Kulisse entlang der weiten Uferpromenade zu genießen. Wir begegnen einigen »Langnasen«, Touristen aus Europa und den USA, aber sie verlieren sich in der Menge von Reisenden aus China. Die sind sichtbar stolz auf ihre »Wall Street des Ostens«, Chinas Schaufenster zur Welt. Manche der Spaziergänger wirken wie Bauern aus einem der Fischerdörfer weiter oben am Fluss, aber die meisten sind westlich gekleidete junge Leute, die alle paar Sekunden für Handy-Fotos posieren. Ich habe bisher nur in New York so viel Zuversicht und Stolz, so viel jungen, kosmopolitischen Schwung gespürt wie hier. Die besondere Atmosphäre von Metropolen an großen Wassern prägt ihre Menschen. Es muss etwas damit zu tun haben, dass über dem Meer immer die Verlockung der Ferne liegt. Und in ihm die gewaltige Kraft der Natur, die Menschenwerk jederzeit wieder verschlingen kann.

Heutzutage genießen Holländer den Ruf, Weltmeister zu sein in der Kunst, dem Meer Land abzuringen. In China soll vor rund 4000 Jahren der sagenhafte Kaiser Yu, der Legende nach Gründer der ersten Dynastie, den Beinamen »Ingenieur« bekommen haben, weil er sein Volk lehrte, nicht nur auf Deiche zu setzen, die in Sturmfluten brechen konnten. Er ließ das tief liegende Gebiet mit Kanälen durchziehen und ausschließlich für Felder und Äcker nutzen. Die durfte das Meer notfalls überschwemmen – vorübergehend.

Der Name der Shanghaier Uferpromenade kommt vom anglo-indischen *bunding* für die Befestigungen, mit denen der schlammige Uferstreifen im 19. Jahrhundert stabilisiert wurde. Heute trägt er eine der aufregendsten Skylines der Welt – Milliardenwerte, die bald mehr Schutz brauchen als je zuvor. Es wird Zeit für ein neues Konzept.

Ich war überrascht, als ich erfuhr, dass wir den Chef der chinesischen Polarforschung ausgerechnet im subtropischen Shanghai treffen würden. Die Erklärung dafür werden wir bekommen. Der Stolz der Polarforscher aus dem Reich der Mitte liegt an einer separaten Pier des Hafens von Shanghai: der »Schneedrache«, »Xue Long«, ein beeindruckender Eisbrecher, rot und weiß gestrichen, mit 167 Metern fast 50 Meter länger als die »Polarstern« des deutschen Alfred-Wegener-Instituts. Nun sagt die Größe eines Schiffs wenig über seine Leistungsfähigkeit als Forschungsplattform aus, aber einen solchen Riesen schickt man nicht ins Eis, wenn man es nicht ernst meint. Rund um das mächtige Schiff herrscht eine fast schläfrige Atmosphäre. Wir hören das Kreischen der Seevögel und den Schlag der Wellen an den Rumpf – eine sehr untypische Stimmung im hektischen Shanghai.

Der »Schneedrache« scheint die Ruhe zu genießen, er ist gerade zurückgekehrt von einer monatelangen Arktisexpedition. Die Mannschaft ist glücklich bei ihren Familien. Kapitän Shen Qang und Dr. He, einer der leitenden Forscher an Bord, kommen unseretwegen in den Hafen. Stolz zeigen sie uns ihr Schiff, das Chinas Eintrittskarte war in den exklusiven Club der polarforschenden Nationen. »Wir verstehen uns gut mit den Deutschen«, erzählt Dr. He. »Einige unserer jungen Wissenschaftler haben auf der ›Polarstern‹ gelernt – ein sehr schönes Schiff.« Die meisten Forschungsfahrten der »Xue Long«, so erfahren wir, führten nach Süden, in die Antarktis. Dort hat China mit drei Stationen eine große Präsenz aufgebaut. Für diese Richtung ist Shanghai ein natürlicher Ausgangspunkt. Ein Schiff allein reicht nicht mehr für die vielen Versorgungsfahrten. China investiert gerade den Gegenwert von 200 Millionen US-Dollar in einen zweiten, technisch wesentlich weiterentwickelten Forschungs-Eisbrecher. 2014 soll er zu seiner ersten Expedition aufbrechen.

China verfolgt im Eis noch größere Pläne. Die werden den »Schneedrachen« und sein neues Schwesterschiff in Zukunft öfter nach Norden führen, in die Arktis, wo Polarforschung eine Dimension gewinnt, die am Südpol verschlossen ist. Seit dem Antarktis-Vertrag von 1961 bildet der eisige Kontinent im Süden ein einzigartiges Schutzgebiet. Damals haben sich, mitten im Kalten Krieg, Staaten über alle Grenzen von Ideologien und Interessen hinweg darauf verständigt, diesen so besonderen Teil der Erde friedlich zu nutzen, gemeinsam zu erforschen und mögliche Gebietsansprüche zurückzustellen. Seitdem sind südlich des 60. Breitengrades alle militärischen Aktivitäten verboten, seit 1991 gilt dies auch für den Abbau von Rohstoffen.* Umso verlockender erscheinen jetzt die Schätze des Nordens, denen der Klimawandel den schützenden Eisschild raubt. »Gerade sprach ich mit dem Professor darüber, wie schnell sich die Lage dort oben verändert«, erzählt Kapitän Shen. »Ich habe das mit eigenen Augen gesehen«, berichtet Dr. He. »Als ich noch auf der ›Polarstern‹ fuhr – in den 1990er-Jahren –, kamen wir über die grönländischen Gewässer nicht hinaus. 2008 war ich mit unserem eigenen Schiff wieder in der Arktis, da erreichten wir 85 Grad nördlicher Breite – nur noch 300 Seemeilen bis zum Nordpol. Das war schon unglaublich! Und jetzt kommen sie von 88½ Grad zurück. Nur noch 90 Seemeilen, dann wäre der ›Schneedrache‹ am Nordpol gewesen! Die Veränderungen sind enorm.«

Es fällt mir als Europäer schwer, Mienen und Gesten in China zu lesen, aber die beiden Männer auf der Kommandobrücke des Eisbrechers zeigen ein »Nicht zu fassen«-Staunen, das ich im-

* Allerdings versuchen China, Russland und andere bereits, das strikte Verbot jeder Explorationstätigkeit zu unterwandern (Stéphane Foucart: »Pawns in play on Antarctic ice-cap«, in: *The Guardian*, 10. November 2011).[V]

mer wieder erlebe bei Forschern, die in den ewigen Epochen der Erdzeitalter denken und nun plötzlich vor Veränderungen stehen, die mit ihrer Rasanz alle bisherigen Erfahrungen obsolet werden lassen.

»Alle Modelle, die wir ausgerechnet haben, werden von der tatsächlichen Entwicklung überholt«, sagt uns Professor Huigen Yang, Chinas Chef-Polarforscher – und damit auch Herr des »Schneedrachens« –, in seinem fünfstöckigen Hauptquartier. Die Strategen in Beijing mögen mit leuchtenden Augen die Kostenvorteile neuer Schifffahrtswege durch arktische Gewässer nach Europa kalkulieren oder von Chinas Anteil an der Ausbeutung von Öl und Gas unter dem freigeschmolzenen Nordpolarmeer träumen – bei ihm überwiegt ein anderes Gefühl: »Es macht mir Angst!«, sagt er auf Angelas leise eingeworfene Frage. Professor Yang sieht mit seinem wuscheligen Haar auf den ersten Blick überraschend jung aus für die Verantwortung, die er trägt. Er ist tatsächlich erst Mitte Vierzig – nicht sehr alt für ein Land, das Lebenserfahrung über alles andere schätzt. Aber dann erkenne ich die nachdenklichen dunklen Augen hinter der schweren Hornbrille und registriere seine abgewogene, bedächtige Art zu sprechen. Es ist ihm ernst. Seit er Schüler war, träumte er davon, die Arktis zu erforschen. Ein Dokumentarfilm über Polarlichter am Südpol hat ihn darauf gebracht, und er wurde schon in jungen Jahren ein anerkannter Experte auf dem Gebiet. Von da an hat sich sein Blickwinkel erweitert auf die weniger schönen Entwicklungen im nicht mehr ewigen Eis.

Der Direktor führt uns in das zentrale Rechenzentrum seines Instituts. Hochleistungscomputer verbinden die eigenen Messwerte mit den Erkenntnissen von Forschern in aller Welt und werfen sie als vielfarbige dynamische Diagramme auf Bildschirme an den Wänden. Das Summen der Rechner und elektronische Signale füllen den Raum. Es wirkt, als läge die Erde auf einer Intensivstation.

»Jedesmal, wenn wir neue Daten in das System füttern, hat sich die Erwärmung beschleunigt. Am stärksten ist der Effekt in der Arktis, da geht alles unglaublich schnell.« »Manche freuen sich aber auch darüber, dass das Meer sich öffnet«, wirft Angela provozierend ein. »Für ein Land, das Handelswege und Rohstoffe so dringend und in so riesigen Mengen braucht wie China, kann das doch positive Aspekte haben.« Natürlich kennt der Professor das Argument: »Wir bekommen dauernd Anfragen von Chinas großen Containerschiffsreedern. Die wollen wissen, ab wann sie die neuen Passagen um den Nordpol benutzen können. Wir sagen ihnen: schneller, als wir dachten. Chinas Wirtschaft braucht auch viel mehr Öl und Gas, als wir im eigenen Land fördern können. Da gibt es massive Interessen. Deshalb ist China ein Mitglied der *Pacific Arctic Group*, um bei der Förderung in der Arktis dabei zu sein.«

Professor Yang redet über diese Kalkulationen mit großer Selbstverständlichkeit. Chinas Regierung und Industrie müssen die Bedürfnisse ihres Volkes befriedigen, und das bedeutet – mit 1,3 Milliarden Menschen im Rücken – auch für einen führenden Forscher wie ihn unweigerlich ein selbstbewusstes Auftreten. Das ändert aber nichts an seiner Sorge um die Zukunft der Welt, in der wir leben. In Yangs Augen fehlt der Öffentlichkeit immer noch das Empfinden dafür, mit welch gewaltigen Kräften die Menschheit inzwischen spielt. »Gestern habe ich bei einer Konferenz vorgerechnet, dass durch das Schmelzen des antarktischen Eispanzers der Meeresspiegel um 53 Meter steigen würde. Keine Küstenregion der Welt würde dies überstehen. Danach sieht es nicht aus, es ist nur eine theoretische Rechnung, sie soll zeigen, mit welchen Dimensionen wir es hier zu tun haben.« Professor Yang zögert einen Augenblick. Er hat die Überraschung auf unseren Gesichtern gesehen. Er kehrt zum aktuellen Geschehen zurück. »Das Eis der Arktis schmilzt jedenfalls noch schneller, als wir es prognostiziert haben. Das ist für sich genommen nicht schlimm, weil ein Großteil dieses Eises ohnehin schon im Wasser schwimmt – schmelzendes Meereis erhöht den Meeresspiegel nicht. Aber die Erwärmung zerstört auch den Eisschild von Grönland, und das ist bedrohlich – das Schmelzwasser fließt immer schneller vom Festland ins Meer und hebt den Wasserspiegel. Der Klimawandel ist Realität. Eine Küstenstadt wie Shanghai muss sich dem stellen. Deshalb appellieren wir an alle. Jeder Chinese muss dazu beitragen, den Ausstoß von Klimagasen zu reduzieren. Da tragen wir eine große Verantwortung, gerade weil wir so viele sind.«

Ich bin überrascht von dieser Offenheit. Solche Sätze hätte ich auf einer Klimakonferenz in Europa erwartet, aber nicht in einem staatlichen chinesischen Institut, mitten in der wohl wichtigsten Wirtschaftsregion des Landes. Aber der Glaube an Wachstum ist auch in China nicht alles. Die Traumata der großen Hungersnöte der chinesischen Geschichte – die letzte und furchtbarste 1959 bis 1961, mit 30 Millionen Toten in Maos Kampagne vom »Großen Sprung« – haben sich unauslöschlich in die kollektive Erinnerung gebrannt. Der Klimawandel beginnt, die Versorgung zu gefährden. »Wir haben jedes Jahr mehr Naturkatastrophen – Dürren und Überflutungen. Mehr als jemals zuvor in unserer Geschichte«, sagt Professor Yang. »Es gibt einen Zusammenhang mit dem, was an den Polen geschieht. Wir haben Studien, die beweisen, dass die arktischen Strömungen das Wetter in unserem Binnenland beeinflussen. Nach unserer Einschätzung gab es zum Beispiel einen Zusammenhang zwischen dem trockenen, kalten Frühjahr 2008 in Südchina und dem extremen Rückgang der arktischen Eisdecke im Sommer des Vorjahres. Wir sehen massive Effekte in Xinjiang – im Nordwesten von China – und auf dem tibetischen Plateau. Dort schmilzt der Permafrost, und die Gletscher gehen zurück. Wir müssen aufpassen.«

Wir verlassen das Institut von Professor Yang mit völlig unerwarteten Eindrücken. Wenige Monate nach unserem Besuch erklärt Ministerpräsident Wen Jiabao vor dem Volkskongress in Beijing, dass Klimaschutz ein Staatsziel werden müsse. Die Delegierten verordnen dem Land eine Verminderung der CO_2-Emissionen um 17 Prozent. »Noch vor wenigen Jahren wäre ein solches Konzept undenkbar gewesen«, sagt der Deutsche Dirk Messner vom Beirat der Bundesregierung für globale Umweltveränderungen. »Mittlerweile hat die chinesische Regierung ihre eigenen Forscher die Klimarisiken analysieren lassen und festgestellt, dass China vom Klimawandel stark betroffen wäre. Seither verändert sich die Strategie.« Ich bin schon längst wieder in Deutschland, als ich diese Berichte lese. Ich bin mir sicher, dass die leise, feste Stimme unseres Gastgebers in Shanghai mit zu dem Chor gehörte, der das erreichte.

Es sind neue Töne, aber die Realität sieht immer noch anders aus. Ich habe den Konflikt zwischen Mao und Dao, den Kampf des »Großen Vorsitzenden« gegen die Gesetze der Natur und der alten chinesischen Weisheit vom Einklang mit ihr, in der Inneren Mongolei erlebt.

Von Ruß und weißen Wolken

Wenn jemand wie ich versucht, sich ein Bild von der Welt zu machen, indem er immer wieder einmal in eine ferne Region fliegt, für die er nur ein paar Tage Zeit hat, weil zu Hause im Wochenrhythmus andere Aufgaben warten, dann muss wenigstens die Vorbereitung stimmen. Es ist ja nicht mehr schwierig, sich schnell aus den Blogs und Pressearchiven der Welt gute Artikel und Videos heranzuholen. So sind echte Überraschungen selten geworden – das ist ein Glück und gleichzeitig schade. Die chinesische Stadt Baotou in der Kohle-, Stahl- und Industrieregion der Autonomen Region Innere Mongolei war für mich so eine Überraschung. Ich glaubte zu wissen, was mich erwartet. Diese Region war der Schwerpunkt, als China von 2003 bis 2008 jede Woche durchschnittlich zwei neue 600-Megawatt-Kraftwerke fertigstellte[1], die mit heimischer Kohle befeuert werden – ein jährlicher Zuwachs, der größer ist als die Leistung aller britischen Kohlekraftwerke nach 200 Jahren Industrialisierung. Die Innere Mongolei bildet zusammen mit den Provinzen Shanxi und Shaanxi den berüchtigten »Schwarzen Gürtel« von Schwerindustrie. Hier wirbelt der Wind den Staub von ausgetrockneten Halden und den Grund ehemaliger Seen auf und trägt die ätzenden Salze ostwärts bis Beijing – sogar an der amerikanischen Ostküste sind sie noch mess- und spürbar. Der Gelbe Fluss, in dessen Bogen Baotou liegt, ist häufig so verseucht, dass schon bloße Berührung des Wassers gefährlich ist.[2]

Das alles hatte ich gehört und gelesen. Ich erwartete eine rußschwarze Stadt unter tief liegenden Smogwolken, die dem Licht alle Farben entziehen. Ich war schlecht vorbereitet auf Baotou, jedenfalls an diesem Tag. Der Wind stand gut, als wir landeten, und hatte die Schwaden hinausgeweht in die Steinwüste – das mongolische Wort dafür ist »Gobi«. Mich empfing eine Stadt mit modernen Gebäuden, grünen Parks und luxuriösen Geschäftsstraßen, auf denen viele Chinesen auf Elektrofahrrädern unterwegs waren. Unter dem Vordach des Shangri-La-Hotels drängten sich neu funkelnde Geländewagen von Rover, Porsche und BMW in opulent getunten Luxusversionen, die ich in Deutschland noch nie gesehen hatte. Das gab der Szenerie etwas Halbseidenes. Ehrlich verdientes Geld wird so nicht zur Schau getragen. Es wurde auch nicht von günstigen Winden hergeweht.

Baotou ist laut *Forbes Magazine* die Welthauptstadt der sogenannten *Seltenen Erden* – Elemente, die weder aus Erde noch selten sind. Es handelt sich um eine Gruppe von Metallen, die sich fast überall finden lassen, aber meist in so minimalen Spuren, dass sich ein Abbau nicht rechnet. Einige dieser Metalle sind wichtig für die Fertigung von Hightech-Geräten und für grüne Technologie. Lanthan wird etwa für Brennstoffzellen und Akkumulatoren gebraucht, Neodym für die Dauermagneten in den Generatoren moderner Windturbinen oder in Bauteilen von Computern. Je kleiner, kompakter und leistungsfähiger der Laptop, das iPad oder das Mobiltelefon sein solle, desto unverzichtbarer die Seltenen Erden.

Deng Xiaoping, der Architekt von Chinas Aufstieg zur Wirtschaftssupermacht, hatte das Potenzial dieser Metalle schon vor 20 Jahren entdeckt und prägte einen Satz, der heute in goldenen Lettern am Eingang des Technologieparks von Baotou steht: »Der Mittlere Osten hat das Öl, China hat die Seltenen Erden.«

Die Senke, in der Baotou liegt, hat weltweit die größte Konzentration davon. Die Förderung von Erz und Kohle in den riesigen Minen, die ohnehin die Erde der Inneren Mongolei aufwühlt, schaffte auch das Gold des Hightech-Zeitalters nach oben. Schatzjäger organisierten sich zu Kartellen, die dafür sorgten, dass die wertvollen Substanzen aus dem Abraum gewaschen wurden – mit zum Teil kriminellen Methoden und ohne Rücksicht auf die gewaltigen Umweltschäden.[3] Baotou wurde zum Wilden Westen der Seltenen Erden, und wie im amerikanischen Wilden Westen des 19. Jahrhunderts wurde manch einer sehr schnell sehr reich. Skrupellosigkeit und Gier waren gut für das Geschäft – eine Zeit lang. Dann drückte Überproduktion die Preise rasant nach unten. Die Computer- und die Greentech-Industrie waren noch nicht groß und gefräßig genug, das Angebot aufzunehmen. Ob Absicht dahinterstand oder nicht – jedenfalls drängte der Preisverfall Länder mit höheren Produktionskosten (USA, Kanada, Australien, Südafrika) aus dem Markt, und zwar so gründlich, dass China heute mehr als 95 Prozent der Weltproduktion dieser strategischen Rohstoffe kontrolliert. Ihr Zentrum ist nach wie vor Baotou. Allerdings haben Partei und Regierung die Zügel inzwischen angezogen. Sie holen sich die Kontrolle von den Freibeutern zurück, weil sie wollen, dass die Seltenen Erden der Inneren Mongolei zum Magneten werden, der Hightech-Industrie aus aller Welt unwiderstehlich an den Standort Baotou zieht. Dort wird inzwischen auch mit Immobilien großes Geld verdient.[4]

Aber die alte Zeit der Rauchschwaden, der Hochöfen und der Kohleminen, die 5000 Quadratkilometer Erde so ausgehöhlt haben, dass die Städte auf einer zerbrechlichen Kruste stehen, ist noch lange nicht vorbei. Wir erleben die machtvolle Präsenz der Vergangenheit am nächsten Tag ausgerechnet bei einer Fahrt, die uns zu einem Stück Zukunft bringen soll. Wolfgang Jussen, damals Direktor (CEO) der chinesischen Tochterfirma eines deutschen Windmaschinenbauers, will uns einen Anblick zeigen, den wir nicht vergessen werden.

Seit Stunden schon rollen wir in unserem Kleinbus über eine vielspurige Autobahn, die fast ausschließlich von schweren Lastern mit langen, verhüllten Ladeflächen befahren wird. Es müssen Tausende sein. Sie halten genügend Abstand, so dass sich schnellere Fahrzeuge wie bei einer Slalomstrecke über alle Spuren wechselnd zwischen ihnen durchschlängeln können. Als die Autobahn über eine Kuppe führt, sehe ich, dass sich die unheimliche Karawane von Horizont bis Horizont erstreckt. Sie schafft die Kohle zu den Kraftwerken im »Schwarzen Gürtel« und darüber hinaus. Wir halten auf dem Standstreifen, um zu filmen und zu staunen. Auf beiden Seiten der Autobahn rauchen die Schlote der Kraftwerke und Hochöfen. Die Seidenstraße ist zum Highway des Rußes verkommen.

Wolfgang Jussen schaut auf das unwirkliche Bild mit den kalkulierenden Augen des Ingenieurs. China erzeugt 70 Prozent seiner Energie aus Kohle – diesem besonders klimaschädlichen Brennstoff. »Wenn Sie zusammenrechnen, wie viel Energie es kostet, die Kohle zu fördern, zu reinigen, mit Diesel-Lkws über ewig lange Strecken zu transportieren und schließlich in einem Kraftwerk zu verbrennen, das einen geringen Teil der Energie in Strom verwandelt, dann frage ich mich, ob das ganze Unternehmen unter dem Strich überhaupt noch eine positive Energiebilanz hat. Aber es ist Chinas einzige Chance, in großem Stil Strom zu erzeugen – bisher.«

Eine knappe Stunde später biegen wir von der Autobahn ab und folgen einer Straße, die uns in kürzester Zeit auf einen Pass bringt. Von dort aus blicken wir über ein endlos weites Feld, getupft mit Pferden, Schafen, Hirten – und Windmühlen. Es sollen fast 1000 sein, sagt Jussen. Einige davon sind mit Turbinen und Rotoren aus Know-how von REpower bestückt, Jussens Firma.

In 80 Meter Höhe, angeschnallt an einer Sicherheitsstange auf dem Dach des Turbinengehäuses, berichtet mir der Ingenieur aus Deutschland von seinen Erfahrungen mit den chinesischen Partnern. Es begann mit einem Lizenzvertrag. Chinesen bauten Windturbinen nach deutschen Bauzeichnungen und bezahlten dafür eine Gebühr. Das wurde für die Chinesen so erfolgreich, dass sie die deutschen Lizenzgeber aufkauften. Inzwischen – viel schneller, als Deutschland sich das hatte träumen lassen – treten Chinas Windturbinenbauer auf den Weltmärkten als Konkurrenten gegen ihre deutschen »Geburtshelfer« an – und gewinnen: China hat mittlerweile die bei Weitem größte »Aufstellungsleistung« der Welt. Und Deutschland denkt, dass es den Weltmarkt für grüne Technologie noch lange Zeit beherrschen wird.

»Noch sind wir technologisch vorne«, sagt Wolfgang Jussen tapfer, während die Sonne in spektakulären Farben untergeht. »Unsere Turbinen sind zuverlässiger, die Steuerung ist besser, sie halten länger. Aber wenn es darum geht, mit einem begrenzten Geldbetrag möglichst schnell möglichst viel Leistung aufzustellen, dann sind uns unsere ehemaligen Töchter inzwischen voraus und gewinnen in Australien, Südamerika und natürlich in China Ausschreibungen gegen uns.« Jussen hatte gedacht, dass der deutsche Vorsprung zehn Jahre reichen würde. Es wurden drei.

Da denke ich zurück an das Abendessen, das er am Abend vorher für uns arrangiert hatte. Neben mir hatte ein junger chinesischer Ingenieur mit seiner Frau gesessen. Das Gespräch war streckenweise ein wenig mühsam, weil kein Dolmetscher zur Hand war und die Englischkenntnisse der beiden für eine flüssige Unterhaltung nicht reichten. Mir war es peinlich, dass ich nicht einmal ein paar Worte Mandarin spreche. Der sympathische Ingenieur wirkte auf mich ein bisschen unerfahren. Da lag ich gründlich daneben.

Am nächsten Morgen, zurück in Baotou, empfing mich genau dieser jugendliche Ingenieur in den Fertigungshallen der Firma *Goldwind*. Chang Lie war hier, nach seiner Ausbildung an der Universität Baotou, schon mit 27 Jahren Chef der Produktion geworden. Seitdem hat er den Ausstoß der Fabrik in weniger als zwei Jahren verdoppelt. Ich hatte mich getäuscht, sehr sogar! Aber wenigstens bin ich weder der Einzige noch der Erste, dem dieser Fehler in China passiert ist.

Was ich hier sah, wirkte auf mich beeindruckend: saubere, ru-

Spitzbergen: In der Arktis braut sich das Klima für Europa und Asien zusammen. Professor Heinrich Miller hält nichts von Weltuntergangsprophezeiungen – aber er ist überzeugt, dass sich die Erdatmosphäre gefährlich schnell verändert.

Das Schrumpfen der Polkappe
180°
150°
Nischne Kolymsk
Tschukotka
USA
Alaska
Wrangel-I.
Aklavik
Jakuti
120°
Neusibirische Inseln
September-Minimum
Durchschnitt 1979–2000
Durchschnitt 2000–2006
KANADA
Nordpolarmeer
RUSSLAN
Rekordminimum:
Rest von Seeeis am
16. September 2012
90°
Nordpol
Ellesmere-Insel
Dickson
Nordostpassage
Baffin-Bucht
Nordwestpassage
80°
Nowaja Semlja
Spitzbergen
Timan-Petschora-Ölfeld
GRÖNLAND
Atlantischer Ozean
60°
70°
30°
0°
Murmansk

Spitzbergen
Moffen
Nordpolarmeer
Kvitøya
Nordaustlandet
Ny-Friesland
Gustav-Adolf-Land
Albert-I.-Land
Håkon-VII.-Land
1717m
Ny Ålesund
Olav-V.-Land
Kongeøya
Oscar-II.-Land
Pyramiden
Barentsøya
Spitzbergen
Longyearbyen
Barentsburg
Sveagruva
Edgeøya
Grönland-see
Storfjorden
Torell-Land
Barents-see
0
50
100 km
Hopen
Sørkapp

Fernwirkung: In der Forschersiedlung auf Spitzbergen erklärt Dr. Fang Lijun, Chefin der chinesischen Station, dass es ihrem Team um die Zukunft ihres Landes geht (oben). Dort sind Wüsten auf dem Vormarsch. Unten: Sandsturm in Beijing, 2011.

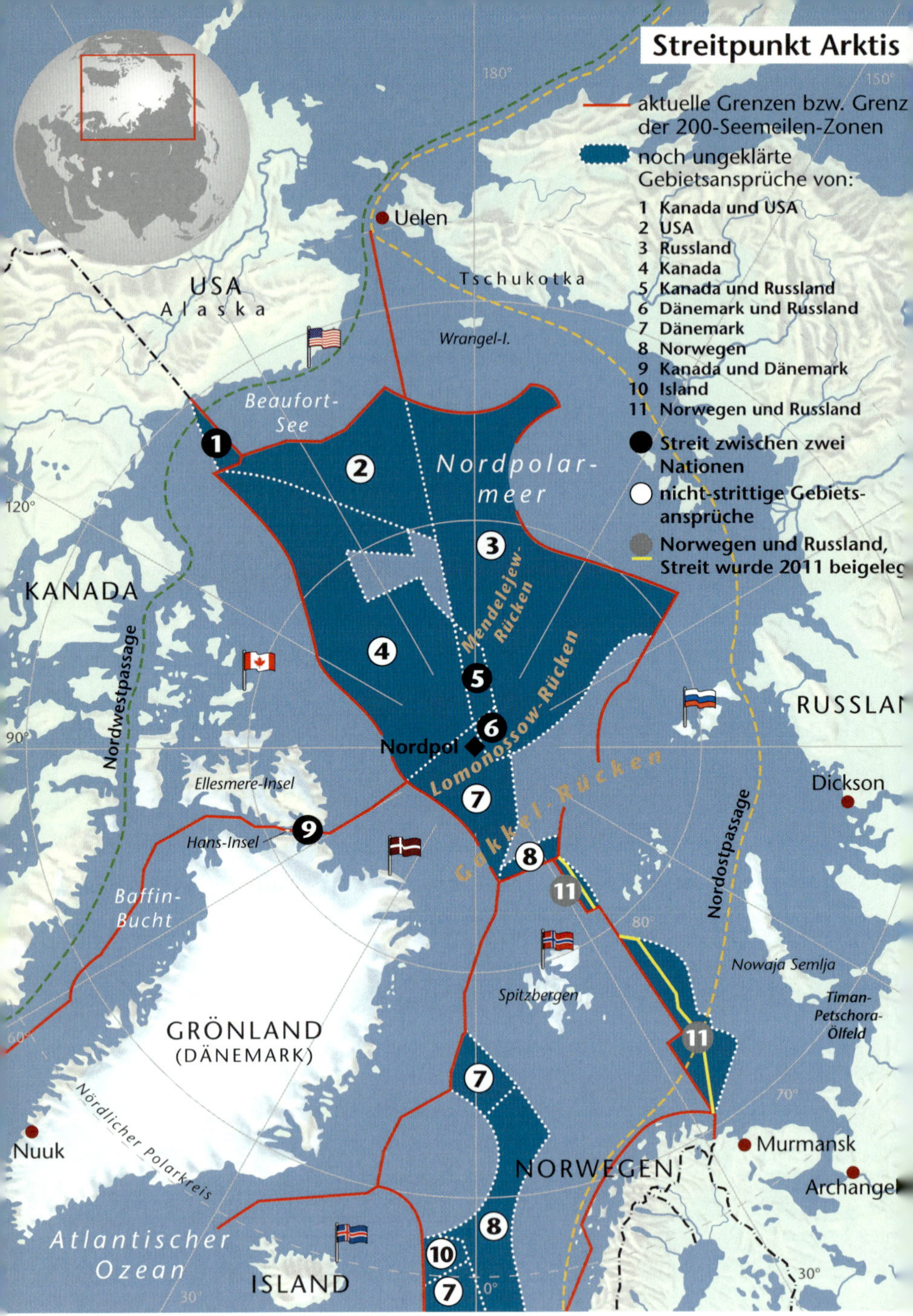

Tau-Gefahr: Solange ein Panzer aus Seeeis den Pol bedeckte, blieben Territorialkonflikte belanglos. Nun geht es um ein Viertel der unerschlossenen Gasreserven der Erde, um Öl und um die Macht über neue, eminent wichtige Seewege.

Bärenstark: »Ich weiß, wie es da aussieht. Ich war dort!« – Artur Tschilingarow über den Meeresboden am Nordpol, wo er 2007 eine russische Flagge pflanzte.
Unten: Russland baut schwimmende AKW für seine Außenposten in der Arktis.

Vom Eis befreit

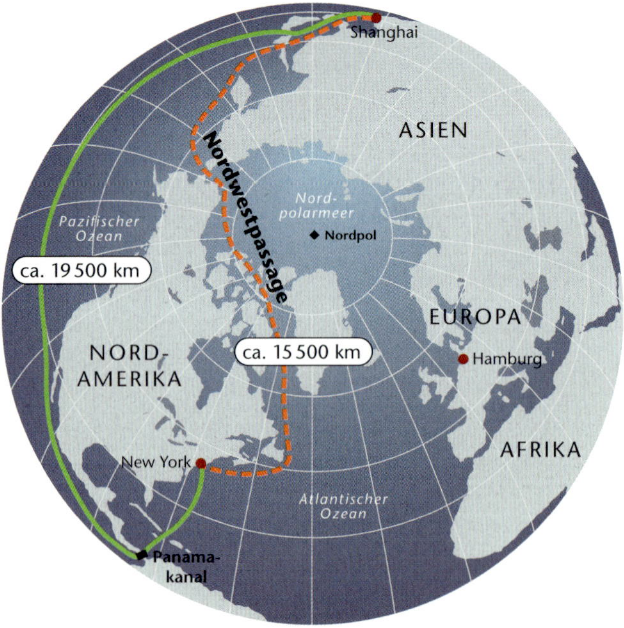

Abkürzungen durch eine offene Arktis versprechen enorme Einsparungen an Zeit, Treibstoff und Geld. Da verblasst die Bedeutung der Kanäle von Suez und Panama.

7

Kalt-Krieger: Im August 2011 verkündet Russland die Bildung von zwei spezialisierten Brigaden für die Verteidigung der russischen Interessen in der Arktis. Sie greifen zurück auf jahrzehntelange Erfahrung, abgehärtete Soldaten und robustes Gerät.

29

Barentsburg: Ein tiefgefrorenes Stück Sowjetunion gewinnt neue Bedeutung. Die alte Bergbausiedlung ist Russlands Vorposten im Westen der Arktis. Da spielt es keine Rolle, wie alt die Ausstattung ist. Mir kommt sie jedenfalls robust vor.

30

hige Hallen, in denen über hundert Arbeiter mit offenkundiger Präzision riesige Turbinen in Serie montierten. Auf manche kritische Bereiche durften wir die Kamera nicht richten, unter anderem die Montage von jeweils 4000 Magneten mit dem Seltene-Erden-Element Neodym. Wolfgang Jussen, der uns den Kontakt zu *Goldwind* verschafft hatte, durfte dahin nicht mitkommen. Er hätte in der Produktion vielleicht Dinge erkannt, die ihm seine ehemaligen Lizenznehmer inzwischen voraushaben.

Während unser Team Bilder einfängt, komme ich mit Chang Lie endlich ins Gespräch. Caroline Nath, unsere Producerin in China, übersetzt. Der junge Produktionsleiter sieht seine Arbeit hier nicht einfach als einen Job. Ihm ist schmerzlich bewusst, wie sehr Chinas wirtschaftlicher Aufstieg auf Kosten der Umwelt ging, ganz besonders brutal in der Inneren Mongolei, und er ist glücklich darüber, in einer Industrie zu arbeiten, die diese Verbrechen an der Natur hinter sich lässt. »*Goldwind* ist frisch wie der Sonnenaufgang«, strahlt er. »Wir sind ein junges Team und hoch motiviert. Wir wollen den Himmel über der Welt wieder blau machen. Und die Wolken weiß.«

Als wir die Fabrik verlassen, zeigt mir Caroline einen chinesischen Schriftzug auf der hohen Außenwand der Halle. Da steht derselbe Satz vom blauen Himmel und den weißen Wolken. Es ist der offizielle Werbespruch von *Goldwind*. Aber ich glaube nicht, dass Chang Lie ihn nur nachgebetet hat. Mich hat er überzeugt: Er meinte das so. Aber es gibt auch andere, und sie haben Macht.

Es war eines meiner wichtigsten Ziele in Baotou, die berühmt-berüchtigte Mine *Bayan Obo* zu filmen, gigantische Löcher, aus denen im Tagebau neben der Kohle jährlich mehr als 50 000 Tonnen Seltene Erden gefördert werden – die Hälfte der Produktion Chinas und damit der Welt. Um es gleich zu sagen: Letztendlich durften wir nicht dort hin. Dabei kann ich mich nicht über die Behandlung beklagen, die die Stadtregierung und *Baotou Iron and Steel* uns angedeihen ließen. Die Offiziellen des zweistöckigen »Betriebsmuseums« – einer mit patriotischen Sprüchen geschmückten Leistungsschau des Konzerns – rollten uns den roten Teppich aus. Vor einem Denkmal im Eingangsbereich sang eine reizende, uniformierte Sopranistin – nach einer sehr ernsthaft vorgetragenen Einführung – für uns ein Lied auf die Bergarbeiter, das schon den Großen Vorsitzenden Mao beglückt hatte. Dann wurden wir in den großen Saal geführt, in dem – wie das in chinesischen Firmenzentralen üblich ist – unter Plexiglas ein Modell des Unternehmens ausgestellt war. Wegen der Ausmaße von *Baotou Iron and Steel* hatte dieses die Größe eines halben Volleyballfelds. Es zeigte eine weite, restlos zugebaute Industrielandschaft. Selbst in diesem Maßstab wirkten die braunschwarzen Löcher, in denen sich die Modelle riesiger Bagger verloren, bedrohlich.

Näher als hier sollten wir der Mine jedoch nicht kommen. Das wusste ich da noch nicht. Ich war – wie oft in solchen Situationen – unsicher, in welchem Ton und mit wie viel Nachdruck ich bitten, drängen, fordern sollte. Wo war die Grenze zwischen Sich-abspeisen-Lassen und Unverschämt-Werden? Weder das eine noch das andere konnte zum Erfolg führen. Ich hatte versucht, mich zurückzuhalten. Aber als ich herausfand, dass die vage Zusage, wir würden »etwas« von der Mine zu sehen bekommen, sich allein auf dieses Modell bezog, verlor ich dann doch die Fassung. »Ich habe keinerlei Interesse an solchem Spielzeug«, schleuderte ich unserem offiziellen Betreuer in einem Ton entgegen, den Carolines höfliche Übersetzung nicht mehr ausgleichen konnte. Die Reaktion meiner Gastgeber war eine Mischung aus Beleidigtsein und Verständnislosigkeit. Gleich, beim Mittagsbankett, sei der Parteisekretär der Stadt unser Gastgeber, der könne solche Dinge entscheiden. Uns stand nach einem halben Drehtag ohne greifbare Ergebnisse überhaupt nicht der Sinn nach einem Bankett, aber offenbar war das unsere einzige Chance.

In dem modernen, heruntergekühlten mongolischen Restaurant bogen sich die Tische unter der Last von bestem Hammelfleisch, köstlichen Suppen und Gemüse, aber es war nicht die feste Nahrung, die im Mittelpunkt stand. Ständig wurde aus kleinen Karaffen, die jeder am Platz hatte, ein brutaler mongolischer Schnaps in Fingerhutgläschen geschenkt, die in geringfügig größerem Format als Massenvernichtungswaffen gegolten hätten. Jeder in der Runde – die auf mehr als ein Dutzend Teilnehmer angewachsen war – hatte einen Trinkspruch zum Besten zu geben, der von allen »ex« beantwortet wurde.

Der Herr Parteisekretär zeigte sich dabei in bester Laune und erzählte mir unverblümt von der Wende in Chinas Politik bei strategischen Rohstoffen. Der Wert der Seltenen Erden sei längst erkannt und die Zeit vorbei, in der China seine Konkurrenten in den USA und Europa damit großzügig belieferte. Nun müssten Arbeitsplätze, Know-how und Wertschöpfung in die Innere Mongolei kommen. Man denke an Unternehmen wie Bosch und Siemens. Diese Aussicht beflügelte seine Stimmung derartig, dass fortan der Umweg über die Fingerhütchen entfiel. Die nächsten Trinksprüche wurden von ihm direkt aus der Karaffe begossen. Dass ich das zumindest eine Weile mit durchstand, brachte mir immerhin sein Versprechen ein, dass er die Möglichkeiten einer Dreherlaubnis für die Mine bis zum Abendbankett prüfen wolle – von dem ich bisher noch nichts gehört hatte. Das sei natürlich viel größer und reichlicher als der bescheidene Mittagsimbiss. Die zweite Zusage hat er gehalten – es gab ein regelrechtes Gelage –, die erste nicht. Der Herr Sekretär ist abends nicht mehr erschienen. Zutritt zur Mine? Ausgeschlossen!

Auch da brauchte es eine Reihe von Trinksprüchen, bis die Wahrheit ans Licht kam. Dem Funktionär, der uns die ganze Zeit betreut und bewacht hatte, platzte nachträglich der Kragen wegen meines dauernden Drängens. Er offenbarte Caroline seinen Zorn. Sie lasse sich von mir dazu missbrauchen, China falsch darzustellen. Mir gehe es nur um diese Seltenen Erden, um die die ganze Welt China offenbar beneide. Aber da liege nicht die Zukunft des Landes. Das sei eine Randerscheinung. Die Kraft Chinas und der Inneren Mongolei komme nach wie vor aus den großen Kohleminen, den Kraftwerken und Stahlhütten mit ihren Hunderttausenden von Arbeitern. Diese Wirklichkeit dürfe von niemandem verzerrt werden, auch nicht von diesem Fernsehteam aus Deutschland.

Mein schlichter Wunsch, die materielle Quelle für Chinas Zukunftstechnologien zu zeigen, war in den Widerstreit zwischen dem alten und dem neuen China geraten, zwischen *Goldwind* und *Bayan Obo*. Und der Geist von *Bayan Obo* hat gewonnen. Das mag auch daran liegen, dass der Konzern kein Interesse daran hatte, seine Produktionsanlagen neugierigen westlichen Medien zu zeigen. Die »Chinesische Gesellschaft für Seltene Erden« hat die katastrophalen Umweltfolgen schonungslos beschrieben.[5] Danach entstehen bei der Produktion einer Tonne der begehrten Erze unter anderem bis zu 12000 Kubikmeter ätzend giftige Gase, 75 Kubikmeter saures Abwasser und etwa eine Tonne radioaktiver Schlamm. Allein in Baotou werden jährlich etwa 10 Millionen Tonnen stark verschmutzte Abwässer in die Flüsse geleitet. Und das sind die heutigen Werte, wo angeblich Kontrollen der Regierung schon greifen. Wie mag es erst in den Zeiten des völlig unkontrollierten »Goldrausches« gewesen sein? Zur Wahrheit gehört allerdings auch, dass die westlichen Industrienationen China die billig produzierten Rohstoffe weiterhin aus den Händen reißen und keine Fragen stellen.[6]

Um Bergbau und Rohstoffe, politische Strategien und Geopolitik geht es auch an einem scheinbar aus der Zeit gefallenen Ort am nördlichen Ende der Welt.

KAPITEL 6

Arktische Strategien

Russlands Außenposten

Gemessen daran, wie weit wir zu Beginn unserer Nordlandfahrt aus der Mitte Deutschlands bis hinauf nach Spitzbergen reisen mussten, ist unser nächstes Ziel eigentlich nur einen Katzensprung entfernt. Kaum 100 Kilometer Luftlinie liegen zwischen der Forschersiedlung Ny Ålesund und Russlands Außenposten auf Spitzbergen, der Bergbausiedlung Barentsburg. Die Überwindung dieser kleinen Strecke zwingt uns zu einem Crashkurs über die eigentümliche völkerrechtliche Situation dieses Archipels. Vierzig Staaten, von den USA bis Afghanistan, haben hier Rechte aus einem internationalen Vertrag, der 1920 einen Streit um die eisigen Inseln beendete.[1] Seitdem darf jedes Land, das dem Spitzbergen-Vertrag beitritt, dort forschen, jagen und Bergbau betreiben. Das Sagen aber hat Norwegen als Träger der Souveränität. Und Norwegen achtet in letzter Zeit verschärft darauf, dass die Schar der Untermieter es nicht übertreibt mit ihren Sonderrechten. Seit das Eis schmilzt und den Zugang zu den Schätzen des Nordpolarmeeres – von Schifffahrtsrouten bis zu Öl und Gas – erleichtert, gewinnen diese Rechte ständig an Wert, und niemand scharrt begieriger mit den Pratzen als der russische Bär. Wir geraten mit unseren Drehplänen zwischen die Fronten.

Ideenreiche Kollegen im Hauptquartier in Mainz und im ZDF-Studio Moskau hatten uns schon vor Wochen in einer aufwendigen Aktion den schweren russischen Transporthubschrauber gesichert, den wir bei unserer Ankunft am Flughafen von Longyearbyen auf dem Vorfeld gesehen hatten. Er sollte uns – wenn irgend möglich direkt von Ny Ålesund aus – nach Barentsburg fliegen. Aber Norwegen verweigert jetzt die Erlaubnis für den Flug. Der Spitzbergen-Vertrag erlaube ausländischen Mächten den Flugverkehr nur, soweit er den vertraglichen Zwecken diene, also Jagd oder Forschung oder Bergbau. Der Transport eines Fernsehteams habe damit nichts zu tun. Alle Appelle in Longyearbyen, Moskau und Oslo fruchten nichts. Früher war man da großzügiger, hören wir. Aber die Atmosphäre ist frostiger geworden.

In Barentsburg können nur Hubschrauber landen, und Norwegen hat für uns keinen übrig. Damit bleiben – außer Aufgeben – zunächst ein norwegischer Charterflug nach Longyearbyen und dann die Auswahl zwischen Hundeschlitten, Snowmobil oder der »Farm«. So gerne wir von Longyearbyen aus eine der ersten beiden Alternativen (und wir waren uns einig, welche) gewählt hätten – mit unserer empfindlichen Ausrüstung kommt nur die »Farm« in Frage. Zurück in Longyearbyen, stapeln wir unsere Kistenberge auf der öligen Pier zwischen alten Tauen und Fässern und warten auf das Fischerboot mit dem Landratten-Namen, dessen Crew bereit war, uns zu einem annehmbaren Preis zu Russlands legendärem Außenposten auf norwegischem Hoheitsgebiet zu bringen.

Es wird eine sechs Stunden lange Fahrt durch einsame, eisige Gewässer entlang der bergigen Küste der fast menschenleeren Inseln. Am Bug im eisigen Fahrtwind stehend ist es nicht schwer, sich die Entdeckungsreisen des holländischen Seefahrers Willem Barents vorzustellen, der als erster Mitteleuropäer in diese Gewässer vorstieß. Er fand Spitzbergen und dann den Tod – auf der Suche nach einer Durchfahrt Richtung China. Im Jahr 1596 das Unternehmen eines wahren Visionärs – mehr als vier Jahrhunderte zu früh.

Die Sonne ist hinter dem Horizont verschwunden, als wir den

Isfjord nach Barentsburg hinauffahren. Uns bietet sich ein unheimlicher Anblick. Zäh löst sich aus dem dunklen Nebel die Silhouette einer gewaltigen Industrieansiedlung, die sich aus dem nun tiefschwarzen Wasser einen Hang hinaufzieht. Ein mächtiges, dumpfes Wummern von archaischen Maschinen dringt zu uns herüber. »Welcome to lovely Barentsburg«, spottet der Bootsmann, dem unsere zweifelnden Blicke nicht entgangen sind. Wollten wir wirklich hierher? Es ist zu dunkel, um Details zu erkennen, und doch macht die Stadt schon aus dieser Entfernung einen völlig verfallenen Eindruck. Aber groß ist sie! Viel größer, als wir es uns hatten vorstellen können. Und verlassen. Die meisten der riesigen Bauten stehen finster und abweisend über uns, nicht einmal ein Schimmer von Licht dringt aus den blinden Fenstern. Wären da nicht die dröhnenden Maschinengeräusche und stiegen nicht Rauchfahnen in den Himmel – wir müssten glauben, dass wir in einer menschenleeren Geisterstadt ausgesetzt werden.

Mit ein paar schnell geworfenen Leinen macht Finn, der Bootsmann, die »Farm« an einer verdreckten Kohlepier fest, die für viel größere und höhere Schiffe gebaut ist. Wir klettern über alte Lkw-Reifen empor, die mit schweren Ketten als Fender an der Spundwand hängen – und sind da. Finn, ein Bär von einem Kerl, wirft uns die Equipmentkisten hinterher, als wären sie aus Schaumstoff. Ich habe den Eindruck, dass unsere beiden norwegischen Seemänner möglichst schnell weg wollen. Sie werden die zwei Tage Wartezeit draußen auf dem Arktischen Ozean verbringen, auf der Suche nach den Fischschwärmen, die sich seit Beginn des Klimawandels nicht mehr an die alten Zugwege und Zeiten halten.

Sergei, der für Presse und Tourismus zuständige Mann beim russischen Bergbaukonzern *Trust Arktikugol*, dem Barentsburg gehört, wartet mit zwei Kleinbussen auf uns. Unsere späte Ankunft stört ihn nicht weiter, wohl aber Irina, eine strenge Russin, die uns im leeren Foyer des einzigen Hotels am Platz entgegentritt. Wir sind die ersten Besucher seit Wochen. Aber die Küche ist geschlossen, die Arbeitszeiten sind sozialistisch geregelt. Vor dem Hungertod bewahrt uns ein nach meiner Erfahrung weltweit wirksames Überzeugungsmittel: eine schwarze, kleine Schatztruhe bester Schweizer Pralinen. Nicht als letzte Notration für uns, sondern als Schlüssel zu Irinas Herz und Küche. Wesentlich freundlicher gestimmt entdeckt sie nun doch noch Brot und Salami, Gurken und Tomaten, ein paar Flaschen Bier und – ohne eine Frage zu stellen – eine Auswahl an Wodkas. Wir sind auf einer norwegischen Insel endgültig in Russland angekommen. Das glauben wir jedenfalls, aber es ist noch nicht die ganze erstaunliche Wahrheit. Die sehen wir erst am nächsten Morgen.

Im ersten Tageslicht brechen wir auf, um die Stadt zu erkunden und zu filmen. Für unseren Kameramann Jürgen Rapp wird es eine Zeitreise zu Fuß. Er war in den späten Jahren der Sowjetunion im ZDF-Studio Moskau stationiert und fühlt sich nun zurückversetzt in diesen Abschnitt seines Lebens. Als hätte es Gorbatschow nie gegeben, blickt auf dem zentralen Platz ein äußerst missmutiger Lenin von seinem gewaltigen Steinsockel. Um ihn herum verfällt die Siedlung, die 1932 als Brückenkopf des Weltsozialismus im Westen der Arktis errichtet worden war. Jürgen muss lange warten, bis einmal ein Mensch durch die Straßen geht und den Aufnahmen etwas Leben verleiht. Durch staubige Fenster erkennt man schemenhaft Reste von Gardinen und Wandverkleidungen in Wohnräumen, in denen schon ewig keiner mehr wohnt. Unmittelbar neben Lenin versinkt ein ganzes Massenquartier schräg im Erdboden. Der Permafrost, auf dem die Gebäude gegründet wurden, ist in Zeiten des Klimawandels nicht mehr permanent. Es sieht aus, als wolle sich die Arktis am Wohnheim des Kohlekonzerns für die verzehrende Wärme rächen.

Ein einziges Gebäude widersteht wie eine Trutzburg auf dem höchsten Hügel dem Niedergang: hinter schweren Palisaden aus Eisen das russische Konsulat. Wir haben eine Verabredung mit dem Hausherrn, um von ihm zu erfahren, weshalb Russland so hartnäckig an diesem traurigen Areal festhält. Aber der Konsul ist nicht zu sprechen. Ein verlegener junger Attaché lässt für uns zwar die schweren Tore in den Innenhof öffnen, wehrt unseren Besuch aber an der Türschwelle ab. Vadim Savins Chef ist ungehalten, weil wir einen Tag später als geplant angekommen sind. Wir hatten wohl etwas zu leichtfertig gedacht, dass die Anforderungen des diplomatischen Lebens von Barentsburg Seine Exzellenz terminlich nicht allzu sehr fordern würden. Falsch! »Dem Herrn Konsul missfallen plötzliche Terminänderungen ganz außerordentlich«, sagt der Attaché und dreht verlegen den Geschenkkarton mit Schwarzwälder Williams Christ in der Hand, den ich ihm aufgedrängt hatte. Es ist Herrn Savin sichtlich unangenehm, uns mit solch dünner Begründung abweisen zu müssen.

Ich nutze das aus und entlocke ihm mühsam ein paar Informationen. Der Konsul muss sich einsam fühlen in dem riesigen Bau. Sein Mitarbeiterstab ist auf sieben Personen zusammengeschmolzen. Das spiegle die Entwicklung in ganz Barentsburg, erklärt mir der Attaché in geschliffenem Englisch. Seit einem schweren Bergwerksunglück im Sommer 1997 stehe die Mine praktisch still. Die Bevölkerung sei von über 1000 auf weniger als 400 Menschen geschrumpft. Man warte jetzt schon lange auf Geld aus Moskau, um Barentsburgs Zerfall aufzuhalten. »Wir brauchen Wiederaufbau«, sagt der junge Mann mit traurigen Augen. Er erschrickt über seine Wortwahl und korrigiert: »Renovierung.« Wir schauen gemeinsam eine Weile schweigend auf die Stadt hinunter und wissen beide: Der erste Begriff hatte die Lage besser getroffen. Dann zieht sich Vadim mit einer gemurmelten Entschuldigung hinter die schwere Eingangstür zurück, und wir sind entlassen.

Die Begründung der Russen für ihr Bleiben in Barentsburg ist alles andere als überzeugend. Mit Kohleförderung kann das nichts zu tun haben, sie macht keinen Sinn. Sämtliche Lebensmittel, das gesamte Baumaterial für das Bergwerk, jedes Stück Ausrüstung müssen in den eisfreien Monaten per Schiff aus dem russischen Murmansk herangeschafft werden – über 1200 Kilometer hinweg. Nach norwegischen Schätzungen produzierten die Russen hier in den besten Jahren 120 000 Tonnen Kohle – aber es gab schon lange keine guten Jahre mehr. Diese Rechnung geht noch nicht einmal mit Löhnen auf, die bei einem Zehntel dessen liegen, was norwegische Bergarbeiter auf der anderen Seite der Bergkette verdienen.[2] Trotzdem muss Russland an der Fiktion festhalten, dass ein Bergwerk, das seit dem schweren Unglück fast 15 Jahre zuvor praktisch stillsteht, eines Tages wieder arbeiten wird. Nur Bergbau kann eine russische Präsenz auf Spitzbergen völkerrechtlich legitimieren.

Das kann auch der Grund dafür sein, dass uns *Arktikugol* fast ohne Probleme Aufnahmen im Bergwerk erlaubt. Russland hat ein Interesse daran, der Welt zu zeigen, dass sie es ernst meinen mit dem Bergwerk in der Arktis. Als wir mit unserer Kamera in dem großen Hauptgebäude der Minengesellschaft erscheinen, versetzen wir damit eine ganze Reihe von Mitarbeitern in helle Aufregung. Der Chef ist nicht da! Die Verantwortliche für die Kleiderkammer der Bergleute ist nach Hause gegangen und unauffindbar. Irgendein Papier liegt nicht vor. Die Kommunikationskette Moskau – Barentsburg funktioniert wohl nicht ganz. Aber wir erklären, dass wir vom – leider abwesenden und unerreichbaren – Direktor persönlich eingeladen worden seien und keinesfalls unverrichteter Dinge abziehen werden. Weitere Schweizer Schokoladen und Schwarzwälder Wasser bleiben auf den Tischen stehen. Dann beginnt das Warten auf unbequemen Stühlen in den langen Gängen. Es dauert Stunden, aber immerhin versucht niemand, uns rauszuwerfen. Alle scheinen bemüht, die Hindernisse aus dem Weg zu räumen. Dann, endlich, kommt eine freundliche Dame, die Zugang zur Kleiderkammer hat – eine wahre Schlüsselperson. Weitere Menschen, die aussehen, als hätten sie wirklich etwas mit Bergbau zu tun und nicht nur mit Büroarbeit, kommen dazu – allesamt offenbar von zu Hause. Wir haben das russische Dornröschen-Schloss aufgeweckt – ohne Prinz und ohne Kuss.

Wir werden in Grubenkleidung aus grobem Tuch gesteckt, bekommen eine kurze Einweisung in die antik wirkenden Selbstretterkapseln, die im Notfall mit lautem Knall eine Atemmaske und einen Kohlenmonoxidfilter freigeben. Dann tragen wir unsere Namen in eine Besucherliste ein – das letzte Datum liegt weit mehr als ein Jahr zurück – und fahren ein. So hatte ich mir das jedenfalls gedacht. Tatsächlich ist der Eingang in das Bergwerk von Barentsburg zunächst nichts Aufregenderes als eine Kellertür im Verwaltungsgebäude. Dahinter liegt ein langer, mit Holz verschalter Gang, der noch durchs Freie führt. Dann erst, hinter einer weiteren schweren Tür, aus der uns kalte Luft entgegenschlägt, beginnt der Stollen – und für uns ein Nachmittag, von dem ich noch oft träumen werde. Ich bin nicht zum ersten Mal in einem Bergwerk, aber dieses hier ist unheimlich, weil unsere Schritte durch verlassene Gänge hallen, in denen unsere Grubenlampen oft das einzige Licht sind.

Immer tiefer geht es schräg hinunter in die Erde. Nach einigen hundert Metern wird der Boden unter unseren Füßen weiß. Aus großen Fässern war zentnerweise Kalk auf den Kohlestaub gestreut worden. Unser Führer Wassily, der technische Leiter des Bergwerks, erklärt mir, dass damit die Gefahr einer Methan-Kohlenstaub-Explosion gebannt werde. Auch diese Fässer kommen aus Murmansk. »Ein weiter Weg«, sage ich. Wassily lächelt. Nicht für ihn. Er kommt, wie viele der Bergleute hier, aus den Kohlegebieten der Ukraine. Da bedeutet die Überfahrt von Murmansk nur das letzte Stück eines sehr weiten Weges. Er war sehr lange nicht mehr zu Hause. Seine Frau ist mit ihm hergekommen. Ein paar Jahre werden sie noch bleiben. Dann soll das Geld reichen für den Ruhestand in Donezk. Er wird mehr nach Hause bringen, als er dort je hätte auf die hohe Kante legen können. So hofft er. Aber die Dinge sind ja sehr durcheinander geraten in seiner Heimat.

Nach 20 Minuten Fußmarsch erreichen wir eine Station mit Kontrollraum, von dem aus eine fröhlich wirkende Frau mit gewaltigen Hebeln eine riesige Seilwinde steuert. An ihr hängen die Wagen, die uns nun noch schneller und steiler die letzten zwei Kilometer in die Tiefe bringen. Wir haben längst die Orientierung verloren. Außer, dass es immer abwärts ging. Immer wieder bleibt Wassily stehen, um uns auf Neuerungen aufmerksam zu machen. Alles werde sicherer. Dabei erfahre ich, dass erst vor zweieinhalb Jahren eine weitere Explosion noch einmal Menschenleben gefordert und die Arbeiten zurückgeworfen habe. Nicht sehr beruhigend. Alles, was wir sehen, wirkt auf mich altertümlich und marode. Scheppernd bringt uns der rostige Zug eine Viertelstunde lang noch weiter in die Tiefe – eine unheimliche Geisterbahnfahrt im schwankenden Licht unserer Grubenlampen. Die kreischenden Eisenräder machen die Musik dazu. Dann, plötzlich, Stille. Wir sind am tiefsten Punkt angekommen. Da, wo erst eine Explosion und dann ein Wassereinbruch wieder den Tod in die Barentsburg-Mine gebracht haben. Es habe fast ein Jahr gedauert, bis das Wasser abgepumpt war. Jetzt sei alles gut, viel besser als vorher, versichert mir Wassily. Bald schon könnten sie anfangen und Kohle fördern wie in den guten Jahren. Nur sicherer. Ja, das werde ein Festtag, sagt Wassily und lächelt zaghaft.

Ich bringe es nicht fertig, ihn mit immer neuen Fragen nach dem ökonomischen Sinn dieser Unternehmung zu bedrängen. Was interessiert ihn schon das Ringen der Großmächte um die Zukunft der Arktis? Er trägt hier seine Haut zu Markte, und es muss reichen, dass es wenigstens für ihn Sinn ergibt – für ihn und die anderen, die sich hier bald wieder in Lebensgefahr begeben, damit Russland auf Spitzbergen einen Fuß in der Tür behält.

»Glück auf!«, sage ich zum Abschied. Er lächelt wieder. Irgendwann hat er diesen Gruß schon einmal gehört. Ich verlasse ihn und seine Grube mit einem unguten Gefühl. Ich habe Grund, Wassily dankbar zu sein. Mir scheint, dass er die Verantwortung für unseren Besuch auf seine Kappe genommen hatte. Wahrscheinlich ist er stolz auf das, was er uns zeigen konnte. Ich wünschte, ich könnte seine Zuversicht teilen. Er und seine Leute hätten ein gutes, sicheres Bergwerk verdient.

Die Antwort auf die entscheidende Frage, wie lange Russland dieses teure Engagement noch aufrechterhält, bekomme ich nicht mehr in Barentsburg, sondern mehr als ein Jahr später, als ich längst wieder in Deutschland bin. Am 17. Mai 2012 meldet der englische Dienst des staatlichen Rundfunks »Stimme Russlands« die Entscheidung der Regierung, zwei Milliarden Rubel, circa 70 Millionen Dollar, in den Ausbau seiner Aktivitäten auf Spitzbergen zu investieren. Das diene dem Bergbau, der die Hauptbedingung für ein Nutzrecht auf Spitzbergen sei, erklärt die Agentur. Aber es gebe auch politische Gründe für einen Ausbau der russischen Position, heißt es ganz unverblümt: »Russland hofft, den Hafen von Barentsburg als Versorgungsbasis nutzen zu können für die Route durch das Nordpolarmeer, die in absehbarer Zukunft eine der wichtigsten Schifffahrtsstraßen der Welt wird.«[3] Moskau hat vorgesorgt – und bald ist es so weit.

Früchte des Klimawandels

Durch Erwärmung der Erdatmosphäre schmilzt die Eiskappe am Nordpol weg. Nicht irgendwann in der Zukunft – jetzt! Bisher unzugängliche Bodenschätze werden erreichbar, es tun sich Wasserstraßen auf, die alle von Menschen gebauten Kanäle an Bedeutung überragen werden.

Es ist fast Mitternacht – zwölf Stunden später als geplant – und stockfinster, die See ist aufgewühlt, und ich habe Angst um mein Leben. Ich versuche mühsam, mich an den morschen Aufbauten der kleinen Barkasse festzuhalten, die uns zur »Hamburg Express« auf der Reede vor Port Suez gebracht hat. Vor mir rast die berghohe Bordwand des Containerschiffes nach oben und, nach einer Sekunde des Innehaltens, genauso schnell wieder nach unten. Dann beginnt der wilde Ritt von Neuem, den natürlich nicht der riesige Container-Carrier vollführt, sondern unser kleines Boot. Die Sprossen der Leiter, die hoch hinauf ins

Dunkle führt – dorthin, wo irgendwo das Deck der »Hamburg Express« sein muss –, wirken wie die Striche eines Geschwindigkeitsanzeigers für diesen Tanz. Es gilt, den Griff genau im Augenblick des ruhigen Wendepunkts zwischen der Auf- und der Ab-Bewegung zu lösen und beherzt den Schritt vom schaukelnden Boot auf die Schiffsleiter zu schaffen. Bloß nicht daran denken, dass man ins Leere treten kann! Man fällt sonst in die See zwischen die beiden ungleichen Schiffe, von denen das eine tanzt wie ein Korken auf dem Wasser und das andere daliegt wie die Klippen von Dover – oder wäre Hammer und Amboss ein treffenderer Vergleich? Wenn man wenigstens sehen könnte, wie die Wellen herankommen oder wohin man greift – aber die Ankunft bei Tageslicht hat uns der ägyptische Geheimdienst vermasselt.

Dabei schien alles klar. Monatelang hatte Jihan Rushdie, die Zauberin im Studio des ZDF in Kairo, mit allen Behörden verhandelt, die einer Drehreise durch den Suezkanal zustimmen müssen – und das sind einige: das Informationsministerium, die Kanalbehörde, der Geheimdienst, das Militär. Jihan bearbeitete sie alle – mit Unterstützung von Hapag-Lloyd in Hamburg, von wo aus schon ungezählte Millionen an Kanalbenutzungsgebühren in die Staatskasse von Ägypten geflossen sind. Am Ende waren alle Papiere beieinander, und wir flogen von Frankfurt nach Kairo und dann weiter an den Südeingang des Kanals. Dort begann dann alles wieder von vorne. Die Beamten im Polizeipräsidium scherten sich nicht um den Zeitdruck, unter dem wir standen. Sie wussten so gut wie wir, dass der riesige Containerfrachter da draußen nicht auf uns warten konnte. Er musste sich noch in der Nacht in den Konvoi einreihen, der dann in den Kanal eingelassen würde. Sonst drohte tagelanges Warten auf die nächste Gelegenheit – unbezahlbar. Zwischen Hamburg, Mainz, Kairo und Port Suez liefen die Drähte heiß.

Am Ende – es war schon dunkel geworden, und wir hatten die Hoffnung schon aufgegeben – gab es doch noch den einen, entscheidenden Stempel, der dem Besitzer der Barkasse erlaubte, das Fernsehteam aus Deutschland zur »Hamburg Express« zu bringen. Da durfte es am letzten Sprung auf die Leiter nicht scheitern. Endlich, wir haben es geschafft, sogar die Ausrüstung irgendwie auf die erste Stufe gewuchtet und nach oben getragen. Dann tat der herzliche Empfang durch den deutschen Kapitän und seine Offiziere – mit frisch gezapftem Bier – ausgesprochen gut.

Der Suezkanal

An Bord fühlten wir uns gefeit gegen Schikanen der ägyptischen Behörden – sozusagen auf deutschem Boden, und was für einem! Die »Hamburg Express« war bei ihrem Stapellauf 2001 eines der größten Containerschiffe der Welt – 320 Meter lang mit Raum für 7500 der riesigen Metallkisten.* Hoch oben auf der Brücke wurden wir am nächsten Morgen gleich leichtsinnig. Uns war von den ägyptischen Behörden erlaubt worden, Interviews mit den Offizieren zu drehen. Keinesfalls aber dürften wir die Kamera nach draußen auf die strategisch wichtige Landschaft richten. Genau da aber boten sich die Bilder, für die wir diese Reise unternommen hatten: das blaue Band mit einer schmalen grünen Bordüre, das sich durch die Wüste zieht und auf dem sich eine schier unendliche Kette von Schiffsriesen nach Norden bewegt. Was sollte an der weiten Sandfläche schon strategisch wichtig sein – und wer wollte von irgendwo da draußen in der Wüste kontrollieren, in welche Richtung unsere Kamera zeigte? Im Hightech-Reich dieser mächtigen Kommandobrücke fühlten wir uns vor ägyptischen Spähern sicher. Also drehten wir, so dezent wie möglich, was wir im Film zeigen wollten. Das ging keine zwanzig Minuten lang gut, dann meldete sich der Geheimdienst gleichzeitig auf der Brücke und im ZDF-Studio Kairo mit massiven Drohungen: Bei der Ankunft in Port Said

---

* Inzwischen heißt das Schiff »Dalian Express«, statt seiner trägt seit August 2012 ein noch größerer Riesenfrachter mit fast doppelter Containerkapazität (mehr als 13000 TEU) den Namen »Hamburg Express«.

hätten wir unsere Verhaftung und die Beschlagnahmung unseres Drehmaterials zu erwarten! Wir hatten unterschätzt, was für einen Aufwand Ägypten zu treiben bereit war, um den Kanal 100-prozentig unter Kontrolle zu halten. Die Bedingungen für unsere Dreharbeiten und sogar die Schikanen in Port Suez waren Teil der nationalen Sicherheitsstrategie. Das hätten wir uns vorher denken können. Das ist schließlich nicht irgendeine Wasserstraße.

Die großen Kanäle formen Weltgeschichte. Um den Suezkanal wurde seit dem Ersten Weltkrieg mehrfach gekämpft. Die sogenannte Suezkrise von 1956 wurde ein Sargnagel für Großbritanniens historische Rolle als Großmacht. Sie begann mit einem Angriff Israels, Frankreichs und Großbritanniens auf Ägypten, um dem Revolutionsführer und Staatspräsidenten Gamal Abdel Nasser, der 1952 den letzten ägyptischen König Faruk I. gestürzt hatte, den Kanal zu entwinden. Die »Konterrevolution« der alten Kolonialmächte mit Unterstützung Israels scheiterte. Als Anthony Eden, seinerzeit Regierungschef Ihrer jungen Majestät Elizabeth II., 1977 starb, rief ihm die *Times* auf ihre lakonische Weise hinterher: »[Er] war der letzte Premierminister, der glaubte, dass Britannien eine Großmacht sei, und der erste, dem eine Krise zeigte: Ist es nicht!«[4] Inzwischen hat sich die Welt mit der Lage der Dinge arrangiert. Die ägyptische Suezkanal-Behörde (*Suez Canal Authority*, SCA) kontrolliert den Zugang und kassiert durchschnittlich 293 000 US-Dollar pro Durchfahrt. 2009 passierten acht Prozent des maritimen Welthandels das Nadelöhr von Suez; der Kanal bleibt eine Hauptschlagader des Welthandels und ein Faustpfand für Ägypten als Regionalmacht.

Die haben wir offenbar doch nicht gefährdet. Als wir in Port Said von Bord gingen, ließen uns die Uniformierten nach einem kurzen Blick auf die Dokumente passieren. Ich kann mir gar nicht vorstellen, dass sie unsere Nervosität nicht bemerkt haben. Vielleicht hatten sie Anweisung, uns nicht weiter zu behelligen, und die Anrufe auf der Brücke waren nur Warnschüsse.

Einen – wenn das überhaupt möglich ist – noch eindrucksvolleren Beleg für den Zusammenhang zwischen Wasserstraßen und Großmachtstrategien liefert die Geschichte des Panamakanals, der quer über das bergige Rückgrat Mittelamerikas den Atlantik mit dem Pazifik verbindet. Das war in jeder Hinsicht – technisch, finanziell, militärisch und politisch – noch einmal ein ganz anderes Kaliber als der Graben durch die flache ägyptische Sandwüste.

Der Panamakanal

Franzosen hatten auch dieses Projekt begonnen, aber das Unternehmen ging bankrott, und erst der bullige US-Präsident Theodore Roosevelt machte aus dem Ingenieurstraum das Großprojekt einer Macht, die entschlossen war, ihre wirtschaftlichen und militärischen Interessen im Atlantik wie im Pazifik durchzusetzen. Da erschien eine Abkürzung von einem Weltmeer in das andere nur konsequent.

Roosevelt kaufte die Konkursmasse des französischen Unternehmens auf, einschließlich der Pläne und des bereits herangeschleppten Baumaterials. Seinem Tatendrang stand nur ein kleines rechtliches Problem im Weg: Das Baugelände war Teil des Staates Kolumbien. Dort weigerte sich der Senat, den Vereinigten Staaten die Souveränität über einen Streifen Land quer über den Isthmus von Panama einzuräumen – eine Zweiteilung des Landes. Da ging es nicht so sehr ums Prinzip als vielmehr ums Geld. Die Senatoren in Kolumbien wollten 40 Millionen US-Dollar für die Überlassung des Kanalstreifens, Roosevelt hatte nur 25 Millionen geboten. Für die Differenz ließ sich Anfang des 20. Jahrhunderts noch eine Revolution bewerkstelligen. Es gelang den USA, eine »Unabhängigkeitsbewegung« für den Nordteil des Landes zu organisieren. Die Präsenz eines US-Kriegsschiffes vor der Küste gab dem »Volksaufstand« den nötigen Nachdruck. So kam es im November 1903 zur Sturzgeburt eines neuen Staates – Panama. Seine Führung hatte natürlich nichts Eiligeres zu tun, als drei Tage nach seiner Ausrufung einen Vertrag mit den Vereinigten Staaten zu schließen, in dem sie ihnen für zehn Millionen US-Dollar und eine minimale Beteiligung an den Kanalgebühren zeitlich unbefristet die exklusive Kontrolle über einen sechzehn Kilometer breiten Streifen quer durch den neuen Staat verkaufte – die sogenannte Panamakanalzone.[5]

Von 1903 bis 1979 wurde dieser quasikoloniale Besitz durch einen vom US-Präsidenten ernannten Gouverneur verwaltet und waren die meisten der mehreren tausend dort lebenden Menschen US-Bürger.[6] Die Kanalzone war also nichts anderes als ein US-amerikanisches Territorium, das mitten durch das Herz eines anderen Landes schnitt – mit gewaltigen sozialen Unterschieden zwischen »drinnen« und »draußen«. 1964 verdiente der durchschnittliche US-Bürger innerhalb der Kanalzone 7644 US-Dollar im Jahr, auf der anderen Seite des Zauns, in den Slums von Panama-Stadt, herrschte das Elend. Es konnte nicht lange dauern, bis diese Wunde aufbrach.

Nach Gamal Abdel Nassers Erfolg bei der Nationalisierung des Suezkanals regte sich auch in Panama Widerstand gegen die US-Hoheit über die Kanalzone. Es brauchte nicht viel, um das Pulverfass zu zünden. Amerikanische Schüler hissten an ihrer Schule in der Zone die *Stars and Stripes* ohne die Fahne Panamas, obwohl dieser »Ausgleich« vorgeschrieben war. Das reichte für einen blutigen Aufstand. Panamaische Schüler durchbrachen im Januar 1964 zu Hunderten den Zaun, kommunistische Agitatoren aus den Slums heizten die Stimmung an. Die 193. US-Infanterie-Brigade rückte mit Schützenpanzern vor. Es wurde scharf geschossen. Nach drei Tagen waren sechs Amerikaner und 24 Panamaer tot. Frankreich und Großbritannien, die sich noch gut daran erinnerten, wie die USA sie in der Suezkrise im Stich gelassen hatten, revanchierten sich mit Verurteilungen des »imperialistischen Gebarens« Washingtons – eine besonders dreiste politische Komödie. Doch im Gegensatz zu Großbritannien und Frankreich in der Suezkrise befanden sich die USA auf dem Höhepunkt ihrer Macht und hatten keine Mühe, die Situation ohne Hilfe von außen in den Griff zu bekommen.

Es war dann eine andere Macht, die die Vereinigten Staaten zu einer diskreten politischen Neuausrichtung bewegte: die Meinung der Weltöffentlichkeit. Der Vietnamkrieg richtete für das Image der USA enormen Schaden an, sie konnten keinen Konflikt mit einem anderen kleinen Land brauchen. Das bedeutete für Panama neue Verträge, die 1977 von US-Präsident Jimmy Carter und General Omar Torrijos, dem politischen Führer Panamas, unterzeichnet wurden.[7] Die Vereinigten Staaten sagten darin zu, den Kanal im Jahr 2000 an Panama zu übergeben, allerdings mit der Einschränkung, dass »sich die Vereinigten Staaten auf unbegrenzte Zeit das Recht vorbehalten, den Kanal gegenüber jeder Bedrohung zu verteidigen, die seinen fortdauernden neutralen Betrieb für Schiffe aller Nationen beeinträchtigen könnte«.[8]

Am 20. Dezember 1989 nutzten die USA diese Klausel für eine dritte Intervention. Sechs Wochen nach dem Fall der Berliner Mauer befahl Präsident Bush eine Invasion. Offiziell lief sie unter der Bezeichnung »Operation Just Cause« (Operation gerechte Sache), was die Soldaten zur »Operation Just Because« (Operation einfach so) verballhornten.[9] Aber es war nicht amüsant, es war ein Krieg. Mindestens 200 Panamaer und über 20 US-Soldaten verloren ihr Leben.[10] Offiziell ging es darum, einen Drogenhändler dingfest zu machen, der sich zum Staatspräsidenten aufgeschwungen hatte. Dabei stand dieser Mann – General Manuel Noriega – 16 Jahre lang auf der Gehaltsliste des US-Geheimdienstes CIA. Die Geduld der USA mit ihrem Mann in Panama ging erst – dann aber abrupt – zu Ende, als sich herausstellte, dass er auch Geld vom kubanischen Geheimdienst nahm. General Noriega wurde verhaftet und in den USA wegen seiner Drogendelikte verurteilt. Später folgten Gefängnisstrafen in Frankreich und seit 2011 »zu Hause« in Panama.

Damals lag die Vermutung nahe, dass die USA sich darum drücken wollten, die Verwaltung der strategischen Wasserstraße tatsächlich, wie zugesagt, ab 1990 stufenweise an Panama zu übergeben. Aber Washington hat sich dann doch an die Verträge gehalten. Das muss nicht schwergefallen sein, die Welt hatte sich verändert. Der Kalte Krieg war vorüber, und viele Amerikaner »entspannten« sich in der Überzeugung, dass die USA auf absehbare Zeit hinaus die einzige Supermacht bleiben würden. Da schien eine direkte Kontrolle über den Kanal nicht länger notwendig. Die USA betrachteten ihn nun eher unter kommerziellen Aspekten. Das war Teil eines globalen Wetterumschwungs. Kanadische Forscher kauften russische Waffen, US-Konzerne erwarben Öl- und Gaskonzessionen auf Flächen, die zu Zeiten der UdSSR noch militärische Sperrgebiete gewesen waren, und China – nun, China »entspannte« sich nicht. Es startete eine der größten strategischen Einkaufstouren, die die Welt je sah.

Sollten die Vereinigten Staaten jemals wieder die direkte Kontrolle über den Panamakanal anstreben, werden sie eine Situation vorfinden, die nicht mehr mit einer Operation »Just Cause« gelöst werden könnte. Mit China hat ein Akteur die globale Bühne betreten, der einen eigenen Stil beim Machterwerb und -einsatz pflegt. Nicht mehr offene Gewalt wie in der Suezkrise oder eine Mischung aus Korruption und Übermacht wie beim Panamakanal, sondern eine Strategie, die Cleo Paskal als »nationalistischen Kapitalismus« bezeichnet. Damit hat Beijing Kontrolle über den Kanal gewonnen – sehr viel diskreter als Großbritannien in der Suezkrise, aber mit ebenso weitreichenden Folgen.

Erzeugnisse wie Getreide, die der Westen als Handelswaren betrachtet, sind für China strategische Waren. Zur Aufrechterhaltung der Ordnung im Land muss die Kommunistische Partei die Versorgung der Bevölkerung mit erschwinglichen Nahrungsmitteln gewährleisten. Deshalb müssen Rohstoffe und Handelswege gesichert werden. Der Westen spielte dem in die Hände. Er begann in den 1990er-Jahren, die sogenannte »Friedensdividende« auszuschütten. Bereiche, die im Kalten Krieg als strategisch galten, wurden zu Handelsobjekten. Wer Geld hatte, konnte sich holen, was er wollte. Und China hatte viel Geld. Besonders die USA bauten auf Teufel komm raus Handelsdefizite mit China auf. US-Kaufhäuser füllten sich mit billigen Waren aus China – dafür füllten sich in Beijing die Tresore mit US-Staatsanleihen und Dollars. Sehr bald boten sich Gelegenheiten, diese Schätze strategisch zu investieren.

Als Panama die Kontrolle über den Kanal zurückhatte, verkaufte es den Betrieb an den Meistbietenden. Das war ein chinesischer Konzern namens *Hutchison Port Holdings* (HPH), der die wichtigsten zivilen Hafeninstallationen in China managt und weltweit einer der größten Hafenbetreiber ist. HPH, steht auf der Website von Hutchison zu lesen, hat weltweit an strategische Standorte in 26 Ländern in ganz Asien, dem Mittleren Osten, Afrika, Europa, Nord- und Südamerika sowie Australasien expandiert.[11] HPH betreibt Häfen in Saudi-Arabien, Ägypten, Pakistan, Thailand, Myanmar, Indonesien und Malaysia. In Großbritannien verwaltet der Konzern den Thamesport vor den Toren Londons, Felixstowe (den größten britischen Containerhafen) und Harwich (ideal gelegen, wenn die Nordwestpassage eisfrei wird). Auch in Deutschland ist HPH präsent und managt hier den größten Binnenhafen der Welt, Duisburg-Ruhrort. Die USA werden östlich von den Bahamas aus und im Westen durch den Hafen Ensenada erschlossen, der laut Website des Unternehmens »110 Kilometer südlich der US-Grenze liegt [...] und als wichtiger Zugang zu den pazifischen Küstenregionen Nord- und Südamerikas sowie Asiens dient«.[12]

China wird kein Debakel im Stile der Suezkrise riskieren oder sich als Besatzungsmacht unbeliebt machen, wenn es stattdessen für den Betrieb einiger der weltweit strategisch wichtigsten Häfen und Verkehrswege, darunter der Panamakanal, sogar noch Subventionen kassieren kann. Zur Zeit geht es »nur« um Handel und Wege für die gigantische Handelsflotte der Chinesen. Aber Stützpunkte, die strategisch über die ganze Welt verteilt liegen – unter anderem genau in der Mitte zwischen Nord- und Südamerika –, verleihen auch Einfluss. Im Konfliktfall könnte China seine Stellung in Panama dazu benutzen, den Kanal zu schließen, und damit amerikanische Kriegs- und Versorgungsschiffe, die vom Atlantik in den Pazifik unterwegs sind, zwingen, den weiten und beschwerlichen Umweg um Südamerika herum zu nehmen. Eine der größten Befürchtungen der Vereinigten Staaten während der »Operation Just Cause« war, dass die panamaischen Streitkräfte selbst den Kanal sabotieren würden. (Es ist weitaus einfacher, einen Kanal zu zerstören, als ihn in Betrieb zu halten. Das ist übrigens ein weiterer Grund dafür, warum die Nordwestpassage so ungemein wertvoll sein wird: Sie kann nicht zerstört werden.[13])

Mit seinen strategischen Investitionen verfolgt China eine intelligente Politik, die etlichen US-Strategen erhebliche Sorgen und manchen Ländern sogar Angst bereitet. In Indien etwa bewarb sich HPH um den Betrieb der Häfen von Mumbai und Chennai, wurde aber abgewiesen, weil dem Unternehmen »die notwendige Sicherheitsfreigabe der indischen Regierung verweigert wurde«.[14] Aber China gab nicht auf und hat sich im September 2012 doch noch durchgesetzt, allerdings etwas nordwestlich von Mumbai: Es fügte sich, dass China von Singapur die Kontrolle über den noch zu bauenden Hafen Gwadar in Pakistan übernahm. Die pakistanische Presse registrierte aufmerksam, dass dies dem anderen strategischen Partner des Landes – den USA – nicht gefallen könne. Für China wird auch mit dieser Investition in Pakistan die »Perlenkette« strategischer Häfen rund um Indien enger.[15]

Kurs Nordwest – der Weg über Kanadas Dach

Nun eröffnet der Klimawandel zwei Wasserstraßen, bei denen sich völlig neue machtpolitische Fragen stellen. Indirekt sind auch sie Menschenwerk, aber ihre Kapazität lässt alles, was Menschen bisher gegraben haben, wie Landschaftsgärtnerei von Liliputanern aussehen.

Augenfällig wird diese Entwicklung, wenn man sich einen Globus nicht – wie wir es in Mitteleuropa gewohnt sind – von der Seite anschaut, sondern von oben, mit dem Nordpol als Mittelpunkt, um den sich alles dreht. Dann ist leicht zu erkennen, dass die kürzesten Verbindungen von Ostasien in den Westen Europas oder an die Ostküste der USA nicht durch die Kanäle von Suez oder Panama verlaufen – und schon gar nicht um die Südspitzen Afrikas und Südamerikas –, sondern durch das Nordpolarmeer. Seefahrern war das schon vor Jahrhunderten klar, nur hat ihnen fast immer »ewiges Eis« den Weg versperrt. Die »Ewigkeit« ist vorbei. Seestraßen, die – ein Beweis für eurozentrisches Denken – »Nordwest-« und »Nordostpassage« genannt wurden, öffnen sich.

Genau genommen ist »Nordwestpassage« eine Sammelbezeichnung für ein ganzes Bündel an Seewegen, die den Atlantik und den Pazifik im Norden verbinden und sich größtenteils durch die Inselwelten der kanadischen Arktis schlängeln. Für die frühen Entdecker waren sie eine Art Heiliger Gral. Sie träumten von einer Abkürzung zu den Reichtümern Asiens für ihre Handels- und Kriegsschiffe.

Der venezianische Seefahrer und Entdecker Giovanni Caboto unternahm 1497 als John Cabot in Diensten des englischen Königs Heinrich VII. den ersten dokumentierten Versuch, von Europa aus eine direkte Route in den Orient zu finden. Er wurde damit womöglich zum ersten Europäer, der nach den Wikingerfahrten nach »Vinland« den amerikanischen Kontinent erreichte. Vielleicht landete er auch »nur« auf der Insel Neufundland; eine Nordwestpassage fand er jedenfalls nicht. Über Jahrhunderte sind alle Versuche, es von West nach Ost, oder umgekehrt, zu schaffen, gescheitert an Eis und Kälte, Erschöpfung und Skorbut und an der Unkenntnis über die Geografie im »großen Weiß«, das es fast unmöglich machte, Land von Meer zu unterscheiden. Einige der großen Entdeckerepen wurden da gelebt und manchmal geschrieben – die Geschichten von William Bligh, George Vancouver, John Franklin, Robert McClure und John Rae, die ich als Kind verschlungen habe. Manche ihrer Helden sind bei der Suche nach dem eisigen heiligen Gral gestorben, bis sich schließlich der Norweger Roald Amundsen von 1903 bis 1906 mit einem kleinen umgerüsteten Heringsfischerboot und sechs Mann Besatzung von Oslo bis zur Herschel-Insel in der Nähe der heutigen Grenze zwischen Kanada und Alaska und schließlich bis Nome am Beringmeer durchschlug.

Das war eine großartige nautische Leistung, und doch hatte Amundsen ebensowenig wie seine Vorgänger eine Chance, *den* Erfolg zu melden, den die Auftraggeber solcher Expeditionen eigentlich suchten: eine wirtschaftlich sinnvolle und verlässliche Abkürzung von Europa und der nordamerikanischen Ostküste zu den Märkten und potenziellen Kriegsschauplätzen in Asien. Sie existierte damals einfach nicht, jedenfalls nicht, wenn man unter einer »Passage« eine Seeroute versteht, die wenigstens während einiger Monate im Jahr mit vertretbarem Aufwand befahrbar ist. Heute dagegen gibt es das. 2003, fast hundert Jahre nach Amundsen – für die Erdgeschichte ist das kaum mehr als ein Wimpernschlag –, fuhr das eistaugliche deutsche Luxus-Kreuzfahrtschiff »MS Bremen« mit 137 Passagieren durch die Nordwestpassage vom Atlantik nach Alaska. Anders als nach den gescheiterten Versuchen der Entdeckerhelden gab es keine Berichte über Skorbut oder Kannibalismus unter der Mannschaft – die Pressemeldung der stolzen Reederei erwähnt vielmehr Schlauchbootfahrten zu Sektempfängen auf dem verbliebenen Eis. Je mehr es schwindet, desto einfacher wird die Sehnsuchtsroute so vieler Jahrhunderte befahrbar. Bis 2050, und möglicherweise schon Jahrzehnte früher, könnte die Passage im Sommer komplett eisfrei sein.

Auch russische Schiffe testen die neue Verbindung. Im Vergleich zu den normalen Routen würde die Nordwestpassage die Fahrt von Europa nach Asien um mehrere Tage verkürzen und viel billiger machen.[16] Der Seeweg von Bremerhaven nach Tokio beträgt durch den Panamakanal rund 23 000 Kilometer und durch den Suezkanal knapp 21 000 Kilometer. Nimmt man die Route durch die Inseln im Norden von Kanada, verkürzt er sich auf rund 16 000 Kilometer. Und es gibt keine Schleusen oder Inspektionen. Obendrein sind die Kapazitäten praktisch unbegrenzt. Es werden immer mehr Schiffe gebaut, die den Panamax-

Standard überschreiten. Durch den Panamakanal passen »nur« 294 Meter Länge, 32 Meter Breite und ein maximaler Tiefgang von zwölf Metern. Selbst die »Hamburg Express« muss da um die Südspitze Südamerikas – das gefürchtete Kap Horn – fahren oder eine Route durch den Suezkanal wählen. 2015 soll eine wesentliche Erweiterung des Panamakanals fertig sein – dann hätte die alte »Hamburg Express« genügend Platz, aber bis dahin werden die Schiffe schon weiter gewachsen sein. Und die Nordwestpassage wird immer noch 7000 Kilometer kürzer sein. Ein erheblicher Teil des Schiffsverkehrs zwischen Europa und Asien – angefangen von Handels- und Kriegsschiffen bis hin zu solchen, die illegale Flüchtlinge oder Drogen und andere Schmuggelware befördern – dürfte jedenfalls die arktischen Passagen vorziehen. Deshalb kommt der Entscheidung darüber, wer, wenn denn überhaupt jemand, sie kontrolliert, große Bedeutung zu. Hier wird Geografie Geschichte schreiben.

Die Kontrolle über den arktischen Norden ist ein Thema, das in Kanada heftige Gefühle auslöst. Die Kanadier waren an sich ganz glücklich darüber, dass ihnen die Natur einen großen Teil der Überwachung ihres riesigen Territoriums – fast 30-mal so groß wie Deutschland – so sehr erleichterte. Die eisige Weite in der Inselwelt von Kanadas Norden wirkte abschreckender, als die Armee eines 34-Millionen-Volkes es je hätte sein können. Nun öffnet sich zunehmend dieser Teil des Landes. Das wird Kanada vor große militärische Probleme stellen, und auf seinen großen Freund im Süden wird es sich in diesen Fragen nicht verlassen können. Während die Regierung der USA den Arktischen Ozean nördlich von Kanada – Eis hin oder her – als internationale Gewässer betrachtet, vertritt Kanada selbstbewusst die Ansicht, dass die Nordwestpassage in all ihren Varianten durch kanadisches Hoheitsgebiet führt. Dieser Standpunkt gehört für Kanada schon lange zur Staatsräson.[17]

1969 unternahm eine US-amerikanische Ölgesellschaft mit dem erstaunlichen Namen *Humble Oil* (»Bescheidenes Öl«) den Versuch, ihren eistauglichen Supertanker »SS Manhattan«

von Ost nach West durch die Nordwestpassage zu schicken. Die Manager von *Humble Oil* wollten testen, ob auf diesem Weg Öl von Alaska an die Ostküste der USA gebracht werden könne.* Das war nicht nur Business, das war eine Frage von nationalem Interesse. Deshalb steuerte die US-Küstenwache ihren Eisbrecher »Northwind« bei, und Washington legte ausdrücklich Wert darauf, dass Kanada dafür nicht um Erlaubnis gebeten wurde. Die Regierung in Ottawa unterlief diesen diplomatischen Angriff, indem sie einfach ungefragt eine Erlaubnis erteilte und einen kanadischen Eisbrecher beistellte. Am Ende machte in dem heiklen Pas de deux noch einmal die Natur den entscheidenden Schritt: Die »SS Manhattan« blieb im Eis stecken und konnte nur mit freundlicher Hilfe des kanadischen Eisbrechers befreit werden. Ihr einziger Ausweg führte durch unzweifelhaft kanadische Gewässer. So blieben die widersprüchlichen Rechtsstandpunkte zwischen Washington und Ottawa gewahrt. Beide Seiten arrangierten sich nach dem Motto *we agree to disagree* – sie waren sich darin einig, sich nicht einig zu sein[18], und der Tanz konnte weitergehen.

1985 gab es eine Reprise des »Manhattan«-Vorfalls, diesmal ging es um die Heimfahrt des Eisbrechers »Polar Sea« der US-Küstenwache von Grönland nach Seattle – für diese Verbindung ist die Nordwestpassage wie geschaffen. Obwohl am Ende zwei Offiziere der kanadischen Küstenwache als »geladene Beobachter« mitfahren durften, gab es in der kanadischen Presse einige Aufregung über die »schwache« Haltung der eigenen Regierung in diesem Fall.[19] Es brauchte das persönliche Engagement von Präsident Ronald Reagan und Premierminister Brian Mulroney, um diesem kleinkarierten Unsinn ein vorläufiges Ende zu be-

* *Humble Oil* wurde später zu *Exxon*. Dass die Haltung der Firma dem Namen nicht ganz entsprach, wurde 1962 mit einer doppelseitigen Farbanzeige im Magazin *Life* illustriert. Da stand: »Jeden Tag produziert Humble Oil genügend Energie, um 7 Millionen Tonnen Gletscher zu schmelzen.« Eine Werbekampagne von visionärer Kraft! Und ein Blick in Wertvorstellungen, die uns vollkommen (?) fremd geworden sind.

reiten. Kanada und die USA schlossen ein Abkommen, das nur vier Punkte enthält und sicherstellt, dass fortan alle Fahrten von US-Eisbrechern in den fraglichen Gebieten als von Kanada genehmigt gelten.[20] Rechtsexperten beider Seiten suchen seitdem in den einzelnen Formulierungen – bis hin zur Platzierung eines »und« – nach Spuren noch immer unvereinbarer Rechtspositionen.[21]

Im Sommer 2008 filmte ein Team des ZDF auf dem kanadischen Kriegsschiff »HMCS Toronto« im Nordpolarmeer. Die Fregatte war Teil des Großmanövers »Nördliche Entschlossenheit«, das sich über weite Teile der drei nördlichen kanadischen Territorien Yukon, Northwest Territories und Nunavut erstreckte. Die Presse war eingeladen. Kanada legte Wert darauf zu zeigen, dass seine Streitkräfte in der Lage sind, die endlose Weite militärisch zu kontrollieren. Verteidigungsminister Peter MacKay ließ sich aus Ottawa einfliegen und erklärte in die Kameras: »Die ›Toronto‹ kann kämpfen, wenn es sein muss. Wir sind fest entschlossen, jedem gegenüberzutreten, der hierherkommt. Ob Freund oder Feind. Wenn sie in diese Gewässer fahren, dann werden wir ihnen erklären, dass das Kanadas Wasserstraßen sind. Wir erwarten, dass wir gefragt werden. Kanadier sind freundliche Leute, aber wir verteidigen unser Territorium.«

Da wird Kanada aber einiges zu tun bekommen. Die Kampfansage MacKays richtete sich gleichermaßen gegen die USA, Russland und China. Sie alle haben die kanadische Aufklärung und Abwehr schon mit Flugzeugen, Schiffen und U-Booten getestet. Eine Zusammenfassung im *Canadian Army Journal* aus dem Winter 2010 gibt einen Eindruck von der Häufigkeit und – Pardon! – Unverfrorenheit der Eindringlinge.[22] Zu ihnen gehören nicht identifizierte U-Boote, abgefangene russische Bomber, illegale Einwanderer usw. Der Stopover eines von der damals (1993) noch wenig in Erscheinung getretenen Al-Qaida gekauften Flugzeugs beim Dorf Iqaluit findet sich ebenso auf der Liste wie die Aussetzung der russischen Flagge auf dem Meeresgrund am Nordpol durch eine russische Expedition – auch das betrachtet Kanada offenbar als »Eindringen« in »sein« Hoheitsgebiet.

Ein Vorfall ragt heraus, der zeigt, wie sehr Kanadas Arktis in Gefahr ist, ein neuer Wilder Westen zu werden – ein rechtsfreier Raum: Im November 1998, also in der Dunkelheit der Polarnacht, landete auf dem Flughafen des Städtchens Churchill an der Hudson Bay ein großes Frachtflugzeug vom Typ Iljuschin-76, das offenbar über den Nordpol aus Russland eingeflogen war. Trotz lausigen Wetters und schlechter Sicht schaltete der Pilot sofort nach dem Aufsetzen die Landelichter aus. Die Crew des verdächtigen Flugzeugs ging offenbar in den Ort (um einen zu trinken?), ohne von irgendjemandem kontrolliert worden zu sein. Später landete, ebenfalls ohne Anmeldung, ein fünfsitziger Hubschrauber vom Typ Bell-206. Die Besatzung der Iljuschin kam zurück, lud den Helikopter in den Bauch des Frachters und hob wieder ab Richtung Russland – ich dachte, so etwas gebe es nur in James-Bond-Filmen. Aber hier griff kein unfehlbarer Agent ein. Immerhin wurde der Weiterflug angeblich per Radar und Satellit verfolgt. Die Iljuschin soll in einer russischen Region gelandet sein, die als Nest organisierter Kriminalität gilt. Was immer dahintergesteckt haben mag: Kanadas Kontrolle über sein Gebiet ist offensichtlich nicht lückenlos. Das hindert die Regierung nicht daran, die weit gespannte Nordgrenze des Landes gegenüber konkurrierenden Mächten hartnäckig verteidigen zu wollen.

Nicht alles, was unser Team dort zu sehen bekam, wirkte so, als ob das gelingen würde. Der Kommandant der »Toronto« gab zu, dass seine Fregatte für den Einsatz in diesen Gewässern völlig ungeeignet war. Zwar reichte die Motorleistung für eindrucksvolle 30 Knoten Fahrt, aber das wäre in den eisigen Gewässern selbstmörderisch gewesen. Der Rumpf des Schiffes hätte bei einer solchen Geschwindigkeit den Zusammenprall mit einer Eisscholle nicht überstanden. Nachts bewegte sich die »Toronto« deshalb nur in langsamer Fahrt. Ein »Mann-über-Bord«-Manöver scheiterte daran, dass die Viertakt-Außenborder der

Rettungsboote in der Kälte nicht funktionierten – im August! Und die »Toronto« ist der Stolz der Flotte. Wenn es wirklich darauf ankäme, hätte die kanadische Marine viele Fronten abzudecken. Ringsum gibt es Streit um den Grenzverlauf: im Westen in der Beaufort-See mit den USA, im Osten um die Hans-Insel mit Grönland/Dänemark und – last, but not least – am Nordpol mit Russland. Nichts davon ist geklärt. Solange die arktischen Meeresstraßen dauerhaft zugefroren waren, konnten die Kontrahenten den Streit unerledigt liegen lassen. Das geht nicht mehr – und in Kanada lässt sich aus diesem Thema politisches Kapital schlagen wie in Deutschland aus Benzinpreisen und Tempolimit (solange wir keine größeren Sorgen haben). Premierminister Stephen Harper versteht es meisterhaft, den kritischen Knopf »Unsere Arktis« zu drücken, wann immer er von anderen Problemen ablenken will. Gerne wird der Volkszorn dann nach Süden gelenkt – Richtung USA.[23]

Für rund 100 Jahre hatte Kanada seine Gebietsansprüche im Norden geometrisch schlicht, aber sehr raumgreifend formuliert. Am Abend des kanadischen Nationalfeiertags (1. Juli) 1909 – es war noch taghell im arktischen Sommer – ging der kanadische Entdecker Kapitän Joseph-Elzéar Bernier hoch in Kanadas Nordwesten in Winter Harbour auf Melville Island vom Dampfschiff »Arctic« an Land. Von seinen Männern ließ er eine Platte auf *Parry's Rock* montieren, auf dem der große britische Forscher Edward Parry 90 Jahre zuvor die Namen seiner Schiffe hinterlassen hatte. Bernier war ein ehrgeiziger Mann. Er wollte seinen Namen für alle Zeiten mit Kanadas Rolle in der Arktis verbinden und am liebsten im Rennen zum Nordpol gegen die Amerikaner Robert E. Peary und Frederick A. Cook antreten – das aufregendste Ereignis jener Zeiten. Die *New York Times* widmete diesem Thema in den Jahren von 1900 bis 1913 mehr Raum als jedem anderem. Das war die Welt, in die Captain Bernier strebte.

Aber sein Land ließ ihn allein. Die kanadische Regierung wusste mit ihm nichts Besseres anzufangen, als ihn auf eine jahrelange Patrouillenfahrt in den kalten Norden zu schicken. Der verhinderte Pol-Eroberer wollte wenigstens daraus etwas Großes machen. Irgendwann in den langen Nächten des Winterlagers 1909 muss ihn der große Geistesblitz getroffen haben. Er ließ für den feierlichen Akt am 1. Juli schon mal auf eine Metallplatte gravieren, dass Kanada in Besitz nehme »den gesamten Arktischen Archipel von 60 Grad West bis 141 Grad West bis hinauf zu 90 Grad Nord«.[24] Das war ein »Pizzastück«, dessen Seiten die Linien vom Nordpol (als Spitze) zum östlichsten und zum westlichsten kanadischen Punkt auf dem Polarkreis bilden – gut ein Fünftel des gesamten Nordmeeres. Da nicht damit zu rechnen war, dass das Monument an dieser Stelle große Besucherströme anziehen würde, ließ Bernier den Augenblick des Triumphes mit der gesamten Mannschaft in Szene setzen und fotografieren – Parrys Felsen, die kanadische Fahne und die Metallplatte im Hintergrund, einen jungen Moschusochsen als Maskottchen an der Seite. Seine Karriere hat nie wieder einen vergleichbaren Höhepunkt erreicht.

Wenn es Berniers Ziel war, Kanadas Anspruch durchzusetzen, war er nicht erfolgreich. Selbst die eigene Regierung war über die eigenmächtige Aktion ihres forschen Forschers zunächst nicht sonderlich erbaut.[25] Sie zeigte an der arktischen Inszenierung erst Interesse, als andere Staaten versuchten, mit Berniers »Sektor-Prinzip« eigene Ansprüche zu begründen. Besonders Russland kam das zupass. Moskaus »Pizzastück« würde nach Berniers Methode vom Nordpol herunter fast die Hälfte des nördlichen Polarkreises umfassen – 160 Grad.

Hier liegen die Gründe für die eigenartige Kontroverse zwischen den USA und ihrem traditionellen Verbündeten Kanada, der sich in dieser Frage eher mit Moskau als mit Washington verständigen kann. Die alte Weltmacht ist natürlich nicht zufrieden mit dem mageren zwölftel Pizzastück (30 Grad) nördlich von Alaska, das ihr nach Bernier bliebe. Die USA vertreten die Auffassung, dass sich im tauenden Nordmeer ein internationales Gewässer eröffnet, in dem die Rechte der Anrainer wie Kanada und Russland enden.

Kanada tritt dem weiter entgegen – nur beruft es sich nicht mehr auf Bernier, sondern auf ein mit dem UN-Seevölkerrecht übereinstimmendes Konzept von »Basislinien«, die die unregelmäßigen Küstenformen mit ihren Einbuchtungen »glätten«.

Im August 2006 – 97 Jahre nach Berniers Show an *Parry's Rock* – verabschiedete sich Premierminister Stephen Harper in einer feierlichen Rede in Iqaluit in dem kanadischen Nordterritorium Nunavut vom Sektor-Prinzip und zeichnete in seinen Worten eine neue Linie durch das Nordpolarmeer, die großzügig alle Inseln des Arktischen Archipels umschloss. Damit verzichtete Kanada zwar nördlich der Beaufort-See auf einen einige hundert Seemeilen breiten Streifen, aber die »Basislinie« lässt sich leichter mit den Prinzipien eines neuen Völkerrechts vereinbaren, das immer noch im Entstehen ist. Kanadas »Basislinie« verbindet die menschenleeren kanadischen Inseln im höchsten Norden so günstig, dass das Land mit den Einbußen an »Sektor« leben kann. Es wird höchste Zeit, sich auf halbwegs haltbare Positionen zu konzentrieren, denn das Interesse an den Schätzen und Seestraßen wächst schneller, als das Eis schmilzt. Da wird die »normative Kraft des Faktischen« eine entscheidende Rolle spielen. Stephen Harper formulierte die Theorie Georg Jellineks – des großen deutschen Staatsrechtslehrers aus dem 19. Jahrhundert – auf Cowboy-Art, als er sie auf die Arktis münzte: »Use it or lose it« – »Entweder du nutzt sie, oder du verlierst sie.« Diese Art zu denken bringt Kanada zumindest in dieser Frage eher an die Seite Russlands als an die der USA.

»Kanada dürfte«, war aus dem kanadischen Außenministerium zu vernehmen, »womöglich mehr als jedes andere Land für den Aufbau einer strategischen Partnerschaft mit Russland zur Erschließung der Arktis positioniert sein.«[26] Ein Plan kombiniert etwa eine arktische Schifffahrtsroute von Russland nach Kanada und von dort weiter per Eisenbahn ins Herz von Nordamerika, wobei die Russen den Kanadiern zugesagt haben, mit ihren Eisbrechern auch den kanadischen Teil der Strecke das ganze Jahr hindurch offen zu halten. Das Terminal auf russischer Seite wäre Murmansk, in Kanada die an der Hudson Bay gelegene Kleinstadt Churchill in der Provinz Manitoba. Churchill ist der den großen Weizenfeldern Kanadas nächstgelegene Hafen, und der Transport via Churchill (statt per Eisenbahn und Schiff über Montreal) verkürzt die Transitrouten um mehrere Hundert Kilometer. Über dieselbe Route könnten auch fossile Treibstoffe transportiert werden, wenn Russland arktische Offshore-Plattformen baut, von denen aus es Öl- und Gastanker direkt beladen kann.

Manche Kanadier können kaum erwarten, dass es so weit ist. Russland hat bereits die Absicht kundgetan, einen Honorarkonsul für Churchill zu ernennen, und der ehemalige kanadische Außenminister Lloyd Axworthy ist überzeugt, dass es »nur noch eine Frage der Zeit ist, bis Churchill zu einem strategisch wichtigen Knotenpunkt aufsteigt«.[27] Doch das Städtchen an der Hudson Bay hat noch einen langen Weg vor sich, will es einmal zu einem zweiten Murmansk werden. Die Einwohnerzahl beläuft sich auf nicht einmal 900, wenn man die vielen Eisbären nicht mitzählt.[28] Und die Eisenbahnlinie, die aus dem kanadischen Kernland nach Churchill verläuft, befindet sich in schlechtem Zustand – sie versinkt immer wieder im auftauenden Permafrostboden. Auf der Strecke sind schon öfter Züge entgleist, im Sommer können sie nicht schneller als zehn Kilometer pro Stunde fahren. Da ist von kanadischer Seite noch viel zu tun.

Ein weiteres Argument für eine Zusammenarbeit zwischen den beiden großen Arktismächten liefert die Geografie: Russland kontrolliert zur Hälfte die Beringstraße – und damit den strategisch wichtigen Flaschenhals am Westeingang zur Nordwestpassage. Die andere Hälfte gehört den USA. Aus kanadischer Sicht muss man also gleich mit zwei mächtigen Nachbarn, die sich untereinander häufig uneins sind, über den Zugang zu kanadischen Gewässern reden. Eine reizvolle Aufgabe für die Diplomaten. Alle Schiffe, die von der Westküste Amerikas oder der Ostküste Asiens nach Norden unterwegs sind, müssen die Beringstraße durchfahren. Hier könnte Kanada unerwünschte Schiffe stoppen. Die Meerenge ist an ihrer schmalsten Stelle nicht einmal 100 Kilometer breit. Mitten in ihr liegen ein paar kleine Inseln, auf denen man möglicherweise eine Überwachungs- und Gebührenstation für Schiffspassagen einrichten könnte. Damit ließen sich die Kosten für Patrouillen und Such- und Rettungseinheiten finanzieren. Solche Mautsysteme werden üblicherweise zwar nur bei künstlich angelegten Wasserwegen eingesetzt und nicht auf offener See, doch stößt der Gedanke in letzter Zeit vermehrt auf Zustimmung. Die Einsparungen an Zeit, Treibstoff- und Versicherungskosten sind für Reedereien so groß, dass sie Passagegebühren mehr als wettmachen können. Strenge Anforderungen an Ausstattung und Mannschaften könnten helfen, Unfälle und teure Säuberungsarbeiten in arktischer Umgebung zu vermeiden. Die Havarie des Öltankers »Exxon Valdez« 1989 vor der Küste Alaskas ist auch mehr als 20 Jahre später immer noch in schrecklicher Erinnerung.

Den Sinn solcher Regelungen sollte jeder einsehen. Trotzdem ist nicht damit zu rechnen, dass die USA ihrem Verbündeten Kanada jemals den Gefallen tun werden, die Nordwestpassage als »interne Wasserstraße« unter rein kanadischer Kontrolle anzuerkennen. Washington muss weit über Kanada hinausdenken. Was wären denn die Folgen einer solchen Haltung für amerikanische Kriegs- oder Handelsschiffe, die eines Tages Russland im Norden umfahren wollen? Oder für Öltanker und US-Flugzeugträger in der Straße von Hormus? Iran bestreitet schon heute gelegentlich ihr Durchfahrrecht dort. Die USA müssen mit ihren weitgespannten Interessen – und der einzigen wirklich global operierenden Kriegsmarine – immer ein Befürworter offener Wasserstraßen bleiben. Und Kanada muss sich entscheiden, wen es zum Partner und wen es als Kontrahenten haben will.

China könnte in kanadischen Augen durchaus als Partner in Frage kommen. Unterstützung für Kanadas Anspruch auf Souveränität über die Arktis passt auf Dauer bestens zu Chinas aggressiver Verfolgung eigener Rechte im gesamten Südchinesischen Meer.[29] Vorläufig verfolgt Kanada Chinas Vordringen aber noch mit großem Misstrauen. Als Dänemarks Botschafter in Beijing es im Oktober 2011 wagte, Verständnis aufzubringen für Chinas Wunsch, im Arktischen Rat – der Konferenz der Arktisanrainer – einen permanenten Beobachterstatus zu bekommen, warnte der kanadische Fachmann Robert Huebert: »Das ist genau der Grund, weshalb viele das neue ›Große Spiel‹ in der Arktis ablaufen sehen. Wir erleben China als eine deutlich selbstbewusstere Macht.« Der Autor des Berichts in *Ottawa Citizen* zitiert Li Zhenfu, einen der führenden chinesischen Wissenschaftler zum Thema Arktisnutzung: »Wer auch immer die Kontrolle über die arktischen Seewege hat, wird die neue Passage für die Weltwirtschaft und internationale Strategien kontrollieren.«[30] Genau darum geht es. Diese Konflikte sind noch lange nicht ausgestanden – und Kanada versteht sie nicht zu Unrecht als Test für seine Stärke und Geltung in der Welt. Auch hier wird der Klimawandel die Akteure sortieren – in Gewinner und Verlierer.

Kurs Nordost – der Weg über Russlands Dach

Ich habe als Junge unzählige Geschichten über mutige Entdecker im ewigen Eis verschlungen. Dann habe ich endlich einen getroffen: im Mai 2011 in Moskau. Russlands Gegenstück des kanadischen Abenteurers und Patrioten Joseph-Elzéar Bernier ist, hundert Jahre später, Artur Tschilingarow – ein Bär von einem Mann. Er tritt noch eine Spur selbstbewusster auf, als es mit seiner Statur ohnehin schon unvermeidlich ist. Denn Tschilingarow weiß – anders als Bernier – sein Land hinter sich, und vor allem den starken Mann des Landes: Wladimir Putin.

Was Tschilingarow am 2. August 2007 unternimmt, wird rund um die Welt Schlagzeilen machen. An diesem Tag ist er da, wo Bernier nie hinkam – am Nordpol. Aber er steht nicht auf einem dicken Eispanzer wie die ersten Pioniere – den Panzer gibt es so nicht mehr. Artur Tschilingarow hat ein Schiff hierher gebracht – das Forschungsschiff »Akademik Fjodorow«, ein

Arbeitspferd der russischen Eismeerflotte. Zwei Eisbrecher haben ihm das letzte Stück des Weges durch eine nur noch zwei Meter dicke Eisschicht gebahnt und dann einen »See« von 600 Metern Durchmesser freigeräumt – das Einstiegsloch für einen historischen Tauchgang. Ein Kran schwenkt nacheinander »Mir 1« und »Mir 2« – kompakte rote U-Boote – über das eisige Wasser und lässt sie hinunter. Tschilingarow – 66 Jahre alt, Polarforscher aus Leidenschaft, Vizepräsident der Duma durch Beziehungen, Putin-Freund und Patriot – steigt mit seinen beiden Piloten in das erste ein; ein schwedischer Milliardär, der Tschilingarows Projekte schon früher als Mäzen unterstützte, wartet mit seiner Crew im zweiten. Dann geht es hinab. Nach 150 Metern verlischt das letzte Tageslicht von der Oberfläche. In 4261 Meter Tiefe, auf dem Boden des Arktischen Ozeans, liegt der Punkt, an dem die Drehachse der Erde herausragen würde, wäre sie nicht nur eine gedachte Linie: der wahre geografische Nordpol. Hier war noch niemand. Darin liegt der einzige Wert dieses gottverlassenen Fleckens, der im Scheinwerferlicht hässlich und gelb-schlammig wirkt.

Tschilingarows Mission dient der patriotischen Landschaftsgestaltung. Er hat eine russische Fahne dabei, aus starrem Plastik an einem Ständer aus rostfreiem Titan. Ein Roboterarm setzt sie aus, ein wenig Sediment wirbelt auf, als die Fußplatte auf den Boden trifft. Die beiden U-Boot-Piloten schießen parallel zur ständig laufenden Videokamera noch ein paar Fotos, und dann drängt es sie, wieder nach oben zu kommen. Der kolossale Druck von 426 Atmosphären lässt die Kapsel ächzen. Beim Wiederaufstieg gibt es ein Problem. »Mir 2« verfehlt das Loch im Eis, wo die »Akademik Fjodorow« auf sie wartet. Eine kritische Situation. Keinesfalls darf das U-Boot beim Auftauchen die Eisdecke rammen. Sie tauchen noch einmal tiefer und versuchen es von Neuem – diesmal klappt es. Neun Stunden hat der Tauchgang gedauert. Auf der Brücke gibt es Krimsekt und strahlende Gesichter. Dann werden die offiziellen Kameras ausgeschaltet, und das eigentliche Fest kann beginnen.

Russland hat erneut bewiesen, wer der Hausherr am Nordpol ist. »Die Arktis war immer russisch und bleibt russisch«, sagt Tschilingarow mir später. Wladimir Putin bereitet dem neuen »Helden Russlands« in seiner Residenz außerhalb von Moskau einen großen Empfang. Solche Expeditionen, sagt er, seien nicht nur wichtig »für die Wissenschaft, sondern auch geopolitisch, vom Standpunkt der Interessen Russlands in diesem Teil der Welt aus«.

Als Artur Tschilingarow mir im März 2011 von diesem Abenteuer erzählt, stehen wir in seinem Büro im Gebäude des russischen Parlaments, der Duma. Der Raum lässt keine Zweifel: Russland weiß, was es seinen Polarhelden schuldig ist. Eine lange Reihe von Telefonen auf dem Sideboard zeigt, dass er zu den Mächtigen buchstäblich einen direkten Draht hat. Mit der Innenausstattung könnte man ohne Weiteres ein Tschilingarow-Museum gründen: Fahnen, Modelle von Tauchbooten, Walrosszähne, Statuen von Eisbären, unzählige Fotos und Urkunden von seinen ruhmreichen Expeditionen. Mitten im Raum steht ein fast mannshoher Globus, auf dem er nun Russlands Drittel der nördlichen Hemisphäre in Richtung unserer Kamera dreht. Besitzergreifend streicht er mit seiner mächtigen Hand über die Küstenlinie: »Sehen Sie, das alles ist Russland. Das Nordpolarmeer umspült es von Murmansk bis Uelen. Unsere wirtschaftliche Zukunft ist mit der Arktis verbunden. Tschukotka – da liegt Gold, Jakutien – Diamanten, weiter … hier ist Gas, dann Timan Pechora – Erdöl, dann wieder Diamanten in Archangelsk. Das alles ist mit der Wirtschaft Russlands verbunden. Die Förderung von Rohstoffen auf dem Festland gibt Russland heutzutage schon seine Unabhängigkeit. Die Zukunft, Russlands Chance, auch in 100 Jahren noch unabhängig zu sein, die befindet sich auf dem Grund des Eismeeres. Ich war dort, ich weiß das.«

Wie er da steht, mit seiner mächtigen Gestalt und dem silbernen Bart, die Hand auf den Globus gelegt, und in sonorem Bass die Haltung seines Landes formuliert, scheint er ideal besetzt für die Rolle des russischen Bären bei der Aufteilung der eisigen Schatzkammern. Für einen Artur Tschilingarow kann es keine Zweifel daran geben, wer die Nordostpassage kontrolliert: »Natürlich sprechen wir auch von Zusammenarbeit. Doch wir wiederholen auch immer wieder, dass der nördliche Meeresweg eine nationale Verkehrsstraße Russlands ist. Nur wir können sie kontrollieren, weil nur wir die dafür notwendige Flotte von atomgetriebenen Eisbrechern haben. Man darf nicht vergessen, wie gefährlich die Schifffahrt im Eismeer ist, und trotzdem ist sie wirtschaftlich interessant, kürzer und frei von Piraten. Die Nordostpassage beginnt zu funktionieren – ich habe immer daran geglaubt. Wir richten uns neu aus – Richtung Norden –, und wir möchten auf internationaler Ebene beweisen, dass der Norden zu Russland gehört.«

Tschilingarow führt mich vom Globus zu einer Karte an der Wand, die das gesamte Nordpolargebiet zeigt. Dort ragen aus Russlands ausschließlicher Wirtschaftszone, die sich 200 Seemeilen breit an der Küste entlangzieht, mächtige Finger zum Nordpol und darüber hinaus Richtung Kanada und Grönland. Diese Karte hat Russland bei der UN-Kommission zu den Grenzen des Kontinentalschelfs (CLCS) in New York eingereicht. Sie soll beweisen, dass drei unterseeische Gebirgsrücken – Lomonossow, Mendelejew und Gakkel – Erweiterungen des eurasischen Kontinents sind und die russischen Ansprüche 350 Seemeilen weit hinaustragen – die maximale Reichweite, die nach UNCLOS, der Seerechtskonvention der Vereinten Nationen, möglich ist. Dann würde nicht mehr viel übrig bleiben von den internationalen, herrenlosen Schatzkammern und den offenen Wasserstraßen, von denen beispielsweise die USA ausgehen. Ende 2001 war ein ähnlicher Antrag Russlands schon einmal abgewiesen worden. Diesmal, so ist Tschilingarow überzeugt, hat die große Arktismacht schlagende Argumente: »Wir haben den Boden geologisch untersucht. 30 Jahre lang haben russische Polarforscher für diese Karte gearbeitet. Sie ist einzigartig.«

Die Amerikaner können den Russen in diesem Forum nicht entgegentreten, weil sie nämlich nicht dazugehören. Eine entschlossene Minderheit im US-Senat blockiert seit 30 Jahren die Ratifizierung der UN-Seerechtskonvention, weil Rechtsaußen-Politiker eine Abgabe von Souveränitätsrechten an internationale Organisationen generell ablehnen – nach dem Motto: »Das ist etwas für Schwache, Amerika ist stark.« Auch Appelle der Präsidenten George W. Bush und Barack Obama, mehrerer Generalstabschefs und Außen- wie Verteidigungsminister aus beiden Parteien haben der Konvention im Senat keinen Erfolg gebracht.[31]

Am nächsten Morgen treffe ich mich noch einmal in aller Frühe mit Artur Tschilingarow. In der klirrend kalten Luft laufen wir gemeinsam über den Roten Platz. Wir genießen beide die geradezu magische Stimmung an diesem von Geschichte durchtränkten Ort. Tschilingarow, der bei unserer ersten Begegnung zunächst ausgesprochen mürrisch und kurz angebunden war, hat inzwischen Gefallen an dem Besuch aus Deutschland gefunden. Er erzählt mir von seiner Kindheit in St. Petersburg, das damals Leningrad hieß. Er hat als kleines Kind im Zweiten Weltkrieg die deutsche Besatzung und die Belagerung der Stadt überlebt – allerdings seien seine Erinnerungen daran wohl eher von späteren Erzählungen seiner Eltern geprägt.

»Damals, nach dem Krieg, haben alle Jungs davon geträumt, Seefahrer zu werden. In der 10. Klasse bin ich auf die Marine-Akademie gewechselt. Seit dieser Zeit ist mein Leben mit der Arktis verbunden.« Mit deutschen Polarforschern steht er in freundlichem Kontakt. Er erzählt davon, wie er bei einer Überwinterung in der Arktis ein verwaistes Eisbärjunges bei sich aufgenommen hat. Er hat es mitgenommen und dem Berliner Zoo geschenkt. Das war vor 30 Jahren. Glücklich denkt er daran, wie er es später im Zoo besuchte. Das kleine Fellknäuel war inzwischen zu einer großen Bärin herangewachsen – aber sie habe ihn erkannt. Eine schöne Geschichte. So habe ich Putins Frontmann für die Arktis auch von seiner freundlichen, sentimentalen Seite kennen gelernt. Und erinnere mich an die Bemerkung des kanadischen Verteidigungsministers auf der »HMCS Toronto«: »Wir sind freundliche Leute, aber wir verteidigen unsere Souveränität.«

Die Haltungen rund um den Polarkreis scheinen sich zu gleichen – nur ist das kein Vorbote für Einheit, sondern eher für Konflikte. »Russland weitet sich in die Arktis aus, das ist unsere staatliche Aufgabe«, versichert mir Artur Tschilingarow beim Abschied.

Die Wächter am Eis

Wir sind von Moskau einen Tag nach Nordwesten gereist – Richtung Nordmeer. Erst zwei Flüge bis Murmansk – und dann mit dem Auto noch Stunden weiter durch fast menschenleeres Land. Nun sind wir auf dem Truppenübungsplatz von Petschenga in der äußersten nordwestlichen Ecke Russlands. In der Sowjetzeit war diese Region für Ausländer gesperrt, weil die Nordmeerflotte hier ein gewaltiges nukleares Arsenal hortete – in Waffen und in den Reaktoren von Eisbrechern und Unterseebooten.

Es ist spät geworden, die Sonne legt nur noch ein fahl-graues Licht auf die tief zerfurchte Schneelandschaft. Irgendwo in den Gräben faucht ein Ungetüm, der schwarz-grüne Turm eines Kampfpanzers hebt sich über den Horizont, und die gewaltige Maschine rollt auf uns zu. Es ist ein furchterregender Anblick, der Aufmerksamkeit fesselt, und doch kann ich meinen Blick kaum von fünf in Reihe aufgestellten Rekruten lösen, die nun schon seit einer Stunde regungslos im Schneetreiben auf ein Schild starren, auf dem die technischen Daten des T-80 und seiner Bewaffnung stehen. Sie sehen aus wie verängstigte Kinder – blass, durchgefroren und überfordert – und warten darauf, dass sie an der Reihe sind, das Ungetüm über die eisige Hindernisstrecke zu steuern. Als ich den Offizier frage, warum die Burschen nicht in der Baracke nebenan warten dürfen, schaut er mich völlig verständnislos an: »Es ist sowieso schon spät geworden« – als würde das etwas erklären.

Die 45. Schützendivision, bei der wir zu Gast sind, ist die nördlichste Kampfeinheit der russischen Streitkräfte. Sie wurde

1943 gebildet und erlebte ihre ersten Einsätze gegen die SS-Division »Nord«, die gemeinsam mit anderen deutschen Truppen den Befehl hatte, Murmansk einzunehmen – Russlands einzigen eisfreien Nordmeerhafen und Zugang zur Barentssee. Der Angriff wurde zurückgeschlagen.

Einen Tag lang konnten wir beobachten, wie junge Rekruten im Geist dieser Tradition für die Verteidigung des Nordens ausgebildet werden. Die Armee führte gewaltiges Gerät ins Feld. Wenn sie uns beeindrucken wollten, ist es ihnen gelungen. Ich bin nie zuvor in einem Ungetüm wie dem »Vityaz« mitgefahren – einem zweigliedrigen Trumm von Kettenfahrzeug mit 15 Meter Länge und 30 Tonnen Gewicht, das fast ebensoviel an Nutzlast über Tiefschnee trägt – wie im Flug und ohne einzusinken. Die Maschine wurde in den 1980er-Jahren entwickelt und ist immer noch ohne Konkurrenz. Solche Ausrüstung für einen Kampf unter arktischen Bedingungen habe nur Russland im Arsenal, erklären uns die Offiziere stolz.

Die Ausrüstung und Ausbildung der Wehrpflichtigen, die wir den Tag über beobachten und filmen konnten, scheint nicht immer so überzeugend und eindrucksvoll. Aber wir sollten uns nicht täuschen lassen, warnt Oberst Pelipaj, der stellvertretende Kommandeur: »Viele unserer Soldaten haben an ›heißen Punkten‹ gedient: dem Nordkaukasus, Tschetschenien, Dagestan, Südossetien. Der Kommandeur unseres Infanteriebataillons war an vielen Kampfhandlungen beteiligt. Er ist sehr erwachsen und erfahren – und gibt das an die jungen Soldaten weiter. Wie ein Vater.« Es ist sehr deutlich zu spüren, dass er Russlands Truppen in dieser Hinsicht allen anderen überlegen sieht.

Gescheitert sind in Petschenga alle meine Versuche, die verantwortlichen Offiziere zum Reden über die militärischen Aspekte des Klimawandels zu bringen. Nicht einmal beim freundschaftlichen Essen mit Wodka und Wein in den gut geheizten Repräsentationsräumen des Kommandeurs gelang es mir, damit durchzudringen. Mit der wachsenden Bedeutung des arktischen Territoriums müssten sich doch die Aufgaben dieser

Truppen verändern? Die Antworten blieben nichtssagend, fast ratlos. Schließlich rettete sich Kommandeur Podiwilow in eine Aussage, die ihn ganz sicher nicht in Schwierigkeiten bringen konnte: »Wir unterstützen voll und ganz die Position unseres Präsidenten und Oberbefehlshabers hinsichtlich der Arktis.« Bald stellte sich heraus: Für solche Fragen waren wir einfach ein bisschen zu früh in Petschenga.

Vier Monate später, im Juli 2011, verkündete Verteidigungsminister Anatoli Serdjukow die Bildung von zwei spezialisierten Brigaden für die Verteidigung der russischen Arktis – eine davon vermutlich in Murmansk oder Archangelsk. Moskau werde dort »fest und beharrlich« seine Interessen verteidigen. Und die sind gewaltig. Die russische Presse berichtete über diese militärische Entscheidung in engem Zusammenhang mit Russlands Forderungen nach Zugriff auf die Rohstoffe der Arktis und mit neuen Expeditionen, die Tschilingarows Sicht der geologischen Gegebenheiten auf dem Meeresgrund weiter unterstützen sollten. »Geologen schätzen, dass auf dem Boden der Arktis 30 Prozent der Erdgas- und 13 Prozent der Ölreserven der Welt liegen. Wenn der Lomonossow-Rücken Russland zugesprochen wird, dann wird es 60 Prozent der hier vermuteten Vorkommen kontrollieren«, schrieb die *Nezavisimaja Gazeta* am 7. Juli 2011.[32] Die Aufrüstung im Nordwesten würde eine dramatische Kehrtwende für die Region um Murmansk bedeuten. Zu Sowjetzeiten war dort enorm investiert worden, besonders in den riesigen Marinekomplex der Nordmeerflotte. Wo die Sicherheitsinteressen der sozialistischen Weltmacht gewahrt werden mussten, spielte Geld keine Rolle. Mit dem Untergang der Sowjetunion fiel auch das in sich zusammen. In den Hafenbecken von Murmansk verrotteten die atomgetriebenen U-Boote und Schiffe. Murmansk war fast nur noch wegen geradezu kriminell anmutender Umweltgefahren in der Presse. Entlang der gesamten Nordküste bluteten die Bevölkerungszentren aus. Wer konnte, floh in die Städte des Südens. Das kann sich nun ändern.

Die US-amerikanische *Jamestown Foundation*, die sich auf

die Beobachtung interner Vorgänge in Russland spezialisiert hat, diagnostiziert einen »Arktis-Rausch« in Moskau und betrachtet Artur Tschilingarows Tauchfahrt im Sommer 2007 als Auslöser dafür.[33] Der bärige Polarforscher hat einiges in Bewegung gebracht. Russland wird mit der ihm eigenen Robustheit vorangehen bei der Ausbeutung der arktischen Ressourcen.

Mit Atomkraft auf die Jagd nach Öl

Wir machen auf dem Rückweg von Murmansk nach Deutschland einen Stopp in St. Petersburg, um uns ein Projekt anzuschauen, von dem wir mit ungläubigem Staunen gehört hatten: Der staatliche Atomkonzern *Rosenergoatom* hat bei der Baltischen Werft in St. Petersburg schwimmende Kernkraftwerke in Auftrag gegeben. Sie sollen Russlands Außenposten im Eis – von Siedlungen bis Ölplattformen – mit Strom und heißem Wasser versorgen. Es ist eine böse Ironie, dass ausgerechnet bei der Öl- und Gasförderung die Energieversorgung ein Problem ist. Man kann das Rohöl, so wie es aus der Erde kommt, nicht einfach unraffiniert an Ort und Stelle verheizen, und eine Pipeline oder ein Stromkabel durch den Arktischen Ozean zu verlegen ist auch nicht einfach. Da hatte *Rosenergoato*m eine durch und durch russische Lösung parat; das Know-how aus der Nuklearflotte der Kriegsmarine spielt dabei eine große Rolle.

Das Projekt stand von Anfang an unter keinem günstigen Stern, obwohl der stellvertretende Ministerpräsident Iwanow persönlich bei der ersten Kiellegung dabei war, um das staatliche Interesse zu demonstrieren. Die erste Werft – in Archangelsk – war an den technischen und finanziellen Herausforderungen gescheitert. Deshalb wurde der begonnene Rumpf zur Baltischen Werft geschleppt, um das Projekt zu vollenden. Dann gerieten die Arbeiten jahrelang in Verzug – und fast sechs Milliarden Rubel (232 Millionen US-Dollar), die als Anzahlung geleistet worden waren, sind irgendwie verschwunden. Trotzdem wurde weitergemacht, schließlich herrscht ja »Arktis-Rausch«.

Wir wollen das schwimmende Kernkraftwerk filmen – als Beleg für Russlands unbändige Ambitionen im Eis. Ganz wohl scheint den Verantwortlichen bei der Aussicht auf ein deutsches Filmteam dann aber doch nicht zu sein. Vielleicht haben sie nicht gedacht, dass wir wirklich kommen. Auf der Fahrt zur Werft klingelt das Telefon unseres russischen Producers Juri Rylow – ein Tausendsassa, der uns immer wieder die unmöglichsten Drehgenehmigungen besorgt. Der unerschütterliche Juri wird leichenblass. Dann beginnt er, abwechselnd zu fluchen und zu betteln wie noch nie. Als er das Telefon aus der Hand legt, kann er sich nicht ganz beherrschen. Über sein betont wütendes Gesicht huscht ein Lächeln: »Okay, geschafft, verdammt noch mal. Die wollten tatsächlich den Dreh absagen.« Der verantwortliche Ingenieur fliege aus Moskau ein, um dafür zu sorgen, dass wir ja alles richtig verstehen. Es handle sich um eine großartige Entwicklung und eine absolut sichere Technologie.

Was wir schließlich auf der Werft zu sehen bekommen, sieht noch nicht aus wie ein Kernkraftwerk, eher wie der Rumpf eines riesigen Lastschiffes. Überall wird an gewaltigen Platten von Schiffsstahl gefräst und geschweißt. Erst durch die Erklärungen von Chefingenieur Sergej Sawjalow gewinnen wir eine Vorstellung davon, was hier entstehen soll: eine Art von riesigen Hausbooten mit 150 Meter Länge und 30 Meter Breite. Jedes soll mit zwei Generatoren ausgestattet werden, die eine elektrische Leistung von je 35 Megawatt erzeugen – genug Strom und Abwärme für eine Stadt mit 200 000 Menschen.[34] Wie Schiffsreaktoren brauchen sie während ihrer Lebensdauer keine Treibstoffversorgung – die Grundausstattung von angereichertem Uran reicht für 15 Jahre pausenlosen Betrieb, dann werden die Reaktoren inklusive Brennmaterial ausgewechselt.

»Wir haben jahrelang alles versucht, die empfindliche arktische Natur zu schonen und alternative Energiequellen zu nutzen«, erklärt der Ingenieur. »Das war alles zu schwierig, zu teuer und aus Umweltsicht nicht ungefährlich. Die Arktis ist ein ideales Gebiet für Kernenergie. Wir können diese Art von Kraftwerken praktisch am Fließband produzieren. Und Kernkraft hat sich bei Eisbrechern seit 60 Jahren als die zuverlässigste Energiequelle herausgestellt.«

Diese Dreharbeiten habe ich nicht selbst miterlebt, leider. Ich war nach der Landung in St. Petersburg spontan in das nächste Flugzeug nach Frankfurt gestiegen, weil ich das Gefühl hatte, dass mich das ZDF in Mainz brauchen würde. Auf meinem Handy waren beunruhigende Nachrichten aufgelaufen: In Fukushima, Japan, nahm seit einigen Stunden eine Katastrophe ihren Lauf, deren Folgen noch niemand einschätzen konnte. Beim Start schaute ich mit vielen Zweifeln aus dem Fenster auf die schneebedeckte Landschaft um St. Petersburg, hin und her gerissen zwischen meinem Wunsch, diesen Dreh auf der »Atom-Werft« mit meinem Team zu erleben, und dem Gefühl, dass die Arbeit in der Sendezentrale jetzt wichtiger sein würde. Das Unglück in Fukushima hatte – im bösen Sinn – enormes Potenzial. Dieses eigenartige zeitliche Zusammentreffen hat sich in mein Gedächtnis gebrannt.

Die Ausbeutung der »empfindlichen arktischen Natur«, wie der russische Ingenieur das nannte, wird nicht aufzuhalten sein. Der Bedarf und die lockenden Profite sind zu gewaltig. Große Mächte haben sich für die Verteilung längst in Stellung gebracht. Dazwischen werden Konfliktlinien sichtbar. Alle Seiten betonen immer wieder, dass sie an friedlichen Lösungen interessiert seien, und können das Säbelrasseln doch nicht lassen. Als die Vereinigten Staaten im Juli 2011 in Nuuk, Grönland, zum ersten Mal förmlich bei einer Konferenz des Arktischen Rates auftraten – und zwar gleich mit Außenministerin Hillary Clinton –, wurde das von demonstrativen Patrouillefahrten zweier US-Atom-U-Boote vor der Küste Alaskas flankiert. Russland hat seine Raketentests im Norden intensiviert, Norwegen seine größte Militärbasis an den Polarkreis gelegt.[35] Professor Robert Huebert von der *University of Calgary* in Kanada warnt in einer aktuellen Studie, dass ein Wettrüsten beginnen könnte: »Der strategische Wert der Region wächst. Damit wachsen auch die nationalen Interessen. Die Arktisanrainer reden über Zusammenarbeit, aber sie bereiten sich auf Konflikte vor.«[36]

Dabei sind die Claims für den »Cold Rush« des 21. Jahrhunderts schon ziemlich abgesteckt – und zwar so, dass man durchaus noch auf eine friedliche Lösung der möglichen Konflikte hoffen kann. Da wirken die Kräfte des Marktes einmal segensreich. Förderarbeiten im Eis verschlingen unvorstellbare Summen an Kapital – die wird auf Dauer kaum jemand investieren, solange die rechtliche Situation nicht geklärt ist.

Unter diesem Druck haben sich alte Konflikte als lösbar erwiesen: Im September 2010 einigten sich Norwegen und Russland auf einen Kompromiss bei der Grenzziehung in der Barentssee. Das russische Staatsunternehmen Rosneft und der US-Konzern *ExxonMobil* gingen eine milliardenschwere Partnerschaft ein für gemeinsame Ölexplorationen in der Barentssee. Und die russischen Behörden bearbeiten die Anträge auf Durchfahrt der Nordostpassage nicht mehr so bürokratisch und kostspielig wie früher.[37]

Bei allen verbliebenen Grenzstreitigkeiten, die jederzeit wieder aufflackern können: Der Löwenanteil der Beute ist durch die Geografie längst verteilt, und die wichtigsten Player werden es sich nicht nehmen lassen, die Schätze vor ihrer Haustür selbst zu heben. Russland ist dazu sicher in der Lage, die USA brauchen keine Hilfe bei Bohrungen vor Alaska. Bei Dänemark wird das schon interessanter. Es könnte für den Abbau von Grönlands Bodenschätzen Partner innerhalb der EU finden, aber China macht den Skandinaviern mächtig den Hof. Im Juli 2012 brachte Chinas Staatspräsident zu einem Besuch in Kopenhagen das Angebot mit, den Hafen der grönländischen Hauptstadt Nuuk zu erweitern und drei neue Flughäfen zu bauen. 175 Millionen Euro stünden dafür bereit, und auch die Arbeiter, die den Job erledigen sollen.[38] »China drängelt sich in das Rennen um die Ressourcen der Arktis«, titelte aufgeregt die *New York Times*. Antonio Tajani, EU-Kommissar für Industrie und Unternehmertum, eilte im Juni 2012 nach Nuuk und unterbreitete den Grönländern Vorschläge für Hunderte von Millionen Euro in Regionalprogrammen – vorausgesetzt, Grönland gibt China keinen exklusiven Zugang zu seinen Rohstoffen. »Wir werden neuerdings ganz anders behandelt«, erklärte Jens B. Frederiksen, Grönlands stellvertretender Premierminister, »und wir sind uns darüber im Klaren, dass das [...] nicht daran liegt, dass alle gerade entdecken, was für nette Leute wir Inuit sind.« Grönland wägt seine Optionen – und zögert noch mit der Entscheidung.[39]

Bei einem der fünf Arktisanrainer fallen die eigenen finanziellen und militärischen Möglichkeiten weit hinter die Größe des Areals und der Chancen zurück: Kanada. Und die Regierung in Ottawa ist, wie wir gesehen haben, nicht ohne Weiteres bereit, sich ausschließlich auf die Vereinigten Staaten zu verlassen.

China und die Schätze Kanadas

Inzwischen hat China – immer wieder China! – auch diese Lücke erkannt und ein Auge auf den kanadischen Ressourcenreichtum geworfen. Am 23. Juli 2012 kündigte die staatliche chinesische Offshore-Ölgesellschaft CNOOC an, dass sie das kanadische Öl- und Gasunternehmen Nexen Inc. für 15,1 Milliarden kanadische Dollar – mehr als 12 Milliarden Euro – schlucken wolle.[40] Nexen hat bisher keine Aktivitäten in der Arktis vorzuweisen, das kann sich aber schnell ändern, wenn sich Gelegenheiten ergeben.[41]

Besonders faszinierend ist zu beobachten, wie China Kanadas Ureinwohner umwirbt, die nach kanadischem Recht die Ausbeutung von Bodenschätzen auf ihren Stammesgebieten kontrollieren. Im Herbst 2008 lud China über zwei Dutzend Stammeshäuptlinge und -vertreter nach Beijing ein. Die Delegation wurde geleitet von Calvin Helin, einem Anwalt aus Vancouver, Sohn eines Häuptlings der *Tsimshian Nation*, der sich auf die Rechte der kanadischen Ureinwohner spezialisiert hat. Er ist zu einem attraktiven Gesprächspartner für China geworden. »Die kanadischen Ureinwohner besitzen oder kontrollieren rund ein Drittel der kanadischen Landmasse«, erklärte er. »Sie gehen nach Beijing, um den Chinesen zu sagen, dass sie ihren Laden geöffnet haben. Die Ebene, auf der wir empfangen wurden und Gespräche führten, war ziemlich unglaublich und fast schon historisch. Das ist ein sehr großer erster Schritt.«[42]

Das Zitat lässt mich an Tonga denken. Kanadas Politik gegenüber den Ureinwohnern des Landes war weniger gewalttätig als die der USA, trotzdem machte die Delegation offenbar in China zum ersten Mal die erfreuliche Erfahrung, mit Mächtigen auf gleicher Augenhöhe zu verhandeln. China verhält sich auch hier äußerst geschickt. Es betont die vielen scheinbaren Gemeinsamkeiten zwischen dem chinesischen Volk und den kanadischen Ureinwohnern – dass beide seit Tausenden von Jahren auf dem Land ihrer Väter leben, dass beiden Kulturen der Respekt gegenüber Älteren und gegenüber den Traditionen wichtig ist und dass sie möglicherweise sogar gemeinsame Wurzeln haben, da die ersten Kanadier ja von Asien aus nach Nordamerika gelangt waren.[43]

Chinesen erklären dann gerne, dass sie ebenso wie die kanadischen Ureinwohner unter den europäischen Kolonialmächten gelitten haben und China sich nun als eine Art postkoloniales Vorbild anbietet. »Unser Ziel«, betont der Delegationsführer der kanadischen Ureinwohner denn auch, »ist es, uns auf dieselbe Weise zu entwickeln, wie es dem Vernehmen nach China in den vergangenen Jahren getan hat.«[44] Dieser sozusagen schicksalsbrüderliche Appell ist eine effektive und von China gerne angewandte Taktik im Umgang mit Entwicklungsländern oder indigenen Gruppen innerhalb der entwickelten Welt, die sich (häufig zu Recht) zurückgesetzt fühlen.

Dafür hatte Delegationsleiter Helin den Gesprächspartnern in China etwas zu bieten, das nicht einmal die kanadische Regierung zusichern könnte: »Der größte Unsicherheitsfaktor bei der Erschließung natürlicher Ressourcen in Kanada sind Landansprüche von Ureinwohnern. Mit den Ureinwohnern als Partnern gibt es diese Unsicherheit nicht.«[45] Auch Chief Glenn Hudson, der als Vertreter der Peguis aus Manitoba der Delegation angehörte, sah in der Reise einen »wichtigen ersten Schritt auf unserem Weg voran. Unsere Zukunft liegt nicht nur in Kanada, sie liegt auch in der Partnerschaft mit anderen Ländern«.[46] Der Klimawandel verhilft den Inuit und Indianern Kanadas auf die Weltbühne. Mit dem freien Zugang zur Nordwestpassage können sie Außenstehenden einen Brückenkopf im Norden des amerikanischen Kontinents bieten. China hat die Zeichen der Zeit erkannt: Der Laden ist geöffnet.

KAPITEL 7

Rivalen am Himalaya

Indien ringt um seinen Platz

Am 19. April 2012 zelebrierten Indiens Medien einen Ausbruch von aggressivem Nationalstolz, der so ganz und gar nicht zu der Geschichte und dem sorgfältig gepflegten Image einer durch und durch friedfertigen Nation passen wollte – sehr wohl aber zu der von Komplexen beladenen Psyche von Asiens zweiter Supermacht.

Am Morgen dieses Tages hatte Indien es geschafft, eine atomwaffenfähige Langstreckenrakete zu starten und über eine 600 Kilometer hohe Flugbahn punktgenau im Zielgebiet im Pazifik aufschlagen zu lassen. Vijay Saraswat, der Chef für Forschung und Entwicklung im indischen Verteidigungsministerium, erklärte im Hochgefühl des Erfolges: »Indien ist mit diesem Test eine der großen Raketenmächte geworden. [...] Wir sind seit heute eine der sechs Nationen, die Raketen für Langstreckeneinsätze entwickeln, produzieren und bauen können.« Fernsehnachrichten und Zeitungen präsentierten umgehend Grafiken, die zeigten, wie tief indische Macht nun in das Kernland von China vordringen könne – bis nach Beijing. Die Agni-V – benannt nach dem Hindugott des Feuers – bekam über Nacht, nicht nur in den Boulevardblättern, den Beinamen »China-Killer«.

Die Reaktion des großen Nachbarn und Rivalen war eine interessante Mischung aus demonstrativer Gelassenheit und offenen Drohungen. Während der Sprecher des Außenministeriums davon sprach, dass beide Länder den Weg friedlicher Partnerschaft weitergehen sollten, warnte die *Global Times* aus Beijing, Sprachrohr der Kommunistischen Partei: »Indien muss sich darüber im Klaren sein, dass Chinas Nuklearstreitmacht stärker und zuverlässiger ist. Für die absehbare Zukunft hätte Indien in einem Rüstungswettlauf mit China keine Chance.«

Dann kehrten beide Seiten zum Alltag ihrer angespannten, aber kühlen Beziehungen zurück.[1] Die Zukunft wird von politisch-psychologischen wie von strategischen Faktoren bestimmt sein, bei denen die Veränderungen der Natur eine immer größere Rolle spielen. Die Rivalen am Himalaya könnten ein beeindruckendes Beispiel für die Wirkung des Klimawandels als Brandbeschleuniger in lange schwelenden Konflikten liefern.

Wer als Europäer versucht, die psychischen Wurzeln von Indiens Auftreten in Asien und auf der Weltbühne zu erkennen und damit das Verhalten des Landes in zukünftigen Krisen abzuschätzen, muss sich vom Bild Indiens als Entwicklungsland lösen. Das fällt nicht leicht bei einem Land, in dem mehr als 700 Millionen Menschen von weniger als zwei US-Dollar am Tag leben.[2] Was uns Europäern als bedrückender Berg von Problemen erscheint, betrachten indische Propheten des Booms als unerschöpfliches Reservoir von Wachstumschancen. Alle diese Menschen seien erfüllt vom indischen Glauben an Aufstieg durch Bildung und harte Arbeit, so das Argument. Gerade das Streben der Armen nach einer besseren Zukunft sei der Motor, der Indien unaufhaltsam an die Weltspitze treiben werde – auch und vor allem vorbei an China, das an seinen inneren Widersprüchen scheitern müsse. So habe ich das auf einer Drehreise durch Indien für eine große Dokumentation immer wieder gehört. Am eindrucksvollsten von einem weisen alten Manager von *Reliance Industries*, dem größten Konzern des Landes.

Wir waren gerade nach einer Reise durch Indiens Armenhaus-Staaten in Mumbai gelandet, als Subodh Sapra endlich meine wochenlangen Bitten um Rückruf erwiderte. Er wollte wissen, wo wir schon gedreht hatten. Ich sagte es ihm. »Um Himmels willen!«, rief er aus. »Alles, was Sie gesehen haben, ist wahr. Und trotzdem sind Sie auf dem völlig falschen Trip. Geben Sie mir einen Tag – morgen –, und ich werde Ihnen zeigen, was Indiens Zukunft ausmacht.«

Bei Tagesanbruch holte uns ein Hubschrauber des Unternehmens vom Landeplatz in der Nähe unseres Hotels ab und flog uns in eine der Kunstfaserfabriken des Konzerns. Es handle sich leider weder um den größten noch um den modernsten seiner Betriebe, ließ uns Sapra ausrichten, aber er sei nun mal der einzige in Helikopterentfernung von Mumbai – angesichts unseres engen Terminplans ein entscheidendes Argument. In der Eingangshalle des Hauptgebäudes empfing uns ein Schaukasten voller Auszeichnungen von internationalen Versicherungen und Umweltorganisationen. Die Produktion von *Reliance* entsprach demnach höchsten Sicherheits- und Umweltstandards. Viele der Maschinen in den riesigen Hallen waren aus Deutschland, alles wirkte hochmodern und klinisch sauber. »Das ist nur der Anfang«, erklärte der indische Produktionsleiter. »Die nächste Generation von Maschinen entwickeln wir selbst. Dann wird es auf der Welt keine besseren Kunstfaserfabriken mehr geben als die von *Reliance.*« Subodh Sapra erzählte mir später davon, wie er das deutsche Traditionsunternehmen Trevira aufgekauft hatte. »Es war teuer, aber es hat sich gelohnt«, lächelte er. »Die hatten dort eine Menge Know-how, größtenteils ungenutzt, natürlich.« Das habe man aber geändert.[3] Das größte Problem sei gewesen, die Umweltschutzpraktiken auf das Niveau von *Reliance* in Indien zu heben. Das waren große Worte, aber die Eindrücke, die ich von diesem Tag mitgenommen habe, scheinen sie zu rechtfertigen.

Wir flogen zurück nach Mumbai, diesmal auf den großen Flughafen, und stiegen um in einen Firmenjet von *Reliance*, der uns 850 Kilometer weiter nach Nordwesten brachte, zu einer Großbaustelle. Auf diesen Teil der Reise kam Subodh Sapra selbst mit.

»Wir betreiben in Jamnagar die größte Raffinerie ihrer Art auf der Welt und bauen sie gerade um. Danach wird sie die größte Raffinerie überhaupt sein«, erklärte mir unser Gastgeber. *Reliance* strebt die totale vertikale Integration der Kunststoffproduktion an. Darin liegt nach Sapras Überzeugung die Zukunft. Die Weltbevölkerung wird auf zehn Milliarden anwachsen. Die Erde hat nicht den Platz für genügend Pflanzen, um so viele Menschen in Baumwolle zu kleiden. Darauf gründet das Geschäftsmodell von *Reliance*. Von geleasten Ölquellen im Persischen Golf über eigene Tanker und Raffinerien bis zum fertigen Gewebe – *Reliance* soll auf jeder Stufe der Wertschöpfung profitieren. Vor der Landung zieht die Maschine einen weiten Kreis über die riesige Anlage. Es ist ein beeindruckendes Bild – für Subodh Sapra aber immer noch nicht eindrucksvoll genug. »Leider ist die Baustelle noch nicht voll aktiv«, entschuldigt er sich ein weiteres Mal. »Es sind nicht mehr als 20- oder 30 000 Arbeiter hier. In ein paar Monaten wird das ganz anders aussehen.« Mir reicht es. Die Anlage macht in keiner Weise den Eindruck, dass hier ein Entwicklungsland versucht, technischen Rückstand mit Massen an billigen Arbeitskräften zu kompensieren. Im Gegenteil! Alles wirkt professionell und effizient und gewaltig groß.

Unsere Tour endet im Entwicklungszentrum, das aussieht, als hätte einer der aktuellen Star-Architekten einen Traum in Stahl und Holz und Glas in eine archaische Landschaft gestellt. Wir sitzen in coolen Designersesseln und schauen durch die gewaltigen Scheiben Bauern dabei zu, wie sie ihre Ochsengespanne über die Feldwege treiben.

»Warum haben Sie diesen enormen Aufwand getrieben, nur um uns das zu zeigen?«, frage ich. »Weil ich will, dass Deutschland das sieht«, kommt die selbstbewusste Antwort. »Sie müssen verstehen: Als bei Ihnen in Europa gerade das Mittelalter zu Ende ging, war Indien, das Sie immer noch als Entwicklungsland bezeichnen, die führende Wirtschafts-, Kultur- und Handelsnation auf der Erde. Auf diese Position kehren wir nun zurück. Je schneller Europa sich darauf einstellt, umso besser.«

Dieser Mann und dieser Tag haben mein Bild von Indien geprägt. Wer nun aber glaubt, dass ein so stolzes Land Konflikte mit den Nachbarn mit souveräner Gelassenheit meistert, der irrt. Indien fühlt sich verfolgt, bedroht und von den etablierten Großmächten geringgeschätzt. 2011 wurde die Schwellenmacht laut Angaben des angesehenen schwedischen Friedensforschungsinstituts SIPRI zum größten Waffenimporteur der Welt.[4]

Kein Wunder! Es liegt in einer rauen Ecke der Welt. Außer an die Nuklearmächte China und Pakistan grenzt Indien an seiner nordöstlichen Flanke an Bangladesch, von wo aus von Pakistan finanzierte Kämpfer nach Indien eindringen. Die Militärdiktatur Myanmar, das seit Jahren politisch instabile Nepal und das kleine Königreich Bhutan, wo sich chinesischer Einfluss immer stärker bemerkbar macht, runden die unmittelbare Nachbarschaft ab. Afghanistan ist auch nur einen kleinen Sprung entfernt. Nach dem »Sieg« der CIA über die Sowjets strömten von den USA nicht mehr benötigte Mudschaheddin über die Grenze, um nun das indische Kaschmir zu »befreien«.[5] Spätestens nach dem Abzug der ISAF-Truppen 2014 kann Afghanistan wieder völlig unkontrolliert zu einer Basis für islamistischen Terror und die größten Player des globalen Drogenhandels werden.

Auch mit Großmächten hat Indien schlechte Erfahrungen gemacht. China hat Pakistan auf dessen Weg zur Atommacht unter die Arme gegriffen, um Indien in seine Schranken zu weisen. Indien und China können nicht davon lassen, die Ambitionen und Ängste der kleineren Mächte in der Region gegeneinander einzusetzen. So fürchtet Bangladesch, als Vasall Indiens zu enden. In Beijing schätzt man das Potenzial des Landes, Indien nervös zu machen. Inzwischen ist China der größte Waffenlieferant Bangladeschs.[6] Die Grenze zwischen Indien und Bangladesch kann jederzeit zu einem heißen Konfliktherd werden.

Die Folgen des Klimawandels bedeuten zusätzlichen Sprengstoff in einer ohnehin schwierigen Situation. Es wird vor allem um die Ressource gehen, die wie keine andere die Bezeichnung »lebenswichtig« verdient: Wasser!

Wasser als Brandbeschleuniger

Scheppernd quält sich unser Kleinbus über die Straße zum mehr als 3500 Meter hohen Zoji-Pass. Die Landschaft ist karg geworden, seit wir am Morgen den »grün leuchtenden Smaragd« am Dal-See verließen – Srinagar, die Hauptstadt des indischen Teils von Kaschmir. Ich hatte vor vielen Jahren in Mumbai zum ersten Mal von dieser Landschaft gehört. Es war in den feuchtheißen Tagen Ende Mai, an denen die Menschen den Monsun herbeisehnen, der die drückende Schwüle bricht. Rakesh Jhunjhunwala, ein indischer Großinvestor, der sich alles leisten konnte, was man mit Geld kaufen kann, erzählte mir mit leuchtenden Augen von seinen Ferien auf einem Hausboot auf einem grünen See in 1700 Meter Höhe. Da schwang mehr mit als nur Begeisterung für die kühle Luft der Berge – es war der Stolz der Inder darauf, dass sie im jahrzehntelangen Ringen mit Pakistan diese majestätische Landschaft nie aufgegeben haben.

Nun also sind wir hier. Es hat viel Mühe, Geduld und Raffinesse gekostet, den Bürokraten in Neu-Delhi eine Einreise- und Dreherlaubnis abzuringen. Touristen sind in Kaschmir willkommen, Journalisten sind es nicht. Wir sehen, warum. Hinter fast jeder Kurve begegnen uns indische Truppen in ihren schmutzigbraunen Uniformen, zu Fuß oder auf den Pritschen von Lastwagen. Auf ihren Rücken spießen Gewehrläufe die tarnfarbenen Regencapes spitz nach oben, so dass die Krieger aussehen, als wollten sie sich in ihre kleinen Zelte zurückziehen. Sie wirken müde und abgekämpft mit ihren gesenkten Köpfen, aber wahrscheinlich sind sie es einfach nur leid, sich den Regen ins Gesicht prasseln zu lassen.

Sie werden noch lange durchhalten müssen, so wie Generationen vor ihnen. Ihre Präsenz richtet sich offiziell gegen die »Paks«, die pakistanischen Truppen auf der anderen Seite der *Line of Control*, der Waffenstillstandslinie von 1948. Der Name täuscht, die Waffen standen nie still, aber beide Seiten behandeln den Strich auf der Karte als vorläufige Grenze. Die Kämpfe setzten sich auf niedriger Flamme fort und eskalierten in zwei weiteren Kriegen. Pakistan setzt auf eine Taktik der Zermürbung und betrachtet dabei einen erheblichen Teil der muslimischen Bevölkerung im indisch kontrollierten Teil Kaschmirs als Verbündete. Das könnte ein Irrtum sein. Nach meinem Eindruck träumen die meisten Menschen in Kaschmir nicht davon, die indische »Fremdherrschaft« gegen eine pakistanische einzutauschen. Viele wollen ein unabhängiges Kaschmir. Für die Regierung in Neu-Delhi ist beides gleichermaßen inakzeptabel. Auch deshalb stationiert sie so viele Soldaten hier. Sie traut ihrem eigenen Volk nicht und regiert mit den Mitteln massiver Unterdrückung. »Indisch-Kaschmir« ist eine der am heftigsten militarisierten Regionen der Welt. Seit 1989 gab es immer wieder von Pakistan unterstützte Aufstände, zuletzt im Jahr 2010. Nach offiziellen indischen Angaben kamen dabei 47000 Menschen ums Leben, kaschmirische Organisationen nennen viel höhere Zahlen. Seit 2010 sind die Unruhen zurückgegangen, aber die Regierung weigert sich, ihre erdrückende Militärpräsenz zu reduzieren. So halten die Soldaten, die uns überall begegnen, weiter die indische Stellung in einem Konflikt, der dem Rest der Welt jahrzehntelang unerklärlich erschien und der nun, in einer Wendung der Geschichte, doch noch einen handfesten Grund bekommt: Wasser!

Die Passstraße folgt einem schmalen Fluss. Hier heißt er Sindh, aber seine Wasser werden viele Namen tragen auf ihrem mehr als 3000 Kilometer langen Lauf von der Quelle am heiligen Berg Kailash auf dem tibetischen Plateau bis zur Mündung ins Arabische Meer. In diesen Bergen liegt ein Land der Flüsse. Der Sindh speist bei Srinagar den Jhelam, der fließt in den Chanab, der wiederum speist den Schicksalsfluss, der selbst mit vielen Namen gesegnet ist. Den schönsten haben ihm in Pakistan, rund 1000 Kilometer weiter westlich, die Paschtunen des Punjab gegeben. Sie nennen ihn Abasin, »Vater der Flüsse«. Die Welt kennt ihn als Indus. Die Briten haben das Land Indien nach ihm benannt. Nun ist er der »Vater Pakistans« – in guten Zeiten Quelle seiner Industrie und Landwirtschaft, in schlechten Ursprung von Katastrophen wie der großen Indusflut 2010, die ein Fünftel des Landes überschwemmte und 2000 Menschenleben forderte.

So eine Kraft mag man dem freundlichen Fluss gar nicht zutrauen, der neben uns ein schmales grünes Band von Vegetation durch die mächtige graue Felsenkulisse legt. Professor Bikram Singh hat uns davon überzeugt, dass wir diese Fahrt unbedingt unternehmen müssen. Wir hatten die *University of Kashmir* mit der Bitte um Rat und Hilfe für unser Filmprojekt kontaktiert, und Professor Singh nahm sich der Sache an. Mit großem Engagement! Das Schicksal der Gletscher im Himalaya ist sein Thema, nicht nur als Geograf, vor allem als Kaschmirer. Er ist hier geboren und aufgewachsen, er braucht keine internationalen Studien, um zu erkennen, wie rasant sich die Natur verändert. Das ist Teil seines Lebens.

Mein erstes Treffen mit dem kaschmirischen Sikh im Garten unseres Hotels – mit wunderbarem Blick auf die 4000 bis 5000 Meter hohen Berge über dem Becken von Srinagar und dem Dal-See – war eigentlich nur für eine erste Tasse Tee zum Kennenlernen gedacht, aber es wurde ein mehrstündiges Seminar über Wasser und Eis des Himalaya. Auf immer mehr Papierservietten entstanden seine Skizzen von der Geografie der Region, immer weiter reichten die Zeichnungen der betroffenen Gebiete. Nach Arktis und Antarktis sind die Gletscher um uns herum die größten Süßwasserspeicher der Erde, sie speisen ihr größtes Flusssystem: Indus, Ganges, Brahmaputra, Mekong, Gelber Fluss und Jangtse, der alleine ein Drittel des Flusswassers von China führt. Mehr als zwei Milliarden Menschen bekommen Wasser aus Flüssen, die im Himalaya und dem tibetischen Hochland entspringen.

Die Himalaya-Gletscher, Zehntausende von ihnen, haben seit Menschengedenken den Wasserzufluss geregelt. In den trockenen, warmen Monaten geben sie Wasser frei, das sie im Winter gespeichert haben. Die eisigen Reserven haben stets gereicht, um Unterschiede zwischen regenreichen und dürren Jahren auszugleichen. Dieser Rhythmus ist ohne Zweifel aus dem Tritt gekommen.

Das möchte Professor Singh uns zeigen. Der Thajiwas an der Nordflanke der Straße zum Zoji-Pass ist »sein« Gletscher. Er gewährt ihm seit Jahrzehnten »Sterbebegleitung«, hat gemeinsam mit seinen Studenten gemessen und protokolliert, wie sich die mächtige Eiszunge in den Bergsattel zurückzog wie ein verwundetes Tier, schmaler und dünner wurde. Fünf seiner Studenten begleiten uns auf der kleinen Exkursion.

Auf der Fahrt beraten wir schon mal unsere Optionen für die weitere Reise. Wir könnten uns zwei Flüge und einen Umweg über Neu-Delhi sparen, wenn wir nach der Gletscherbesichtigung auf dieser Straße einfach weiterführen nach Leh in Ladakh – unserem nächsten Ziel. Es sind 480 Kilometer Straße – gut neun Stunden Fahrt haben die Kartenmacher von *Google Maps* geschätzt. Aber die sitzen im fernen, von der Sonne und mit Highways verwöhnten Kalifornien, und wir wissen längst, dass das mit der Realität von Kaschmir nichts zu tun hat. In weniger als 16 Stunden und ohne eine Übernachtung wäre das nicht einmal unter den besten Bedingungen zu schaffen, sagen uns die Einheimischen. Und es herrschen alles andere als beste Bedingungen. Die Straße sei um diese Jahreszeit lebensgefährlich. Die Wunden, die ihr der Frost bis in die Fundamente geschlagen hat, sind noch nicht repariert. Angesichts der schmalen, in atemberaubende Felswände hineingeschlagenen Piste ist das eine Furcht einflößende Vorstellung. Am Ende brauchen wir alleine für die 85 Kilometer von Srinagar in die Nähe des Thajiwas-Gletschers mehr als drei Stunden. Wir werden uns das nochmals gut überlegen.

Am Rande der Bergsiedlung Sonamarg, »Goldene Wiese«, biegt der Fußweg zum Thajiwas ab. Als wir ankommen, liegt es wieder einmal nahe, spöttische Bemerkungen über den Klimawandel zu machen – ach, wirklich? Es ist feuchtkalt, die Gipfel um uns herum sind von dunklen Regenwolken verhangen. Wir wundern uns darüber, wie lässig sich die Studenten aus Srinagar für diesen Ausflug ausstaffiert haben. Ihre Sandalen und dünnen Hemden werden nicht einmal für die 200 Höhenmeter Anstieg

ÜBER WISSEN, GLAUBEN UND GLAUBEN ZU WISSEN

Die Frage, wie stark die Himalaya-Gletscher schmelzen, ist ein perfekter Anlass, Unsicherheit bei der Behandlung des komplexen und umstrittenen Themas »Klimawandel« einzugestehen.

Im Jahr 2007 läutete das IPCC – das Expertengremium der Vereinten Nationen zum Klimawandel – schon die Totenglocken für die Himalaya-Gletscher. Bis zum Jahr 2035 könnten sie zum größten Teil verschwunden sein, hieß es in dem Bericht, der angeblich das Wissen der Menschheit über den Klimawandel verbindlich und allgemeingültig zusammentrug. Hinter diesem schrillen Alarm verbarg sich ein peinlich dummer, hier kaum zu erklärender Fehler. Er hat die Glaubwürdigkeit des Gremiums erschüttert und der Klimaforschung insgesamt enorm geschadet.[7] Die bloße Nennung der Jahreszahl 2035 reicht heute aus, um die sogenannten Klimaskeptiker in Hohngelächter ausbrechen zu lassen und den Mahnern Schamesröte ins Gesicht zu treiben. Die Forschung ist seitdem intensiviert worden – und widersprüchlich geblieben.

Im Februar 2012 veröffentlichten Thomas Jacob und Kollegen von der *University of Colorado* eine Studie[8], die Messungen von Schwerkraftfeldern durch Satelliten (GRACE)[9] auswertete. Sie kam zu dem Ergebnis, dass die Himalaya-Gletscher wesentlich langsamer schmelzen als früher geschätzt. Manche schienen sogar zu wachsen.[10]

Die Debatte hat einen vorläufigen Abschluss gefunden mit einer Untersuchung, die sich unter anderem auf *Hands-on*-Messungen an über hundert Stationen auf dem Tibetischen Plateau und in dessen Umgebung stützt, sich mit den vorangegangenen Untersuchungen kritisch auseinandersetzt und den *Peer-Review*-Prozess, die Überprüfung durch Fachkollegen, der angesehenen Zeitschrift *Nature* überstanden hat. Sie zeigt ein überaus differenziertes Bild. Das Tempo der Veränderungen im Himalaya variiert mit der Region, mit der Höhe und den klimatischen Faktoren. Ob Schmutzschichten auf Gletscherflächen das Abschmelzen beschleunigen oder bremsen, hängt von der Dicke der Schicht und der Intensität der direkten Sonnenbestrahlung ab. Die Studie klärt Widersprüche zu anderen Untersuchungen auf. So konnten die GRACE-Satellitenmessungen nicht zwischen Eis und gestautem Schmelzwasser unterscheiden. Dies kann dazu geführt haben, dass größer werdende Gletscherseen fälschlicherweise für wachsende Gletscher gehalten wurden, was die Autoren der GRACE-Studie mittlerweile bestätigt haben, usw.

Als Journalist stehe ich immer wieder vor der Herausforderung, dass ich – wenigstens für mich – einen Streit zwischen Fachleuten entscheiden muss, die allesamt unendlich viel mehr von einer Sache verstehen als ich. Meine Erfahrung – »Lernen durch Versuch und Irrtum« – hat mich gelehrt, eher jenen zu glauben, die alle wesentlichen vorangegangenen Studien einbeziehen, sich mit Argumenten aller Seiten fair auseinandersetzen und darauf schlüssige Antworten finden. Diese sollten dann meinen eigenen Beobachtungen am Ort des Geschehens nicht widersprechen, auch nicht den Aussagen von Menschen, die mich in persönlichen Begegnungen mit ihren Kenntnissen und ihrem Engagement überzeugt haben. Auch dann ist das Ergebnis nie endgültig und muss immer wieder infrage gestellt werden. Aber es ist eine Grundlage.

In diesem Sinne vertraue ich der Studie »Different glacier status with atmospheric circulations in Tibetan Plateau and surroundings« von Tandong Yao, Lonnie Thompson und Kollegen der Chinesischen Akademie der Wissenschaften.[11] Das Autorenteam aus China und den USA kommt zu dem Ergebnis, dass die »Mehrzahl der Gletscher in den vergangenen 30 Jahren rasant geschrumpft ist und dass sich dieser Prozess noch beschleunigt«. So habe auch ich das erlebt und gesehen. Diese Sicht prägt meine Darstellung. Die Jahreszahl 2035 war Unsinn, die Warnung an sich aber berechtigt.

zum Gletscher reichen. Wir mieten ihnen Gummistiefel und Jacken bei den *Outfitters* der »Goldenen Wiese«, die offenbar lange kein Geschäft mehr gemacht haben. Immer mehr wollen sie uns aufdrängen: Schlitten, Ponys für den Transport, ortskundige Führer … – das Angebot ist weit gefächert, und die Preise sind gesalzen. Wir wollen es auf eigene Faust unternehmen, aber damit sind die Einheimischen nicht einverstanden. Ohne ihre Hilfe dürfen wir dort gar nicht hinauf, behaupten sie und umringen uns mit finsteren Mienen. Professor Singh fürchtet, sein Gesicht zu verlieren, und stößt nun seinerseits Drohungen gegen die geschäftstüchtigen Wegelagerer aus. Am Ende lässt sich die Lage mit einem halbwegs akzeptablen Angebot entschärfen, und wir steigen bergan – umringt von mehr oder minder hilfreichen Helfern.

Wir sind auf nicht einmal 3000 Metern – angesichts der Riesen um uns herum eine mäßige Halbhöhenlage –, aber der Leistungsunterschied zwischen dem Professor und mir ist leider nicht zu leugnen. Glücklicherweise bietet das überwältigende Bergpanorama immer wieder einen Vorwand, stehen zu bleiben und die Landschaft zu bewundern. Die Gipfel der wahren Giganten sind in der Ferne in Wolken gehüllt. In ihren Höhen machen ein paar Grad Erwärmung wenig aus, auf ihnen hält sich das Eis noch. In unserer unmittelbaren Umgebung ist das anders. Bikram Singh beschreibt mit ausgestrecktem Zeigefinger einen Kreis und nennt mir die Namen der Gipfel, jeder von ihnen zwischen 4500 und 5000 Metern hoch. Auch das ist eine überwältigende, unerschütterlich wirkende Kulisse, aber die Landschaft reagiert schon empfindlich auf die Veränderung in der Atmosphäre.

Nach einer knappen Stunde Anstieg erreichen wir eine kleine Senke. Befestigte Wege und Steinbänke weisen darauf hin, dass im Sommer Touristen hierherkommen. Mit Sorge schaue ich auf die dunklen Wolken und das wegbrechende Licht: »Wie weit ist es noch?« »Gar nicht mehr. Wir sind da«, antwortet Bikram Singh, fast ein wenig entschuldigend. Die kärgliche Schneefläche, die vor uns im Geröll ausläuft, soll der Thajiwas-Gletscher sein? Auf den Gedanken wäre ich nicht gekommen. Während Jürgen Rapp, unser Kameramann, sein Bestes gibt, um diesen jammervollen Anblick einzufangen, erzählt mir Bikram Singh von dem Gletscher, den er als junger Mann erlebt hat. Damals beschrieb der Name Thajiwas noch eine Gruppe aus sechs Eisflüssen, die in einem mächtigen Strom zusammenkamen. Davon sind jetzt nur noch Reste zu sehen, die sich an die steilen, grauen Hänge klammern. Ein hohes Schneefeld an der Flanke, das dem »Amphitheater-Becken« seinen Namen gegeben hatte, ist völlig verschwunden. Von hier wird der Zustrom nicht mehr lange kommen können, der den Sindh auch in der Trockenzeit zu einem zuverlässigen Fluss machte.

»Unsere Messungen sind nicht ausreichend, um das genau zu beschreiben«, meint Bikram Singh. »Vorübergehend gab es sogar mehr Wasser als früher – wenn es wärmer wird, schmilzt ja erst mal mehr und nicht weniger Schnee –, aber jetzt ist das vorbei, hier jedenfalls. Der Thajiwas hat einfach nicht mehr genug Substanz. Die Bauern im Tal beklagen sich schon, dass sie ihre Felder nicht mehr so bewässern können wie früher.« »Und was sagen Ihre Nachbarn in Pakistan dazu?« »Nach dem Indus-Vertrag gehört dieses ganze Wasser ihnen. Sie beschuldigen uns, dass wir ihnen ihr Wasser stehlen, weil wir einige Dämme bauen. Aber das ist nicht wahr. Es liegt nicht an unseren Dämmen, dass Pakistans Flüsse weniger werden. Wir können nichts dafür. Wir sind auch nur Opfer des Klimawandels.« Bikram Singh fürchtet, dass Streit ums Wasser den Kaschmir-Konflikt wieder entflammen kann, der die beiden Atommächte schon dreimal in einen Krieg ziehen ließ. »Es wäre schlimm, wenn das Ende dieser Gletscher schon wieder Krieg bedeuten würde, aber es ist leider gut möglich, dass das passiert.«

Seine Studenten umringen uns bei diesem Gespräch, die heitere Stimmung der unverhofften Expedition verfliegt. Dieses Thema betrifft ihre Existenz. In ihren Familien erinnert sich niemand an eine Generation, die keinen Krieg erlebt hat. Der Klimawandel bringt jetzt auch ihr Studienfach – Geowissenschaften – in einen unmittelbaren Zusammenhang mit den nationalen

Schicksalsfragen. »Ich hätte nie geahnt, dass meine Fakultät einmal so politisch werden würde – und es ist mir überhaupt nicht recht«, sagt Bikram Singh und versucht ein Lachen. Es klingt verlegen.

Wenn Konfliktforscher versuchen, die aus diesem Streit erwachsenden Gefahren einzuschätzen, beruhigen sie sich und andere gerne mit dem Hinweis darauf, dass der Indus-Vertrag zwischen Pakistan und Indien aus dem Jahr 1960 bisher alle Spannungen und Kriege überstanden habe. Das ist zwar richtig, aber darauf ist auf Dauer kein Verlass. Nach manchen Prognosen werden im Jahr 2025 in Indien dreimal, in Pakistan sechsmal so viele Menschen leben wie bei Abschluss des Vertrages – und nun beginnen auch noch die Quellen zu versiegen. Asiens »Wasserbank«, wie es der amerikanische Gletscherforscher Lonnie G. Thompson nannte, ist in eine Bankkrise ganz eigener Art getaumelt. Seit Tausenden von Jahren haben die Spareinlagen an Eis und Schnee jeden Winter die Abhebungen im Sommer übertroffen. Nun frisst ein jährlich wachsendes Defizit die Rücklagen auf. Der Indus-Vertrag hat auch deswegen funktioniert, weil Indien den 20-Prozent-Anteil an Wasser, der ihm nach dem Vertrag zusteht, in der Vergangenheit nicht ausgenutzt hat. Das wird sich in Zukunft zwangsläufig ändern. Eine aktuelle Einschätzung der US-Geheimdienste will, was die friedliche Beilegung dieses Konflikts angeht, keine Prognose mehr wagen, die mehr als zehn Jahre in die Zukunft schaut.[12] Die einzige Chance wäre eine Politik von Ausgleich und Vernunft. Und weder Vernunft noch Kompromissbereitschaft waren in der Vergangenheit ein Leitmotiv im Verhältnis der beiden Atommächte – schon gar nicht, wenn es um Kaschmir ging.

Rivalen am Fluss

Im Sommer 2000 erlebte ich Indien zum ersten Mal, auf einer Reise im Pressegefolge von Bill Clinton. Eine unvergessliche Erfahrung! Damals wagte es der Präsident der Vereinigten Staaten, die Grenze zwischen Indien und Pakistan in Kaschmir öffentlich als den »gefährlichsten Ort der Erde« zu bezeichnen. Die Aufregung über diese Bemerkung war groß, insbesondere in Indien. Meine Gesprächspartner in Neu-Delhi begründeten ihre Empörung damit, dass das ja so klänge, als verfolge Indien eine verantwortungslose Politik. In der Tat, so könnte es klingen, wobei die Schuld sicher nicht allein auf der indischen Seite liegt.

Als das erschöpfte British Empire seine Kolonie 1947 in die Unabhängigkeit fallen ließ, teilte es den einstigen »Diamanten in der Krone Seiner Majestät« politisch in zwei, geografisch in drei Teile. Die große muslimische Minderheit bekam, was sie wollte: einen eigenständigen Staat Pakistan, der aber in zwei Teilgebiete aufgespalten war – 1700 Kilometer voneinander entfernt an der Nordost- und der Nordwestecke des Subkontinents. Das war eine entscheidende Schwächung Pakistans, die spätere Abspaltung Ostpakistans und die Ausrufung eines selbstständigen Staates (Bangladesch) wurden damit bereits programmiert. Die Spaltung des Subkontinents nach Religionen führte zu einer gewaltigen Völkerwanderung, die auch eine Vertreibung war – verbunden mit horrender Gewalt. Eine halbe Million Menschen starben. Jeweils sechs Millionen Muslime und Hindus zogen, meist unter massivem Druck der jeweiligen Bevölkerungsmehrheit, in die Gebiete »ihrer« Religionsgemeinschaft um. So wurde Pakistan ganz überwiegend muslimisch, das viel größere Indien behielt immer noch eine große muslimische Minderheit.

Insbesondere in Pakistan sind die Wunden dieser Zeit nie geheilt. Wie tief Hass und Misstrauen sitzen, spürte ich in einer Begegnung mit Dr. Samar Mubarakmand, dem Chef des Wissenschaftlerteams, das in den späten 1980er-Jahren die pakistanische Atombombe entwickelte. Er erzählte mir in seinem Haus in Islamabad von seiner schlimmsten Kindheitserinnerung, dem Martyrium seiner Familie auf der Flucht nach Pakistan. Seine Stimme bebte dabei vor verhaltener Wut. Dann erklärte er mir mit tief empfundenem Stolz auf einer Landkarte, wie die Atombomben der pakistanischen Streitkräfte inzwischen jede große

Stadt in Indien erreichen und auslöschen können. Das ist ein emotionales Fundament, auf dem rationale Politik einen schweren Stand haben muss. In diese Spannungslage fällt nun der immer drängendere Wasserkonflikt. Die öffentliche Debatte ist dementsprechend, wobei es für solche Konflikte typisch ist, dass die schrilleren Töne von den flussabwärts siedelnden Anrainern kommen. Konkurrenten am Oberlauf können sich darauf konzentrieren, mit Dämmen und Abzweigungen Fakten zu schaffen.

Lashkar-e-Taiba, eine Terrororganisation mit ohnehin schon gefährlich großem Einfluss im Land, sammelt Sympathien unter Pakistans Nationalisten mit dem Versprechen, indische Dämme am Oberlauf des Indus in die Luft zu jagen. Abdul Rehman Makki, einer ihrer Agitatoren, fordert »einen Strom von Blut«, falls Indien es wagen sollte, Induswasser für seine Zwecke abzugraben.[13] Ein Leitartikel in der weit verbreiteten pakistanischen Zeitung *Nawa-e Waqt* fordert die klare Botschaft an Indien, dass ein Krieg gegen Indiens »Wasser-Aggression« unvermeidlich wird, falls Indien seine Dammpläne nicht aufgibt, und dass dies ein Atomkrieg wird.[14] Das ist nicht nur ein Thema für Extremisten. Ashfaq Kayani, als Armeechef der mächtigste Mann Pakistans, nennt die drohenden Wasserkonflikte einen wesentlichen Grund dafür, dass seine Strategie sich immer noch in erster Linie auf einen Krieg mit Indien ausrichtet.[15] Die USA versuchen mit allen Mitteln, die Aufmerksamkeit ihres unzuverlässigen Verbündeten in die entgegengesetzte Himmelsrichtung zu lenken: nach Afghanistan.

Solcher Streit lenkt davon ab, dass Pakistan noch enorme Reserven hätte, die ihm zustehenden 80 Prozent des Induswassers klüger zu nutzen. In dem Löwenanteil steckt zehnmal mehr Potenzial für Wasserkraftwerke, als bisher genutzt wird. Und die Stauseen fassen nur die Durchflussmenge eines Monats (zum Vergleich: Staudämme entlang des Colorado River in den USA – einer der am gründlichsten ausgebeuteten Flüsse der Welt – speichern die Wassermenge von fast drei Jahren).[16] Das alles ließe sich in einer gemeinsamen Anstrengung beider Länder ändern,

1

Horizont der Schlote: In der Inneren Mongolei schlägt das Herz von Chinas Schwerindustrie. Staatlich verordnete Produktionsziele bestimmen seinen Puls – Umweltfolgen sind nebensächlich. Unten: Wir stecken in einem Stau aus Hunderten von Kohlelastern.

2

Heiße Zone: Die umstrittenen Grenzen Kaschmirs gehören zu den gefährlichsten der Welt, weil tiefe Emotionen sich mit handfesten Interessen mischen. Professor Bikram Singh befürchtet, dass Klimawandel die Konflikte anheizen wird.

5

Machtgeografie: Klöster im Himalaya – Burgen auf den Wegen der Eroberer. Unten: »Ich hätte nie geahnt, dass meine Fakultät einmal so politisch werden würde – es ist mir überhaupt nicht recht«, warnt Professor Singh seine Studenten.

6

Baku
Kaspisches Meer
Aralsee
Syr Darja
KASACHSTAN
Balchaschsee
Ili
USBEKISTAN
TURKMENISTAN
Teheran
Aschgabat
Amu Darja
Samarkand
Taschkent
Almaty
Maschhad
KIRGISISTAN
TADSCHIKISTAN
Kaschgar
IRAN
Herat
AFGHANISTAN
Kerman
Kabul
Khotan
Hindukusch
Kishenganga-Staudamm
Islamabad
Srinagar
Leh
Indus
Himalaya
PAKISTAN
Neu-Delhi
Jaipur
NEPAL
Ganges
Kathma
Arabisches Meer
INDIEN
Farakka-Spe
Mumbai (Bombay)
Kolk (Kalk
Große Biegung
CHINA
Shöwa
Bomi (Bowo)
Zangmu-Staudamm
7151 m
Longlep
Yarlung Zangbo
Nyingchi
7756 m
Kani
Gyakateng
Paka
Yortong
Mainling
Ninging
Miging
Brahmaputra
4185 m
3989 m
INDIEN
Haidarabad
Golf v Bengal
Chennai (Madras)
Indisc Ozea
SRI LANKA

Asiens Wasserturm
Baikalsee
Ulaanbaatar
MONGOLEI
Ürümqi
Baotou
Beijing
Tianjin
Po Hai
Gelber Fluss
Hoanghe
VOLKSREPUBLIK CHINA
Lanzhou
Östliche Route
Zentrale Route
Xi'an
Danjiangkou-
Reservoir
Westliche Route
Tibet
Lhasa
siehe Detail
angmu-
udamm
HUTAN
Yangtze
Süd-Nord-Transfer
fertiggestellt
in Planung
Brahmaputra
haka
NGLA-
SCH
Irrawaddy
Saluen
MYANMAR
Naypidaw
Guangzhou
(Kanton)
Xianggang
(Hongkong)
Hanoi
LAOS
Hainan
Vientiane
Mekong
Rangun
Südchinesisches
Meer
THAILAND
Bangkok
VIETNAM
KAMBODSCHA
Andamanen
(Indien)
Golf v.
Siam
Phnom
Penh
Ho-Chi-Minh-Stadt
(Saigon)

Irgendwo dort oben sind die indischen Stellungen an Chinas Grenze. Für uns bleibt das gesperrtes Gebiet.

Überwältigend: 1921 fotografierte der britische Bergsteiger George L. Mallory das Panorama der Mount-Everest-Nordseite und den elegant geschwungenen Gletscher zu seinen Füßen. 2007 wiederholte der US-Bergsteiger und Dokumentarfilmer David Breashears die Aufnahme. Solche Bilder ersetzen manche Eisstatistik.

41

Katastrophen: Nach Anrufen aus Neu-Delhi spricht Oberst Sharma über Konflikte im Himalaya nur noch politisch korrekt. Unten: Einer seiner Offiziere zeigt mir, wo die indische Grenzpolizei Katastrophenhilfe leistete, nachdem in Leh Hunderte Menschen bei einem Erdrutsch umgekommen waren.

42

aber es ist in Pakistan politisch leichter, an lang gehegte Emotionen zu rühren. Dort weiß jedes Schulkind, dass Indien 1948, kurz nach der blutigen Trennung der beiden Staaten, den Wasserzulauf zu einigen pakistanischen Kanälen eine Zeit lang gesperrt hatte. Indien entschuldigte sich für den »Fehler der Bürokratie«. Das hat die Legendenbildung nicht verhindert. »Wer schon einmal einen Revolver an der Schläfe hatte, und der Abzug war entsichert, der vergisst das nie mehr«, erklärte ein pakistanischer Anwalt einer Reporterin der *New York Times*.[17]

Indien antwortet auf den Lärm mit betonter Ruhe – man fühle sich im Recht und schöpfe noch nicht einmal seine legalen Möglichkeiten aus. Stauseen für Kraftwerke reduzierten – sobald sie vollgelaufen sind – den Wasserfluss höchstens noch minimal (aufgrund größerer Verdunstung), und die geplanten Bewässerungssysteme blieben innerhalb der Quote von 20 Prozent, die Indien nach dem geltenden Vertrag den Zuflüssen des Indus insgesamt entnehmen darf. Dabei erreichen die indischen Bauvorhaben eine beachtliche Größenordnung. Ein Untersuchungsbericht des US-Senats nannte im Februar 2011 immerhin 33 laufende Kraftwerksprojekte in Kaschmir[18], insgesamt 60 sollen in Planung sein – ein Potenzial von 3000 Megawatt Leistung. Das ist lebenswichtig für ein Land, das chronisch unter Strommangel leidet und im Sommer 2012 den größten Stromausfall der Weltgeschichte erlebte. Für Pakistan ist die Auskunft wenig beruhigend, dass das Wasser nicht versickert, sondern weiterfließt, nachdem es die Turbinen angetrieben hat.

Es ist ja nicht nur der Wasserverbrauch, der Pakistan beunruhigt, es ist vor allem die indische Hand am Hauptventil oder die »Pistole an Pakistans Schläfe«. Das kann man nicht einfach als Wahnvorstellung abtun. Der erwähnte Bericht des US-Senats über mögliche »Wasser-Kriege« stellt fest: »Zusammengenommen können die geplanten Stauanlagen Indien die Möglichkeit geben, so viel Wasser zurückzuhalten, dass es in kritischen Jahreszeiten, etwa während der Wachstumsphase für Getreide, den Zufluss nach Pakistan kontrolliert.«[19] Die britische Zeitschrift

The Economist zitiert im November 2011 einen Kollegen von Bikram Singh, einen indischen Geologen in Srinagar: »Sie werden den Indus abschalten [können] und Pakistan damit von Indien abhängig machen.«[20] Da beschreibt der Mann aus Indien Pakistans Albtraum. Das Land ist vom Indus so abhängig wie Ägypten vom Nil, nur ist der Indus doppelt so mächtig. Aus ihm kommt das Wasser für 80 Prozent der künstlich bewässerten Flächen in Pakistan, somit 21 Prozent des Bruttoinlandsprodukts und die Nahrungsgrundlage für einen großen Teil seiner 180 Millionen Bewohner.[21] Es sind immer noch die in britischer Kolonialzeit gebauten Bewässerungssysteme, die aus dem Indusdelta eines der fruchtbarsten Gebiete der Erde machen.

Wer kann von Pakistan verlangen, dass es sich in einer so lebenswichtigen Sache auf Indiens Vertragstreue verlässt? Das würde enormes Vertrauen voraussetzen, das es zwischen diesen beiden Staaten – als Zwillinge in die Welt gesetzt und von Anfang an verfeindet – nicht einmal in Ansätzen gibt. Pakistans Verhältnis zu Indien war immer von einer Aggressivität geprägt, die aus Minderwertigkeitskomplexen gegenüber dem so viel größeren, so viel erfolgreicheren Nachbarn rührt. Das Schicksal, selbst an seiner Lebensader noch Indiens Unterlieger zu sein, verstärkt diese gefährlichen Emotionen.

Indien dagegen wird von seiner Geografie dazu gezwungen, sich diesen Problemen mit einer besonneneren Haltung zu nähern. Das Land erlebt Wasserkonflikte nämlich aus beiden Perspektiven. Pakistan mag es strukturell überlegen sein, gegenüber China ist es ebenso unterlegen wie Unterlieger. Dabei leistet sich Indien im Himalaya ein Gewirr aus Territorialkonflikten und ungeklärten Grenzen (siehe Karte Nr. 33).

In der indischen Zwickmühle

Wir haben dann doch den 1300 Kilometer langen Umweg per Flugzeug über Neu-Delhi gewählt, um von dem einen kritischen Außenposten zum anderen zu kommen, obwohl nur 260 Kilometer Luftlinie zwischen den indischen Städten Srinagar (Kaschmir) und Leh (Ladakh) liegen. Die Warnungen der Einheimischen, so kurz nach der Schneeschmelze die Fahrt über die rutschige Passstraße nicht zu riskieren, haben uns schließlich dazu gebracht, auf den atemberaubenden Reiseweg zu verzichten. Den Anfall von Vernunft werde ich wahrscheinlich noch lange bereuen.

Nun stehe ich an einem sonnigen Morgen in der dünnen Luft von 3500 Metern über Meeresniveau zwischen 6000er-Gipfeln auf dem Übungsplatz des stolzen 81. Bataillons der Indo-Tibetischen Grenzpolizei und beobachte den morgendlichen Drill. Die gewaltigen Bergketten des Ladakh bilden eine imposante Kulisse. Irgendwo dort oben läuft durch Fels und Eis die umstrittene Grenze, die Indien von China trennt. Schon in dieser Ortsbeschreibung und der Bezeichnung der Truppe steckt Geschichte. Die Region Ladakh des Bundesstaates *Jammu und Kaschmir* liegt in einer Wüstenlandschaft mitten im Himalaya-Massiv. Ihre Menschen sind kulturell eng verbunden mit der Hochebene von Tibet auf der anderen Seite des Gebirges.

Es ist eine trotz ihrer Schönheit beängstigende Natur. In Leh habe ich die Redensart gehört, dass einem hierher nur der beste Freund und der schlimmste Feind folgen. Dabei haben die buddhistischen Ladakhis über Jahrhunderte gelernt, in der kargen Landschaft zu überleben – und das auch noch sehr gut. William Moorcroft und George Trebeck, zwei englische Entdecker, die 1820 nach Leh kamen, berichteten begeistert von einer blühenden buddhistischen Kultur. Hier kreuzten sich Handelswege für Gewürze, Gold, Korallen, Silber und Seide. Leh war das Zentrum für den Handel mit Pashmina-Wolle, als die tatsächlich noch mit Gold aufgewogen wurde. Der Reichtum zog leider mehr Feinde als Freunde an. Die Mongolen, die muslimischen Balti, die hinduistischen Dogra und sogar Tibeter lösten sich mit ihren Invasionen ab. Die Menschen von Ladakh konnten ihre Kultur und Eigenart über fast alle Wechsel bewahren, aber dann schmolz der Reichtum weg, als maoistische Truppen in den 1950er-Jahren ihre Kontrolle auf Xinjiang ausdehnten und der Handel mit Ladakh zusammenbrach. Nach der Annektierung Tibets durch China wurden auch die Verbindungen dorthin gekappt.

1962 kam es über den Verlauf der Grenze zwischen China und Indien zu einem Grenzkrieg, mehrere tausend Menschen starben. Indien war nicht in der Lage, nennenswerten Widerstand zu leisten. China nahm sich, was es für die Arrondierung seines Territoriums für wünschenswert hielt, und verkündete dann einen einseitigen Waffenstillstand. Das rote Reich behielt dabei die bis dahin indischen Gebiete von Aksai Chin und einen wichtigen Geländestreifen nördlich der zuvor indischen Ortschaft Demchok – ein großer, von Indien nie akzeptierter Gebietsverlust (siehe Karte Nr. 33) Der Krieg wirkte sich auf die wirtschaftliche Lage von Ladakh verheerend aus. Touristen, die hätten Geld ins Land bringen können, wurden mehr als 20 Jahre lang ausgesperrt. Indien baute Leh zu einer Garnisonsstadt aus, eine neu gegründete Einheit unter dem Namen *Indo-Tibetan Border Police* (ITBP) zog dort ein. Nie wieder wollte Indien eine solche Demütigung wie im Grenzkrieg von 1962 erleben. Schon der Name der neuen Streitmacht war eine verschlüsselte Kampfansage an China – »Indo-Tibetan« statt »Indo-Chinese«. Der Bezug auf die historische Autonomie von Tibet soll China offenbar provozieren. Er leugnet Beijings Kontrolle über das »Dach der Welt« (obwohl die Regierung in Neu-Delhi sie offiziell anerkannt hat). Die Truppe ist dem Namen nach eine Polizei, keine Armee, um zu unterstreichen, dass sie innerhalb und nicht außerhalb des indischen Territoriums kämpfen soll.

Colonel Achal Sharma, dem Kommandeur, ist der harmlos wirkende Begriff »Grenzpolizei« nicht recht. Er hat sich offensichtlich vorgenommen, uns sein Bataillon als das vorzuführen, was es in Wirklichkeit sein soll: eine Elite-Einheit an einer der schwierigsten Grenzen des Landes. Für die Dauer unserer Dreharbeiten ist dieses Propagandastück seine persönliche Mission. Sie hat schon am Abend zuvor begonnen, im Offiziersclub, im

Kreise seines Stabes – in Zivil und mit Damen. Colonel Sharma, in Glencheck und mit seidenem Halstuch im Stil britischer Kolonialoffiziere gekleidet, entpuppt sich als Neuling auf diesem Außenposten. Zuvor befehligte er eine Kampfeinheit, die im Bundesstaat Chhattisgarh fast täglich in Gefechten mit Naxaliten stand, der maoistischen Guerilla, die Ministerpräsident Manmohan Singh die »größte interne Bedrohung in der Geschichte Indiens« nennt. Allein im ersten Halbjahr 2012 starben 244 Menschen in Gefechten und Racheakten.[22] Sharma legt Wert darauf, dass ich das weiß. Ich soll verstehen, dass ich hier bei Kriegern bin, nicht bei Polizisten. Das Essen lässt viele Stunden auf sich warten, dafür steht Whisky von Anfang an in großzügiger Menge zur Verfügung. Eine nicht enden wollende Reihe von Trinksprüchen sorgt dafür, dass er nicht stehen bleibt.

Wir haben uns im Team vorgenommen, bei dieser Gelegenheit ein Optimum an Filmgelegenheiten herauszuhandeln. Colonel Sharma malt in seinen Erzählungen tatsächlich großartige Bilder aus, von Soldaten, die monatelang in Höhen von mehr als 5000 Metern Wache stehen, in brutalen Stürmen und bei Eiseskälte von minus 40 °C, weit außerhalb der Zivilisation und am Rande ihrer Leistungsfähigkeit. Er zeigt uns private Fotos von verbeulten Mannschaftscontainern im felsigen Nirgendwo. Das wollen wir drehen, unbedingt. Nur mit solchen Bildern können wir in Deutschland die Leistung seiner Soldaten fair darstellen, beschwöre ich den Oberst. Der macht hinhaltende Bemerkungen und schenkt nach. Es ist kurz vor Mitternacht, es hat immer noch nichts zu essen gegeben, und die Kombination aus Whisky, Jetlag, Hunger und dünner Höhenluft stärkt weder das Gedächtnis noch die Argumentationskraft. Als endlich die köstlichen Vorspeisen aufgetischt werden, gebe ich mich geschlagen. Ich habe verstanden, dass der Oberst Order hatte, uns nicht in diese Berge zu lassen. Er entlässt uns dennoch mit dem Versprechen, dass uns der folgende Tag im Camp seiner *Border Police* nicht enttäuschen werde.

Als wir im Morgenlicht auf den Platz kommen, hat Oberst

Sharma schon aufmarschieren lassen. Seine Einheit absolviert im perfekten Gleichschritt die Drills des britischen Exerzierreglements. Das sieht sehr professionell aus. Der schneidige Kommandeur hat seine Ausgehuniform angelegt, komplett mit einer Art Cowboy-Hut, spiegelnder Sonnenbrille und einer unter den Arm geklemmten Reitgerte. »Im Drill wird den Männern der Gehorsam zur zweiten Natur«, knurrt er mir zu, als Erklärung zum Zweck der Übung. »Egal, ob sie dabei marschieren oder das Gewehr präsentieren. Die Perfektion schweißt sie zu einer effektiven Kampftruppe zusammen.«

Neun Monate zuvor, mitten in der Nacht des 6. August 2010, überfiel diese Truppe ein Feind, gegen den sie keine Chance hatte: Regen. Ein gewaltiger Wolkenbruch setzte eine Lawine aus Felsbrocken und Schlamm in Bewegung, die wie ein Hochgeschwindigkeitszug zu Tal raste. Sie schlug eine breite Schneise durch die Stadt Leh, überrollte den östlichen Teil der weitläufigen Basis des 81. Bataillons mit einigen der Offiziershäuser und hinterließ ihre Opfer nach wenigen Minuten hemmungsloser Zerstörungswut unter einem »Leichentuch« von schnell trocknendem Schlamm, aus dem mitgeschwemmte Felsen wie Grabsteine ragten. Nach dem Exerzieren klettern einige der ITBP-Offiziere mit uns durch das Feld der Zerstörung und schildern uns diese Nacht. Die offiziellen Angaben sprechen von 255 Toten und 29 Vermissten. Später erfahre ich in der Stadt, dass dort niemand an diese Zahlen glaubt. Die Menschen erzählen mir von einem Lager illegaler Wanderarbeiter am Fluss, das nach dem Erdrutsch spurlos verschwunden war. Der schlagartig angeschwollene Indus hat alles, was dort war, mitgerissen. Wenn die Regierung sich die Mühe gemacht hätte, das Schicksal dieser Illegalen zu ermitteln, wäre die offizielle Zahl der Opfer womöglich nahe an tausend gekommen.

Während wir uns mit Sharmas Offizieren durch das Trümmerfeld und die Erinnerungen arbeiten, braut sich über dem Colonel und uns Unheil zusammen. Ich hatte gesehen, dass ihm sein Adjutant nach der Übung ein Fax zugesteckt hatte, in dem es offenbar um uns ging. Plötzlich richten sich misstrauische Blicke auf Jürgen und Jan, unser Kamerateam, das zwischen den Ruinen der Offiziersquartiere filmt. Der Colonel winkt seinen Jeep heran und braust grußlos davon. Mein schlechtes Gewissen meldet sich. Ich habe diese Probleme heraufbeschworen. Es ist fast unmöglich, von der indischen Verteidigungsbürokratie eine Dreherlaubnis für das Militär in Jammu und Kaschmir zu bekommen – das ist ein Konfliktgebiet, also ist jeder Journalist eine unnötige Gefährdung von Geheimhaltung und Sicherheit. Monatelang hatten wir an alle Türen geklopft und jede persönliche Verbindung genutzt. Dabei erschien es uns nicht klug, die drohenden Verteilungskämpfe um das Wasser im Himalaya als Thema in den Vordergrund zu stellen. So war in unseren Schreiben viel vom Einsatz der *Indo-Tibetan Border Police* als Katastrophenhelfer die Rede. Bei der Abendrunde im Offiziersclub gestern konnte unseren Gastgebern kaum entgangen sein, was uns wirklich am meisten interessierte.

Ich werde zum Rapport bestellt. Glücklicherweise sind dem Colonel die strikten Weisungen aus der Hauptstadt so peinlich, dass er mich nicht in Verlegenheit bringt. Aber es gibt neue Spielregeln: Wir werden ganz sicher nicht zu den Außenposten in den Bergen dürfen, Dreharbeiten und Gespräche haben sich ab sofort auf den Katastrophenschutz zu konzentrieren. Dafür sind am Nachmittag eine PowerPoint-Präsentation und eine Gesprächsrunde mit den führenden Offizieren in Leh angesetzt. Ein dienstälterer Colonel wird dort das Sagen haben. Jawohl, Herr Oberst! Angela Andersen und Jürgen Rapp bewähren sich in schwieriger Lage wieder einmal als großartige Teamspieler. Regie und Kamera hassen Gesprächsrunden in grauen Konferenzräumen, aber wir sind um die halbe Welt gereist, um hierherzukommen. Wenn wir noch irgendetwas erreichen – und die bereits gedrehten Bänder ohne Probleme aus dem Land bringen – wollen, dann müssen wir es ab jetzt nach Sharmas Regeln versuchen. Immerhin dürfen wir in der Stadt und der Umgebung weiter ohne Aufsicht drehen und müssen nicht auf Undercover-

Techniken zurückgreifen, was in dieser Gegend sehr schnell sehr heikel werden könnte.

Die Runde mit den Offizieren wird dann interessanter, als wir es erwartet hatten. Die Bilder aus der Nacht und den Tagen nach dem Erdrutsch sind erschütternd. Im Alltag eines Nachrichtenmannes bekommen Meldungen über Katastrophen mit einigen hundert Toten nicht immer die angemessene Aufmerksamkeit, jedenfalls nicht, wenn sie aus fernen Enden der Welt stammen. Hier kommt uns das Unglück von Leh nun erschreckend nahe. Wir erkennen einige der Soldaten, die auf einem Foto die leblosen Körper einer Frau und ihres Kindes aus dem Schlamm ziehen – die beiden waren im Sterben eng umschlungen. ITBP-Einheiten haben damals in kürzester Zeit ein Notlazarett und eine Essensausgabe eingerichtet. Einsatz bis zur Erschöpfung, dabei haben einige der Soldaten in der Nacht der Katastrophe selbst Angehörige und ihr Zuhause verloren. Wir staunen über die Leistung der Aufräumkommandos, die die schlimmsten Verwüstungen in der Stadt schon jetzt, neun Monate später, zu einem großen Teil beseitigt haben. Nur dass jetzt eine Schneise unbebautes Land mitten durch die Altstadt geht. Vorsichtig versuche ich, das Gesprächsthema doch noch auf die militärische Lage im Himalaya zu lenken.

»Auch abseits von solchen Katastrophen wird Wasser doch in dieser Region zu einem enorm wichtigen Thema«, werfe ich ein, »haben Sie dafür eine Strategie?« Die Offiziere sind bereit, mir ein Stück weit zu folgen. »Der Klimawandel fordert seinen Tribut«, antwortet Colonel Duhan Singh, der das Kommando über diese Runde führt. »Das Wasser aus den Bergen kommt immer weniger regelmäßig, verglichen mit der Zeit vor 20 Jahren. Viele Gletscher bei unseren Außenposten da oben sind schon mächtig abgeschmolzen.« Ich bohre weiter: »Dann wird Wasser irgendwann zu einem Konfliktthema. Wie wollen Sie Indiens Ressourcen verteidigen?« Da will der Oberst nur noch Offensichtliches schildern: »China hat auf seinem Gebiet viele Dämme gebaut. Wir haben das zu spüren bekommen, als einer der neuen Dämme brach. Da haben die Fluten hier im Tal viele Brücken weggeschwemmt.« Es gelingt mir nicht, tiefer in diese Materie vorzudringen. Das wird später kommen – und an einem anderen Ort. Die indischen Grenztruppen schätzen Fragen zur tatsächlichen Lage an der Grenze ohnehin nicht besonders. Uns gegenüber kommt auch noch der Maulkorb aus Neu-Delhi dazu.

Vieles spricht dafür, dass die Lage nicht so ruhig ist, wie die Offiziere behaupten. Immer wieder flackern in der indischen Presse Berichte über Grenzverletzungen durch chinesische Truppen auf. Im Januar gelang der Zeitung *India Today* ein Coup. Sie veröffentlichte einen vertraulichen Bericht des indischen Geheimdienstes, der für die Jahre 2010 und 2011 – also auch die Zeit unserer Reise – allein in der Region Ladakh 419 Grenzverletzungen durch Chinas Volksbefreiungsarmee zählte, die Indiens Regierung ihrem Volk verschwiegen hatte. Manche waren als ausgesprochene Provokationen inszeniert. Eine der chinesischen Einheiten soll mit einem Helikopter eingeflogen sein, indische Bunker zerstört und die Trümmer mit chinesischen Schriftzeichen dekoriert haben. Ein anderes Mal campierten chinesische Truppen auf der indischen Seite der Grenze. Die ITBP hat das wohl vorsichtshalber ignoriert. Sie hatte sicher nicht die Vollmacht, deswegen einen Krieg anzuzetteln. Als China sich seinerseits beklagte, dass indische Truppen die Grenze überschritten und einen chinesischen Überwachungsposten zerstört hätten, zitierte der Sicherheitsberater des Ministerpräsidenten die verantwortlichen Offiziere nach Neu-Delhi. »Wir hatten Angst, dass sich dort eine Situation wie vor dem Grenzkrieg 1962 entwickelt«, gestand ein Regierungsbeamter. Indien könne sich einen solchen Konflikt heute ebenso wenig leisten wie damals.[23]

Schon die Geografie begünstigt die chinesische Seite. Vom tibetischen Hochland aus ist die Grenze leicht zu erreichen, sogar mit Lastwagen. Nach Indien zeigen die Gebirge des Ladakh ihre unerbittlich abweisende Seite. Die Regierung in Neu-Delhi setzt auf Abwiegeln. Im Oktober 2010, mitten in der Periode, in der die indischen Geheimdienste in Ladakh über 400 Grenzverletzungen durch bewaffnete Truppen zählten, erklärte der *Director General* der ITBP auf einer Pressekonferenz, die Lage sei »extrem friedlich«. Konfrontiert mit einer Reihe von Vorfällen, die schon damals bekannt waren, meinte er versöhnlich: »Erst muss man ja wissen, wo die Grenze genau ist. Darüber sind wir [mit China] in Gesprächen.«[24] Diese Gespräche laufen allerdings schon seit einem halben Jahrhundert und kommen nicht voran. Das liegt nicht nur daran, dass 1914 der britische Kolonialbeamte Sir Henry McMahon die nach ihm benannte willkürliche Grenzlinie mit einem so dicken Stift auf einer so kleinen Karte zog, dass allein der Strich auf dem Papier in der Realität einem viele Kilometer breiten Abschnitt entspricht. Das würde manches erklären. China begehrt aber durchaus nicht nur einen dünnen Streifen Land in unwegsamem Gebirge, sondern erhebt Anspruch auf Arunachal Pradesh – einen indischen Bundesstaat mit 1,4 Millionen Einwohnern und von der Größe Österreichs, der auf chinesischen Landkarten provozierend »Südtibet« heißt.[25] Indien kontert am westlichen Ende der Grenze mit ähnlich raumgreifenden Forderungen.

Für ein halbes Jahrhundert waren diese Streitigkeiten ein Thema, mit dem Nationalisten auf beiden Seiten gerne ein bisschen Krawall machten, mehr nicht. Wenn die Verteilung des Wassers im Himalaya zur Existenzfrage wird, kann das schnell anders werden.

Warnungen im Klartext

Luftmarschall AK Singh – ehemals ein Oberkommandierender der *Indian Air Force* – ist entschlossen, für den Rest seines Lebens alles in seiner Kraft Stehende zu tun, damit aus solchen Konflikten keine Kriege werden. Für ihn ist Südasien ein Pulverfass voller ehrgeiziger Mächte, dicht gedrängter Menschen und ungelöster Probleme. Ein Konflikt um die Lebensgrundlage Wasser wäre der Funke zu einer Explosion mit unabsehbaren

Folgen. Er beschreibt Katastrophenszenarien mit sorgfältig abgewogenen, wohlgesetzten Worten. Das gibt seinen Argumenten zusätzliches Gewicht: »Es geht um elementare Fragen. Wenn ein Mensch kein Wasser und damit kein Essen mehr bekommt, was wird er tun? Er wird zu jeder Waffe greifen, die er erreichen kann. Wenn eine andere Nation ihm die Lebensgrundlage nimmt, wird er kämpfen. Da kann für Staaten nichts anderes gelten.«

Ich treffe den ehemaligen Kampfpiloten und Offizier im Hotel »Imperial« in Neu-Delhi, einem riesigen Bau im Kolonialstil, der seinem Namen mit einer herrschaftlichen Ausstattung Ehre macht. Die stattlichen Sikhs, die mit Bart und Turban in von einem indischen Designer pseudotraditionell gestalteten Uniformen den Empfangsdienst an der Pforte leisten, salutieren, als mein Gast aus dem Auto steigt. Obwohl er in Zivil ist, wirkt diese Geste, die jedem Gast zuteil wird, bei ihm nicht deplatziert. Marschall Avdesh Kumar Singh, der sich auch offiziell »AK« nennen lässt, marschiert durch die langen Gänge mit dem Schritt und der aufrechten Haltung, die den Offizier alten Schlags verrät. Mir wird schon in den ersten Minuten unserer Begegnung klar, was ihn in der aktuellen Debatte so auszeichnet. Seine Vita und seine Ausstrahlung verschaffen ihm Gehör in Kreisen, die Umweltprobleme bisher als Thema für intellektuelle Weichlinge betrachteten. Nach dem Ende des Militärdienstes wurde es seine Mission, diese Begabung für die Sache des Klimaschutzes zu nutzen und dabei noch einige entscheidende Schritte weiter zu denken als andere.

An den Wänden des Hotels hängen in üppigen Rahmen historische Gemälde und Fotos. Eine Serie zeigt Höhenzüge des Himalaya mit seinen Gletschern. AK Singh bleibt davor stehen, er kennt sie. »Keiner von ihnen sieht heute noch so aus wie auf diesen Bildern«, sagt er. Genau dieser Anblick hat AK Singh zu dem gemacht, was er heute ist. Er sah bei seinen Kampfeinsätzen und Trainingsflügen entlang der Grenzen des Landes im Himalaya, wie sich die Natur unter ihm drastisch veränderte. Ruß und

Schmutz setzten sich auf den Gletschern ab, nahmen ihnen die weiße Farbe und damit die Kraft, Sonnenstrahlen zurück ins All zu reflektieren. Die schwarze Schicht saugte die Wärme auf, und die Schmelze begann. Der »dritte Pol«, wie der Himalaya wegen seiner riesigen Eismassen genannt wird, begann das Recht auf diesen Namen zu verlieren – in einem Tempo, das in diesen ewigen Bergen vollkommen unnatürlich war. AK Singh, der ein Leben lang gelernt hatte, in Kategorien militärischer Strategien zu denken, begann, sich über die Folgen einer so dramatischen Veränderung der Landschaft Gedanken zu machen. Seitdem schläft er nicht mehr ruhig, wie er selbst sagt – und er wirkt nicht so, als ginge es ihm um eine Pointe.

1979 flog er zum ersten Mal Einsätze über dem Siachen-Gletscher, der als das höchste Schlachtfeld der Erde gilt. Dort kollidieren die Gebietsansprüche Indiens und Pakistans in einer spektakulären, menschenfeindlichen Berglandschaft, und keine Seite ist bereit, auch nur einen Quadratmeter aufzugeben. »Wir hatten dort damals ein Trainingslager für Schießübungen in extremer Höhe – fast 6000 Meter. Wir Piloten mussten lernen, so einen Stützpunkt anzugreifen. Eine völlig andere Herausforderung als unter normalen Bedingungen. Das übten wir dort. Durch diese Hochtäler zu fliegen, dieses grenzenlose, strahlende Weiß zwischen den Felsen zu sehen, das war ein unvergessliches Erlebnis. Das brennt sich in das Gehirn ein wie Daten in eine CD. Dort fühlst du dich Gott nahe. Dann hat meine Karriere einen anderen Verlauf genommen, ich kam nicht mehr in den Himalaya, und erst als Pakistan 1999 den Kargil-Krieg um Kaschmir vom Zaun brach, flog ich wieder durch diese Berge.« AK Singh lehnt sich nach vorne und hebt seine sonst ruhige Stimme. Er spricht von Kampfeinsätzen in einem Krieg, und trotzdem erinnert er sich vor allem mit heftigen Emotionen an die Veränderung der Natur. »Es war niederschmetternd, ich bin mit diesem Eindruck überhaupt nicht fertiggeworden. In den wenigen Jahren war der Eispanzer zerstört, übersät mit Flächen von geschmolzenem Wasser. Der nackte Fels trat hervor.

Die Gipfel waren kahl. Mein Himalaya wird zu einer Wüste. Da verstand ich: Es ist etwas Schlimmes im Gang. Für unser Land und die ganze Erde.«

Seit dieser Zeit sieht der Luftmarschall die strategischen Herausforderungen in dieser Weltregion mit anderen Augen. »Auf dem tibetischen Plateau entspringen zwölf der großen Flüsse der Erde, sie versorgen Milliarden von Menschen mit Wasser – und elf Staaten. Wenn sich da etwas ändert, werden Konflikte entstehen. Kriege beginnen immer wieder aus den gleichen Gründen: Wenn es nicht um Freiheit und Selbstbestimmung geht, dann geht es um materielle Dinge. Am schlimmsten sind Armut, Hunger und Durst – eine Zeit lang kann man vielleicht mit Kompromissen leben. Aber am Ende gibt es eine Explosion. Und dann wird man erleben, dass es für diese Probleme keine militärische Lösung gibt.«

Sehr schnell fokussiert sich unser Gespräch auf Bangladesch – den gezackten großen Fleck im Nordosten des Subkontinents, eingeschlossen von Indien und vom Meer. Dort ist die Lebensgrundlage für ein Volk von 164 Millionen infrage gestellt, seit das Meer steigt, die Zahl der Wirbelstürme zunimmt und der Zufluss von Trinkwasser aus dem Gebirge nicht mehr gesichert erscheint. Trotzdem sieht Indien den bettelarmen Nachbarn vor allem als Bedrohung.

Ground Zero des Klimawandels

Mehr als 1100 Menschen auf jedem Quadratkilometer – fast fünfmal so viele wie in Deutschland: In keinem anderen Flächenstaat der Erde leben die Menschen dichter gedrängt als in Bangladesch. Und diese Zahlen beziehen sich auf die guten Monate. Im März/April und im Oktober kommen die Wirbelstürme, die das Wasser des Golfs von Bengalen ins Land drücken und das Terrain verkleinern. Überschwemmungen mit Wasserständen von einer Handbreit bis zu zwei Metern treten in Bangladesch so gut wie jedes Jahr auf. Erst wenn mehr als die Hälfte des Landes unter Wasser steht, spricht man dort von einer »schweren« Überschwemmung.

Nach den Erkenntnissen des IPCC würden in Bangladesch beim Anstieg des Meeresspiegels um einen Meter rund 20 Prozent des Landes auf Dauer versinken, 20 bis 30 Millionen Menschen würden zu Klimaflüchtlingen. Eine Studie des *Center for Naval Analysis* für das US-Verteidigungsministerium rechnet damit, dass der Staat Bangladesch unter einer solchen Belastung kollabiert. General Anthony Zinni, Oberkommandierender des *Central Command*, prophezeit, dass die Situation im gesamten Südasien dann »sehr schnell sehr kompliziert« werde. Dabei ist die wachsende Chance eines Sturms von »Katrina«-Dimensionen noch nicht einmal einkalkuliert.

Bangladesch kann auch ohne ein solches Extremwetterereignis das erste Opfer des Klimawandels werden. Das Land, in dem selbst die Hauptstadt Dhaka – ein Moloch mit schätzungsweise 15 Millionen Einwohnern – zu großen Teilen nur zwei Meter über dem Meeresspiegel liegt, lebt in einer äußerst delikaten Balance zwischen Salzwasser aus dem Golf von Bengalen und Süßwasser aus den Bergen. Wenn die Flüsse an Kraft verlieren und das Meer überhandnimmt, versalzt das Ackerland. Schon jetzt sinken die ohnehin kargen Erträge. Die Menschen sind gezwungen, sich ihr Trinkwasser aus immer tieferen Brunnen zu holen. Diese Bohrungen haben mittlerweile Erdschichten erreicht, die gefährliche Mengen von Arsen enthalten. Die renommierte britische medizinische Fachzeitschrift *The Lancet* berichtete 2010, dass deshalb 35 bis 77 Millionen Menschen in Bangladesch chronisch unter Arsenbelastungen aus dem Grundwasser leiden.[26] Die Weltgesundheitsorganisation[27] beschreibt dies als die »größte Massenvergiftung der Geschichte«, und auch sie hängt mit Wasserverteilung und Klimaentwicklung zusammen. In einer solchen Lage wäre es für Millionen Menschen die natürlichste Reaktion, das Weite zu suchen. Aber da baut Indien buchstäblich vor.

Seit fast 25 Jahren errichtet Indien einen Zaun aus Stahl und Stacheldraht um das Land, patrouilliert von Truppen der *Border Security Police.* Spätestens 2014 soll die indische »Mauer« fertig sein – 4400 Kilometer lang und damit die längste befestigte Grenze der Welt. Von »innen«, mit den Augen der Bangladescher gesehen, ist es eine Mauer, die sie fast vollständig einschließt. Es ist für sie praktisch unmöglich, diese Grenze legal zu überschreiten; Indien ist äußerst restriktiv in seiner Visapolitik. Dafür wuchert das Geschäft der Menschenschmuggler. Auf der Seite von Bangladesch liegen über hundert Dörfer direkt am Zaun. Sie leben davon, noch. »Mit dem passenden Bestechungsgeld kommen ganze Dörfer durch«, sagt Kirity Roy, der Chef der indischen Menschenrechtsorganisation *Masum.* Für die, die nicht zahlen können, wird der Versuch immer gefährlicher. Immer häufiger sterben Menschen, die nichts Schlimmeres getan haben, als zu versuchen, auf die andere Seite der Grenze zu kommen, um dort nach Arbeit zu suchen – und einer menschenwürdigen Zukunft. Die offiziellen Statistiken in Neu-Delhi verbuchen die Todesfälle in aller Regel ohne weitere Überprüfung als »Notwehr der Grenztruppen«. Ein gemeinsamer Bericht von *Human Rights Watch* und *Masum* zählt rund 1000 solche Fälle in den letzten zehn Jahren.[28] In keinem von ihnen schien es plausibel, dass die Grenzpolizisten sich hätten bedroht fühlen können.

Dennoch wird die abschreckende Grenzanlage in Indien von einer Mehrheit als Segen empfunden. Die meisten halten sie für eine angemessene Abwehr gegen islamistische Terroristen und Wirtschaftsflüchtlinge, die nur darauf aus seien, Indern ihre Jobs wegzunehmen. Und wenn es je dazu kommen sollte, dass entweder eine akute Wetterkatastrophe oder der fortschreitende Klimawandel die Menschen von Bangladesch massenhaft in die Flucht treibt, dann soll die bewaffnete Grenze einen Strom zurückhalten, mit dem Indien glaubt, nicht fertigwerden zu können.[29]

Auch AK Singh riskiert es in unserem Gespräch nicht, sich gegen eine solche Rechtfertigung zu stellen, die in seinem Land breite Unterstützung findet. Aber er hält es für eine Illusion, dass dieser Zaun oder irgendeine Grenzanlage die Schockwellen aufhalten kann, die der Klimawandel in Asien auslösen wird. »Dann wird es irgendwann ja nicht mehr um jeweils zwei, drei, vier Flüchtlinge gehen. Welcher Regierungschef in der Welt wird es wagen, sein Militär gegen Massen von unbewaffneten Menschen in Stellung zu bringen? Und welches Militär eines zivilisierten Landes wird sich befehlen lassen, auf Wehrlose zu schießen? Im Krieg ist das eine andere Sache, da bringst du es vielleicht fertig, das Feuer zu eröffnen und Menschen zu töten. Aber hier würde es um kaltblütigen Mord gehen. Wenn acht oder neun Millionen auf die Grenze zumarschieren und ihre Lage so ausweglos ist, dass sie sich nicht aufhalten lassen, dann gibt es keine militärische Lösung. Es kann nur eine umweltpolitische Lösung geben.« »Es sei denn, wir reden über ein autoritäres Regime, das bereit ist, seinen Willen um jeden Preis durchzusetzen«, werfe ich ein. AK Singh widerspricht heftig: »Auch das glaube ich nicht. Nicht einmal China würde es fertigbringen, acht oder neun Millionen Menschen zu töten. Und wir reden über solche irrsinnigen Größenordnungen, wenn es erst einmal zu Klimaflüchtlingen kommt. Da wären sogar Atombomben wirkungslos. Sie würden die Lage nur noch schlimmer machen. Die radioaktive Verseuchung, Hunderttausende von Toten und Verletzten – damit löst man gar nichts. Wir haben keine andere Wahl. Wir müssen das Problem jetzt ernst nehmen und solche Entwicklungen von Anfang an verhindern.«

Es ist Mittag geworden, Luftmarschall Singh muss eilig zum Flughafen. Er wird erwartet auf einer der großen Konferenzen über die sicherheitspolitischen Folgen des Klimawandels, die jetzt rund um die Welt in den Veranstaltungskalendern der Denkfabriken stehen. Der Offizier im Ruhestand ist zu einem reisenden Prediger geworden, der für eine Kooperation der asiatischen Staaten kämpft. Nach seiner Überzeugung können sie nur gemeinsam der Probleme Herr werden.

Es ist schon ein Trend feststellbar, dass die sich abzeichnenden Wasserkonflikte »Eingang finden in die Gedankenwelt der nuklearen Abschreckung auf dem Subkontinent«, wie es AK Singhs Kollege und Freund General Muniruzzaman in Bangladesch formuliert.[30] Das ist ein erschreckender Blick in den Abgrund. Die Zeit, in der Mächtige gegen Machtlose, Oberlieger gegen Unterlieger ihre Interessen rücksichtslos durchsetzen, muss vorbei sein. Sonst, das ist die gemeinsame Überzeugung der beiden Ex-Militärs, stürzt die Region in ein Unglück, aus dem es für niemanden einen Ausweg gibt. Noch denkt jeder der *Big Players* an sich selbst und sieht nur die Existenzängste des eigenen Volkes. Auch da spielt China eine besondere Rolle.

Beijings Angst vor Wüsten

Während Indien erst langsam aufwacht und an seiner eigenen Wasserkrise kleinteilig herumdoktert, wie es typisch ist für das erfreulich demokratische, aber von Bürokratie und Kleinstaaterei geschlagene Land, attackiert der große Rivale auf der anderen Seite der Berge sein Existenzproblem mit der Massivität, mit der China vor mehr als 2000 Jahren begann, eine über 20 000 Kilometer lange Mauer gegen seine Feinde zu bauen.* Die ganze Kraft eines zentral gelenkten Riesenreichs kommt da zum Tragen – im Guten wie im Schlechten. Und Indien könnte noch in diesem Jahrhundert vor der Alternative stehen, sich entweder geschlagen zu geben oder sich zu wehren – mit allem, was ihm zur Verfügung steht. Die Interessen der Milliardenvölker werden aufeinanderprallen in dem Gebirge, das sie trennt und ihre Schicksale gleichzeitig aneinanderfesselt: dem Himalaya.

Die Regierung in Beijing hat es aufgegeben, die Krise zu leugnen oder kleinzureden. Zwei Drittel der chinesischen Städte lei-

---

* Das ist jetzt die »offizielle« Längenangabe in China (Agentur Xinhua: »China's Great Wall is 21,196 km long: survey«, 5. Juni 2012).[V] Andere Forschungen halten rund 7000 Kilometer für überzeugender – immer noch ein gewaltiges Bauwerk!

den schon heute an Wassermangel, 300 Millionen Menschen auf dem Land haben keinen Zugang zu sicherem Trinkwasser, und zwei Drittel von Chinas Seen sind mit Chemikalien verseucht.[31] All diese Zahlen ergeben sich aus offiziellen Statistiken. »In manchen Gebieten ist die Lage extrem ernst. Unser Wasserverbrauch überschreitet schon jetzt die Grenzen dessen, was unsere Ressourcen hergeben«, erklärte der für die Wasserversorgung zuständige Vizeminister im Februar 2012 schonungslos und forderte »entschlossene und kraftvolle Maßnahmen«.[32] Die Partei reagiert mit Programmen, die Wasser einsparen, Gewässer schützen und die Wasserverteilung optimieren sollen. In den nächsten zehn Jahren stellt sie dafür die astronomische Summe von umgerechnet mehr als 500 Milliarden Euro bereit.[33] Aus diesem gewaltigen Etat wird ein Projekt finanziert, das alle anderen Infrastrukturmaßnahmen in den Schatten stellt – ein kraftvolles Symbol für das neue China, mit immer wieder zitierten Wurzeln in einer gigantomanischen Idee Mao Zedongs.

Im Oktober 1952 unternahm der »Große Vorsitzende« eine Inspektionsreise in den Süden. Am Gelben Fluss fiel dann seine historische Bemerkung: »Der Süden hat Wasser in Fülle, dem Norden fehlt es. Warum sollte man dann, wenn das möglich ist, nicht etwas davon borgen?« Aus dem harmlos klingenden Satz entstand ein Plan, die Hälfte des Wassers des Jangtse über einen 5000 Kilometer langen Kanal nach Norden zu schaffen. Ein halbes Jahrhundert lang wurden die Überlegungen immer wieder aufgenommen und zur Seite gelegt, bis 2002 unter dem Druck des sich ständig verschlimmernden Wasserdefizits erste Bauarbeiten begannen. Die Grundlage war ein immer noch gewaltiges, aber raffiniert verschlanktes Konzept, das über drei Routen von zusammen immer noch 3000 Kilometer Länge die natürlichen Flüsse über Kanäle und Tunnels miteinander verbinden soll (siehe Karte Nr. 37).

Die erste (östliche) der drei Verbindungen sollte ursprünglich schon zu den Olympischen Spielen 2008 fertig sein, aber das hat nicht einmal China geschafft. Der Termin verschob sich auf 2013, schon ein Jahr später soll der zentrale Kanal folgen. Sämtliche Bauarbeiten verlaufen inzwischen nach Plan. Wenn das Projekt mit der Fertigstellung des West-Kanals vollendet ist, wird China jedes Jahr fast 36 Kubikkilometer Wasser in den Norden lenken, in die Hauptstadt Beijing, die 12-Millionen-Stadt Tianjin und in die Kohlegebiete der Inneren Mongolei. Ein Vergleich: Das Volumen des Bodensees – des zweitgrößten Süßwasserspeichers in Europa – liegt bei 48 Kubikkilometern. Nie zuvor haben Menschen mit einem einzigen Infrastrukturprojekt die natürliche Ordnung so grundlegend verändert. Vergangene Großbauten wie der Assuan-Staudamm in Ägypten, Amerikas Hoover Dam, die großen Kanäle des Weltschiffsverkehrs und selbst Chinas riesige Drei-Schluchten-Talsperre verblassen dagegen.

Aber nicht einmal dieses atemberaubende Unterfangen wird reichen, um den Durst von Menschen, Landwirtschaft, Bergbau und Industrie im Norden auf Dauer zu stillen. Der Bedarf wächst weiter, während die Reserven schrumpfen. China wird insgesamt immer trockener. In den Nord- und Ostprovinzen und in Beijing war der Winter 2010/11 der trockenste seit 60 Jahren. Chinas Klimawissenschaftler halten das schon lange nicht mehr für eine zufällige Reihung von ungünstigen Wetterereignissen. Für sie ist es ein Ergebnis des Klimawandels und damit ein Phänomen, auf das sich das Land langfristig einstellen muss.[34]

Und das geschieht tatsächlich. Obwohl immer noch erhebliche Defizite bleiben und korrupte Beamte in den Regionen in großem Stil Umweltsünden der Industrie decken: Die Kehrtwende der Zentralregierung in Richtung Klimaschutz ist eine der Geschichten, denen wir zu wenig Aufmerksamkeit geschenkt haben. Aktivisten wie Ma Jun aus Hongkong, Autor des Buches *China's Water Crisis*, der in der relativen Freiheit der früheren britischen Kronkolonie als investigativer Journalist begonnen hatte, bekommen inzwischen auf offiziellen Konferenzen der Partei Gehör. »Trotz des unglaublichen Entwicklungstempos hat die Regierung in den letzten zehn Jahren auf die Umweltkrise reagiert«, erklärte er 2010 in einem Interview der Web-Plattform »Charitarian«, die sich Chinas nachhaltiger Entwicklung widmet. »Die Politik vom ›Wachstum um jeden Preis‹ wird in Frage gestellt.«[35] Premierminister Wen Jiabao gibt die Maxime aus: »Wir werden die Umwelt niemals dem Wirtschaftswachstum opfern. Das würde zu unhaltbaren Zuständen führen.«[36] Da spricht kein Aktivist von Attac oder Greenpeace, da spricht der chinesische Regierungschef! Die offiziellen Wachstumsziele wurden – auch unter dem Eindruck der Umweltbelastung – auf sieben Prozent jährlich reduziert. Es ist möglich geworden, Wachstum – den Götzen des chinesischen Aufstiegs – mit umweltpolitischen Argumenten infrage zu stellen.

Die Antworten folgen aber immer noch unverdrossen den chinesischen Traditionen: Statt einer Beteiligung der Bürger an Ort und Stelle treibt die allmächtige Zentrale in Beijing Mega-Projekte voran, die möglicherweise längst von der Entwicklung überholt sind. Der gewaltige Süd-Nord-Wassertransfer wird sinnlos, wenn die Wasserressourcen des Landes insgesamt nicht ausreichen. Dann wäre Umleitung keine Lösung. Und es sieht so aus, als müssten einige Berechnungen aus den 50 Jahren Planungsphase neu angestellt werden, möglicherweise werden sie vom Klimawandel durchkreuzt.

Was im letzten Jahrhundert noch ausgeschlossen erschien, wird mehr und mehr zur Gewissheit: Der zu Maos Zeiten so wassersatte Süden – in den Vorstellungen der Umleitungspropaganda das Wasserreservoir des Landes – erlebte 2000, 2007 und 2009 in schneller Folge Rekorddürren. Die Reserven im Jangtse-Becken sind von 2005 bis 2009 um 17 Prozent gefallen. Nun fürchten Südprovinzen wie Sichuan, dass sie, wenn ihr Schatz erst einmal angezapft ist, mit den politischen Schwergewichten in der Hauptstadt Beijing und den Industriezentren des Nordens um Wasserzuteilungen kämpfen müssen. Das Delta des Jangtse hat sein eigenes Gewicht als Heimat von fünf Prozent der Weltbevölkerung, wo 40 Prozent der chinesischen Wirtschaftsleistung erbracht werden. Die Zentralregierung könnte sich mit ihrem größten Infrastrukturprojekt ein innenpolitisches Problem aufhalsen, das kaum zu beherrschen ist. Mao Zedong hatte auf seiner berühmten Inspektionsreise 1952 leichthin bemerkt, dass die Natur bei der Verteilung des Wassers »unfair« gewesen sei. Gegen die Natur lässt sich leicht lästern. Was aber passiert, wenn die Regierung die Verantwortung für Fairness übernommen hat und auf der Geber- und der Nehmerseite des großen Wassertransfers Hunderte Millionen empörte Menschen für ihre widersprechenden Interessen auf die Straße gehen? Das kann auch für die Machthaber eine Frage des Überlebens werden.

Chinas Wasserbilanz ist eindeutig: Wenn sich die heutigen Trends fortsetzen, wird eine Umverteilung nicht reichen. Ein Regime, das davon überzeugt ist, dass es sich Verzicht nicht leisten kann, wird auf die nächstliegende Möglichkeit zurückgreifen und versuchen, seinen Anteil an den Wassern des Himalaya zu vergrößern. Da muss sich Beijings Blick nach Süden richten, auf das tibetische Hochland und dort auf eine selbst für die Verhältnisse dieser majestätischen Bergwelt außerordentlich dramatische Landschaft.

Bevor der Brahmaputra (tibetisch: Yarlung Tsangpo) China verlässt, macht er im östlichen Himalaya in seinem west-östlichen Kurs eine scharfe 90-Grad-Kurve und fließt Richtung Süden, in den indischen Bundesstaat Arunachal Pradesh und weiter nach Bangladesch, wo er zu einer der Lebensadern des 164-Millionen-Volkes wird (siehe kleine Karte Nr. 37). Die Wasserfälle in der Bergregion um die »Große Biegung« des Brahmaputra waren bis 1998 der sagenumwobene »letzte geheime Ort« der Erde. Dort verschwindet der Fluss geradezu zwischen den steilen Flanken zweier 7000er-Berge in der tiefsten Schlucht unseres Planeten. Tibets Buddhisten ist diese Landschaft heilig. Sie haben Eindringlinge – einschließlich der Abgesandten Beijings – von dort immer ferngehalten.

Dabei war ihnen die Natur eine fast unbezwingbare Verbündete. Noch in den 1990er-Jahren endeten hier Expeditionen durch die dichte, durch Blutegel und Giftpflanzen bewehrte Vegetation an den Steilhängen der Schlucht in todbringenden Desastern. 1998 jedoch gelang es einem internationalen Team von Forschern und Abenteurern, zu den größten Wasserfällen in der Schlucht vorzudringen. Der Bergsteiger und Buddhismusgelehrte Ian Baker, Teilnehmer der Expedition, beschreibt sie als eine körperliche und spirituelle Grenzerfahrung.[37] Erst 2002 stürzte sich eine Gruppe von Extremkajakern durch die Monster-Stromschnellen des oberen Teils der Schlucht und verzichtete dann auf den zweiten Teil der Reise. Wer diese Berichte liest und die Bilder sieht, muss es für Irrsinn halten, in einer solchen Region ein technisches Großprojekt zu bauen. Und trotzdem wird es geplant.

Ingenieure betrachten die Region mit kühl kalkulierenden Augen und entdecken auf topografischen Karten sofort die für Wasserkraftwerke profitabelste Landschaft überhaupt. Der Brahmaputra verliert nach der »Großen Biegung« 2700 Meter an Höhe. Steile Tunnel von 15 bis 25 Kilometer Länge von einem Punkt vor der Biegung zu einer Stelle am Ausgang der Schlucht könnten die Energie des fallenden Wassers für ein Kraftwerk nutzen, dessen Leistung noch um rund 70 Prozent größer wäre als die der Drei-Schluchten-Talsperre – der größten der Welt. Die Rede ist von 38 000 Megawatt Leistung. Technisch erscheint das möglich[38], es wäre nach chinesischen Maßstäben noch nicht einmal ein so außerordentliches Projekt. Schon die bestehenden Wasserkraftbauwerke am Brahmaputra nähern sich dem kritischen Punkt an der »Großen Biegung« und damit der indischen Grenze.

Manche Vorstellungen gehen aber weit über ein Wasserkraftwerk hinaus und erinnern mich an den Satz des pakistanischen Anwalts über das Gefühl, eine entsicherte indische Pistole an der Schläfe zu haben. Die Realisierung erscheint mehr als unsicher, aber schon der bloße Gedanke reicht, um Indien und Bangladesch Albträume zu bereiten: Wenn der Brahmaputra in der Region der »Großen Biegung« ohnehin schon gestaut wird, könnte für China die Versuchung übermächtig werden, seine Wasser wenigstens zum Teil dorthin zu leiten, wo China sie am dringendsten braucht – nach Norden. Es wäre eine beispiellose Veränderung der Geografie.

Solche Visionen kursieren seit Jahrhunderten im Reich der Mitte. Ein pensionierter General der Volksbefreiungsarmee namens Guo Kai hat sie 1990 wieder hervorgeholt, konkretisiert und öffentlich gemacht. Das wäre nicht passiert, wäre Guo Kai nicht in den Zeiten der Kulturrevolution in Ungnade gefallen und in einen Keller eingesperrt worden, in dem eine hydrologische Abhandlung über den Süden Chinas das einzige Lesematerial war. Da wurde aus Maos Fußsoldat ein Selfmade-Wasserexperte mit einem Weltbild, in dem vieles glasklar erscheint, was andere mit tiefen Zweifeln erfüllen muss. »Diese Flüsse gehen über die Grenze. Das ist eine Verschwendung. Schauen Sie doch nur, wie trocken China ist«, so erklärte er seinen Plan dem britischen Journalisten Jonathan Watts in einem Teehaus in Beijing. Seine Finger strichen dabei auf einer Landkarte von Süden nach Norden, Richtung Xinjiang, Gansu und die Innere Mongolei, wo große gelbe und braune Flächen die wachsenden Wüsten zeigten. Die Umleitung des Brahmaputra ist für ihn und die Schar von »Wasser-Nationalisten«, die ihm folgt, ein Gebot der Logik und der Fairness. Bangladesch und Nordindien seien vom Monsun gesegnet und eher von Überflutungen als von Dürren bedroht, meinte Guo Kai. Wenn China, das insgesamt nur ein Siebtel der Niederschlagsmenge seiner südlichen Nachbarn bekomme, ein Drittel der tibetischen Flüsse für sich behalte, dann wäre das doch nur gerecht, fand er.[39]

Der alte General vom Langen Marsch hat in China einen, sagen wir, zwiespältigen Ruf. Unter Chinesen, die für Allmachtsfantasien empfänglich sind (die gibt es ja durchaus), genießt Guo Kai das Ansehen eines großen Visionärs. Andere halten ihn schlicht für durchgeknallt. Dieses harsche Urteil hat er sich mit einem noch gewaltigeren Plan verdient – einem, der das Problem des Wassermangels aus chinesischer Sicht ein für alle Mal an der Wurzel packen sollte. Eine zwei Kilometer breite Schneise durch den Himalaya sollte feuchte Luft aus dem Subkontinent einer Düse gleich nach China blasen. Mit 200 kunstvoll platzierten Atombomben der Hiroshima-Klasse sollte es nach seinen Berechnungen möglich sein, den Himalaya – Inbegriff der Immobilität – so weit aus dem Weg zu räumen, dass einem Ausgleich für die Ungerechtigkeit der Natur (Regen satt in Nordindien, Dürre in Nordchina) Bahn gebrochen wird.

Mit diesem Irrsinn hatte sich Guo Kai nicht restlos unmöglich gemacht. Im Gegenteil: Dafür, dass er längst nicht mehr in einer verantwortungsvollen Position war, bekam seine Idee von einer Umleitung des Brahmaputra – Kinderkram, verglichen mit der Spaltung des Himalaya! – überraschend große Aufmerksamkeit. Sein Plan weckte uralte Wunschvorstellungen, und als Veteran des legendären »Langen Marsches« profitiert er auf Lebenszeit vom Glorienschein des »Großen Vorsitzenden« Mao Zedong. Man hört ihm zu, selbst wenn Ingenieure die gigantischen Probleme einer Flussumleitung quer durch das Himalaya-Massiv beschwören. Auf simplen Skizzen sieht sie machbar aus, jedenfalls für ein Volk, das vor übermenschlichen Kraftanstrengungen noch nie zurückschreckte und dessen Denken immer noch geprägt ist von Maos Vorstellung, dass das kommunistische China der Natur seinen Willen aufzwingen müsse.

Erst allmählich entwickelt sich unter dem Einfluss von Hu Jintao, dem Staatspräsidenten und Schöpfer der Doktrin von der »wissenschaftlichen Betrachtung der Entwicklung«, die Erkenntnis, dass sich die Natur das Diktat der Menschen nicht unbedingt gefallen lassen wird. Experten streiten darüber, ob das furchtbare Erdbeben von Sichuan am 12. Mai 2008 mit mindestens 70 000 Toten nicht von der Zipingpu-Talsperre ausgelöst wurde, die auf einer seit Tausenden Jahren ruhigen Verwerfungslinie der Erdkruste gebaut worden war und darauf mit ihrer wechselnden Wasserlast 320 Millionen Tonnen rhythmisch auf- und wieder ablädt. Jonathan Watts, der die Region unmittelbar nach dem Beben erreichte, vergleicht die Wirkung der Talsperre auf die brüchige Erdkruste mit der eines hüpfenden Riesen auf eine dünne Eisschicht.[40]

China ist weit entfernt von einer Zivilgesellschaft im westlichen Sinn, aber die Zeiten, in denen die Bevölkerung sich den gigantomanischen Plänen der Zentrale willenlos beugte, sind vorbei. Proteste stoppten 2006 Pläne, die historischen Bewässerungsanlagen von Dujiangyan in einem Stausee untergehen zu lassen, der für den Süd-Nord-Transfer gebraucht wird. Das Projekt wurde deutlich reduziert. Ein zuvor fast undenkbarer Vorgang.[41] Würde sich eine ähnlich massive Protestbewegung bilden, um einen fairen Ausgleich mit dem Nachbarn Indien zu erreichen? Wohl kaum.

Die Regierung in Beijing behauptet zwar, dass sie wegen der technischen Schwierigkeiten und aus »Rücksicht auf die Sorgen der Nachbarstaaten« nicht an eine Umleitung des Brahmaputra denke – aber schon die Tatsache, dass diese Idee von verschiedenen Interessengruppen auf chinesischen Websites wie »Strengthening the Nation« wachgehalten wird, reicht aus, um blank liegende Nerven in Indien zu reizen. Schließlich hat China sich auch vor dem Bau der bereits bestehenden Dämme entlang des Brahmaputra nicht um Absprachen bemüht.

Die Regierung des indischen Bundesstaates Arunachal Pradesh beschwerte sich Anfang 2012 darüber, dass der Brahmaputra inzwischen so drastisch reduziert aus China ankomme, dass die Bewohner der jahrhundertealten Stadt Pasighat zum ersten Mal fast trockenen Fußes das Flussbett überqueren können. Beijing wehrte sich gegen den Vorwurf, dass seine Wasserkraftprojekte am Oberlauf daran schuld sein könnten – mit den gleichen Argumenten, mit denen sich Indien gegen Vorwürfe aus Pakistan wehrt. »Die chinesische Regierung hat sich gegenüber den Regionen am Unterlauf immer an die Prinzipien der Fairness, der Vernunft und des Ausgleichs der Interessen gehalten«, erklärte der Sprecher des Außenministeriums. Außerdem seien Chinas Bauten am Brahmaputra für solche Auswirkungen zu klein.[42] Allenfalls *noch* zu klein, warnen die indischen Nationalisten, die ihrer Regierung eine viel zu duckmäuserische Haltung gegenüber dem Riesen im Norden vorwerfen, der eine »Hydro-Hegemonie« anstrebe[43] – ein Begriff für das Vokabular internationaler Krisen, den man sich wahrscheinlich merken muss.

Zurzeit haben Beijing und Neu-Delhi offenbar noch ein Interesse daran, diesen Konflikt nicht hochkochen zu lassen. Sie hätten beide kein Konzept für eine solche Krise. Nordwestlich von China würden die Kasachen am Balchaschsee den Indern dazu raten, nicht zu lange mit entschlossenen Schritten zu warten.

Kasachische Erfahrungen

Auf Landkarten erscheint der Balchaschsee in der wüstenhaften Steppenlandschaft des Ostens der einstigen Sowjetrepublik Kasachstan als beeindruckendes Gewässer – 600 Kilometer lang und bis zu 70 Kilometer breit. Auf Karten und bei *Google Earth* sieht man allerdings nicht, wie flach – im Mittel noch nicht einmal sechs Meter tief – und damit verwundbar er ist. Wenn seine Zuflüsse, darunter der größte, der Ili, nicht mehr ausgleichen, was an Wasser verdunstet und im trockenen Boden versickert, wird er unweigerlich schrumpfen und in weniger als 50 Jahren in ein paar kleine Seen zerfallen. Mehr als zwei Drittel der Fläche des jetzigen Sees würden zu trockenem Land, der Salzgehalt würde sich in der Restmenge konzentrieren und die Ökologie der Region zerstören.

Diese Entwicklung hat längst begonnen. Die zwei wichtigsten Flüsse Kasachstans, der Ili und der Irtysch, der den Norden des Landes durchzieht, kommen aus China, und beide werden zu immer dünneren Rinnsalen. Der Zugriff auf den Irtysch kam zuerst. 1999 hat China damit begonnen, einen erheblichen Teil seines Wassers abzuzweigen, ohne die Nachbarn auch nur zu informieren. Die Hälfte der kasachischen Bevölkerung hängt von den grenzüberschreitenden Flüssen ab, um Felder zu bewässern oder die Ölfelder von Karamai mit Wasser zu versorgen. Im Juli 2012 berichtete Richard Stone im US-Magazin *Science*, dass laut Messungen westlich der chinesischen Grenze die Wassermenge des Ili seit 2005 um 80 Prozent gesunken ist. Die früher reichlich vorhandenen Fische sind rar geworden.[44] Das ist kein Naturereignis – die Schnee- und Regenfälle im Quellgebiet des Ili hatten in der fraglichen Zeit sogar zugenommen –, das ist von Menschen gemacht. Die Behörden in der kasachischen Hauptstadt Astana wissen genau, dass die Verantwortlichen kaum mehr als 65 Kilometer vom See entfernt sitzen, hinter der Grenze im Uigurischen Autonomen Gebiet Xinjiang der Volksrepublik China.

»China informiert uns nicht über die tatsächliche Situation auf seiner Seite oder über seine Pläne«, klagt Igor Malkovsky vom Geografischen Institut in Almaty. Aber die Kasachen wissen aus Fernerkundung und vertraulichen Berichten, dass die bewässerte Ackerfläche dort seit 1985 mindestens verdoppelt wurde, möglicherweise sogar verdreifacht. Außerdem hat China schon 2000 ein Programm gestartet, Han-Chinesen aus dem Osten des Landes nach Xinjiang zu locken. Beijing sieht sich in der großen, rohstoffreichen Region immer stärker von der muslimischen Mehrheit und »islamistischen« Gruppen herausgefordert. Immer wieder kommt es zu blutigen Unruhen.[45] In solchen Fällen versucht die Zentralgewalt, die Zusammensetzung der Bevölkerung mit strategischer Siedlungspolitik in ihrem Sinne zu verändern.

Han-Chinesen aus anderen Teilen des Landes werden nicht zu überreden sein, ihr Glück in einer Wüste zu suchen. Ihnen müssen bewässerte Äcker geboten werden. Da geht es nicht mehr nur um Landwirtschaft, da geht es um den Erhalt der Macht in den entferntesten Teilen des Reichs. Die Bevölkerung der Region ist seit dem Beginn des Zuwanderungsprogramms im Jahr 2000 von 18 auf 22 Millionen gewachsen. Und alles spricht dafür, dass das so weitergehen wird.

Trotzdem glauben die Kasachen mittlerweile, dass sie die chinesische Seite zu Verhandlungen gezwungen haben. Es gibt Gespräche, möglicherweise wegen Chinas Interesse an den reichen Bodenschätzen Kasachstans.* Tatsächlich aber stocken die Ver-

---

* Kasachstan belegt nach Angaben seiner Regierung in der Welt den ersten Rang bei den erkundeten Vorräten von Zink, Wolfram und Barium, den zweiten bei Silber, Blei und Chromiden, den dritten bei Kupfer und Fluoriden, den vierten bei Molybdän, den sechsten bei Gold, usw.[6]

handlungen schon wieder – das Zieldatum für den Abschluss einer Verständigung über die Nutzung von Ili und Irtysch wurde bereits von 2014 auf Ende 2016 verschoben. Die Zeit arbeitet für Beijing, weil sie Tatsachen schafft, hat Igor Malkovsky erkannt: »Je länger China die Sache vertagt, desto mehr Infrastruktur sehen wir auf seiner Seite entstehen.« Eines Tages wird der dann erreichte Status quo zur Basis eines »gerechten« Verteilungsschlüssels werden – welcher Status sonst? –, und Kasachstan wird das klassische Schicksal der Unterlieger erleiden.

Gefährliche Verweigerung

Das ist kein Einzelfall und nicht nur ein regionales Problem. China verweigert konsequent seine Unterschrift unter das »UN-Übereinkommen über Nutzung internationaler Fließgewässer zu anderen Zwecken als der Schifffahrt« von 1997[46], das den Unterliegern ein Recht auf Information, Konsultation und fairen Interessenausgleich garantiert. Außer China verweigern dem Abkommen nur noch die Türkei (mit vergleichbaren Interessen gegenüber Irak und Syrien) und Burundi ihre Zustimmung. In einem Bericht für das US-Repräsentantenhaus wertete das Elizabeth Economy, Expertin für Asienpolitik im *Council on Foreign Relations*, als Beweis dafür, dass China sich in die Nutzung »seiner« Ressourcen von niemandem hineinreden lässt und dass die Flüsse der tibetischen Hochebene in Chinas Augen »seine« nationalen Schätze sind. In solchem Denken ist wenig Platz für die Interessen von Unterliegern wie Indien, Vietnam, Kambodscha, Laos, Thailand – oder Kasachstan.[47] In letzter Konsequenz führt eine solche Einstellung zu einer Politik, die auf das Recht des Stärkeren setzt.

In unserem Gespräch in Neu-Delhi habe ich Luftmarschall AK Singh mit dieser Einschätzung konfrontiert – und mit unseren Erfahrungen bei der Indo-Tibetischen Grenzpolizei, die den übergroßen Herausforderungen an Indiens »heißer Grenze« mit China nicht gewachsen sein kann. Was können, was sollen die

Unterlieger da tun? Weder Indien noch Pakistan und Bangladesch können doch Asiens wachsender Supermacht Bedingungen diktieren oder gar militärisch gegen sie vorgehen? »Einzeln nicht«, kam da wie aus der Pistole geschossen die Antwort des Offiziers, und er, der gerade noch so engagiert für eine menschliche, moralisch verantwortungsbewusste Politik geworben hatte, argumentierte plötzlich eisenhart: »Keiner von beiden kann gegen China bestehen, aber zusammen können sie China eine Menge Probleme machen. Wenn es hart auf hart geht, dann können sie dafür sorgen, dass China nicht so billig davonkommt!« Die Sätze kommen mit scharfer Präzision. Das wirkt nicht wie eine spontane Drohung. AK Singh hat sich das gut überlegt: »Alle drei Länder auf dem Subkontinent, ganz besonders Indien und Pakistan, können in China enorme Schäden anrichten, wenn es erst einmal militärische Aktionen gibt.«

Da schüttelte der ehemalige Kampfpilot unvermittelt die pazifistische Haltung ab. Unmögliche Allianzen erschienen plötzlich denkbar: Indien und Pakistan gegen China? Wenn es um die Existenz geht, gelten für ein Land keine Schranken mehr. Die Mächte am Himalaya, die längst über eine gemeinsame Nutzung seines größten Schatzes, des Wassers, verhandeln müssten, testen stattdessen die Grenzen des Erträglichen bei ihren Nachbarn. Eines Tages werden sie überschritten. Es ist ein gefährliches Spiel, und die Welt schenkt ihm zu wenig Beachtung.

OSYMANDIAS VON ÄGYPTEN

Ein Wandrer kam aus einem alten Land,
Und sprach: Ein riesig Trümmerbild von Stein
Steht in der Wüste, rumpflos Bein an Bein,
Das Haupt daneben, halb verdeckt vom Sand.

Der Züge Trotz belehrt uns: wohl verstand
Der Bildner, jenes eitlen Hohnes Schein
Zu lesen, der in todten Stoff hinein
Geprägt den Stempel seiner ehrnen Hand.

Und auf dem Sockel steht die Schrift: »Mein Name
Ist Osymandias, aller Kön'ge König: –
Seht meine Werke, Mächt'ge, und erbebt!«

Nichts weiter blieb. Ein Bild von düstrem Grame,
Dehnt um die Trümmer endlos, kahl, eintönig
Die Wüste sich, die den Koloß begräbt.

(Percy Bysshe Shelley, 1818;
Übersetzung von Adolf Strodtmann, 1866)[1]

KAPITEL 8

Scheitern am Klimawandel

Das Schicksal der Sumerer

Der asiatische Kontinent, Wiege einiger der bedeutendsten und dauerhaftesten Zivilisationen der Menschheit, ist nach einem langen Schlaf dabei, sich den Sand der Zeit aus den Augen zu reiben und wieder zu alter Größe aufzuerstehen. Allerdings ist das ein launischer Kontinent, ein Kontinent, der gibt, aber auch nimmt. Selbst in guten Zeiten sind manche seiner Regionen von unerbittlicher Härte. In schlechten Zeiten sind sie tödlich. Bereits heute übersteigt in vielen Teilen Asiens die Nachfrage nach Ressourcen das Angebot. Der Kontinent wird dem Westen immer ähnlicher darin, dass er in großem Stil auf die Einfuhr von Ressourcen angewiesen ist, wenn er seinen dynamischen Wachstumskurs fortsetzen will. Die Zukunft Asiens und die neue Weltordnung werden von Allianzen geprägt, die in turbulenten Zeiten den Nachschub an lebenswichtigen Ressourcen garantieren sollen. So etwas erlebt die Welt nicht zum ersten Mal.

Cleo Paskal berichtet darüber, wie ihr guter, inzwischen verstorbener Freund, Professor W. M. S. Russell, sie einmal durch die Abteilung »Frühgeschichte des Mittleren Ostens« im *British Museum* führte. Sie waren Galerie um Galerie an strengen, imposanten Darstellungen lange vergessener Könige vorbeigekommen, als sie sich in einem Seitenraum plötzlich vor einer Serie von Platten aus gebranntem Ton wiederfanden. Sie zeigten Darstellungen von vergnügten, etwas pausbäckigen Menschen, die allem Anschein nach einen fröhlichen Ausflug genossen. Inmitten all dieser ernst blickenden Assyrer und steifen ägyptischen Könige wirkten sie völlig deplatziert, ungefähr so, als wäre ein Trupp leicht angeheiterter Wanderer irgendwie mitten in einen G8-Gipfel geraten. »Warum sehen diese Leute so beschwingt aus?«, wollte Cleo von Professor Russell wissen. »Vielleicht«, antwortete er, »liegt es ja daran, dass sie gerade die Zivilisation erfunden haben?« Genau das hatten sie nämlich getan.

Die glücklich dreinblickenden Menschen auf den Tonplatten waren Sumerer. Ihr Volk lebte ungefähr seit Mitte des 4. Jahrtausends vor Christus im fruchtbaren Schwemmland zwischen den Flüssen Euphrat und Tigris im Südosten des heutigen Irak. Sie waren außergewöhnlich erfindungsreiche Wasserbauingenieure, eine Fertigkeit, die sie mit den Bewohnern des Industals im Nordwesten des indischen Subkontinents teilten, einer weiteren Wiege der Zivilisation. Die Sumerer hatten einen reichen Wortschatz für Deiche, Wehre, Dämme, Überläufe, Reservoire, Kanäle und Aquädukte. Sie kontrollierten den Lauf der Flüsse und errichteten ausgeklügelte Bewässerungsanlagen für ein aufwendiges landwirtschaftliches System. So veränderten sie in ihrer Region schon vor rund 6000 Jahren massiv das Gesicht der Erde, machten sie sich untertan. Ihre Landwirtschaft wurde so produktiv, dass zum ersten Mal in der Geschichte der Menschheit ein erheblicher Teil einer Gesellschaft nicht mehr täglich darüber nachdenken musste, wie Brot auf den Tisch kam. Stattdessen konnten sie sich auf Kunsthandwerk konzentrieren, das Fertigen schönerer Teller und Tische sowie den Bau besserer Häuser und Städte. Sie betrieben Tauschhandel mit benachbarten Städten, deren Bewohner ebenfalls mehr produzierten, als sie benötigten. Sie erfanden die ersten Töpferscheiben, das erste überlieferte Schriftsystem und die ersten Rechtssysteme. Genug, um viele Menschen glücklich und zufrieden zu machen.

Das Wissen um die unglaublichen Errungenschaften der Zivilisationen im »Fruchtbaren Halbmond« breitete sich immer weiter aus. Um das 2. Jahrtausend vor Christus erstreckte sich vom Südrand des Mittelmeeres bis Kasachstan ein mit Weideland und Wüsten durchsetzter Flickenteppich von Gesellschaften, die »moderne« Landwirtschaft betrieben. Manche dieser Stadtstaaten zählten mehrere hunderttausend Einwohner und waren größer als alles, was Europa bis zum 16. Jahrhundert an Städten zu bieten hatte – ausgenommen vielleicht diejenigen, die, wie das antike Rom, ihre Nahrungsmittel aus den bewässerten Kornkammern der damaligen Welt, darunter die Gebiete des heutigen Tunesien, Israel, Jordanien und Syrien, bezogen.[2] Bis heute ist »Wachstum durch Import« eine Politik, die Großmächte groß macht – und der Grund dafür, dass Transportrouten von so entscheidender strategischer Bedeutung sind.

Innerhalb des »Fruchtbaren Halbmonds« ließen das üppige Nahrungsangebot und verbesserte hygienische Bedingungen die Bevölkerung wachsen. Die Menschen fanden Arbeit in neuen Gewerben wie der Textil-, Metall-, Holz- oder Lederverarbeitung. In dem Maße aber, wie die eigene Bevölkerung weiter wuchs und der Raum enger wurde, weckte der Reichtum der Nachbarn Begehrlichkeiten. So gehörten die Sumerer nicht nur bei der Gründung von Stadtstaaten mit zu den Ersten, sondern auch bei der Erfindung der Kaste der Berufssoldaten. Dass zwischen Städten, die an dieselben Wasserläufe grenzten, Kämpfe ausbrachen, war keine Seltenheit. Nicht umsonst geht der Ausdruck »Rivale« auf das lateinische *rivalis* für »der den gleichen Wasserlauf nutzt« zurück.[3]

In der Region veränderten die Menschen ihre Umwelt weiter, nur blieben nicht alle Folgen auf Dauer positiv. Das Wetter war immer unzuverlässig gewesen, die Menschen hatten häufig unter Dürren und schlechten Böden zu leiden. Manche Ackerbaumethoden führten dazu, dass weite Landstriche unfruchtbar wurden. Wenn die Niederschläge ausblieben, konnte das Wasser schnell knapp und die Lage verzweifelt werden. Im Kern war das Problem, dass es für zu viele Menschen immer weniger Nahrungsmittel und Wasser gab und zu wenige Möglichkeiten, von außen mehr Ressourcen herbeizuschaffen. Diese relative Überbevölkerung mündete in Zyklen von Inflation, übermäßiger Besteuerung, Arbeitslosigkeit, Hungersnöten, Revolten, Krieg, Anarchie und Seuchen. Die Städte bekriegten sich untereinander. Nomadische Hirten griffen die Bauern entlang der Grenzen des landwirtschaftlichen Gürtels an, fällten Bäume, um Platz für Weiden zu schaffen, und weil ihre Herden mehr fraßen, als auf dem Land nachwachsen konnte, kam es zu großflächiger Erosion. Die ausgemergelten Böden trockneten noch mehr aus, die Wüstenbildung schritt voran, und die Menschen wurden immer verzweifelter und gewalttätiger.

Das allgemeine Chaos führte zum Zusammenbruch der Bewässerungssysteme, wodurch wiederum Sumpfgebiete entstanden – ideale Brutstätten für Moskitos, die Krankheiten auf Mensch und Vieh übertrugen. Die geschwächten Gesellschaften wurden von Invasoren angegriffen und erobert, häufig von nomadischen Völkern, die sich niederließen und sich mit der übrig gebliebenen lokalen Bevölkerung vermischten. Anfangs kam die neue, kleinere Einwohnerschaft mit den ihr verfügbaren Mitteln zurecht, doch dann begannen die Städte und ihre Bevölkerung wieder zu wachsen. Irgendwann wurde das Wachstum wieder zu stark, und der Kreislauf begann erneut.[4]

Nach Jahrtausenden wiederkehrender Aufs und Abs kollabierte schließlich das gesamte System, und es kam zu einem dramatischen Bevölkerungsrückgang. Im Jahr 800 n. Chr. lebten auf dem Gebiet des heutigen Irak rund 30 Millionen Menschen; zu Beginn des 20. Jahrhunderts, bevor die Einnahmen aus dem Ölexport die Einfuhr von Nahrungsmitteln im großen Stil und den Bau von Wasserentsalzungsanlagen ermöglichten, waren es wahrscheinlich nicht einmal mehr fünf Millionen, obwohl sich die Weltbevölkerung in diesem Zeitraum vervielfacht hatte. Einer Untersuchung zufolge sind alle Wüsten im Irak im Prinzip vom Menschen verursacht.[5]

Was sich in dem heute unfruchtbaren »Fruchtbaren Halbmond« abspielte, hat sich seither an vielen Orten rund um die Welt auf ähnliche Weise wiederholt.[6] Manchmal lag die Ursache nicht so sehr in klimatischen Faktoren, sondern eher am Missmanagement der Menschen. Manchmal sind Klimaveränderungen den Krisen vorausgegangen oder haben diese verschärft. Die frühe Hochkultur etwa, die an den fruchtbaren Ufern des Indus zur Blüte gelangte, ging aller Wahrscheinlichkeit nach aufgrund einer lang anhaltenden Dürreperiode zugrunde, die das Land staubtrocken machte.[7]

Neue Sumerer

Heute erzeugen wir Umweltveränderungen in einem ganz anderen Maßstab als im Altertum. Sie betreffen nicht nur eine Region, sondern umspannen den Globus. Es gibt immer weniger Rückzugsräume. Und wenn es sie gibt, stehen moderne, scharf bewachte Grenzen im Weg. Das Bevölkerungswachstum erreicht neue Dimensionen. Beides zusammen verstärkt den Klimawandel und schwächt gleichzeitig unsere Widerstandskräfte. Moderne Gesellschaften verfügen über Geld, Maschinen und Techniken, um sich gegen Naturkräfte zu schützen. Gleichzeitig werden aber ihre komplizierten Strukturen – von Stromnetzen bis zu den globalen Transportrouten der *Just-in-time*-Logistik – immer anfälliger.

Der Anstieg des Meeresspiegels und das Auftauen der Arktis lassen uns hoffentlich genug Zeit, zu planen und uns auf das Unvermeidliche vorzubereiten. Andere Auswirkungen des Klimawandels – die schon heute zu beobachtende großräumige Verschiebung und Veränderung traditioneller Niederschlagsmuster und die Zunahme extremer Wetterereignisse – sind noch weniger gut vorherzusagen und schwerer zu beherrschen. Es liegt nahe, dass sie in Verteilungskämpfen enden können. Da würde es – wie in den Kämpfen der Sumerer – um Land gehen, fruchtbares Land, von Regen gesegnet. Die Frage wird sein, ob wir seitdem nur zahlreicher oder auch klüger geworden sind.

Grob gesagt bedeutet der Anstieg der globalen Durchschnittstemperatur, dass mehr Wasser verdunstet und die Luft mehr Feuchtigkeit aufnehmen kann. Das hat zur Folge, dass die Böden in manchen Regionen durch die stärkere Verdunstung regelrecht austrocknen und es häufiger zu Dürren kommen kann. Dort, wo es regnet, geben die Wolken mehr Wasser ab, das bedeutet wachsende Gefahr von Sturzfluten und Überschwemmungen und in der Folge verstärkte Bodenerosion und häufigere Erdrutsche. Das wird nicht in jeder Region gleich sein, aber global gesehen muss mit mehr extremen Wetterereignissen gerechnet werden.

Für *Munich RE* (die frühere Münchener Rückversicherungs-Gesellschaft), eines der führenden Unternehmen, die weltweit Versicherungen gegen große Schadenfälle wie Naturkatastrophen versichern, bedeutet solche Vorschau Milliardenrisiken. Professor Peter Höppe, Chef der firmeneigenen Abteilung »Georisiko-Forschung«, stellt auf der Grundlage seiner Schadendatenbank von mehr als 30 000 Ereignissen seit 1980 weltweit eine Verdreifachung der wetterbedingten Naturkatastrophen fest.[8]

Auf lange Sicht könnten sich neue, stabile Wettermuster herausbilden, die Erde hat da einen längeren Atem als wir Menschen. Bis es so weit ist, wird es schwieriger sein, Entscheidungen zum Beispiel darüber zu treffen, welches Getreide und welche Früchte angebaut werden sollen, wie Wasserkraftwerke zu betreiben und wo neue Baugebiete auszuweisen sind.[9] Mancherorts verändern sich darüber hinaus Meeresströmungen und bleiben saisonale Regenfälle aus. Andernorts werden Wüsten von Platzregen kurzzeitig unter Wasser gesetzt.

In vielen Regionen sind wir dabei, wie einst die Sumerer, die ökologischen Grenzen durch Überbevölkerung und kurzsichtige Entwicklungsmodelle zu überschreiten. Wenn dann noch Niederschläge ausbleiben oder unberechenbar sind und extreme Wetterereignisse dazukommen, könnten Gebiete, die sich heute gerade noch so halten, unbewohnbar werden. Was dann?

Brennpunkt Indien

In Indien sind die wirtschaftlichen Schäden durch Klimawandel in den letzten Jahren stark gewachsen. Nach Angaben der indischen Regierung wurden im Haushaltsjahr 2006/2007 rund 2,6 Prozent des Bruttoinlandsprodukts (BIP) für Maßnahmen zur Anpassung an den Klimawandel ausgegeben, verglichen mit lediglich 2 Prozent im Zeitraum 2002/2003.[10] Wenn der Lebensstrom Indiens, der Monsun, aus dem Takt gerät, sind die wirtschaftlichen Folgen für das Land verheerend. 2011[11] erwirtschaftete Indien zwar nur ein knappes Fünftel seines Bruttoinlandsproduktes in der Landwirtschaft, aber 52 Prozent der Arbeitsplätze entfallen auf diesen Bereich[12], mehr als 70 Prozent der Bevölkerung leben davon. Sie sind in hohem Maße angewiesen auf von Regen bewässerte Felder und fragile Wälder.[13] Dieser große Sektor ist ganz unmittelbar vom Umweltwandel betroffen. Durchschnittszahlen über den landesweit gefallenen Regen ergeben dabei ein völlig falsches Bild. 2012 ging der Monsun im Staat Maharaschtra um 36 Prozent zurück, während Wolkenbrüche und Fluten in Assam Zehntausende obdachlos machten. Auf ganz Indien gesehen brachte der Sommer 2012 die vierte Dürre in nur zwölf Jahren. Und den schlimmsten Stromausfall aller Zeiten. Hunderte Millionen Menschen waren tagelang ohne Elektrizität, weil die Becken der Wasserkraftwerke trocken fielen – ausgerechnet in den Wochen, in denen Klimaanlagen und Ventilatoren auf Hochtouren liefen.[14]

Das indische Institut für Tropische Meteorologie wertete Aufzeichnungen aus 130 Jahren aus und stellte heftige Veränderungen bei den Niederschlägen in den letzten Jahrzehnten fest. Seine Vorhersage: Insgesamt wird die Regenmenge zunehmen, aber sie wird in extremem Wechsel fallen und ausbleiben, es wird längere Trockenheiten geben und dann wieder Wolkenbrüche, die die Erde gar nicht aufnehmen kann. Eine schwierige Situation droht vollends unerträglich zu werden. Indien, das so stolz auf seine Nahrungsmittelautarkie war, musste

2006 zum ersten Mal nach sieben Jahren wieder Weizen importieren.[15]

Immer wieder kommt es zu Problemen auch bei der Trinkwasserversorgung. Im Mai 2011 war ich in Neu-Delhi einen Vormittag lang mit Tankwagen unterwegs, die einen ganzen riesigen Stadtteil mit Wasser versorgten – nicht als Notlösung, sondern als dauerhaftes System. Die Pumpstation, in der die Laster befüllt wurden, lag direkt unter einer elegant geschwungenen Hochtrasse, auf der gerade Schienen für Delhis neue Metro installiert wurden. Moderne und überholte Strukturen liegen hier sehr dicht beieinander. Im Innenhof der Füllstation gab es Probleme. Eine der Pumpen funktionierte nicht, Abhilfe war dringend nötig. Nur wenn die volle Kapazität zur Verfügung stand, konnte die Versorgung des Stadtteils für diesen Tag sichergestellt werden. Die Mechaniker bekamen es schließlich irgendwie hin – die Befüllung konnte mit allen drei Rohren weitergehen.

Auf dem Beifahrersitz eines der Laster habe ich dann erlebt, wie wichtig diese schnelle Reparatur war. In den engen Gassen des angrenzenden Viertels standen die Menschen offenbar schon lange mit Plastikfässern und Kanistern vor ihren Häusern. Die tägliche Lieferung wurde sehnsüchtig erwartet. Die Verteilung endete in heillosem Chaos, dem der Fahrer hilflos zusah. Kinder kletterten auf den Tank und steckten ihre Schläuche in die Öffnung, unten verteidigten Mütter das andere Ende. Als der Vorrat zur Neige ging, steigerte sich das Gedrängel zum Chaos. Fäuste kamen zum Einsatz. Es wurde ein würdeloser Kampf um das tägliche Wasser. Das war keine reiche Gegend, aber uns kamen viele Frauen in bunten Saris und Männer in Anzügen entgegen, die Aktentaschen trugen und offensichtlich auf dem Weg in ihre Büros waren.

Die Lage ist prekär. Wo wird in der politischen Hackordnung der Platz dieser Menschen sein, wenn das Trinkwasser der 16-Millionen-Metropole nicht mehr für alle reicht? Neu-Delhi bräuchte schon heute jeden Tag eine Million Liter Wasser mehr, als die Pumpen hergeben. Mehr als zwei Drittel des Wassers der

Megastadt stammen aus dem Yamuna und dem Ganges, beides Flüsse, die sich aus den Gletschern im Himalaya speisen. »Wir sind in einer unhaltbaren Situation«, sagt Diwan Singh, ein Umweltaktivist. »Schon bald, nicht in dreißig Jahren, sondern in fünf bis zehn, wird es einen Exodus aus Delhi geben, weil das Wasser nicht mehr reicht.«[16] Und dann? Wohin?

Wassermangel ist ein brennendes Problem für große Teile Indiens. Wer während einer nicht ganz regelgerechten Monsunsaison – was ja fast schon zur Regel wird – die Webseiten der englischsprachigen indischen Zeitungen durchforstet, stößt regelmäßig auf beunruhigende Berichte über drohende Rationierungen.[17] Konflikte zwischen Bundesstaaten, die sich – manchmal mit Gewalt – um Wasser streiten, gehören zum politischen Alltag. Im Jahr 2006 verbrachte ich in Jaipur einen Tag mit der Ministerpräsidentin des Bundesstaates Rajasthan – einer Frau, die für das Wohlergehen von fast 70 Millionen Menschen verantwortlich ist. Sie hatte Anweisung gegeben, dass sie während unseres Interviews nicht gestört werden solle. Als dann trotzdem ein ganz bestimmtes Telefon auf ihrem Schreibtisch klingelte, nahm sie ohne Zögern den Hörer ab. »Das war der Premierminister, und es ging um unser Wasser«, meinte sie nach dem Gespräch entschuldigend. »Unser Nachbarstaat stiehlt von uns.« Ich war überrascht, dass sich der Regierungschef eines Milliardenvolks persönlich um einen Wasserkonflikt in der Provinz kümmert. »Selbstverständlich muss er sich darum kümmern«, belehrte mich meine Gastgeberin, »das sind bei uns Fragen auf Leben und Tod.« Und genau beim Element Wasser liegt der erste Angriffspunkt des Klimawandels.

Bereits heute komplizieren die immer weniger vorhersagbaren Niederschläge den Betrieb etlicher der vielen indischen Staudämme (Indien ist weltweit der drittgrößte Staudammbauer).[18] Viele sind darauf ausgelegt, in der Regenzeit Wasser zu speichern, das später in der Trockenzeit zur Bewässerung sowie zur Stromerzeugung verwendet werden kann – was allerdings stabile Niederschlagsmuster voraussetzt. Wenn Regen plötzlich bis in die eigentliche Trockenzeit hinein fällt, können durch den Rückstau stromaufwärts gelegene Siedlungen unter Wasser gesetzt werden. Wenn die Überläufe geöffnet werden, um das zu verhindern, kann das zusätzlich abfließende Wasser den sowieso schon Hochwasser führenden Fluss weiter anschwellen lassen und flussabwärts gelegene Städte überfluten.

Dieses Schicksal ereilte im August 2006 die Drei-Millionen-Stadt Surat, die eines der weltweit größten Zentren für Diamantenschleiferei ist. Nach für die Jahreszeit ungewöhnlich heftigen Regenfällen mussten flussaufwärts die Schleusen eines Staudamms geöffnet werden. Das dadurch ausgelöste Hochwasser überschwemmte die Stadt zu 90 Prozent und zerstörte mehrere umliegende Dörfer. Mehr als 100 Menschen kamen in den Fluten ums Leben, Hunderte wurden als vermisst gemeldet, und wegen der zu Tausenden im Wasser treibenden Tierkadaver breiteten sich Krankheiten aus. Die rein materiellen Schäden beliefen sich auf mehrere Zehnmillionen US-Dollar. Einzigartige alte Manuskripte in den Museen der Stadt wurden zerstört – ein Verlust, der sich in Zahlen gar nicht ausdrücken lässt.[19]

Solche Vorfälle sind leider keine Ausnahme. Manche Staudammmanager treffen ihre Entscheidungen auf der Grundlage von völlig veralteten Monsunkalendern. Andere verdanken ihre Position politischen Beziehungen und haben kaum Erfahrung im Betrieb von Staudämmen. Gelegentlich kocht angesichts so katastrophaler Inkompetenz der Volkszorn über. Nach einer anderen, mit großen Schäden einhergehenden Überschwemmung kam der dafür verantwortlich gemachte Staudammleiter bei einem »Terroranschlag« ums Leben.[20] Unregelmäßige Niederschläge und schlechtes Wassermanagement können Hochkulturen ebenso zu Fall bringen, wie stabile Klimabedingungen und gute Bewirtschaftung die Hochkultur der Sumerer und die Induszivilisation hervorgebracht haben.

Glücklicherweise hat Indien dank seiner starken sozialen Netzwerke und seiner zahlreichen Ingenieure und Erfinder das Potenzial, zumindest die schlimmsten Folgen des Klimawandels abzufedern. Schon heute wird im gesamten Land mit vielversprechenden Ansätzen experimentiert. Ein Beispiel sind regionale Projekte zur Regenwassergewinnung und Tests für neue Abwassersysteme. Hier kann wenig viel bewirken. In einem Bundesstaat wurde errechnet, dass vorsorgliche Investitionen Schäden verhindern können, deren Beseitigung die dreifache Summe verschlingen würde.[21] Es gibt Pilotprojekte mit Mikroversicherungen, die Bauern über schlechte Jahre hinweghelfen und sie so von der Flucht in die Städte abhalten sollen. Dort würde ihnen endgültig Verelendung drohen.[22] Es ist überfällig, dass die Regierung etwas dagegen unternimmt, dass sich Kredithaie an verzweifelten Bauern bereichern, die ihnen auf Notkredite sieben Prozent Zinsen im Monat (!) zahlen müssen, weil ihnen sonst niemand Geld gibt.[23]

Indiens Regierung erwägt, gesetzlich vorzuschreiben, dass Klimaveränderungen bei der Planung von großen Infrastrukturinvestitionen einbezogen werden. Das könnte verhindern, dass neue Flughäfen überschwemmt, neue Eisenbahnlinien unterspült oder neue Schnellstraßen von Erdrutschen weggerissen werden. Langfristig könnte das Indien sogar gegenüber traditionellen Industrieländern, beispielsweise in Europa, einen Vorsprung hinsichtlich Stabilität sichern. Bei uns sind solche vorausschauenden Bewertungen noch nicht überall die Norm.

Dabei muss die Regierung in Neu-Delhi auch Umweltprobleme der Nachbarn im Auge behalten, deren verheerende Folgen nicht an Indiens Grenzen haltmachen würden. Daran kann auch der über 4000 Kilometer lange militärisch bewachte Grenzzaun nach Bangladesch nichts ändern.

Brennpunkt Afrika

Allein in Afrika könnte der Klimawandel, so warnt eine Studie, das Leben von bis zu 184 Millionen Menschen gefährden.[24] Afrika ist ein unglaublich vielfältiger Kontinent – Heimat sowohl einiger der korruptesten Regimes als auch großer politischer Helden. Aber es gibt Entwicklungen, die politische und kulturelle Grenzen überschreiten. Dazu gehören die Wirkungen des Klimawandels. 2008 wurde Simbabwe von den schlimmsten Überschwemmungen seit Beginn der Wetteraufzeichnungen heimgesucht, in Algerien waren die schwersten Überflutungen seit einem Jahrhundert zu verzeichnen. Im selben Jahr wurden im Norden Marokkos 200 Millimeter Niederschläge in weniger als sechs Stunden registriert – mehrere zehntausend Menschen waren betroffen, es kam zu weitreichender Zerstörung der Infrastruktur. Ebenfalls 2008 litten in Westafrika mehr als 300 000 Menschen unter ungewöhnlich heftigen Monsunniederschlägen.[25] Im Sommer 2012 bedrohte außerordentlich lange Trockenheit 18 Millionen Menschen in der Sahelzone quer über den afrikanischen Kontinent. Klimawandel und Politik (in diesem Fall Anarchie und Bandenunwesen im Süden Libyens) und eine Welt, die mehr als ein halbes Jahr lang nicht auf Warnungen von Hilfsorganisationen hörte, addierten sich zu einer weiteren Katastrophe, die vermeidbar gewesen wäre.[26] Manchmal werden selbst aus an sich guten Nachrichten dann doch schlechte. 2005 fiel im Westen von Kenia die Maisernte überdurchschnittlich gut aus, während die Menschen im Osten des Landes mit einer Hungersnot zu kämpfen hatten. Da es an Geld oder dem politischen Willen fehlte, den Mais zu den Hungernden im Ostteil des Landes zu transportieren, wurde er nach Europa exportiert.[27]

Der kenianische Meteorologe Joshua Wairoto[28] beschrieb eine Situation, die Sumerern womöglich vertraut vorkäme: »Die Hirten, die für ihr Vieh sorgen wollen, und die Bauern, die Feldfrüchte für die eigene Ernährung oder den Verkauf anbauen, kämpfen miteinander um das Wasser und das Gras. Die Hirten sind der Ansicht, dass dort, wo Grünes wächst, ihre Kühe satt werden sollen. So fressen die Kühe den grünen Mais der Bauern. Dann gibt es Krieg. Wenn wir eine schwere Dürre haben und die Wasserläufe austrocknen, kämpfen Affen und andere

Tiere mit den Menschen um das Wasser aus den Brunnen. Wir haben Konflikte, bei denen Menschen gegen Menschen stehen, und solche, bei denen Menschen gegen Tiere stehen, und das nimmt zu. Manchmal passiert das sogar grenzüberschreitend.«[29] Vor den Auseinandersetzungen fliehen viele Arme vom Land in die Städte, wo sie, wenn sie keine Arbeit finden, oft in die Kriminalität abgleiten. Die Überbevölkerung in den Städten und die schlechten sanitären Bedingungen wiederum begünstigen die Ausbreitung von Krankheiten wie Cholera und Ruhr.

Viele afrikanische Politiker und Wissenschaftler erkennen das Problem und sind auf der Suche nach Lösungen. Oft müsste gar nicht so viel geändert werden, um das Leid der Menschen zu lindern. Die Frage ist, ob das Kapital – das eigene, das von ausländischen Investoren und Entwicklungshilfe – vernünftig eingesetzt wird. So ist es zum Beispiel widersinnig, heimische, an die Bodenbedingungen und die Bedürfnisse der lokalen Bevölkerung angepasste Getreide durch andere zu ersetzen, nur weil mit denen im Export viel Geld zu verdienen ist – das dann in aller Regel auch nicht im Lande bleibt. Wir sind im abgelegenen Südwesten Äthiopiens einem besonders schlimmen Beispiel solcher Politik auf die Spur gekommen. Dazu gleich.

Zurzeit betrachten andere Nationen die gewaltigen Ressourcen des Schwarzen Kontinents vor allem als Möglichkeit, ihren Hunger nach Rohstoffen und Nahrungsmitteln zu stillen. Was Afrika exportiert, geht bislang hauptsächlich in den Westen, und der Westen baut darauf, dass dies auch in Zukunft so bleibt. So könnte Afrika manchen Prognosen zufolge bald zwischen 25 und 40 Prozent des Ölbedarfs der USA decken – vorausgesetzt, dass die Ölförderung entlang des Nigerdeltas nicht durch Überschwemmungen, Sturmfluten und heftige politische Unruhen noch weiter erschwert wird.[30] Doch China setzt alles daran, den Amerikanern einen Strich durch solche Rechnungen zu machen. Im Jahr 2000 belief sich der Handel zwischen China und Afrika noch auf magere 10,6 Milliarden US-Dollar[31], 2011 erreichte er – trotz der Umwälzungen in wichtigen Ländern Nordafrikas – bereits 166,3 Milliarden.[32] Das entspricht einer jährlichen Steigerung von circa 30 Prozent, und der Trend beschleunigt sich weiter. Zwar hat die Ein-Kind-Politik in China geholfen, die Nachfrage zu begrenzen, nicht aber, das Angebot zu vergrößern. Dafür müssen Ressourcen jenseits der Landesgrenzen gefunden werden – eine Erkenntnis, die das chinesische Vordringen in Asien, in Lateinamerika, im pazifischen Raum und – ganz besonders augenfällig – in Afrika forciert.

Es ist Dezember 2011. Wir sind auf unserer Suche nach den Folgen des Klimawandels im Norden Äthiopiens unterwegs, in der Region um den Tana-See und entlang des Blauen Nils. Stundenlang rumpelt unser Jeep über die staubige Piste Richtung Süden, zu den Tis-Issat-Wasserfällen. Der amharische Name bedeutet »Rauchendes Wasser« und lässt unsere Herzen höher schlagen in der Aussicht auf eines der großen Naturwunder der Erde. Aber erst einmal ist da diese nicht enden wollende Straße, auf der eine kleine Völkerwanderung unterwegs ist. Aufrecht schreitende Frauen in herrlich farbenfrohen Gewändern mit schweren geflochtenen Körben auf dem Kopf, Kinder, Männer, die mit langen Stöcken Vieh vor sich hertreiben, ab und zu ein Lastwagen mit einer bunten Mischung Menschen, Waren und Vieh auf der Ladefläche.

»Es ist ziemlich voll geworden hier«, lacht Dr. Birru Yitaferu, der uns begleitet. Der Fachmann für Wasser- und Bodenkonservierung vom Agrarforschungsinstitut der Amhara-Region ist mitgekommen, um uns die Auswirkungen des Klimawandels an Ort und Stelle zu zeigen. »Machen Sie sich keine Gedanken, Sie werden sie nicht übersehen können«, hatte er mir am Telefon versprochen. Der Verkehr auf der Staubpiste ist nun sein Beweisstück Nummer eins: »Früher wollte hier am Fluss niemand wohnen. Das galt als schlechtes Land, sumpfig und von Moskitos verseucht. Die, mit denen das Schicksal es gut meinte, hatten ihre Herden und Felder im Hochland. Da war das Klima besser, kühler vor allem, die Ernten reichten zum Leben, und es blieb noch genug, um Handel zu treiben. Jetzt nicht mehr. Der Regen ist immer wieder ausgeblieben. Die Wälder sterben ab, und die Böden trocknen aus. Die Leute kommen zum Fluss, wo es Wasser gibt für neue Felder. Die Regierung verteilt Land, das bisher keiner wollte.«

Bauernfamilien, die seit Menschengedenken im Rhythmus des Regens gepflanzt und geerntet hatten, lernen nun die Techniken der Sumerer neu. Die Regierung hat begonnen, das Wasser des Blauen Nils systematisch zu nutzen. Dämme werden gebaut zur Stromerzeugung und zur Bewässerung. Es sind riesige Projekte, die Afrikas Landschaft verändern und die Politik mit Hochspannung aufladen. Vor zweieinhalbtausend Jahren schrieb der griechische Historiker Herodot: »Ägypten ist ein Geschenk des Nils.« In der Neuzeit hat die Kolonialmacht Großbritannien 1929 (ergänzt 1959) einen Vertrag diktiert, der Ägypten jährlich 55,5 Milliarden und Sudan 18,5 Milliarden Kubikmeter Wasser sichert. Die Oberlieger Äthiopien, Tansania, Uganda und Ruanda blieben rechtlos. Seit die nicht mehr bereit sind, das zu akzeptieren, droht Ägypten mit Krieg ums Wasser. Nach der Revolution von 2011 war dieser Konflikt einer der ersten, um den sich der neu amtierende Außenminister sorgen musste.[33] Seitdem hat sich die Tonlage etwas entspannt, aber der Konflikt schwelt ungelöst weiter.[34]

Mein Begleiter, Dr. Yitaferu, ist ein rundlicher, humorvoller Mann, dem der Ausflug mit dem Fernsehteam aus Deutschland sichtlich Freude macht. Behende springt er in den kleinen Kahn, der uns zu einer Insel im Fluss übersetzt, von der aus wir die Fälle erreichen sollen. Munter erzählt er mir davon, wie sein Land zu einer Kornkammer Afrikas werden soll. Warum auch nicht? Das äthiopische Hochland trägt den Beinamen »Afrikas Wasserturm«. Als wir dem »Rauchenden Wasser« endlich näher kommen, wird der Ton des Forschers nachdenklich und ernst. Wir sehen gleich, warum. Die tosenden Fälle, die sich zu unseren Füßen in die grüne Tiefe stürzen, konzentrieren sich auf bestenfalls ein Drittel des »Amphitheaters«, in dem die Natur ihr gewaltiges Schauspiel früher aufführte. Immer noch ein begeisternd schönes Bild, aber mit einem Bruchteil der ursprünglichen Kraft. Der Rest der Energie fließt in den Stausee des neuen Wasserkraftwerkes. Das ist der weniger problematische Teil der neuen Regierungsprojekte; das Wasser, das die Turbinen des Kraftwerks treibt, fließt ja zurück in den Nil Richtung Sudan und Ägypten, nur gemindert durch die erhöhte Verdunstung im Stausee. Aber die Bauern der Amhara-Region, die nun an den Fluss ziehen, können nicht vom Strom leben, jedenfalls nicht vom elektrischen. Sie leben von ihren Feldern. Das Wasser, das ihre Früchte wachsen lässt, wird in Äthiopien bleiben und in Ägypten fehlen. Das kann für den Wüstenstaat sehr schnell ein existenzielles Problem werden. Seine Grundwasserreserven sind spärlich. Er gerät in eine Zange zwischen Klimawandel und wachsender Bevölkerung. Ägyptens Weizenimporte haben sich schon in den zwanzig Jahren von 1991 bis 2011 von etwa 5,5 auf 11 Millionen Tonnen verdoppelt.[35]

Unterdessen treibt Äthiopien seine großen Wasserprojekte voran. Siebzig Prozent des Ackerlandes, das Äthiopien in- und ausländischen Agro-Investoren feilbietet (1,5 Millionen Hektar), liegen im Einzugsgebiet des Nils. Wie lange wird es dauern, bis aus Kairo wieder die Parole tönt? »Wasser ist der einzige Grund, der Ägypten noch einmal in einen Krieg treiben kann«, hatte Präsident Sadat gedroht, der Friedensnobelpreisträger.[36] Neunzig Prozent des Nilwassers stammen aus Äthiopiens Flüssen – dem Blauen Nil und anderen. Und 96 Prozent der nährstoffreichen Sedimente, die das Nildelta fruchtbar machen, aus den Böden des äthiopischen Hochlands. Konflikte sind programmiert, Klimawandel wird sie anfachen.[37]

Das sind die Gedanken, die Dr. Yitaferu bedrücken. Wir lehnen uns an einen Baum, genießen das Naturschauspiel, lauschen dem Rauschen der Fälle und spüren den kühlenden Nebel des »Rauchenden Wassers« auf unserer Haut. Dr. Yitaferu hofft auf eine friedliche Lösung des Konflikts. Irgendwie muss der politische Prozess zum Erfolg führen, der unter dem Namen *Nile Basin Initiative* eine Einigung sucht. Aber Äthiopien kann das

Diktat der ungerechten Verträge aus der Kolonialzeit nicht länger ausbaden. So sieht es der freundliche Forscher. Der Klimawandel hat das unmöglich gemacht: »Es ist schwer, in Zukunft allein von Regenwasser zu existieren«, sagt er. »Landwirtschaft auf Regenbasis ist zu unsicher geworden. Mit all den Menschen, die jetzt kommen, geht das nicht mehr.«

Antengne Abe ahnt nichts von den Wolken, die sich über seinem Land zusammenziehen. Er glaubt, für ihn habe endlich eine bessere Zeit begonnen. Ich habe ihn – einige Autostunden von den Wasserfällen entfernt – am Rande der Straße getroffen, und nun führt er mich stolz zu seinem kleinen Haus auf der fernen Seite des Ackers. Wir zwei geben ein eigenartiges Bild ab: der Reporter aus Deutschland in seinen Jeans, der etwas unbeholfen über die tief aufgepflügte, satt-nasse Erde stolpert, neben dem mühelos vorwärtsstürmenden, hoch aufgeschossenen Farmer in seiner traditionellen Tracht, die Hacke über der Schulter. Antengne redet, nein: brüllt in einem fort auf mich ein, während wir seinem Haus langsam näher kommen. Ich verstehe kein Wort von dem, was er da ruft – und vor allem verstehe ich nicht, warum das in dieser Lautstärke sein muss. Als Tesfalem, unser Führer und Übersetzer, endlich zu uns aufschließt, erklärt er mir, dass das Psalmen, Bibelverse gewesen seien, mit denen Antengne Gott im Himmel lauthals dankt für das Glück, das er und seine Familie hier genießen.

So gut haben sie es noch nie gehabt. Als Antengne ein kleiner Junge war, hat sein Vater der Erde ein Mal im Jahr eine magere Ernte abgerungen. Dann baute die Regierung den Damm und Kanäle bis hierher, und alles wurde anders. Jetzt lebt Antengne mit seiner Frau und drei adoptierten Söhnen nicht mehr nur von der Hand in den Mund. Sie haben drei Ernten im Jahr und können einen Teil davon auf den Markt bringen. Zwei gut genährte Kühe zeigen den beginnenden Wohlstand. Es war doch gutes Land. Alles, was es brauchte, war Wasser. Nun ist es da, und zum ersten Mal gibt es eine Zukunft.

Wir steigen wieder in die Jeeps und folgen dem Wasser in seinem betonierten Bett kanalabwärts. Nach einer Stunde, hat man uns gesagt, komme man zu der riesigen Baustelle, die das Projekt weiter ins Land hineintreibe. Chinesen machten das. Die Sonne verglüht am Horizont, als wir ankommen. Die Szenerie mit ihren vielen Trucks und fauchenden Maschinen wirkt fremdartig in der urtümlichen Landschaft. Die Arbeiter versuchen fieberhaft, das schwindende Licht noch für eine letzte Ladung Beton zu nutzen. Die meisten sind Äthiopier, das ist ungewöhnlich. Bisher haben die Firmen aus China ihre eigenen Kräfte mitgebracht. Auch auf der Strecke hierher sind uns Kolonnen von Lastwagen mit chinesischen Arbeitern, zusammengepfercht auf der Ladefläche, begegnet. Hier ist es anders. Aber an jeder Maschine steht ein Aufseher aus China und kontrolliert. Einer senkt gerade einen Messstab in die Tanks der Planierraupen und notiert sorgfältig den Dieselstand, damit über Nacht nichts unbemerkt wegkommt.

Auch wir werden offenbar beaufsichtigt. Eine Staubwolke kündigt die Ankunft von zwei Geländewagen an. Der Projektleiter kommt. Man hatte ihn wohl darüber informiert, dass ein Fernsehteam an der Baustelle sei. Wir erwarten die üblichen Probleme, aber das Gespräch wird dann ganz entspannt. China versuche nur zu helfen, sagt er auf Englisch. Er selbst sei für einen internationalen chinesischen Baukonzern seit vielen Jahren in den verschiedensten Ländern Afrikas unterwegs. Als ich ihn darauf anspreche, wie überrascht ich davon sei, dass hier äthiopische Arbeiter beschäftigt würden, erklärt er mir, das sei eine neue Politik. Es gehe China darum, die Kultur des Gastlandes wertzuschätzen. Und außerdem sei es besser, einem Menschen das Angeln beizubringen, als ihm einen Fisch zu schenken. Das sei ein chinesisches Sprichwort. Er freut sich, als ich ihm sage, dass auch Deutsche es kennen. Aber es sind keine Deutschen da, außer uns. Kein anderes Land hat dort, wo Afrika seinen Weg in die Zukunft bahnt, eine vergleichbar mächtige Präsenz wie die Unternehmen aus China. Besonders, wenn es ums Wasser geht. »Wasser ist Leben«, sagt der Bauleiter. »Davon verstehen wir etwas in China.«

Wasser ist anders als Öl. Man kann es in den Mengen, die man braucht, nicht von einem Ende der Welt zum anderen transportieren. Wohl aber die Früchte des bewässerten Bodens! Da ist China überall auf der Welt an der Quelle engagiert. Wenn es Konflikte um Wasser gibt, wird China auch in Afrika *stakeholder* sein, wie das in der neueren Diplomatensprache heißt: eine Partei mit (lebenswichtigen) Interessen. Es hat ein neuer Wettlauf begonnen um Afrikas Ressourcen. Viel Blut ist geflossen, als der Kontinent über Jahrhunderte ausgeplündert wurde: Kautschuk, Metalle, Edelmetalle, Diamanten, Öl. Bald wird Wasser – oder bewässerter Boden – die wertvollste aller Ressourcen sein.

When the missionaries came to Africa they had the Bible and we had the land. They said, 'Let us pray.' We closed our eyes. When we opened them we had the Bible and they had the land. ~Desmond Tutu

»Als die Missionare nach Afrika kamen,
hatten sie die Bibel, und wir hatten das Land.
Sie sagten: ›Lasset uns beten.‹
Wir schlossen unsere Augen. Als wir sie wieder öffneten,
hatten wir die Bibel, und sie hatten das Land.«[1]

Bischof Desmond Tutu, Südafrika

KAPITEL 9

Ein Kontinent als Beute

Hauptstadt des Hungerreichs

Addis Abeba, die Hauptstadt Äthiopiens, kann einen Besucher überwältigen, besonders wenn man – wie ich – zum ersten Mal nach Ostafrika kommt und den Kopf noch voll hat mit den erschütternden Fernsehberichten, die Mitte der 1980er-Jahre – während der großen Hungersnot in der südlichen Sahelzone – das Bild prägten, das sich die Welt von diesem Land bis heute macht.

Es ist nicht falsch. Noch immer ist Äthiopien der größte Empfänger von Nahrungsmittelhilfe in Afrika, Millionen Äthiopier bleiben darauf angewiesen. Auf dem *Human Development Index* der Vereinten Nationen rangiert das Land auf Platz 174 von 187 Ländern. Aber die ersten Eindrücke in der Hauptstadt passen nicht dazu. Als wir dort ankommen, kurz vor Weihnachten 2010, ist die Höhenluft – Addis Abeba liegt auf 2300 Metern – vom Regen reingewaschen und die Sicht klar. Hochhäuser überragen die Kirchtürme und beginnen die Skyline zu dominieren, die sich gegen die bewaldeten Entoto-Berge im Hintergrund abzeichnet. Die breiten, meist sauberen Straßen sind verstopft vom dichten Verkehr – dem bunten Mix aus Traktoren, Mercedes-Limousinen, Motorrollern, Bussen, Handkarren und Lastwagen, der so typisch ist für die großen Zentren der boomenden Schwellenländer. Offiziell hat Addis Abeba etwas über drei Millionen Einwohner – die Zahl wird von Fachleuten bezweifelt, und ich glaube sofort, dass es mehr sind. Obdachlose und

Bettler am Straßenrand – viele von ihnen arme Bauern, die nach schlechten Ernten in die Stadt kommen – hat die Regierung bestimmt nicht gezählt. Es würde nicht zum Image passen.

Meles Zenawi, der ehemalige Marxist und Revolutionsführer, der das Land von 1991 bis zu seinem Tod 2012 autoritär regierte, unternahm alles, um aus Addis Abeba die Hauptstadt Afrikas zu machen. Sie ist schon der Sitz der Afrikanischen Union und der Wirtschaftskommission der Vereinten Nationen für Afrika. Damit ist ein wichtiges Ziel der Regierung bereits erreicht: Wer profitieren will vom »Vormarsch der Löwen« – wie die Unternehmensberatung McKinsey 2010 eine zukunftsgläubige Studie über das Potenzial des Kontinents überschrieb –, der kommt an Addis Abeba nicht vorbei. Zenawis Wirtschaftspolitik hat dem Land von 2000 bis 2010 eine durchschnittliche Wachstumsrate von über acht Prozent pro Jahr beschert – chinesische Größenordnungen. Er war dafür berüchtigt, wie er gegen Oppositionelle und Menschenrechtler vorging, er sorgte dafür, dass Regionen des Landes, die ihm nicht bedingungslos folgten, von Entwicklungshilfe abgeschnitten wurden. Die UN-Kommission gegen Folter beklagte 2010 »die häufigen, andauernden und übereinstimmenden Berichte über den regelmäßigen Gebrauch von Folter durch Polizei, Gefängniswärter und Sicherheitskräfte [...], insbesondere gegen politisch Andersdenkende, Mitglieder der Oppositionspartei, Studenten [...]«.[2]

Dort aber, wo es für ausländische Investoren zählte, beim Geld, gab sich Zenawis Regime fast diszipliniert: Für afrikanische Verhältnisse gilt sein Land als passabel verwaltet: Rang 120 von 182 auf der Korruptionsskala von *Transparency International*. Nicht gerade skandinavische Zustände, doch in der Nachbarschaft steht nur Dschibuti besser da. Das Rechts- und Steuersystem ist so gestaltet, dass Investoren sich nicht vor legaler oder illegaler Enteignung fürchten müssen und Hilfsorganisationen davon ausgehen, dass ihre Gelder tatsächlich zum großen Teil am Bestimmungsort ankommen. So hatte sich der Diktator salonfähig gemacht. Im Juni 2012 wurde er zum G20-Treffen in Los

Cabos, Mexiko, eingeladen und dort Zeuge des erregten Streits zwischen den großen alten Mächten über Schuld und Pflichten in der europäischen Staatsschuldenkrise.[3] Es wäre nicht überraschend, wenn er die Veranstaltung mit weiter gesteigertem Selbstbewusstsein verlassen hätte. Der Westen, allen voran die USA, betrachteten ihn als zuverlässigen Verbündeten in einer brisanten Weltregion, in der Al-Qaida im Jemen und in Somalia Stützpunkte hat – auch das trübte den klaren Blick auf die erbärmliche Lage der Menschenrechte im Reich des Meles Zenawi. Ihn focht das ohnehin nicht an. Er war immer der Überzeugung, dass es »keine direkte Verbindung gibt zwischen wirtschaftlichem Aufschwung und Demokratie«.[4] Nach dieser Rezeptur ist in Addis Abeba eine Mittelschicht entstanden, die die eleganteren Clubs, Hotels und Cafés der Stadt frequentiert. Besonders Cafés sind Tag und Nacht aktive Treffpunkte, schließlich wurde in Äthiopien das Kaffeetrinken erfunden.

Über den zentralen Plätzen liegt eine fast mediterrane Stimmung. An Lage und Architektur kann es nicht liegen – Äthiopien ist von Land umschlossen, und die rasch hochgezogenen Neubauten überschatten schon seit einigen Jahren die Zeugen der »großen Zeit« von Addis Abeba als Kaiserstadt Haile Selassies. Wahrscheinlich kommt der Eindruck vom Durcheinander der Bilder, den traditionellen Gewändern der Frauen vom Land, die Bündel von Brennholz auf den Köpfen nach Hause balancieren, den Geschäftsmännern in Anzügen und den jungen Leuten, die am Handy offenbar vielversprechende Verabredungen treffen. Der Umgang der Geschlechter wirkt entspannt und selbstverständlich, die große muslimische Minderheit hat sich – jedenfalls in der Hauptstadt – dem Stil eines Landes angepasst, das sich als eine der ältesten christlichen Zivilisationen der Welt versteht. Wir können diese Eindrücke kaum in uns aufnehmen, der Drehplan lässt uns nicht einmal 24 Stunden in Addis Abeba.

Ich habe einen protokollarischen Termin beim Informationsminister zu absolvieren, der als zweitmächtigster Mann des Landes gilt. Bei Tee und Smalltalk ist seine Skepsis gegenüber unseren Drehplänen zu spüren, doch er verspricht, uns keine Steine in den Weg zu legen. Dann gilt es, die Tür zu öffnen bei dem milliardenschweren Unternehmen, dessentwegen wir nach Addis Abeba gekommen sind: Saudi Star, ein Stern im Imperium von Mohammed Hussein Ali Al-Amoudi, einem der hundert reichsten Männer der Welt.[5]

Bei Schatzjägern

Der Scheich hat seine persönlichen Büros in Addis Abeba und eine seiner Wohnungen in den obersten Stockwerken des luxuriösesten Hotels der Stadt, das selbstverständlich ihm gehört. Seine Manager residieren in einem weniger prunkvollen, aber immer noch ansehnlichen Hochhaus in einem der Stadtteile, in denen die neuen Bauten wie Pilze aus dem Boden schießen – hier stimmt das überstrapazierte Bild einmal. Acht, zehn, zwölf Stockwerke hoch ragen die rohen Betonskelette aus dem Boden, die wacklig scheinenden Gerüste aus den schlanken Stämmen der Eukalyptusbäume dem Beton immer eine Etage voraus.

Die Lobby des Gebäudes von Saudi Star ist mit schwarzem Stein ausgekleidet. Auf den ersten Blick sieht das teuer aus, aber in den Ecken quillt die Füllmasse aus den Fugen. Von den vier Aufzügen funktioniert nur einer. So ist das an vielen Stellen in Addis Abeba – dabei sind die Äthiopier traditionell hervorragende Handwerker. Ihnen fehlt nur Zeit. Hier muss jetzt alles sehr schnell gehen. Das immense Wirtschaftswachstum verlangt den Laufschritt. Und Scheich Al-Amoudi ist kein Mann, der sein Business mit Muße aufbaut. Die auf Pappkarton geklebten Fotocollagen im Vorraum seines General Manager erinnern eher an die amerikanische Militärstrategie von *Shock and Awe* – sie zeigen einen ehrfurchtgebietenden Materialaufwand. Al-Amoudi ist entschlossen, Äthiopiens Landwirtschaft vom Mittelalter in das 21. Jahrhundert zu katapultieren. Geld spielt erst einmal keine Rolle – wenn seine Rechnung aufgeht, werden die Profite in jedem Fall immens sein.

Mit einem stolzen Lächeln und dennoch eine Spur nervös, weil er ahnt, welche Fragen auf ihn zukommen, beschreibt mir General Manager Berhane Fisseha das Konzept von Saudi Star. Kein Mega-Projekt, erklärt er gleich zu Beginn, ein Giga-Projekt. Äthiopiens Regierung bietet Investoren drei Millionen Hektar vom besten Ackerboden des Landes zur langfristigen Pacht an – für 20 bis 99 Jahre. Das bedeutet praktisch den Ausverkauf von 30 000 Quadratkilometern fruchtbarem Land – eine Fläche so groß wie Belgien. Al-Amoudi hat sich ein Sechstel davon gesichert – und wird in den nächsten Jahren zwei Milliarden US-Dollar investieren, um das Land zu entwickeln. Gambella ist der Anfang – ein Gebiet im Südwesten des Landes, das wie ein Finger in den Südsudan ragt, die sudanesische Unruheregion, die 2011, nach einem langen, blutigen Bürgerkrieg mit schätzungsweise zwei Millionen Toten, selbstständig wurde. Die Kämpfe sind immer noch nicht zur Ruhe gekommen – und Äthiopiens Grenzen in der Region sind porös.

Das wird die Investoren nicht aufhalten – denn Gambella ist reich an den wichtigsten Naturschätzen dieses Jahrhunderts: Es hat satten Ackerboden und genügend Wasser aus Regenfällen und den Zuläufen des Baro-Flusses, der letztlich in den Weißen Nil fließt. Dort wird Saudi Star in großindustriellem Rahmen Reis anbauen. Das Ziel ist ein Ertrag von einer Million Tonnen pro Jahr – allein aus der Provinz Gambella. Eine riesige Menge für ein Land, das Reis so gut wie nicht konsumiert. Das äthiopische Nationalgericht Injera, ein schwammiges, säuerliches Fladenbrot, an das ich mich nicht so recht gewöhnen konnte, wird aus Teff-Mehl gebacken, einer Hirseart. Da ergibt eine so riesige Reisplantage überhaupt keinen Sinn. Trotzdem versucht der General Manager mich davon zu überzeugen, dass Saudi Star mit seinem Reis zuallererst die Hungrigen Äthiopiens ernähren wolle. Ich glaube ihm nicht. Ich habe Fotos davon gesehen, wie Scheich Al-Amoudi dem saudischen König Abdullah schon

2009 feierlich den ersten Sack Reis von seinen Farmen in Äthiopien überreichte. Der König hat die Unternehmer des Landes dazu aufgefordert, mit ihren Investitionen dafür zu sorgen, dass Saudi-Arabien seine 25 Millionen Menschen mit Nahrungsmittelimporten ernähren kann. Der eigene Boden des Wüstenreiches ist am Ende seiner Kräfte. Nur vor diesem Hintergrund ist das Saudi-Star-Projekt wirtschaftlich und politisch sinnvoll.

Ich male Berhane Fisseha das irrsinnige Szenario aus, dass eines Tages Lkw-Kolonnen aus Gambella auf der Fahrt zu den Export-Verladestationen in Addis Abeba den Konvois der Vereinten Nationen begegnen, die Hilfsgüter in Hungergebiete bringen. »Dieses Kapitel unserer Geschichte wird bald vorbei sein«, hält er mir entgegen. »Äthiopien wird sich in 10, 15 Jahren selbst ernähren können und obendrein exportieren.« Er versucht, mir eine goldene Zukunft für Äthiopien auszumalen, das seinen reichen Boden und den größten Segen der Natur – Wasser – nutzt, um Wohlstand für alle zu schaffen – mit Schulen, Kliniken und Arbeitsplätzen. »Sie werden sehen, wie sich das Land entwickelt. Unsere Ziele reichen weit.« Wahrscheinlich glaubt er selbst daran. Er ist Äthiopier. Sein Chef Al-Amoudi – Sohn eines saudischen Vaters und einer äthiopischen Mutter – besitzt Pässe beider Staaten und gehört vor allem zur Klasse der globalen Unternehmer, die sich ihre eigene Nationalität formen – Weltbürger des großen Geldes.

Wie sehr Berhane Fisseha äthiopischer Patriot ist, merke ich, als ich ihn auf Äthiopiens Wasserreichtum anspreche. Da ändert sich seine vorsichtige, fast einschläfernde Art zu sprechen. Plötzlich ist er energisch und scharf – der Wechsel im Auftreten ist noch drastischer, als er bei Dr. Birru Yitaferu an den Fällen des Blauen Nils war: »Wir wollen unsere Produktivität steigern und unser Volk ernähren – und das geht nicht, wenn wir uns nur auf den Regen verlassen. Das müssen wir auch nicht. Unser Land ist der Wasserturm Afrikas. Wir werden unser Wasser nutzen! Für die anderen wird schon genügend übrig bleiben, aber ich wiederhole noch einmal und will das betonen: Das ist unser Wasser!

Das sind harte Tatsachen.« Meinen Hinweis auf die Verträge von 1929 und 1959, die Ägypten fast das gesamte Nilwasser zusprechen, wischt er mit einer Handbewegung weg: »Das sind alte Geschichten. Wir werden uns unser Recht nicht nehmen lassen.« Was auch immer Äthiopiens Regierung unternehmen wird, um diese Position gegenüber einer möglicherweise geschwächten Regionalmacht Ägypten und dem Sudan durchzusetzen – sie wird in diesem Punkt ihr Volk bestimmt hinter sich haben. Und als Oberanrainer des Nils wird Äthiopien nicht mehr machen müssen, als Dämme und Bewässerungskanäle zu bauen – und bereit zu sein, sie zu verteidigen. Dann müssen sie flussabwärts sehen, was sie dagegen tun wollen. Äthiopien wird es darauf ankommen lassen.

Ich möchte aus diesem Gespräch unbedingt die Erlaubnis mitnehmen, in Gambella auf dem Gelände von Saudi Star zu filmen. Doch da hilft mir auch die inzwischen entspanntere Atmosphäre nicht. »Vorläufig geht das nicht, wir sind noch nicht so weit«, sagt Berhane Fisseha immer wieder, und meine beharrlichen Nachfragen schließen die Tür nur noch fester. Was hat Saudi Star zu verbergen? Haben sie einheimische Bauern von ihrem Land vertrieben? Ganz sicher nicht, versichert mir der Mann. Dort habe es überhaupt kein privates Eigentum an Land gegeben. Saudi Star habe das Nutzungsrecht vom einzigen rechtmäßigen Eigentümer gepachtet: dem Staat Äthiopien. Und die Menschen seien froh über den Fortschritt, der nun komme. Das sollten wir den Menschen in Deutschland doch zeigen dürfen, ist mein letztes Argument. »Sie verlangen zu viel«, sagt der Manager, und unser Gespräch ist beendet.

Es wird schwierig werden – wir wissen nicht, wie nahe wir ohne Einladung an die Ackerflächen herankommen werden, und wir müssen ein Flugzeug chartern, um die abgelegene Region zu erreichen –, aber so werden wir uns nicht abspeisen lassen.

Äthiopien ist eines der Länder, in denen Zahlen über die Armut schon einen Ausweg skizzieren, den man nur beschreiten müsste. Bauern erwirtschaften 41 Prozent des Bruttoinlandsprodukts und mehr als 75 Prozent der äthiopischen Exporte. Dabei ist die Produktivität der Landwirtschaft noch äußerst gering – und damit ausbaufähig. Viele Bauern bestellen weniger als einen Hektar Land – häufig ist es steinig und liegt an steilen, erosionsgefährdeten Hängen. Technisch hat sich für sie seit tausend Jahren nicht viel verändert. Wir haben kaum Traktoren gesehen, dafür überall Ochsen, die Holzpflüge durch den Boden zogen, und Frauen, die sich tief gebückt um jeden einzelnen Halm kümmerten.

Mafa Chipeta, der bis 2011 Ostafrika-Chef der Welternährungsorganisation FAO war, glaubt, dass sich die Produktivität verdreifachen ließe. »Dazu müsste die Regierung den Bauern nur zu subventionierten Preisen Saatgut bereitstellen; sie müsste sie agrartechnisch beraten und ihnen Zugang zu Märkten verschaffen, wo sie ihre Produkte verkaufen können.«[6] Immer wieder hat die äthiopische Regierung Fortschritte versprochen und Anläufe unternommen. Es gab Versuche, Millionen von Hochlandbewohnern in die fruchtbaren Ebenen umzusiedeln – mit mehr oder weniger (meist weniger) sanftem Druck. Nur 500 000 Bauern sind in den letzten zehn Jahren diesen Aufrufen gefolgt – während die Bevölkerung des Hochlandes im selben Zeitraum um zwölf Millionen wuchs.[7] Das Unternehmen ist gescheitert, bis jetzt Bodenerosion und Klimawandel einen Druck ausüben, dem sich viele nicht mehr entziehen können. Es gab – gemeinsam mit internationalen Hilfsorganisationen – immer wieder große, zentralistisch angelegte Programme zur Verbesserung des Bodens oder des landwirtschaftlichen Know-how. Nichts davon hat den großen Sprung gebracht, den die Regierung seit 20 Jahren verspricht. Äthiopiens »grüne Revolution« kann nicht aus den ausgepowerten Böden des Hochlandes kommen – die Hoffnung ruht auf dem Tiefland.

Äthiopien hat nach Ansicht der Regierung – und externer Fachleute – das Potenzial, halb Afrika zu ernähren. Aus den Agrarexporten könnten die Devisen kommen, die eine umfassende Modernisierung des Landes, seiner Industrie und seines

Bildungssystems finanzieren. Soweit der Plan. Um ihn rasch umzusetzen, muss schnell und in großem Maßstab investiert werden. Da liegt die Chance für Konzerne wie den des Inders Sai Ramakrishna Karuturi und des Saudi-Äthiopiers Al-Amoudi. Die neuen Kolonialherren werden eingeladen. »Wenn diese Deals [von Äthiopien] gut ausgehandelt werden, dann, verspreche ich Ihnen, werden sie die Nahrungsmittelwirtschaft im Land enorm verbessern«, erklärte Mafa Chipeta noch 2009 einer Reporterin der *Washington Post.* »Ich kann mir nicht vorstellen, dass die Regierung Äthiopiens oder die irgendeines anderen afrikanischen Staates erlauben würde, dass ihr Land benutzt wird wie eine leere Gebärmutter. Die menschliche Natur würde das nicht zulassen.«[8]

Angela Andersen fliegt mit unserem Team nach Gambella, um zu sehen, was aus dieser Hoffnung geworden ist. Ich muss zurück nach Mainz an einen übergroßen Tisch, der nicht unbesetzt bleiben darf. So kann ich von einem der kritischsten Abenteuer unserer Reisen nur indirekt berichten.

Erkundungen in Gambella

Es macht ein mulmiges Gefühl, mit ungewissem Ziel über ein Land zu fliegen, in dem die Arbeit für Journalisten – auch für ausländische – sehr schnell gefährlich werden kann. Die Menschenrechtsorganisation *Human Rights Watch* listet in ihrem Länderbericht zu Äthiopien Fälle auf, in denen Reporter für – nach unseren Maßstäben – ganz normale Recherchearbeit ins Gefängnis geworfen wurden oder spurlos verschwanden.[9] Und wir wissen, dass wir in Gambella nicht mit offenen Armen erwartet werden. Tesfalem, unser erfahrener Verbindungsmann in Addis Abeba, hat uns damit beruhigt, dass wir ja keine Staatsgeheimnisse ausforschen wollen. Er hat unseren Besuch mit einer vagen Beschreibung des Projekts angekündigt und lokale Helfer – einen ortskundigen Führer und einen Fahrer – organisiert. Als die zweimotorige Propellermaschine auf dem kleinen, fast verlassenen Flughafen ausrollt, warten die beiden schon im Schatten der Bäume. Rauch, unser lokaler Producer, ist mit mehr als zwei Meter Körpergröße, breiten Schultern und einem von rituellen Narben gezeichneten Gesicht eine beeindruckende Gestalt, sein junger Partner Belay ein Fahrer, der, wie sich schnell herausstellt, weder Tod noch Teufel fürchtet, solange sich das wild schaukelnde Bild der Mutter Gottes an seinem Rückspiegel einigermaßen halten kann.

Die Straße in die Stadt führt über einen großen Fluss. Kinder jauchzen im Wasser, Erwachsene baden und waschen ihre Wäsche. Die ganze Landschaft schmatzt von saftigem Grün. Das sind Bilder, die wir drehen möchten. Aber erst einmal muss Geld gewechselt werden – mit Kreditkarten kommt man in diesem Teil der Welt nicht weiter. Die Bank von Gambella tauscht die Euros unserer Handkasse problemlos und korrekt in große Stapel Birr, die äthiopische Währung. Die Geldscheine zeigen idyllische Bilder von Frauen, die mit geschickten Händen perfekte Körbe flechten, und Bauern, die ihre hölzernen Pflüge von Ochsen ziehen lassen. Die Regierung versucht gerade mit aller Gewalt, das Land aus dieser bukolischen Vergangenheit zu lösen.

Auf dem Weg ins Hotel, bei einer Erkundungsfahrt durch die Stadt, kommt die erste Bewährungsprobe für unsere »Daseinsberechtigungspapiere« – so nennen wir unter uns die reich bestempelten Scheine, die in autoritären Staaten enorme Bedeutung haben. Ein Polizist auf einem Motorrad winkt Belay an die Straßenseite und nimmt sich Zeit für das Studium der Dokumente. Nervöse Minuten, doch an den Stempeln gibt es nichts auszusetzen. Das Quartier für die Nacht ist ein neues, aber etwas improvisiert zusammengezimmertes Motel. Es musste wohl schnell gehen mit dem Bau, damit der Besitzer von Anfang an von den Fremden profitieren kann, die Saudi Star mit seinen Investitionen nach Gambella ziehen wird. Bisher scheint sich der Andrang in Grenzen zu halten. Es ist ruhig im Haus – und dennoch eine unruhige Nacht. Wir haben viel investiert, um diesen Teil der Geschichte zu bekommen, und es gibt keine Garantie, dass das gelingt. In solchen Situationen halten einen die Sorgen wach. Die müden Ventilatoren an der Decke bewegen kaum die Moskitonetze.

Jürgen wollte schon im Dunkeln aufbrechen, um die Farm von Saudi Star im Licht der ersten Sonnenstrahlen zu filmen, aber das hat Rauch für zu riskant erklärt. Die Annäherung im Schutz der Dunkelheit könne zu Missverständnissen führen. Wenn ein Mann seiner Statur Befürchtungen äußert, empfehlen sich keine Debatten. So ist es schon später Vormittag geworden, als Belay den Teamwagen von der geteerten Straße auf eine sandige Piste steuert, auf der Affenfamilien herumspringen. Dann geht es einige Kilometer querfeldein bis zu einer Anhöhe – und da stockt einem auch dann noch der Atem, wenn man die Fotos an der Wand im Büro von Saudi Star in Addis Abeba gesehen hat: In diesem abgelegenen Winkel Äthiopiens, in dem die Zeit stehen geblieben zu sein scheint, geht der Blick über eine weite Fläche, voll mit Traktoren, Bulldozern und Baggern der neuesten Generation. Die Maschinen sind kaum zu zählen, ihr Wert muss in Dutzende von Millionen Dollar gehen. Vieles wirkt noch unbenutzt. Diesem Landstrich steht eine gewaltige Umwälzung bevor. Einige Wächter in abgewetzten Armeeuniformen tauchen aus Baracken auf, machen Patrouillengänge durch den Maschinenpark und verschwinden wieder im Schatten. Frauen gehen gebückt durch Reihen saftig grüner Reispflanzen und zupfen unerwünschtes Kraut – offenbar ein Versuchsfeld. Anderswo sind endlos lange Gewächshäuser zu erkennen. In dieser Umgebung sieht das alles aus, als wären Aliens von einem fernen Planeten gelandet, um dieses Stück Erde zu kolonisieren. So ungefähr ist es ja auch.

Offiziell war dieses saftige Ackerland herrenlos, bis Saudi Star kam. »Wir haben keine Entschädigungen gezahlt, da war ja niemand«, hat der Generaldirektor des Konzerns der Finanzagentur Bloomberg gesagt.[10] Aber Belay, unser Fahrer, weiß, dass hier auch früher Bauernfamilien lebten. Sie sind immer noch in der Nähe. Da könne man im Grunde überall hinfahren, sagt er, diese Familien seien jetzt in der ganzen Region verstreut. Er lenkt den Minibus zurück auf die geteerte Straße und fährt in eine Richtung, die er gut zu kennen scheint. Die Großfamilie, zu der er unser Team bringt, ist ein traurig typisches Beispiel für die vielen Opfer der neuen Politik – *Human Rights Watch* spricht von 1,5 Millionen Menschen in Äthiopien, die für Projekte wie das von Saudi Star zwangsweise umgesiedelt würden, davon alleine 70 000 in Gambella.*

»Unsere« Familie hat in einer Lichtung ein Stück Land gefunden, von dem sie nicht gleich wieder vertrieben wurde. Deshalb beginnen die Männer, mit enormem Geschick neue Hütten zu bauen. Ihre Hände arbeiten in einem perfekt abgestimmten eleganten Rhythmus zusammen, der aus biegsamen Zweigen erstaunlich schnell das Grundgerüst für Wände emporwachsen lässt. Aber sie dürfen sich hier nicht zu Hause fühlen. Verbriefte Rechte hatten sie nie für ihr Land – so konnten die Regierung und Saudi Star auch behaupten, dass niemand vertrieben worden sei –, aber die Menschen wissen sehr genau, welche Familie an welcher Stelle uralte Bleiberechte hat.[11] Das Land, von dem sie vertrieben wurden, war besser als das, wo sie nun Zuflucht suchen. Einer der Männer erzählt, sie hätten Saudi Star gebeten, ihnen doch wenigsten für einen Tag einen Bulldozer zur Verfügung zu stellen, um ein Stück Wald zu roden. Aber der Konzern, der versprochen hatte, das Leben der Menschen in Gambella zu verbessern, hat sich die Bitten nicht einmal angehört. Sie bekommen Hilfe, ja. Wir filmen Spuren davon: Stapel von leeren Konservenbüchsen, die Gemüse aus Überschussproduktion enthielten, »USA« steht darauf. Aus stolzen Bauern sind Almosenempfänger geworden.

»Für uns ist Land eine politische Angelegenheit – und eine sehr emotionale. Land bedeutet für uns Identität«, sagt Okok Ojulu, einer der Führer des Anuak-Volkes, das von hier vertrie-

---

* Die Regierung plant, bis 2013 1,5 Millionen in vier äthiopischen Regionen und konkret 70 000 in Gambella umzusiedeln.[7]

ben wurde, in einem Interview.[12] Er lebt im Nachbarland Kenia, weil er in seiner Heimat Verfolgung fürchten muss.

Die Auseinandersetzung um das Land von Gambella verläuft nicht friedlich. Immer wieder schaffen es Berichte über blutige Vorfälle aus diesem entlegenen Winkel eines fernen Landes sogar in westliche Medien. Im März 2012 griffen »friedensfeindliche Elemente« (so die regierungsamtliche Erklärung) bei Gambella einen Bus voller Landwirtschaftsstudenten an und töteten 19 von ihnen. Einen Monat später starben bei einem Angriff ein Pakistaner und vier Äthiopier, die an einem Kanal für Saudi Star arbeiteten. Nicht ausgeschlossen, dass es ein Racheakt war. Der Reis von Saudi Star wird auch mit Blut bezahlt.

Als unser Team am Abend von den Dreharbeiten zurückkommt ins Hotel, ist die Eingangshalle stockdunkel. Der Strom ist ausgefallen, und der Portier im kleinen Hotelbüro sieht im Schein der Taschenlampe gespenstisch aus. Aus dem Hintergrund löst sich eine dunkle Gestalt und verlangt die Ausweise. Angela erkennt die Gefahr und verweigert entschieden die Herausgabe. Ohne Reisepapiere wären sie den örtlichen Behörden ausgeliefert. Ihre kerzengerade Haltung und ihre feste Stimme beeindrucken den Mann offenbar. Nach einigem Hin und Her reduziert er seine Forderung darauf, dass alle am nächsten Morgen beim Verwaltungschef der Region im Regierungsgebäude zu erscheinen hätten. Dort würden ihre Vergehen dann zu beurteilen sein.

Alle erleben eine unruhige, schwüle Nacht. Der Flug nach Addis Abeba am nächsten Morgen ist der letzte für diese Woche. Was, wenn sie hier aufgehalten werden, wenn ihnen das Drehmaterial abgenommen wird?

Überpünktlich fahren sie beim Regierungsgebäude vor. Es wirkt für die Verhältnisse von Gambella neu und modern. Die Flure sind großzügig, die Treppenaufgänge breit. In einem Büro empfängt sie der mysteriöse »Offizielle« aus der letzten Nacht, der sich immer noch nicht mit Namen vorstellt, aber hier sichtlich in seinem Element ist. Überall stehen mächtige Möbel. An vielen ist der Plastikschutz nur unvollständig abgerissen worden. Vielleicht, um zur Schau zu stellen, wie fabrikneu alles ist?

Schließlich werden sie zum Chef der Provinzregierung geführt, einem Hünen in hellem Anzug in einem beeindruckend großen Büro. Er nickt seinen unfreiwilligen Gästen kurz zu, mehr nicht. Sie setzen sich, ohne dazu aufgefordert worden zu sein, in eine wuchtige Sesselansammlung um einen niedrigen Tisch. In der Ecke läuft halblaut ein Fernseher. Dann – nichts. Keine Fragen, kein Blickkontakt. Ab und zu schaut der Regierungschef auf den laufenden Fernseher, redet ein paar Worte auf Amharisch mit seinen zwei Assistenten, die im Raum stehen, meist aber spielt er mit seinem iPhone. Der Termin zum Abflug aus Gambella sitzt dem Team immer stärker im Nacken.

Irgendwann stellt Angela in die Stille hinein die Frage, wozu sie hier einbestellt worden seien. Da, endlich, werden in ärgerlichem Ton die Anschuldigungen vorgetragen. Sie seien in einer Gegend gewesen, in der sie nicht hätten sein sollen. Sie hätten keine Erlaubnis gehabt, dort zu drehen. Die Regierung leiste viel für die unterversorgten Gebiete des Landes. Da erkennt Angela eine Chance, die heikle Situation für beide Seiten ohne Gesichtsverlust zu lösen. Sie sei sehr interessiert, den Standpunkt der Regierung zu diesen Fragen zu hören. Es brauche für das Team nur ein paar Minuten, um Licht zu setzen und die Kameraausrüstung zu holen. Der Beamte wirkt überrumpelt. Er schaut auf seine Assistenten und nickt dann als Zeichen seines Einverständnisses.

In seiner Darstellung werden die Bauern der Anuak nicht vertrieben, sondern zusammengeführt, sodass sie von der Regierung besser mit Schulen und Krankenstationen versorgt werden können. Fast eine halbe Stunde lang trägt er auf Englisch in selbstbewusstem Ton die Linie der Regierung Meles Zenawis vor. Auf Angelas Einwurf, ob die Bevölkerung denn gefragt werde, wie sie das Land genutzt sehen wolle, erklärt er, das sei nicht nötig. Land gehöre in Äthiopien dem Volk, und das könne nicht jede Einzelheit regeln. Die Regierung wisse am besten, was gut sei für die Menschen.

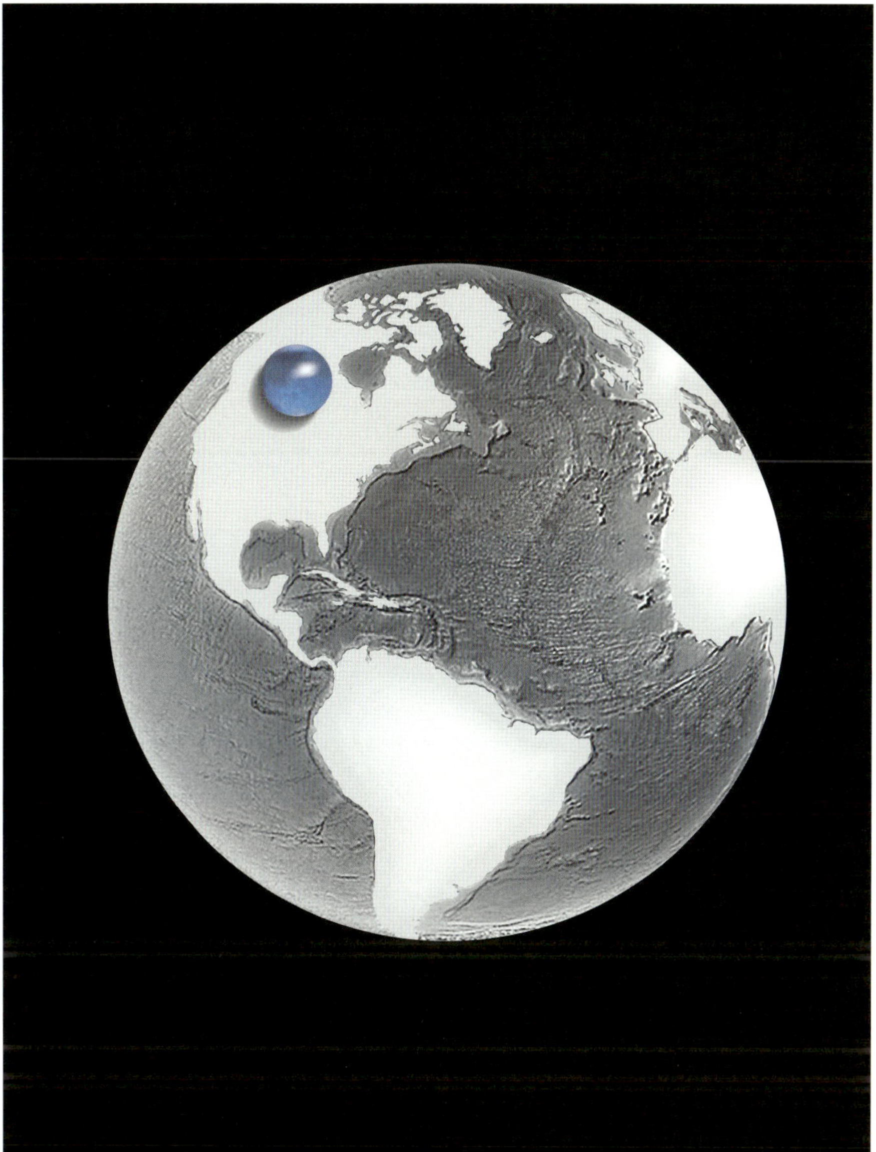

Kostbar: Würde das Wasser aller Ozeane, Flüsse und Seen von der Erdoberfläche gezogen und schwebte es in einer Blase um die Erde, so wäre die nicht größer als die blaue Kugel in dieser Grafik. Was uns als unendlich tiefer Ozean erscheint, ist in den Dimensionen unseres Planeten nur eine dünne Folie. Nur ca. 3 Prozent der Kugel wären Süßwasser (Quelle: NASA).

Landnahme und Hunger in der Welt

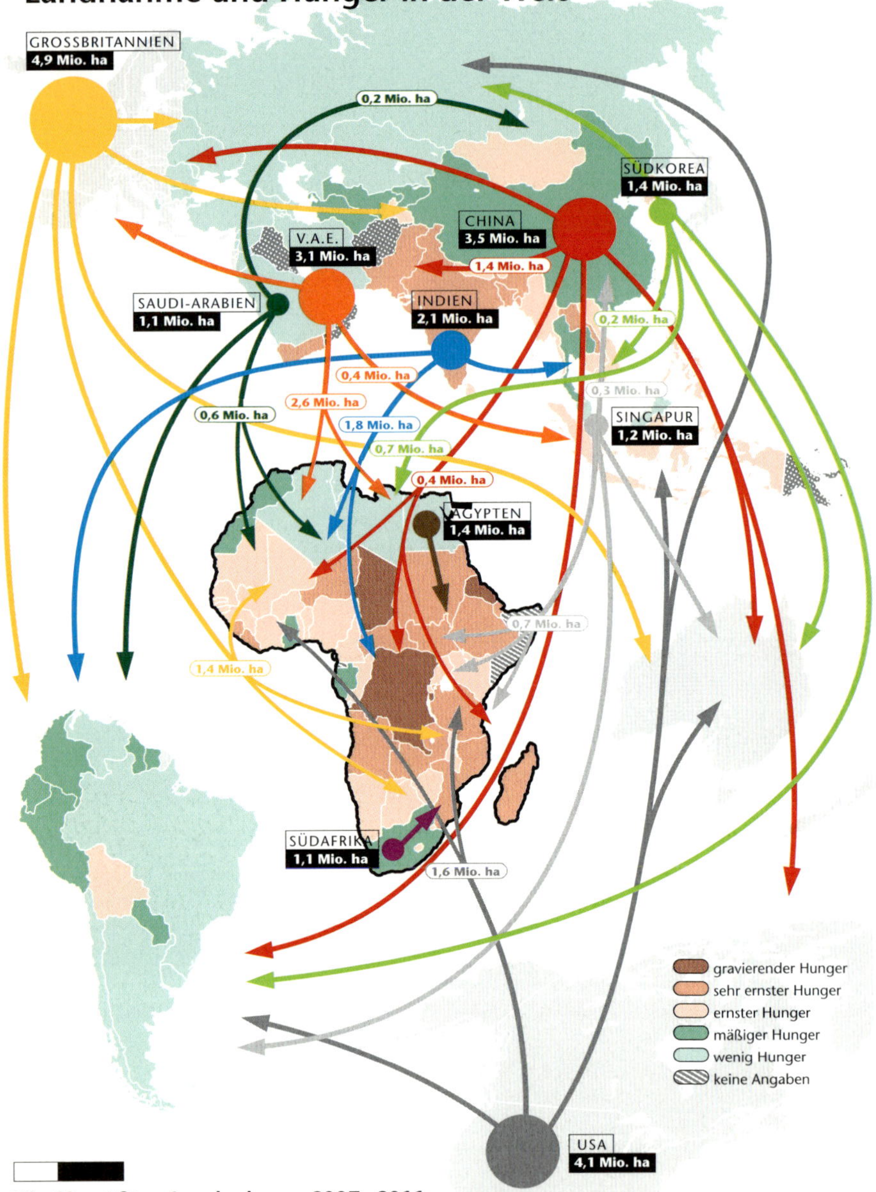

Die 10 größten Landnehmer, 2007–2011

Äthiopien erscheint als »Beuteland« nicht prominent, weil sich die Investitionen dort (über 1 Mio. ha) auf viele Landnehmer verteilen. Großbritanniens Übergewicht hängt zusammen mit dem Sitz großer Investmentfonds in London.

Quellen: Grain, 2012; Global Hunger Index/IFPRI 2011

45

Beute: In Gambella filmen wir den Maschinenpark der Eroberer und das Schicksal der Vertriebenen – Bilder eines Beutezuges.

46

47

Dankbar: Jeder Halm ist wertvoll, Frucht des Blauen Nils. Seit ein Kanal das Wasser hinausleitet ins Land, kann Bauer Antengne seinem Sohn zum ersten Mal eine glückliche Zukunft versprechen.

48

Wasser unser: »Wir wollen unsere Produktivität steigern und unser Volk ernähren. Wir werden unser Wasser nutzen!« An den Fällen des Blauen Nils wird der freundliche Dr. Birru Yitaferu zum energischen Patrioten.

51 

Goldwind: In den Hallen des Windturbinenproduzenten begegnet mir der Geist eines neuen Chinas: »Wir wollen den Himmel über der Welt wieder blau machen. Und die Wolken weiß«, schwärmt Chang Lie, der junge Chef der Produktion.

52 

53

Ansturm: Über den weiten Feldern des »Innermongolischen Windgürtels« erklimmt Ihr Autor einen Ausblick auf die Dimension der chinesischen »Greentech«-Industrie. Die Hirten haben sich daran gewöhnt, die Konkurrenz noch nicht.

54

55 

Grenzfall: »Wenn neun Millionen Menschen auf die Grenze zumarschieren und ihre Lage so ausweglos ist, dass sie sich nicht aufhalten lassen, gibt es keine militärische Lösung«, warnt Indiens Luftmarschall a.D. AK Singh. Sind die Mächtigen so klug?

56 

Die Bilder auf den Speicherplatten unserer Kamera erzählen eine andere Geschichte. Aber Angelas Rechnung geht auf. Die Gelegenheit zum Interview hat die Atmosphäre genügend entspannt. Nach dem Gespräch darf Angela unbehelligt – mit ihrem Team und dem gesamten Drehmaterial – zum Flughafen fahren. Menschen, die keine andere Wahl haben, als den Vertretern einer solchen Regierung als Untertanen gegenüberzutreten, können nicht so leicht entkommen. Ihr Leben und ihr Streben nach Glück unterliegen dem Diktat der Obrigkeit. Die hat Pläne für das Land, das für die Menschen von Gambella Seele und Identität bedeutet. Es wurde verpachtet, für knapp acht Dollar pro Hektar und Jahr.[13]

Der große Beutezug

Was wir in Äthiopien erlebt haben, ist nur eine Facette eines globalen Trends: Staaten, die reich sind an Geld, aber arm an Land, streben nach Land in Staaten, die viel davon haben und dringend Geld brauchen. Die Kräfte des Marktes hätten diesen Trend ohnehin geschaffen, die Klimaentwicklungen der letzten Jahre beschleunigen ihn nun enorm. Die Getreideverknappung 2007/2008 – Ergebnis des unglücklichen Zusammentreffens einer Missernte in Kanada, der Dürre in Russland und der Überschwemmungen in Nordostaustralien und Pakistan – hat die Getreidepreise innerhalb von wenigen Wochen in Rekordhöhen getrieben. Naturkatastrophen wurden zum Turbolader einer ohnehin rasanten Preisentwicklung. Nach vielen Jahren relativer Stabilität sind die Nahrungsmittelpreise im weltweiten Durchschnitt zwischen 2005 und 2012 um 83 Prozent gestiegen. In 30 Ländern brachen deswegen Unruhen aus, in Haiti stürzte darüber der Premierminister.[14]

Zunächst sind wohlhabende Gesellschaften davon weniger betroffen, weil in Industriestaaten ein großer Teil der im Supermarkt gezahlten Nahrungsmittelpreise für Marketing, Verarbeitung, Verpackung, Transport und den Zwischenhandel anfällt. Der Rohstoffpreis, etwa für Mais oder Weizen, macht am Preis des Endprodukts relativ wenig aus. Zudem wird in den reicheren Ländern ein relativ geringer Prozentsatz des Einkommens für Lebensmittel ausgegeben – in Deutschland sind es kaum mehr als zehn Prozent.

Exportnationen können sich bei geringeren Ernten mit steigenden Preisen pro exportierter Tonne trösten, Netto-Importeure in der sogenannten Dritten Welt sind dagegen doppelt gestraft in einem Prozess, der Reiche reicher und Arme ärmer macht. Dieselben Wetterereignisse, die 2008 die weltweiten Nahrungsmittelpreise auf nie zuvor gekannte Höhen trieben und von Haiti bis Algerien Hungerunruhen auslösten, brachten der US-Agrarindustrie die höchsten Exporte ihrer Geschichte – eine vermutlich 16-prozentige Steigerung gegenüber dem Vorjahr.[15] Im Sommer 2012 bewies das Wetter dann seine Bumerangqualitäten: Die Kornkammern der USA wurden von einer Trockenheit heimgesucht, wie es sie seit Mitte der 1950er-Jahre nicht mehr gegeben hatte. Erinnerungen an die *Dust-Bowl*-Katastrophe von 1934 bis 1936 wurden wach, als die Sonne Ackerboden in Staub verwandelte, den Stürme wegtrugen. Nicht ausgeschlossen, dass selbst die USA einmal dieselbe Entscheidung treffen wie Russland, Indien und andere Großexporteure in den letzten Jahren: ein Exportverbot für Getreide, weil die Ernährung der eigenen Bevölkerung politisch immer Vorrang haben muss. In Ländern, die existenziell auf Importe angewiesen sind, muss diese Aussicht Urängste auslösen. Was tun, wenn kein Getreide mehr zu kaufen ist – egal, zu welchem Preis? Saudi-Arabien ist eines der Länder, die vorsorgen müssen.

Dreißig Jahre lang hat das Königreich eine Politik der Autarkie verfolgt. Das Wasser, das der Himmel nicht schenkte, wurde ohne Rücksicht auf die Kosten aus dem Boden geholt. In der Wüste wuchsen Weizen- und Gerstenfelder. Nach der Jahrtausendwende wurde immer deutlicher, dass es so nicht ewig weitergehen konnte. Die Grundwasservorräte waren schon zu 60 Prozent aufgezehrt und gingen mit wachsendem Tempo zur Neige. Für das schwerreiche Saudi-Arabien waren die steigenden Getreidepreise 2007/2008 an sich kein wichtiges Thema, aber die Hungerunruhen in Nordafrika erinnerten die Herrscher in Riad an ein Problem, das sich auf Dauer nicht mit Geld lösen lässt: Die saudische Landwirtschaft hatte die spärlichen Grundwasservorräte des Wüstenkönigreiches schon fast vollständig ausgelaugt. Die Regierung musste sich zwischen Wasser und Getreide entscheiden. Und entschied sich für Wasser. Die wertvollen Reserven sollen nicht mehr in der Landwirtschaft versprüht werden. Bis 2016 soll die eigene Weizenproduktion auslaufen. »Nahrungsmittel kann man importieren, mit Wasser wird das sehr schwierig«, erklärte der Landwirtschaftsminister[16] – eine auf den ersten Blick einleuchtende Rechnung. Sie geht jedoch nur auf, solange Länder bereit sind, einen Teil ihrer Ernte zu exportieren.

Saudi-Arabien startete die hochtrabend benannte *King Abdullah Initiative*, um die Vorsorge krisensicher zu machen. Es ging darum, die Kontrolle über Ernten zu gewinnen, für die es noch nicht einmal Felder gab. Saudi Star ist Teil dieser Strategie – und noch nicht einmal der wichtigste. Regelmäßig verkünden die Websites der Agrarindustrie – wie www.oryza.com für Reis – das weitere Vordringen der saudischen Aufkäufer. 2008 ein Engagement in Pakistan, 2009 Agrarprojekte für 1,3 Milliarden US-Dollar in Indonesien, 2012 ein milliardenschweres Joint Venture mit den Philippinen und so fort.[17] Das Programm geht inzwischen über die Daseinsvorsorge hinaus – Investitionen in die Nahrungsmittelversorgung der Zukunft versprechen sichere Profite.

Wenn Saudi-Arabien in solchen Größenordnungen investiert – ein Land mit 25 Millionen Einwohnern –, welche Summen muss dann die Regierung in Beijing bewegen, um für ihr Milliardenvolk vorzusorgen? Wie lange wird sie 20 Prozent der Weltbevölkerung mit den Erträgen aus neun Prozent des weltweit verfügbaren Ackerbodens ernähren können? Und was wird mit Indien, wo alarmierend schnell der Grundwasserspiegel wegsackt, weil das Land aus 20 Millionen Brunnen doppelt bis dreimal soviel Wasser pumpt, wie die Natur nachliefern kann?[18] Die Kleinbauern in Gambella können nicht ahnen, in welchen Strudel sie geraten sind.

Angesichts der Herausforderungen mag man noch verstehen, dass Regierungen und Investoren dem großen »Land-Rausch« verfallen. Die Holding des Inders Sai Ramakrishna Karuturi versprach ihren Anlegern eine jährliche Kapitalrendite von 30 Prozent. Erschreckender noch ist die Bereitschaft von Staaten – oder ihrer Oberschicht – zum Ausverkauf des Landes. Offensichtlich entspricht dem Kaufrausch ein ebenso heftiger Drang, Land zu Geld zu machen. Nach einer Studie der Weltorganisation für wirtschaftliche Zusammenarbeit und Entwicklung (OECD) stehen mehr als 30 Prozent des Ackerbodens der Welt zum Verkauf oder zur langfristigen Verpachtung an. Von 2008 bis 2010 konnten internationale Großkonzerne Landflächen von der Größe Frankreichs zusammenkaufen. Das lässt sich wahrscheinlich nur damit erklären, dass hinreichend hohe Angebote bei Verkäufern nicht nur Skrupel, sondern auch den Verstand ausschalten können.

Deutschland und Europa sind dabei keine unbeteiligten Zuschauer, im Gegenteil. Fonds und Banken treiben die Preise für Ackerboden auch bei uns in die Höhe, und Europa ist eine der wichtigsten Quellen für global operierende Boden-Fonds.[19]

Der Klimawandel facht diesen Boom auf zweifache Weise an: Ackerboden wird durch das Vordringen von Trockengebieten immer knapper und damit wertvoller, auf der anderen Seite steigt der Bedarf auch deshalb, weil immer mehr Ackerboden für die Herstellung des auf den ersten Blick CO_2-sparenden, also klimafreundlichen Biosprits blockiert wird. Das ist ein inzwischen weltumspannendes Phänomen – in Südamerika, Afrika, Europa, Asien und den USA. Europa destilliert zehn Prozent seiner gesamten Getreideernte für die Energiegewinnung, die USA ein Drittel ihres Maises – beides noch mit steigender Tendenz. Eine Studie der Weltbank von 2010 stellte fest, dass Biosprit – der ja helfen soll, den Klimawandel zu bremsen – zum größten Treiber für die steigenden Ackerpreise geworden ist.[20] Kleinbauern wie die in Gambella geraten in eine Zange zwischen Klimawandel und den Kalkulationen weltweit agierender Investoren. Als Berhane Fisseha mit mir in Addis Abeba vor der Bilderwand mit dem Bataillon aus Baggern und Traktoren stand, hatte er – mehr zu sich selbst als zu mir – gemurmelt: »Was wir dort vorhaben – so etwas haben die Menschen dort noch nie gesehen.« In der Tat!

Zündfunke Klimawandel

Das schreiende Unrecht, das uns im Umfeld des Giga-Projekts von Gambella begegnete, wird zu Konflikten führen – nationalen wie internationalen. Ungerechtigkeit, Profitgier und Neid sind mächtige Triebfedern der Weltgeschichte.

Mit grausamer Konsequenz sorgen die Gesetze des Marktes dafür, dass die Preisexplosion bei Getreide die Kluft zwischen Arm und Reich in der Welt noch größer macht. In den Industrieländern hatten die gestiegenen Rohstoffpreise für Lebensmittel bisher so gut wie keine politische Wirkung. Auch Kleinbauern, die in erster Linie für sich selbst und vielleicht noch für den kleinen Markt im nächsten Ort produzieren, spüren davon noch am wenigsten. Sie sind abgeschnitten von den Schwankungen des Weltmarktes – ihnen fehlt schlicht jede Verbindung dorthin. Wenn sie dennoch im bescheidenen Umfang Anschluss finden – das geschieht immer mehr durch die Verbreitung von internetfähigen Mobiltelefonen –, dann können sie von den gestiegenen Preisen vielleicht sogar profitieren.

Die wehrlosen Opfer der aktuellen Entwicklung leben in den Städten unterentwickelter Staaten – in der Enge von Slums, in denen an Selbstversorgung nicht zu denken ist. Dort wiederum sind Kinder am anfälligsten für die Folgen der schlimmen hygienischen Bedingungen und des Hungers. Die Schäden frühkindlicher Mangelernährung werden sie fürs Leben zeichnen. Wie lange werden die Menschen das hinnehmen, ohne sich zu wehren? Nur wenige der am schlimmsten betroffenen Staaten sind politisch so organisiert, dass der Zorn der Benachteiligten sich in einem demokratischen Machtwechsel entladen kann – Indien könnte dafür ein Beispiel sein. Die meisten Regimes von Hungerstaaten in Afrika, Asien und Lateinamerika werden versuchen, sich mit Gewalt an der Macht zu halten – mit fürchterlichen Konsequenzen, egal, wer am Ende die Oberhand gewinnt.

Angesichts solcher Prognosen erschiene ein Aufstand in Madagaskar fast schon ermutigend, hätten nicht rund 130 Menschen dabei ihr Leben verloren. Madagassen haben bewiesen, dass ein Volk sich gegen Geschäfte von der Art des Gambella-Deals erfolgreich wehren kann. Im Jahr 2008 hatte Marc Ravalomanana – ein fabelhaft reich gewordener Selfmade-Geschäftsmann und demokratisch gewählter Präsident des Inselstaates – mindestens 1,3 Millionen Hektar Ackerland für 99 Jahre an den südkoreanischen Konzern Daewoo International verpachtet. Der Konzern wollte dort vor allem Mais anbauen, und zwar genug, um die Hälfte des Bedarfs von Südkorea zu decken – des drittgrößten Maisimporteurs der Welt. Die genauen Konditionen dieses Giga-Geschäftes blieben unklar. Nach manchen Angaben sollte Daewoo umgerechnet weniger als 20 Euro pro Hektar Pacht bezahlen, andere sprechen davon, dass Daewoo anstelle von Pacht zugesagt hatte, den Gegenwert von 1,5 bis 5 Milliarden Euro in die Infrastruktur Madagaskars zu investieren.[21]

Das war ein Geschäft von gewaltigen Ausmaßen – es umfasste beinahe die Hälfte des madagassischen Ackerlandes. Die *Financial Times* deckte die Fakten auf, am 19. November 2008 erfuhren die Menschen von Madagaskar davon. Die Empörung war so groß, wie man es in einem Land erwarten muss, das immer wieder auf Nahrungsmittelhilfe der Vereinten Nationen angewiesen ist und in dem 70 Prozent der Bevölkerung unter der Armutsgrenze leben. Es blieb unklar, ob wenigstens ein Teil der Produktion im Land bleiben sollte. Die Infrastrukturmaßnahmen – Häfen, Straßen, Lagerhäuser und Bewässerungsanlagen – schienen mehr den Interessen von Daewoo als denen der Madagassen zu dienen. Und niemand glaubte den üblichen Beteuerungen, dass es sich ausschließlich um herrenlose, bisher unbewirtschaftete Flächen handeln würde. Die einfachen Bauern verstanden diese Behauptung so, wie sie vermutlich gemeint war: Die Koreaner sollten das Land bekommen, auf dem viele von ihnen zwar schon seit Generationen wirtschafteten, für das sie aber keine Eigentumsrechte nachweisen konnten. Das alles in einer Zeit, in der die Bevölkerung besonders unter den explodierenden Nahrungsmittelpreisen litt – die Versorgungskrise des Jahres 2008 hatte gerade ihren Höhepunkt erreicht.

Da wurde die Nachricht vom klammheimlichen Ausverkauf des Landes zum Zündfunken. Die Rechtlosen zogen in die Hauptstadt Antananarivo. Aus Demonstrationen wurde ein Volksaufstand. Am 17. Januar 2009 gingen 30 000 Menschen auf die Straße – gegen Korruption und gegen den Präsidenten, der das Geschäft mit Daewoo ausgehandelt hatte. Schaufenster gingen zu Bruch, Plünderer räumten die Geschäfte, mehr als 30 Menschen starben in einem Feuer, das dabei in einem kleinen Einkaufszentrum ausbrach. Das Militär war gespalten. Die Präsidentengarde soll auf Demonstranten geschossen und mehrere getötet haben, doch die Mehrheit der regulären Truppen unterstützte den Umsturz. Der Bürgermeister der Hauptstadt, ein ehemaliger Discjockey, der in den meisten Berichten als charismatischer Hitzkopf beschrieben wird, stellte sich an die Spitze der Bewegung und erklärte den Präsidenten für abgesetzt.

Die Verhältnisse im Land sind seither unklar. Im Sommer 2012 war noch immer eine provisorische Regierung unter Führung des ehemaligen Bürgermeisters an der Macht. Im Januar hatte diese den Luftraum über Madagaskar gesperrt und damit die Landung eines Linienflugzeugs verhindert, mit dem der ehemalige Präsident zum wiederholten Mal aus dem Exil in Südafrika zurückzukehren versuchte.[22] Er weigert sich aufzugeben, aber sein größter Deal hat wohl keine Chance mehr, obwohl Daewoo International Corporation formal daran festhält.

Das Schicksal des Milliardärs und Ex-Präsidenten bleibt eine Warnung an die Regierenden, vor allem in Afrika: Ausverkauf von Land in großem Stil ist politisch wie finanziell ein gefahrvolles Unterfangen, besonders in Ländern, in denen die Erinnerung an die Unterdrückung durch Kolonialmächte noch lebendig ist. Sie haben damals schon Praktiken kennengelernt, die nun anscheinend wiederkehren: die Konzentration der gesamten Landwirtschaft auf *cash crops* – Pflanzen, die nicht in erster Linie der Ernährung der lokalen Bevölkerung dienen, sondern vor allem wirtschaftlichen Interessen. Kautschuk kann niemand essen, trotzdem wurde Belgisch-Kongo – in den schlimmsten Jahren eine private Plantage des belgischen Monarchen Leopold II. – mit bestialischen Methoden zur Monokultur gezwungen. Der Vergleich mag unangemessen erscheinen, doch in Afrika werden sofort Verbindungen hergestellt zwischen solchen Beispielen und der kommerziellen Umwandlung großer Landstriche zur Massenproduktion von Bio-Treibstoffen, damit die Klimakiller im Norden ihr Gewissen beruhigen können.

Am Ende wird weder das Schicksal des madagassischen Präsidenten noch der regelmäßige Aufschrei in der Presse und von Nicht-Regierungsorganisationen das *land grabbing* stoppen. Die Profite, die dabei zu erzielen sind, erreichen so atemberaubende Größenordnungen, dass die Versuche nicht abreißen werden. Es wird immer Regimes geben, die dann eher auf die brutale Durchsetzungskraft ihrer Sicherheitsapparate setzen, als dass sie sich solche Gelegenheiten entgehen lassen.

Die daraus entstehenden Konflikte werden nicht an Landesgrenzen Halt machen. Das Szenario, das ich Berhane Fisseha in unserem Gespräch in Addis Abeba ausgemalt hatte – dass während einer Hungerkatastrophe riesige Reistransporte Äthiopien verlassen –, würde in der Realität kaum friedlich enden. Wilfried Bommert skizziert in seinem Buch *Bodenrausch* eine internationale Krise, in der Jets der saudischen Luftwaffe Angriffe auf pakistanische Zivilisten fliegen, und zwar auf Einladung der Regierung in Islamabad. Die ist der Unruhen nicht mehr Herr geworden, bei denen die hungernde Bevölkerung den Abtransport von Weizen aus den saudischen Feldern im Industal stoppt. China organisiert bereits ein »Bündnis der Getreide importierenden Staaten«, die bereit sind, ihr »gutes Recht« mit allen nötigen Mitteln durchzusetzen – gemeint sind die lukrativen Verträge, die zuvor mit den Regimes von Ländern der Dritten Welt geschlossen wurden. Solch eine Entwicklung erscheint furchtbar plausibel. Pakistan offeriert schon jetzt internationalen Investoren Pachtland mit militärischem Schutz für den Konfliktfall. Früher oder später werden wir zu berichten haben, dass ein solcher Deal eine internationale Krise oder einen Krieg ausgelöst hat.

Dabei muss ein Vertrag, in dem ein Land mit wenig entwickelter Landwirtschaft Flächen für internationale Agrarkonzerne zur Verfügung stellt, nicht unbedingt des Teufels sein. »Land gegen Pacht« oder »Land gegen Investitionen« könnte sich für beide Seiten lohnen. Voraussetzung dafür ist im Land der Äcker eine Regierung, die den Interessen ihres Volkes verpflichtet ist und entsprechend handelt. Und die ausländischen Investoren müssen die Bereitschaft einbringen, ihre Profitinteressen mit Rücksichtnahme auf die Kultur, die Geschichte und die Bedürfnisse der Partner zu dämpfen, und dürfen die Defizite in »guter Staatsführung«, die sie dort antreffen, nicht ausnutzen, sondern müssen helfen, sie zu überwinden. Die Welt sollte klüger geworden sein seit den Verbrechen der Kolonialzeit. Die dauerte lang genug vom Ende des 15. bis zur Mitte des 20. Jahrhunderts – es gibt keinen Bedarf an einer Wiederholung, in welcher Form und Verkleidung auch immer.

KAPITEL 10

Was nun?

Uneinige Nationen

Der 20. Juli 2011 soll ein wichtiger Tag werden für den Klimaschutz und für den Sicherheitsrat der Vereinten Nationen. Zum ersten Mal wird das einzige Gremium der Weltorganisation, das völkerrechtlich bindende Beschlüsse verabschieden kann, einen förmlichen Beschluss zum Klimawandel fassen. Und diese Veränderungen damit quasi »offiziell«, mit der Autorität der UN, zur Bedrohung für den Weltfrieden erklären.

So ein diplomatisches Papier kann kein Kohlekraftwerk stilllegen, keinen Gletscher bewahren, keine Dürre aufhalten. Und trotzdem würde ein solcher Schritt den Charakter der Klimadebatte grundlegend ändern. Das ist genau der Grund, weshalb Deutschland dieses Projekt verfolgt in dem einen, wertvollen Monat, in dem es die Präsidentschaft des mächtigen Gremiums innehat und wenigstens in Ansätzen die Agenda der Vetomächte bestimmen kann. An diesem einen Tag entscheidet sich das Schicksal einer Initiative, die seit über einem Jahr vorbereitet wurde. Und mir verschafft er einen spannenden Einblick hinter die Kulissen eines mächtigen Apparates, von dem ich bisher auch kaum mehr kannte als die wenig aussagekräftigen Bilder der Sitzungen des Weltsicherheitsrates in den eigenen Nachrichtensendungen.

Ich bin mit Dr. Peter Wittig, dem deutschen UN-Botschafter, zu einem frühen Frühstück verabredet und wundere mich schon bei der Begrüßung darüber, dass er sich in dieser Stresssituation einen Besucher zumutet. Der Besprechungsraum in der deutschen UN-Vertretung mit dem herrlichen Blick über den East River und das Hauptquartier der Vereinten Nationen summt vor Aktivität. Eigentlich ist das ein aussichtsloses Unterfangen. Die deutsche Initiative hatte von Anfang an große Mächte gegen sich, China und Russland vor allem, aber auch die entscheidenden Schwellenmächte wie Indien und Brasilien wollten nichts davon wissen. Und Deutschland braucht für das, was es erreichen will, Einstimmigkeit. Es wurden viele Zugeständnisse gemacht, um wenigstens einen ersten kleinen Schritt für die Gegner akzeptabel zu machen.

Am Anfang wollte Deutschland den UN-Generalsekretär dazu verpflichten, zu bestimmten Zeitpunkten förmlich über die Gefahren des Klimawandels für den Weltfrieden zu berichten. Das hätte dazu geführt, dass sich der Weltsicherheitsrat immer wieder mit der Frage konfrontiert gesehen hätte, was er konkret gegen diese Gefahr unternehmen will. Auf Dauer wäre ein schlichtes Ignorieren des Problems keine politisch akzeptable Antwort mehr gewesen. Generalsekretär Ban Ki-Moon hätte diese neue Aufgabe sehr gerne angenommen. »Der Einfluss von Klimawandel auf die Sicherheit des Weltfriedens wird für mich immer oberste Priorität haben«, hatte er mir einen Tag zuvor im Interview gesagt.

Am Tag der Entscheidung ist die regelmäßige Berichtspflicht schon längst vom Tisch. Es geht nur noch um eine Aufforderung an den Generalsekretär, gelegentlich in geeigneten Zusammenhängen auf die Bedeutung des Klimawandels für Sicherheitsfragen hinzuweisen. Schwächer geht es kaum. Und die Aufforderung soll in eine »Stellungnahme« des Präsidenten des Sicherheitsrates verpackt werden, die schwächere Form einer Willenskundgebung des Gremiums. Sie wird nicht zur förmlichen Abstimmung gestellt, sondern gilt quasi automatisch als vereinbart, wenn kein anderes Mitglied ausdrücklich Widerspruch einlegt. Im Grunde waren die ehrgeizigen Pläne in einer unteren Schublade der UN-Diplomatie gelandet, als ich als

Zaungast in den Besprechungsraum der deutschen UN-Vertretung komme.

Trotzdem richten sich verzweifelte Hoffnungen auf diese Initiative. Länder, die den Klimawandel als Bedrohung ihrer Existenz erleben, sind derart enttäuscht von der Gleichgültigkeit der anderen, dass selbst ein so kleiner, symbolischer Schritt der Weltgemeinschaft für sie Bedeutung hätte.

»Ich verzeihe Ihnen, wenn Sie noch nie von meinem Land gehört haben«, hatte Marcus Stephen, der Präsident der kleinen Inselnation Nauru zwei Tage zuvor in einem Meinungsbeitrag für die *New York Times*[1] geschrieben. »Schon heute werden die Küsten Naurus, der einzige bewohnbare Teil unserer Insel, Opfer der Erosion [weil das Wasser steigt]. Ganze Gemeinden in Papua-Neuguinea und auf den Salomon-Inseln mussten ihre Heimat wegen Rekordtiden aufgeben. Nationen auf flachen Eilanden wie Tuvalu, Kiribati und den Marshall-Inseln können noch in der Lebenszeit unserer Enkelkinder überflutet werden.« Präsident Stephen erklärte, dass Länder wie das seine nur die ersten Opfer einer Entwicklung sein würden, die den ganzen Erdball betrifft, und schloss mit dem schlichten Satz: »Ich verzeihe Ihnen also, wenn Sie noch nie von Nauru gehört haben – aber Sie werden es sich selbst nicht verzeihen können, wenn Sie unser Schicksal ignorieren.«

Marcus Stephen ist nach New York gekommen, um bei der Sitzung des Sicherheitsrates zu sprechen. Ihn erwartet eine mächtige Allianz von Gegnern. Sie verbindet eine große Abneigung gegen Einmischung von außen. China, Indien und Russland leiten den Anspruch, in Ruhe gelassen zu werden, von ihrer Größe her. Brasilien will verhindern, dass sein Aufstieg von »alten Mächten« gestoppt wird, ausgerechnet jetzt, da es erstmals die Chance hat, zu den Großen aufzurücken. Viele kleine und bündnisfreie Staaten sind prinzipiell gegen Maßnahmen des Sicherheitsrates, weil ihnen dieses Gremium unter Vorherrschaft der Siegermächte des Zweiten Weltkrieges – mit einigem Recht – undemokratisch und antiquiert erscheint.

In diesem Fall ist das kein diplomatisches Gerangel um des Gerangels willen. Wenn sich der Weltsicherheitsrat der Vereinten Nationen mit einem Thema beschäftigt, hebt er es heraus aus dem sonst im Völkerrecht geltenden Grundsatz der Nichteinmischung in die inneren Angelegenheiten anderer Staaten. Klimawandel ist ein ähnlich umfassendes Metathema unseres Zeitalters wie das der Menschenrechte. Im guten wie im schlechten Sinne droht da massive Einflussnahme – nach der historischen Erfahrung eher von den Großen zu Lasten der Kleineren als umgekehrt. Auch diese Überlegung steht hinter der weit verbreiteten Skepsis gegen die »Versicherheitlichung« des Themas – vor allem aufseiten von Staaten der Dritten Welt, solange sie den Klimawandel (noch) nicht als unmittelbare Bedrohung ihrer Existenzgrundlagen sehen.

Es sind diesmal aber wieder zwei »klassische« Vetomächte – Russland und China –, die gemeinsam die Speerspitze der Ablehnung bilden. Botschafter Wittig hat am Abend zuvor die letzte, schwächste Version des deutschen Vorschlags bis neun Uhr an diesem Morgen »unter Verschweigen« gestellt, was nach den mysteriösen Regeln des Rates bedeutet, dass Schweigen diesmal als Zustimmung gilt. Russland hat schon angekündigt, das »Verschweigen brechen« zu wollen. Dann wäre die Sache fast sicher am Ende. Dem Botschafter sind die Dinge nun aus der Hand genommen. Während es in New York Nacht war, liefen die Drähte heiß zwischen Berlin, Beijing und Moskau. Was für ein Aufwand für ein inzwischen fast zahnloses *presidential statement*! Außenminister Westerwelle hatte seinem russischen Kollegen Lawrow einige Tage zuvor in der auf Verständigung getrimmten Atmosphäre des »Petersburger Dialogs« in Hannover das Zugeständnis abgenommen, dass Russland einer »Verständigung aller anderen« nicht im Wege stehen werde, wenn es den Deutschen so sehr am Herzen liege. Damit lag der Ball anscheinend in Beijing. Ich bewundere die Ausdauer der Diplomaten in dieser fast aussichtslosen Lage. Ich wäre viel zu ungeduldig für diesen Beruf. Sie kämpfen weiter, als könnte dieser Text die Erde retten.

Während unseres etwas gehetzten Frühstücks, als meinem laienhaften Blick alles verloren erscheint, reicht ein Mitarbeiter seinem Chef einen kleinen gelben Zettel. Erstaunt schaut Peter Wittig auf die Notiz. In Beijing hat ein verantwortlicher Beamter dem dort bestens vernetzten deutschen Botschafter Michael Schaefer signalisiert, dass China mit der letzten Textversion leben könne. Hoffnung macht sich breit. Nun muss das nur noch belastbar sein. Und Russland muss zu seinem Wort stehen, dass es nicht alleine dagegen stimmt.

Bei diesem Stand der Dinge muss ich aufbrechen, um rechtzeitig zu meinem Team zu kommen. Wir haben die Erlaubnis, von der Empore im Saal des Sicherheitsrates aus zu drehen. Ich weiß jetzt, dass alles auf die Sekunden nach der Begrüßung durch den deutschen Botschafter, den derzeitigen Präsidenten des Rates, ankommt.

Peter Wittig signalisiert bei seiner Ankunft mit keiner Miene, wie es steht. Er spricht kraftvoll zur Bedeutung dieser Sitzung – wenn er das Tauziehen im Hintergrund gewonnen hätte, müsste jetzt sofort sein Statement als Präsident des Rates folgen. Aber es kommt nicht. Er erteilt ohne Umschweife dem UN-Generalsekretär das Wort. Russland hat also das »Verschweigen« doch noch gebrochen und die deutsche Erklärung blockiert. Was auch immer jetzt im Saal zu unseren Füßen geschieht, die so mühsam vorbereitete Sitzung ist auf dem besten Weg, als Hornberger Schießen zu enden. Tatsächlich wird aber weiterverhandelt. Noch gibt es offenbar den Rest einer Chance, zu einer Einigung zu kommen. Da beobachte ich fassungslos, wie direkt unter unserer Presseloge Mitglieder der russischen und der chinesischen Delegation die Köpfe zusammenstecken. Sie redigieren gemeinsam ein Papier und klopfen sich dabei, prustend vor Lachen, auf die Schenkel. Da werden offenbar die letzten Kanten geschliffen, die der Erklärung noch etwas Schärfe gelassen hätten.

Susan Rice, die US-Botschafterin bei den UN, bezeichnet das drohende Scheitern als eine »erbärmliche« Vorstellung für den Weltsicherheitsrat. Der Chef der UN-Umweltorganisation, der

Deutsche Achim Steiner[2], malt in eindringlichen Worten das globale Bild des Klimawandels. »Ich hoffe«, sagt er, »dass Historiker in 50 Jahren, wenn sie auf unsere Zeit heute zurückschauen, feststellen, dass die internationale Gemeinschaft die Erkenntnisse, die ihr zur Verfügung standen, genutzt hat. Und sich mit vereinten Kräften einer Entwicklung entgegenstellte, die in ihren Auswirkungen auf die menschliche Zivilisation ohne Beispiel ist.« Marcus Stephen, der eigens angereiste Präsident von Nauru, erklärt in einem Ton, der einem das Herz zerreißt: »Das Protokoll möge festhalten, dass wir die Alarmglocken geläutet haben und die Welt sich ein weiteres Mal entschloss, nicht zu handeln.«

Eindrucksvolle Worte, aber sie werden in den Archiven verstauben. Am Ende würde nur ein *presidential statement* ein Minimum an bleibender Wirkung hinterlassen, weil zukünftige Forderungen oder Mandate sich darauf berufen könnten. Aber die Sitzung endet ohne greifbares Ergebnis.

Wir haben das Gebäude schon verlassen, als mich eine Textnachricht erreicht. Es gab sozusagen »nachbörslich« dann doch noch eine Einigung. Russland und China waren bereit, Deutschland auf einem sehr kleinen gemeinsamen Nenner zu treffen. Am Ende wünschte die US-Delegation an einer bestimmten Stelle des Textes noch einen Doppelpunkt. Noch einmal wurde heftig telefoniert, diesmal zwischen New York und vier Hauptstädten. Die Amerikaner bekamen ihre Pünktchen.

Nun hat die internationale Gemeinschaft die Gefahr ein Problem genannt und den Generalsekretär aufgefordert, »in geeigneten Zusammenhängen« zu berichten.[3] Das war's! Immer noch besser als ein völliges Scheitern der deutschen Initiative. Aber ein sehr bescheidenes Ergebnis für so eine Anstrengung. Dabei waren die Voraussetzungen so gut, wie sie nur sein konnten.

Gute Leute haben bis zum Schluss alles gegeben. Hinter der Initiative stand Deutschland, das in diesen Belangen hohe Glaubwürdigkeit besitzt – wegen seiner Umweltpolitik und weil es nicht die Erblast der ehemals großen Kolonialmächte mit sich herumschleppt. UN-Generalsekretär Ban Ki-Moon hat mich in unserem Gespräch davon überzeugt, dass ihn die Sorge um die Folgen des Klimawandels wirklich umtreibt. Der deutsche Botschafter bei den Vereinten Nationen hat die Möglichkeiten der kurzen deutschen Präsidentschaft im Weltsicherheitsrat ausgereizt. Die Sitzung war bestens vorbereitet und inszeniert. Der Deutsche Achim Steiner und Marcus Stephen aus Nauru standen beeindruckend für die sachliche und die emotionale Seite. Besser geht es nicht. Und dann geriet alles zu einer wirkungslosen Kulisse für die übliche Strippenzieherei. Das Bild von den feixenden Delegierten aus Russland und China, die den Reden überhaupt nicht zuhörten, werde ich nicht vergessen. Sie haben gut lachen. Die Siegermächte des Zweiten Weltkrieges kontrollieren mit ihrem Veto immer noch die Beschlussfassung des Sicherheitsrates. Sie bekommen in dieser Frage Unterstützung von Schwellenländern wie Brasilien und Indien. Winzige Player wie Tonga lassen sich instrumentalisieren und stabilisieren damit überkommene Machtstrukturen, die sie am Ende erbarmungslos überrollen werden. Wie fragte mich Lord Ma'afu beim Abschied von Tonga? »Do we have a choice?« So, wie ich sie an diesem Tag erlebt habe, macht die Weltorganisation nicht viel Hoffnung.

Aber die Diplomaten dort sind das geduldige Bohren dicker Bretter gewohnt. Der Weltsicherheitsrat ist ein störrisches Gebilde. Das Vetorecht der fünf Siegermächte des Zweiten Weltkrieges – längst überholt, aber von den *Big Five* mit Zähnen und Klauen verteidigt – macht dieses »Weltgericht« immer wieder impotent. Aber es ist nun einmal das einzige Forum, das Normen für die ganze Menschheit aufstellen kann. Es gibt kein anderes. An dem Tag, an dem ich das Schicksal der deutschen Initiative verfolgte, hatten die Überlegungen für den nächsten Schritt schon begonnen. Sie werden es wieder und wieder versuchen.

China – Maß der Dinge

Einfluss in der Welt

Die Suche nach den Schauplätzen der Machtkämpfe im Klimawandel hat mich für beinahe zwei Jahre zu einem Weltreisenden gemacht. Vom erdig-warmen Wasser des Amazonas zu den Gletschern auf Spitzbergen, von abgelegenen Inseln des Königreichs Tonga zu Zentren der Macht in Moskau, Washington, New York und Beijing, von den Gipfeln des Himalaya zu den Arktistruppen in Murmansk, von schwimmenden Atomkraftwerken in St. Petersburg zu den Bauern von Gambella. Es waren unfassbare Erfahrungen. Was ich dabei lernen durfte, lässt sich nicht in einem Satz schreiben, zu einer Erkenntnis verdichten. Nicht einmal ein Buch wird allem gerecht. Und doch gaben mir alle diese Erlebnisse eine Lehre mit, die banal klingt, die mir in ihrem ganzen Gewicht aber erst bei unseren Erkundungen rund um den Spielball Erde bewusst wurde: Bedenke China!

Das Vorurteil, dass China den Klimawandel leugne, hat den Blick auf die Tatsachen lange verstellt. Nach meiner Überzeugung richtet sich kein anderer Staat so konsequent auf die Folgen des Klimawandels ein wie China. Dies geschieht synchron mit der Verwandlung dieses Reichs zu einem *Global Player* des 21. Jahrhunderts. Wir haben das unter uns im Team nach Zehntausenden von Flugkilometern irgendwo mitten in Afrika einmal robust und politisch unkorrekt auf den Punkt gebracht: »Egal, wo auf dem Erdkreis du auf einen Busch klopfst – immer schaut China raus.« Da waren wir gerade nachts in Äthiopien in einen Konvoi von Lkws geraten, die auf ihren Ladeflächen chinesische Straßenbauarbeiter zurück in ihre Quartiere brachten.

Chinas Engagement ist umfassend. Es reicht von der Polarforschung in Arktis und Antarktis über Ressourcensicherung auf allen Kontinenten bis zur Kontrolle von Handelswegen über die großen Ozeane und wohl schon bald über die Nordost- und die Nordwestpassage zu den Märkten Europas und der USA. Chinesische Firmen bauen Kanäle, Straßen, Häfen und Eisenbahnen fast überall in Afrika und ziehen die »Perlenkette« von Häfen rund um Indien immer dichter. Ein chinesischer Konzern hat die operative Kontrolle über den Panamakanal übernommen. Chinesische Interessenten tummeln sich überall dort, wo es Rohstoffe zu kaufen oder strategische Bastionen zu erbauen gilt – in der kanadischen Arktis ebenso wie auf Grönland und Island. Chinas Hunger ist offenbar unersättlich. Obwohl es auf dem Markt der für Hightech-Geräte und Green Technology unverzichtbaren Seltenen Erden schon aus heimischen Quellen praktisch ein Monopol hat, kaufen chinesische Unternehmen zusätzlich Vorkommen der kostbaren Metalle in Südamerika auf. Der im Bau befindliche größte Hafen Brasiliens, Porto do Açu bei Rio de Janeiro, bekam den Spitznamen »Highway nach China«, weil dort ab Fertigstellung im Jahr 2013 unter anderem Millionen Tonnen Getreide aus langjährigen Lieferverträgen nach China verschifft werden sollen. China nimmt auch bei Kauf und Pacht von Agrarland eine der führenden Positionen ein (siehe Grafik Nr. 44). Die Partei rechtfertigt ihr Vorgehen regelmäßig mit den steigenden Ansprüchen eines Milliardenvolkes, das mit gutem Recht eine Annäherung an den Wohlstand der Industriemächte anstrebt. China setzt sich durch, ohne allzu viel Staub aufzuwirbeln.

Es hat den Ausbau seiner Einflusssphären auf Instrumente gestützt, für die der Harvard-Historiker und -Politologe Joseph Nye den Begriff *Soft Power* geprägt hat:[4] Kredite, Handelsverträge, Infrastrukturprojekte und eine kulturelle Verständigung, die Chinas Rolle in der Geschichte als Opfer von Kolonialmächten betont.* In der kanadischen Arktis, in Grönland und an der Küste Ostafrikas wurden sogar »genetische« Verbindungen zur einheimischen Bevölkerung bemüht, um eine »Seelenverwandtschaft« zu behaupten.

* Dabei war China im 18. Jahrhundert in Konkurrenz zu Russland und Großbritannien selbst ein erfolgreiches imperialistisches Land, das Kolonien erobert hat, über die es heute noch herrscht (vgl. z. B. Jürgen Osterhammel: *Kolonialismus. Geschichte – Formen – Folgen*, München 2009).

Wenn China angegriffen oder kritisiert wird, spielen seine Vertreter auf internationalen Foren sehr schnell den Gekränkten, zeigen selbst aber keinerlei Zurückhaltung beim Austeilen. Ich habe auf der Münchener Sicherheitskonferenz 2009 erlebt, wie selbst hartgesottenen Veteranen scharfer Debatten beim Auftritt des chinesischen Außenministers Yang Jiechi die Luft wegblieb – so machtbewusst verbat der sich jede Einschränkung der Handlungsfreiheit Chinas.

Das alles wird gestützt durch strategischen Einsatz der bewährten Allzweckwaffe Geld. Die passt bestens in das politische Arsenal des 21. Jahrhunderts – und China hat bedeutende Reserven.

Anders als die USA, die ihre Weltmachtstellung im Kalten Krieg gezielt gegen die kommunistische Herausforderung aufbauten und ihre Präsenz deshalb von Anfang an überall mit *force projection* untermauerten – auf allen Kontinenten, in der Luft und im Weltall –, kommt China meist friedlich daher. Es gibt keine Versuche Chinas, militärisch fern seiner Grenzen Einfluss zu nehmen – etwa im Stil US-amerikanischer Forderungen nach *regime change* in Ländern wie Libyen oder Iran. Im Gegenteil – China gehört regelmäßig zu den letzten Verbündeten von »Parias« wie Mugabe in Simbabwe, Bashir in Sudan, Assad in Syrien usw.

Im Westpazifik zeigt China dann aber militärisch Muskeln. Hier manifestieren sich die schnell wachsenden Rüstungsausgaben. Auf dieses Einsatzgebiet zielt zunächst die Entwicklung neuer chinesischer Waffen. *Hard Power* gehört hier eindeutig zu Beijings politischen Werkzeugen. Das zeigt Wirkung, nicht nur in kleinen Inselstaaten. Vietnam, das in seiner Geschichte immer wieder von China unterworfen wurde, fühlt sich bedroht. Die ASEAN-Staaten Malaysia und die Philippinen suchen neue Nähe zu den USA, damit die im Streit mit China um die Spratly-Inseln an ihre Seite kommen. Immer geht es um die Sicherung von Ressourcen, auch nach innen beim eisenharten Vorgehen gegen Streben nach Unabhängigkeit in Tibet und bei den muslimischen Uiguren von Xinjiang. Da entsteht ein Kraftfeld chinesischer Machtpolitik, dem manche sich auch nicht mehr widersetzen wollen.

In Australien ist eine Debatte darüber entbrannt, wie sich der fünfte Kontinent im beginnenden Duell der pazifischen Großmächte USA und China positionieren soll. So eine Diskussion wäre vor zehn, 15 Jahren nicht möglich gewesen. Da stand die ehemalige britische Kolonie – Königin Elisabeth II. ist immer noch Staatsoberhaupt – stets treu zu den Vereinigten Staaten. Die von Präsident Obama 2011 initiierte Gründung eines »binationalen Trainingscamps« mit US-Truppen in der nördlichen Küstenstadt Darwin war möglicherweise ein letztes Symbol solcher Nähe. Der ehemalige australische Premierminister Paul Keating[5] und Hugh White, Professor für Strategische Studien an der *Australian National University*[6], plädieren für eine eigenständige australische Politik, die auf einen Ausgleich der chinesischen und US-amerikanischen Interessen im Pazifik abzielt. De facto würde das auf eine Reduzierung des amerikanischen und ein Anwachsen des chinesischen Einflusses hinauslaufen. Auch der Doyen der Geostrategen in Washington, Jimmy Carters ehemaliger Sicherheitsberater Zbigniew Brzezinski, argumentiert in diese Richtung – alles zu tun, um einen militärischen Konflikt der beiden Mächte um die Vorherrschaft im Pazifik zu vermeiden[7], der fast zwangsläufig auf einen Atomkrieg hinauslaufen würde. Die jüngsten Probleme Australiens mit Umweltkrisen wie die Überflutungen, als 2010 eine siebenjährige Dürre »brach«, helfen da nicht gerade, das Selbstbewusstsein des fünften Kontinents zu stärken.

Strategien

Uns interessiert der Einfluss der Klimaveränderungen auf diese Entwicklungen. Die Veränderungen sind so wichtig und so groß, dass eine aufsteigende Macht, die ihre Interessen weltweit sichern will, sie umfassend in ihr strategisches Konzept aufneh-

AGENDA FÜR BEIJING (FIKTIV)

Wissenschaft

- Aufbau einer eigenen wissenschaftlichen Kapazität, die nicht mehr von westlichen Daten und Analysen abhängig ist
- Eine eigene Präsenz in der Antarktis, im Arktischen Ozean und auf Spitzbergen

Industrie

- Sicherung der Energieversorgung, insbesondere Wasserkraft, durch technische Maßnahmen zur Nutzung der Flüsse aus dem tibetischen Hochland, notfalls Durchsetzung der entsprechenden Interessen auch gegen Nachbarstaaten (Indien, Bhutan, Vietnam etc.)
- Massive staatliche Unterstützung für grüne Technologie, insbesondere bei der Energieerzeugung und Sicherung der dafür notwendigen Ressourcen – weltweit
- Kein Verzicht auf weiter wachsende Nutzung fossiler Brennstoffe, solange der Energiebedarf des Landes (in Haushalten und Industrie) weiter steigt und keine Ersatztechnologie zur Verfügung steht
- Steuerung der Ansiedlung von wichtigen Industrien – weg von gefährdeten Küstengebieten
- Landesweiter Ausbau der Stromnetze
- Allmähliche (nicht überstürzte) Erneuerung/Modernisierung klimaschädlicher Industrie
- International weiter konsequentes Beharren darauf, dass China als »verspätetes« Industrieland kaum Verantwortung für die bereits entstandenen Klimaschäden trägt und deshalb Geduld und Unterstützung erwarten kann (Finanzen, Technologietransfer)
- Soweit ohne Gefährdung des Wachstums möglich: Umstieg von fossilen auf erneuerbare Energieträger und Kernenergie
- Keine Zustimmung zu verbindlichen internationalen sogenannten »Klimazielen«
- Unbedingte Wahrung des Anspruchs, Chinas Schicksalsfragen unbeeinflusst von ausländischen Mächten zu entscheiden

Ernährung und Landwirtschaft

- Kampf gegen die Ausbreitung der Wüsten, Sicherung der Wasserversorgung, wenn nötig, auf Kosten der Nachbarn (Indien, Bangladesch, Bhutan, Vietnam, Kasachstan)
- Aufrechterhaltung eines gewissen Drucks an unsicheren, für die Zukunft der Wasserverteilung entscheidenden Grenzen (»Politik der Nadelstiche«)
- Entwicklung und Verbreitung von dürreresistenten Getreidesorten (Bio-Engineering)
- Entschlossene Realisierung großer Projekte (Geo-Engineering) zur Korrektur der Verteilung von Wasser innerhalb Chinas (Maos Idee vom Süd-Nord-Transfer)
- Sicherung von Landflächen außerhalb Chinas zum Anbau von Nahrungsgetreide und Pflanzen für Biogas und Bio-Ethanol

Geostrategie

- Eingrenzung der Macht sogenannter Weltorganisationen (UN, WTO, UNEP etc.)
- Gleichzeitige Ausdehnung des chinesischen Einflusses auf Organisationen, die nach dem Prinzip *one country, one vote* ohne Rücksicht auf die Größe der Mitgliedsländer entscheiden
- Ausbau eines Netzes freundschaftlicher Beziehungen im Westpazifik, Zurückdrängung des amerikanischen Einflusses
- Großzügige Unterstützung der kleinen pazifischen Inselnationen, insbesondere bei der Bewältigung von aktuellen Problemen, bedingt etwa durch Klimawandel (steigende Meeresspiegel, Bodenversalzung, vermehrte Stürme); Ausbau der persönlichen Beziehungen; strategische Migrationspolitik
- Sicherung der Bodenschätze im westlichen Pazifik, Sicherstellung von Einfluss durch Hilfsprogramme, ungebundene Kredite und starke diplomatische Präsenz
- Truppen- und Flottenkontakte im Hinblick auf mögliche spätere Stationierungsabkommen sowie Austausch von militärischem Personal

men muss. Da ist ein Gedankenspiel aufschlussreich, in dem man sich fragt, welche Elemente ein solches strategisches Gesamtkonzept aus der Sicht der Kommunistischen Partei Chinas enthalten müsste. Eine Liste dieser Punkte (siehe Kasten Seite 278/279) ergibt eine Skizze unserer Reiseerfahrungen. Es ist eine Quintessenz unserer Recherchen, dass die meisten der (fiktiven) strategischen Ratschläge durch China längst umgesetzt werden. Ich kenne kein anderes Land, das die laufenden Klimaveränderungen so konsequent in seine inneren und äußeren strategischen Entscheidungen einkalkuliert wie China.

Der britische Autor Jonathan Watts hat seinem brillanten Buch *When a Billion Chinese Jump* den Untertitel gegeben: »Wie China die Menschheit retten wird – oder sie zerstören«. Das gilt nach außen wie nach innen. Es fehlt der chinesischen Führung offenbar nicht an Bewusstsein für die Herausforderungen. Will die Menschheit sie in Frieden bestehen, wird das nicht gehen ohne die Bereitschaft Chinas, dazu einen außerordentlichen Beitrag zu leisten. Das wäre möglich. China hat inzwischen das Know-how für Technologieentwicklung und für industrielle Fertigung in riesigen Größenordnungen. Es kommt nur darauf an, wie und wofür es eingesetzt wird.

Wenn China auf sein »Recht« pocht, seinen Aufstieg ebenso rücksichtslos auf Kosten der Umwelt durchzuziehen, wie es die alten Industriemächte lange getan haben, ist die Sache verloren. Die Welt ist darauf angewiesen, dass die verspätete Industriemacht weiser handelt als ihre Vorgänger in Europa und Amerika. China ist nicht alles, aber ohne China ist alles nichts.

Ein neues Bewusstsein?

Chang Lie, der junge Produktionsleiter, den ich in seiner Windgeneratorenfabrik in Baotou traf, ist mit seinen Träumen von blauem Himmel und weißen Wolken nicht allein. China baut nicht nur weitere Dreckschleudern von Kraftwerken, es gibt hier auch Projekte für eine grüne Zukunft. Wie meist in dieser zentral gelenkten Wirtschaft sind es gewaltige Unternehmen, die neben Chancen auch das Potenzial spektakulärer Fehlschläge in sich tragen. Links und rechts des »Ruß-Highway« werden weitere »Windmühlen-Wälder« gepflanzt, obwohl schon jetzt ein Drittel der Turbinen im Winter abgeschaltet wird, weil ihr Strom nicht genügend Abnehmer findet. Zwar wäre es für die Atmosphäre viel besser, stattdessen einen Teil der Kohlekraftwerke abzustellen, aber das ist unmöglich, weil ihre Abwärme die Wohnungen in den Städten heizt. Nun werden in – pardon! – Windeseile Tausende von Kilometern an Hochspannungsleitungen gezogen, die den Strom aus dem »mongolischen Windgürtel« zu den Industriezentren des Ostens bringen.

150 Kilometer südlich von Baotou wurde eine Modellstadt für die Industriegesellschaft der Zukunft aus dem Boden gestampft: Ordos. Jonathan Watts beschreibt eine Stadt voller Grünanlagen rund um ein Kohlebergwerk, in dem jeden Monat eine Million Tonnen gefördert werden und dessen Stollen sauberer und heller sind als die der Londoner U-Bahn.[8] Hinter der umweltfreundlichen Fassade geht jedoch der alte Wachstumswahnsinn weiter. Das Geschäft von Ordos ist die Verflüssigung von Kohle – in einem Verfahren, bei dem für eine Tonne Diesel auch drei Tonnen CO_2 entstehen und 6,5 Tonnen Wasser verbraucht werden – mitten in der Wüste. Das Wasser kommt aus dem ausgelaugten Gelben Fluss, dem das gigantische Süd-Nord-Transferprojekt wieder Wasser zuführen soll. Hier ist ein Regime am Werk, das die Zeichen der Zeit zumindest ahnt, aber dem Götzen Wachstum weiter Opfer bringt. Die Führung fragt nicht nach den Folgen, denn ihre Legitimation kann nur aus wachsendem Wohlstand kommen. Eine offene Debatte über Ziele und Prioritäten – oder gar freie Wahlen – kann sie nicht riskieren. Ihr muss aufgefallen sein, wie es gerade Berichte über Verbrechen an der Umwelt, Unglücke und Katastrophen sind, die die Grenzen der staatlichen Kontrolle testen.

Der Wille der Partei ist nicht mehr unbezwingbar. 2006 sollten die historischen Bewässerungsanlagen von Dujiangyan – einem UNESCO-Weltkulturerbe – in einem neuen Stausee für den Süd-Nord-Transfer untergehen. Die Behörden wussten, dass sie dabei auf Widerstand stoßen würden, und begannen die Bauarbeiten heimlich. Aber ein Staudamm ist auf die Dauer nicht zu verbergen. Die Zensur konnte nicht verhindern, dass sich offizielle Denkmalschützer, freie Umweltaktivisten, Seismologen und Journalisten gegen das Projekt verbündeten. Am Ende mussten der Gouverneur und die sonst allmächtige Wasser-Lobby nachgeben.[9] Das gilt bis heute als ein Erfolg der Zivilgesellschaft gegen die Obrigkeit, der neue Maßstäbe setzte. Immer häufiger formt sich aus der Empörung von betroffenen Menschen eine Bewegung, die den lokalen Kadern über den Kopf wächst und die von der höheren Führungsebene nicht mehr ignoriert werden kann. In gewisser Weise gehört in diese Reihe auch die Aktion des berühmtesten zeitgenössischen chinesischen Künstlers Ai Weiwei nach dem Erdbeben in Sichuan 2008. Er widersetzte sich strikten Verboten und sammelte auf eigene Faust Beweise dafür, dass Tausende von Schülern nur deshalb ihr Leben verloren, weil die Schulgebäude von korrupten Unternehmern gesetzeswidrig so billig gebaut worden waren, dass sie zu Todesfallen wurden. Ai Weiweis spektakuläre Kunstwerke haben dieses skandalöse Verbrechen weltweit bekannt gemacht.

Chinas Regierung hat Information immer wie eine strategische Ressource behandelt – ein Gut, das staatlich gelenkt und zugeteilt wird. Der Staatsmacht ist es gelungen, die Freiheit des Internets mit einer Effektivität kleinzuhacken, die man im Westen nicht für möglich gehalten hatte. Chinas Regime erbringt den Beweis, dass auch im Zeitalter des Internets Gesinnungspolizei möglich ist. Sie arbeitet mit strikter Kontrolle des Zugangs zum Netz, Überwachung von Internet-Cafés, Blockade kritischer Inhalte und Steuerung von Suchmaschinen wie Google. Es funktioniert, aber es funktioniert nicht lückenlos. Und wenn

Millionen User nach Lücken suchen, dann werden einige welche finden, dann bekommt freie Information immer wieder eine Chance. Nach Thomas Friedman von der *New York Times*, dem Strategieexperten par excellence der US-Medien, ist die chinesische Gesellschaft in einen Hybridzustand hineingewachsen: »ein diktatorisches Regime mit 400 Millionen Bloggern, die gleichzeitig zensiert, gefürchtet und beachtet werden«.[10]

Friedman verweist auf einen Web-Artikel von Deng Yuwen. Der schreibt im August 2012: »Es ist das Wesen der Demokratie, dass sie die Macht der Regierung beschränkt – der wichtigste Grund, weshalb China so dringend Demokratie braucht. Die Überkonzentration von Macht ohne Kontrolle und Beschränkung bildet die Wurzel so vieler gesellschaftlicher Probleme.« Deng Yuwen ist kein verfolgter Dissident, sondern leitender Redakteur einer von der Kommunistischen Partei kontrollierten Zeitung. Es tut sich etwas im Staate China. Und es ist nicht faul. Durchaus möglich, dass Umweltveränderungen und politische Entwicklungen hier einmal eine positive Wechselwirkung entfalten.

Wir haben in Deutschland erlebt, wie sich das Bewusstsein für Umweltschutz und Nachhaltigkeit aus Bürgerbewegungen entwickelt hat. Nun zeigen sich auch in China Bruchlinien zwischen der Macht der Natur, dem Kontrollwahn der Regierung und dem Freiheitswillen der Menschen – da sind Chancen für eine Öffnung. Rot-China wird sich nicht so bald in Grün-China verwandeln, aber die Staatsführung hat begonnen, die Herausforderung anzunehmen. Beijing ist nach den Olympischen Spielen 2008 nicht völlig zurückgefallen in die Zeiten des großen, permanenten Smogs. Jonathan Watts berichtet, dass die berüchtigten Dreckslöcher von Henan und Anhui wieder bewohnbar werden. Dalian und Hangzhou wirken so sauber wie westliche Städte – was Umweltkatastrophen nicht ausschließt: Im August 2011 brach in einem Taifun der Deich um eine chemische Fabrik in Dalian. So etwas hat es immer wieder gegeben, aber diesmal gingen mehr als 10 000 Menschen auf die Straße und forderten wütend die Schließung der Fabrik. Die Staatsmacht reagierte zunächst nach altvertrautem Muster – die Namen der Stadt und der giftigen Chemikalie wurden in Chinas Version von *Twitter* blockiert –, aber es gelang den Behörden nicht mehr, die Nachricht vom Unglück und den Protesten zu unterdrücken. Die Fabrik wurde geschlossen.[11] Schließlich ist Dalian eine Hochburg des neuen Denkens, Sitz des staatlichen Instituts für chemische Physik. Dort wurde ein »Nationales Labor für Saubere Energie« eingerichtet und großzügig ausgestattet, wo eine so freie und kreative Arbeitsatmosphäre herrschen soll wie an europäischen und amerikanischen Hochschulen.[12] Es ist etwas in Bewegung gekommen, es gibt Lichtblicke.

Wenn Deutschland oder Europa China im Weltsicherheitsrat und auf internationalen Konferenzen also zu einer Politik drängen, die mehr als bisher die Folgen für Klima und Umwelt einkalkuliert, dann ist das keine Missachtung Chinas, sondern ein internationaler Beitrag zu einer Diskussion, die im Lande selbst ohnehin kraftvoll im Gange ist. Da mag angesichts chinesischer Empfindlichkeiten eine gewisse Zurückhaltung zweckmäßig sein – aber in Fragen, die das Schicksal des Planeten betreffen, darf das völkerrechtliche Prinzip der Nichteinmischung in innere Angelegenheiten anderer Staaten keinen grundsätzlichen Vorrang mehr haben. Das stammt aus einer Zeit, in der nicht die Aktionen einer einzigen Macht das Schicksal des Planeten bestimmen konnten. Bei diesen Herausforderungen gibt es keine rein inneren Angelegenheiten mehr, nicht bei einem Land von der Größe und globalen Wirkung Chinas. Das Gleiche gilt für Russland, USA, Europa, Indien. Aus denselben Gründen hat die Weltgemeinschaft ein legitimes Interesse daran, dass Afrika – obwohl es keine politische Einheit darstellt – das enorme Potenzial des Kontinents und seiner jungen, dynamischen Bevölkerung in einer Weise nutzt, die über die kurzsichtigen Profitinteressen der aktuellen Machteliten hinausgeht. Wenn das so ist, dürfen diktatorische und korrupte Regimes keine Unterstützung mehr finden. Freie, offene Gesellschaften könnten eher in der Lage sein, einander widerstrebende Interessen auszugleichen, obwohl oder bevor Klimawandel die Konflikte weiter anheizt.

Lichtblicke

Meine Erfahrungen bei der Arbeit an diesem Projekt haben mich an ein Gespräch denken lassen, das am 5. August 2002 zwischen dem damaligen US-Präsidenten George W. Bush und seinem Generalstabschef stattfand. Colin Powell versuchte da noch, die Dynamik zu stoppen, die in den Irakkrieg führte. Er konfrontierte seinen Präsidenten mit einer Handlungsmaxime, die er die »Porzellanladen-Regel« nannte: »Was Sie zerbrechen, gehört Ihnen.« Das bedeutet nicht nur, dass der Preis dafür zu bezahlen ist: »[Wenn die USA Irak erobern,] dann werden Sie der stolze Eigentümer eines Landes mit 25 Millionen Menschen, mit ihren Hoffnungen, Zielen und Problemen. Das alles gehört Ihnen.«[13] Dahinter stand die Frage, ob Bush darauf vorbereitet war, eine solche Verantwortung zu übernehmen. Nun, er war es nicht.

In diesem Sinn haben die Industrieländer ohne Rücksicht auf Verluste einen hundertjährigen Krieg gegen die Natur unseres Planeten geführt – wer das für zu überspitzt hält, der mag von Kollateralschäden des Ringens um unsere Zivilisation sprechen. Wir haben ein fragiles System gebrochen, nun gehört es uns. Im »Anthropozän«, in dem der Mensch den Planeten formt, übernimmt er die Verantwortung für den blauen Ball im Weltraum. Der rapide Klimawandel ist da besonders gefährlich, wo er Zündstoff in alte ungelöste Konflikte bringt wie diejenigen zwischen den Anrainern des Nils oder zwischen den Atomstaaten im Schatten des Himalaya. Es muss Schluss sein mit dem *Great Game*, in dem Großmächte versuchen, diese Spannungen für ihre eigenen Interessen anzuheizen – und zwar bevor die rasanten Umweltveränderungen die Krisen unbeherrschbar machen. Deutschland sollte sich da etwas zutrauen.

Wer als Deutscher die Welt bereist, lernt das Staunen darüber, wie viel Sympathie und Respekt einem fast überall entgegenschlägt. Da spielt bestimmt auch eine Rolle, dass Deutschland, die »verspätete Nation«, nur kurz und wenig effektiv eine imperialistische Kolonialpolitik verfolgen konnte. Dafür wirken heute diplomatische Vermittlungsangebote aus Deutschland vielerorts glaubwürdiger als beispielsweise solche aus Großbritannien oder Frankreich – oder von den USA, die sich zu oft als »Weltpolizei« aufführen. Das ist politisches Kapital, das eingesetzt werden kann, also eingesetzt werden muss. Sind wir dazu bereit? Geben wir den Spannungen zwischen Indien, Pakistan, China und Bangladesch oder zwischen den Rivalen am Nil die Aufmerksamkeit und die Priorität, die sie verdienen? Machen wir es uns nicht eher gemütlich in scheinbar sicherer Entfernung von den Krisenherden?

Wenn ein Mann wie ich, der sein Geld in den Medien verdient, da schlankweg ein Umdenken fordert, dann geziemt es sich, vor der eigenen Haustüre zu kehren. Es ist verdammt wichtig, dass wir in unserer täglichen Berichterstattung nicht den Gewichtsunterschied aus den Augen verlieren zwischen brandgefährlichen Weltkonflikten und Parteienstreit in der Größenordnung von Betreuungsgeld und Praxisgebühr. Wir dürfen nicht nur fragen, was Zuschauer sehen wollen. Es muss auch darum gehen, was sie sehen sollten. Nach meiner Erfahrung ist das Publikum viel interessierter und aufnahmebereiter, als ihm manche Redaktion zutraut. Freilich stellt das Anforderungen an das handwerkliche Können der Reporter. Interesse für Skandalgeschichten aus nächster Umgebung ist leichter (und billiger) geweckt als für Konflikte um Trinkwasser an fernen Enden der Welt.

Wie stehen die Chancen?

»Wir werden [für das, was wir getan haben,] einen Preis bezahlen«, erklärte 2009 Anthony C. Zinni, ein ehemaliger General der »Ledernacken« und Oberkommandierender des *Central*

Command, das unter anderem für den gesamten Nahen Osten zuständig ist. »Entweder wir nehmen jetzt die wirtschaftlichen Kosten für eine Reduzierung der Treibhausgase in Kauf, oder wir zahlen den Preis später in militärischen Kategorien – und da wird es um Menschenleben gehen.«[14]

Das war 2009. Und es ist klar, dass die meisten Entwicklungen, von denen in diesem Buch die Rede ist, selbst dann nicht mehr ganz aufzuhalten wären, wenn wir noch in diesem Jahr die Treibhausgasemissionen auf Null reduzieren könnten (was ausgeschlossen ist). Wie ein »Hyper-Frachter« der Post-Panamax-Klasse ist die Erde zu groß und träge, um schnell auf Korrekturen zu reagieren. Für die nächsten ein oder zwei Generationen wird die laufende Entwicklung weitergehen – bestenfalls gebremst. Trotzdem bleibt Umsteuern ein moralisches Gebot, weil unsere Verantwortung über einen so engen Zeitrahmen hinausreicht. Doch die aufziehende Herausforderung wird uns das jedenfalls nicht ersparen.

An der Nahtstelle zwischen Klima- und Konfliktforschung hat sich die Überzeugung herausgebildet, dass Klimawandel wahrscheinlich nicht per se Ursache von Kriegen sein wird. Die Menschen, die verzweifelt versuchen, aus den Hungerzonen Afrikas über das Mittelmeer ins »gelobte Land« Europa zu gelangen, kommen unbewaffnet und wehrlos. Und die Albtraumvorstellung scheint noch weit hergeholt, dass der Sicherheitsberater des indischen Ministerpräsidenten seinen Chef eines Morgens vor die Frage stellt, ob er einen chinesischen Damm vor der »Großen Biegung« des Brahmaputra bombardieren lässt – oder für alle Zeiten akzeptiert, dass China seinen Nachbarn den lebenswichtigen Fluss abgräbt. Aber Klimawandel gibt existierenden Konflikten eine zusätzliche, gefährliche Dimension. So wurde etwa der Bürgerkrieg im Sudan um die Unabhängigkeit des Südens, der zum Elend von Darfur führte und Hunderttausende Menschenleben kostete, von einer jahrelangen Dürreperiode angefacht.

Die sogenannte Weltgemeinschaft hat an vielen Stellen Krisen zu lange schwelen lassen, große Mächte haben sogar noch ihr Süppchen darauf gekocht. Bis heute nutzen die USA, Russland und China die Spannungen zwischen Pakistan und Indien für ihre Schachzüge im neuen *Great Game*, dem »Großen Spiel« um die Vormacht in Zentralasien, aus. Nun steht das seit mehr als einem halben Jahrhundert aufgebaute Misstrauen einer Verständigung über die Verteilung des Wassers aus dem Himalaya im Weg.

Die Krisen in Ostafrika um die Verteilung des Nilwassers hatten weder bei der alten Kolonialmacht Großbritannien, die den unhaltbaren, aber immer noch gültigen »Vertrag« von 1929 verbrochen hatte, noch bei den Großmächten je außenpolitische Priorität. Und die Region ist in den letzten Jahren weder stabiler noch friedlicher geworden.

Peru kann das Auseinanderfallen seiner Gesellschaft in »Water-haves« und »Have-nots« nicht alleine meistern. James Woolsey, der mit allen Wassern gewaschene ehemalige Direktor der CIA, hat in Washington schon die Frage gestellt, was das für die USA bedeuten würde: »Stellen Sie sich vor, die Andengletscher sind verschwunden, und wir haben im Süden Millionen und Abermillionen hungrige und durstige Nachbarn.«[15] Eben! Das mag sich von den Verantwortlichen zurzeit kaum einer vorstellen. Weder in dieser Region noch in anderen. So können Dinge ihren Lauf nehmen, bis es zu spät ist. Ist es zu verwegen zu hoffen, dass diese Dinge einmal angepackt und gelöst werden, *bevor* das Kind in den Brunnen gefallen ist? Noch fehlt den »alten Mächten« das Gefühl, von solchen Entwicklungen selbst betroffen zu sein. In Bangladesch brachte der Umweltexperte Atiq Rahman die Idee ins Gespräch, dass bei weiter steigenden Meeresspiegeln jedes Industrieland verpflichtet sein sollte, ein Kontingent von Umweltflüchtlingen aufzunehmen, das seinem Anteil an Treibhausgasen entspricht.[16] Vermutlich erwartet Atiq Rahman nicht ernsthaft, dass aus diesem Vorschlag praktische Politik wird – aber ist eine solche Forderung ungerechtfertigt? Schließlich ist das Verursacherprinzip, wenn es um den Ausgleich von Schäden geht, international akzeptiert.

Die Gemeinschaft des Blauen Planeten taumelt auf eine Herausforderung zu, die mit jedem Tag wächst. Das ist nicht gottgegeben, sie ist unsere eigene Schöpfung, ein Produkt der Moderne. Aber wir handeln immer noch nach der archaischen Regel »Jeder für sich«. Der globale Run auf Bodenschätze und – schlicht – Boden ist dafür der beste Beleg. Die Staatenlenker glauben, dass die Wähler zu Hause in erster Linie fragen, was Politik sie kostet und was sie ihnen bringt – und dass sie unter dem Strich ein Plus erwarten. Entsprechend engstirnig wird auf irreführend »Welt«-Klimagipfel genannten Veranstaltungen und im »Welt«-Sicherheitsrat der Vereinten Nationen bis heute gedacht und gehandelt.

Europa macht in seiner Staatsschuldenkrise gerade die Erfahrung, dass Fehler der Vergangenheit schmerzhafte und kostspielige Kurswechsel nötig machen. Der Verzicht auf nationale Eigeninteressen kann der Preis sein, der dafür zu zahlen ist – meist alternativlos, weil ein Festhalten am Status quo noch viel teurer würde. Geschichte ist unerbittlich, die Gesetze des Marktes sind es auch. Im Vergleich mit den Folgen des Klimawandels ist die Lösung der Euro-Krise politisch eine leichtere Aufgabe, weil den meisten Bürgern der Ernst der Lage und die Dringlichkeit der Entscheidungen innerhalb von wenigen Monaten deutlich geworden sind. Die globalen Veränderungen, von denen hier die Rede ist, ziehen langsamer, heimlicher herauf. Es gibt keinen Countdown von wenigen Tagen oder Wochen bis zum Fälligwerden einer neuen Milliardentranche von Staatsfinanzierungen, kein *Up-* oder *Downgrade* durch Ratingfirmen, dessen Auswirkungen in einer einzigen Nacht an den Finanzmärkten der Welt Milliarden vernichten können.

Wer sich vornimmt, die Auswirkungen des Klimawandels auf die Sicherheitspolitik unter Kontrolle zu bekommen, damit der »Preis in Menschenleben«, von dem General Zinni sprach, so gering wie möglich ist, wird keinen solchen Zeitdruck im Rücken haben – oder erst dann, wenn es zu spät ist. Das macht es schwieriger. Unsere politischen Systeme und Medien sind offenbar völlig ausgelastet mit ihren Einsätzen als Krisen-Feuerwehr. Dabei erfordert die Lage nicht nur langfristiges Denken, sondern auch die Bereitschaft, über die Grenzen der eigenen, nationalen Erfahrungswelt hinaus zu schauen. Industrie und Kapital sind da weiter. Unternehmen wie Daimler, Volkswagen, BASF und Deutsche Bank holen sich ihre Ressourcen und ihr Personal längst von überall. Ihre Kultur, ihre Sprachen und immer mehr auch ihre Loyalitäten sind global. »Wir machen uns nichts vor: China wird bald die Nummer eins der Welt sein, auch technologisch«, sagte mir ein führender Mann aus einem dieser Unternehmen. »Bis dahin müssen wir in China als chinesisches Unternehmen gesehen werden. Dann spielen die alten Kategorien von Über- und Unterordnung keine Rolle mehr.« Die Politik schafft es noch nicht, so zu denken. Das macht bisher globale Lösungen für globale Probleme schwierig, oft unmöglich.

Spätestens jetzt muss ich mich der Frage stellen, ob wir diese Herausforderungen bestehen können – und wie. Leute, die im Fernsehen das Geschehen auf der Welt beschreiben, werden mit solchen Erwartungen konfrontiert. Aber wir sind, ich bin kein Weltenlenker. Für solche Aufgaben werden andere gewählt. Ich bin Journalist, Reporter. Mir wird die Aufgabe anvertraut, zu reisen, zu sehen und zu hören, Menschen und Ereignisse aus der Nähe zu erleben und dann davon zu berichten. Manchmal liegt schon darin der Anfang einer Lösung. Hier ist das nicht so. Die meisten dieser Probleme wirken aus der Nähe noch schwieriger als aus der Ferne. Das Handeln der Einzelnen – seien es Staaten oder Menschen – schien sinnvoll, wenn man es nur mit den Augen des Einzelnen sah. So wie der Rotarmist Guo Kai, der den Himalaya mit Atombomben zerteilen und den Brahmaputra tief in sein durstiges Land, nach China, lenken wollte. Das ist Wahnsinn, natürlich, aber eigentlich doch nur eine bizarre Übersteigerung des Denkens, das uns in diese Lage gebracht hat. Und das wir beenden müssen.

Noch vor wenigen Jahren hätte ich resigniert. Ich hätte geglaubt, dass wir die strategische Herausforderung des Klimawandels nicht bestehen können, dass sie zu groß, zu umfassend, zu heimtückisch langsam sei für das Denken und Handeln der Menschheit. Aber es hat sich etwas verändert. Das kann ich berichten.

Ich habe auf meinen Reisen an vielen Orten Menschen getroffen, die die Dinge in die Hand nehmen, Militärs, die nicht mehr nur als Krieger denken, einen UN-Generalsekretär, der ausgerechnet dieses undankbare Thema als seine »oberste Priorität« bezeichnete, obwohl neben uns, im Sitzungssaal des Weltsicherheitsrates, eine gewaltige Kraftanstrengung wieder nur einen Mini-Fortschritt brachte.

Vor allem aber gründet sich meine Hoffnung auf eine Generation, der das Denken über Grenzen hinaus in die Wiege gelegt wurde. Eine Generation, die rund um die Welt Anteil nahm am Schicksal der Demonstranten auf dem Tahrir-Platz in Kairo, junge Menschen, die im Internet Spendenaktionen starteten für Verwundete, die sie nicht kannten, die inspiriert wurden vom Erfolg der Revolution in einem Land, von dem sie geografisch, kulturell und religiös weit entfernt waren. Als im Januar 2011 die Großleinwände, auf denen der »Pharao« Mubarak sein Volk zur Ruhe mahnte, mit Schuhen beworfen wurden, entfaltete diese Geste der Verachtung und des Protests ihre Wirkung rund um die Welt ebenso schnell wie in Kairo selbst. Die Börsenwerte von *Google*, *Facebook* und *YouTube* mögen steigen oder fallen – als Werkzeuge von Internationalisierung und Demokratisierung sind sie nicht mehr zu stoppen, bis noch wirksamere Medien folgen. Wenn am Zaun um Bangladesch, diesem monströsen Bauwerk, sich die Szenen abspielen sollten, die Luftmarschall AK Singh befürchtet, dann wird die Welt Zeuge sein. Und wer wird dann – in welcher geografischen Entfernung auch immer – noch fragen, ob ihn das betrifft? Vielleicht gerade noch rechtzeitig überwinden wir Menschen die Grenzen von Ländern, Zeitzonen, Sprachen und Kulturen – vielleicht bald auch Egoismen?

Das ist ein zweischneidiges Schwert, wie wir an blutigen Protesten in der islamischen Welt gegen ein idiotisch schlecht gemachtes Hetz-Video aus den USA gesehen haben. Noch vor zehn Jahren wäre dieses Machwerk kaum über einen kleinen Kreis von sektiererischen Gruppen hinausgedrungen.

Präsident Obama hat auf diese Herausforderung vor der Generalversammlung der Vereinten Nationen 2012 eine ernste, aber hoffnungsvolle Antwort gegeben: »Für jeden aufgebrachten Mob, den das Fernsehen zeigt, gibt es Milliarden von Menschen rund um den Globus, die andere Hoffnungen und Träume haben. Sie zeigen uns, dass die Menschheit einen gemeinsamen Herzschlag spürt.«

Der Generation, die in den nächsten 20 Jahren die Verantwortung und die Lasten der Vorgänger übernimmt, muss niemand erzählen, dass wir auf absehbare Zeit nur diesen einen Planeten haben. Während sie aufwuchs, sind Umwelt- und Klimaschutz in vielen Ländern Teil der Alltagskultur geworden. Das Bild von dem blau leuchtenden Ball im Weltraum, das die Astronauten von Apollo 8 so erschüttert hat, ist Teil ihres Bewusstseins.

Das ist, weiß Gott, noch keine Lösung. Aber vielleicht ist es uns mit Glück gerade noch rechtzeitig gelungen, das Bewusstsein und die Werkzeuge zu entwickeln, mit denen die nächste Generation dieser Herausforderung gerecht werden kann – weil sie sich als »eine Menschheit« begreift. Sie muss die Engstirnigkeit ihrer Vorgänger hinter sich lassen. Die Chancen dafür stehen so übel nicht.

Quellen

Vorausgeschickt:

[1] http://www.atmosphere.mpg.de/enid/68acece8e68fce8eec5ea3c31b6ec2fe,0/personal_Crutzen/antropocene_ey.html
http://www.anthropocene.info/en/anthropocene
[2] http://www.atmosphere.mpg.de/enid/68acece8e68fce8eec5ea3c31b6ec2fe,0/personal_Crutzen/antropocene_ey.html
[3] http://www.wholeearth.com/issue/1340/article/189/we.are.as.gods: »We are as gods and might as well get good at it.«
[4] http://settlement.arc.nasa.gov/CoEvolutionBook/SPACE.HTML
[5] Cleo Paskal: *Global Warring – How Environmental, Economic and Political Crises Will Redraw the World Map*, New York: Palgrave Macmillan 2010.

Kapitel 1

[1] »Monsoon gloom strikes South Asia«, in: *New Scientist*, 24. Mai 2006.
[2] http://www.wmo.int/pages/prog/wcp/wcdmp/documents/1085_en.pdf
[3] WMO (World Meteorological Organization) Statement 2011, S. 13/14.
[4] »Little Ice Age: Big Chill«, History Channel, 26. November 2005.
[5] Ebenda.
[6] Katharine Anderson: »The weather prophets: science and reputation in Victorian meteorology«, in: *History of Science* 37, 1999, S. 179–216.
[7] Ross Couper-Johnston: *El Niño; the weather phenomenon that changed the world*, London: Coronet Books, 2000.
[8] Anderson, »The weather prophets«.
[9] Mehr zur Geschichte des Met Office findet man unter www.metoffice.gov.uk/
[10] Siehe www.metoffice.gov.uk/climatechange/science/hadleycentre/
[11] Zwischenstaatlicher Ausschuss für Klimaänderungen (Intergovernmental Panel of Climate Change), www.ipcc.ch
[12] Stefan Schmitt: »Eiskalt geirrt«, in: *Die Zeit*, 28. Januar 2010, http://www.zeit.de/2010/05/U-IPCC

Chronik der Missverständnisse in http://www.zeit.de/2010/05/U-IPCC-Kasten und http://www.zeit.de/wissen/umwelt/2010-01/gletscherprognose-kritik/seite-1

13 Government of India, Ministry of Environment and Forests: »Melting of Himalayan Glaciers«, 8. August 2011, http://pib.nic.in/newsite/PrintRelease.aspx?relid=74091

14 »Billions face climate change risk«, BBC News, 6. April 2007.

15 Sun Tzu und Shang Yang: *The Art of War/The book of Lord Shang.* London, Wordsworth Editions, 1998, S. 63.

16 William Moy S. Russell: *Man, Nature and History: Controlling the Environment,* London: Aldus Books, 1967.

17 Jay Chapman: »England's wine renaissance«, in: *Geotimes,* August 2004.

18 Privater Briefwechsel mit Prof. W. M. S. Russell, Juni 2006.

19 Ebenda.

20 *National Security and the Threat of Climate Change*, CNA Corporation, 2007, http://securityandclimate.cna.org/

21 Ebenda.

22 Ebenda.

23 John Neander: *El Niño – its far-reaching environmental effects on Army tactical decision aids,* U.S. Army Topographic Engineering Center, Alexandria, Virginia, 1996.

24 »National Security and the Threat of Climate Change«, http://www.npr.org/documents/2007/apr/security_climate.pdf

25 Ebenda. Privater Briefwechsel Cleo Paskal.

26 Paul N. Edwards: »Entangled histories: Climate science and nuclear weapons research«, in: *Bulletin of the Atomic Scientists*, Juli/August 2012, Nr. 68, S. 28–40.

27 Center for Strategic and International Studies (CSIS): *The Age of Consequences*, Washington 2007, S. 23.

Kapitel 2

1 http://www.nyc.gov/html/oem/html/hazards/storms_hurricanehistory.shtml

2 http://news.yahoo.com/real-hurricane-irene-renamed-hurricane-hype-021402485.html

3 http://www.nytimes.com/2011/08/31/us/31floods.html?pagewanted=all

4 Center for Strategic and International Studies (CSIS): *The Age of Consequences*, Washington 2007, S. 72.

5 Interview mit Dr. Virginia Burkett, Mitarbeiterin des U.S. Geological Survey und Co-Autorin der IPCC-Küstenstudie, UNFCCC, Montreal, 2. Dezember 2005.

6 »Hurricane Katrina – Most destructive hurricane ever to strike the U.S.«, National Oceanic & Atmospheric Administration, U.S. Department of Commerce, 12. Februar 2007.

7 Ceci Connolly: »Thousands of Katrina 911 calls went astray«, in: *The Washington Post,* 8. November 2005.

8 »Katrina Killings«, *Anderson Cooper 360°,* CNN, 27. August 2006,

Abschrift verfügbar auf edition.cnn.com/TRANSCRIPTS/0608/27/acd.01.html

9 Adam Nossiter: »Teens recall drinking Katrina's fetid waters while stuck in prison«, in: *The New York Times*, 10. Mai 2006; »Katrina jail ›horror‹ condemned«, BBC News, 11. August 2006.

10 »Katrina Killings«, CNN, 27. August 2006.

11 Ebenda.

12 Ebenda.

13 Griff Witte: »Private security contractors head to Gulf«, in: *The Washington Post*, 8. September 2005; »Hurricane Katrina: Why is the Red Cross not in New Orleans?«, American Red Cross, 2. September 2005, http://www.nowpublic.com/hurricane_katrina_why_is_the_red_cross_not_in_new_orleans

14 Griff Witte: »Private security contractors«, in: *The Washington Post*, 8. September 2005.

15 »FEMA fraud paid for football, vacations, erotica«, Associated Press, 14. Juni 2006.

16 Monica Guzman: »Westbury High tension explodes into a brawl«, in: *Houston Chronicle*, 8. Dezember 2005.

17 Nick Miles: »Crime spike hits Katrina evacuees«, BBC News, 15. August 2006.

18 Arian Campo-Flores: »Katrina's Latest Damage«, in: *Newsweek*, 13. März 2006.

19 »Soldiers deployed in New Orleans«, BBC News, 20. Juni 2006.

20 Sharon Schmickle: »Mental health problems abound a year after Katrina«, in: *The Mercury News*, 19. August 2006.

21 Zu den von Katrina verursachten ökonomischen Kosten und Schäden siehe http://lwf.ncdc.noaa.gov/oa/climate/research/2005/katrina.html

22 Jonathan Weisman: »Projected Iraq war costs soar«, in: *The Washington Post*, 27. April 2006.

23 Joanne R. Potter, Michael J. Savonis, Virginia R. Burkett: *Impacts of Climate Change and Variability on Transportation Systems and Infrastructure: Gulf Coast Study*, Department of Transport, 12. März 2008, http://library.globalchange.gov/sap-4-7-impacts-of-climate-change-and-variability-on-transportation-systems-and-infrastructure-gulf-coast-study

24 MMS-Aktualisierungen (Minerals Management Service) zu den von den Hurrikanen »Katrina« und »Rita« verursachten Schäden finden sich unter www.mms.gov/ooc/press/2006/press0501.htm

25 http://lwf.ncdc.noaa.gov/special-reports/katrina.html

26 Ann Scott Tyson: »Many lessons in disaster drill«, in: *The Washington Post*, 14. Mai 2007.

27 Ebenda.

28 Liz Sidoti: »Guard stretched between Katrina wars«, Associated Press, 10. September 2005.

29 John Schwartz: »Vast Defenses Now Shielding New Orleans«, in: *The New York Times*, 14. Juni 2012.

30 485 000 vor »Katrina«, 343 839 laut Census danach, http://www.guardian.co.uk/world/2011/feb/04/new-orleans-population-census

[31] Mireya Navarro: »New York is Lagging as Seas and Risks Rise, Critics Warn«, in: *The New York Times*, 10. September 2012.

[32] Cullen Murphy und Todd S. Purdum: »Farewell to All That: An Oral History of the Bush White House«, in: *Vanity Fair,* Februar 2009.

[33] Alexander Schuller: *Sturmflut über Hamburg: Die Nacht, in der eine Stadt ertrank*, Hamburg: Hamburger Abendblatt Edition, 2012, S. 11.

[34] Alok Jha: »Boiled alive«, in: *The Guardian*, 26. Juli 2006.

[35] Stefan Rahmstorf und Dim Coumou (2011): »Increase of extreme events in a warming world«. Proceedings of the National Academy of Sciences, http://www.pik-potsdam.de/~stefan/Publications/Nature/rahmstorf_coumou_2011.pdf

[36] Juliet Eilperin: »More frequent heat waves linked to global warming«, in: *The Washington Post,* 4. August 2006.

[37] »Climate study shows Europe risks«, BBC News, 27. Oktober 2005.

[38] http://www.bzk-online.de/pdf/Meldepflicht%20-%20Infektionsschutzgesetz.pdf

[39] »Nuclear plant struck by jellyfish«, BBC News, 20. Juli 2006. David Miller: »Jellyfish force Torness nuclear reactor shutdown«, http://www.bbc.co.uk/news/uk-scotland-edinburgh-east-fife-13971005

[40] *Climate change and London's transportation systems.* Summary Report, Greater London Authority, London, September 2005.

[41] Ebenda.

[42] *The draft London climate change adaptation strategy.* Greater London Authority, Februar 2010.

[43] Laut einem anderen Gerücht wurde das gigantische Flutschutzwehr gebaut, weil die britische Regierung befürchtete, die Sowjets könnten eine gewaltige Unterwasserbombe in der Nordsee zünden und damit eine Flutwelle auslösen, die zahlreiche europäische Großstädte, darunter auch London, überfluten würde – eine der interessanteren Verschwörungstheorien.

[44] Anfang 2005 wurden Pläne bekannt, wonach die Thames Barrier ab 2030 durch ein neues Sperrwerk ersetzt werden soll. Dieses soll auf einer Länge von etwa 16 Kilometern zwischen Sheerness und Southend direkt in die Themsemündung gebaut werden. Ein Grund hierfür ist die Sorge, die Thames Barrier könnte zukünftigen schweren Sturmfluten nicht standhalten. Wichtiger jedoch ist, dass durch das neue Sperrwerk auch die östlichen Vororte Londons und die Medway Towns geschützt wären, was aktuell nicht der Fall ist.

[45] *The draft London climate change adaptation strategy.* Greater London Authority, Februar 2010.

[46] Foresight, Flood and Coastal Defense, http://www.bis.gov.uk/assets/foresight/docs/flood-and-coastal-defence/key_messages_for_environmentalists.pdf

[47] http://fas-amazonas.org/a-fas/

[48] http://www.sciencemag.org/content/331/6017/554.abstract

[49] http://news.nationalgeographic.com/news/2009/12/091217-amazon-flying-rivers-climate/

[50] http://www.mpg.de/603536/pressemitteilung201009151?print=yes

[51] http://www.economist.com/node/16886442

52 Definition des Begriffs: http://www.fao.org/docrep/005/Y4473E/y4473e06.htm
53 http://www.economist.com/node/16886442
54 http://www.nytimes.com/2012/01/25/world/americas/in-brazil-protection-of-amazon-rainforest-takes-a-step-back.html
55 http://www.bbc.co.uk/news/magazine-16295830
http://www.sciencemag.org/content/291/5503/438.summary?sid=7d1422ea-f8c2-4bf1-a9af-60074016232a
56 http://www.independent.co.uk/news/world/americas/the-desert-city-in-serious-danger-of-running-dry-2248943.html

Kapitel 3

1 SIPRI Military Expenditure Data 2011, Stockholm, 17. April 2012, http://www.sipri.org/media/pressreleases/press-release-translations-2012/milexbgeng.pdf
2 Wie die Erfahrung von Vietnam US-Politik bis heute prägt, analysieren eindrücklich Marvin und Deborah Kalb in: *Haunting Legacy*, Washington: Brookings University Press, 2011.
3 Dana Priest: »A Four-Star Foreign Policy?«, in: *The Washington Post*, 28. September 2000. Zustimmend eine Studie aus der Militärhochschule der US Army: Major Jeffrey A. Bradford: *Proconsuls and CINCs, Lessons for the Pax Americana*, Fort Leavenworth, Kansas, 2001.
4 1300 Milliarden bis Ende 2011 lt. Congressional Research Service, 7-5700, www.crs.gov RL33110 (2011).
5 Michael Hawthorne: »Coal Mines dominate list of Chicago's biggest polluters«, in: *Chicago Tribune*, 22. Januar 2012.
6 http://www.nytimes.com/2008/06/03/us/politics/03text-obama.html
7 Justin Gillis: »In Poll, Many Link Weather Extremes to Climate Change«, in: *The New York Times*, 17. April 2012.
8 Jeff Stein: »CIA's unit on climate change faces uncertain future«, in: *The Washington Post*, 2. November 2011, http://voices.washingtonpost.com/spy-talk/2011/01/cias_climate-change_unit_faces.html
9 CNAS (Center for a New American Security): *Uncharted Waters, The US Navy and Navigating Climate Change, Washington, Dezember 2008;* CSIS (Center for Strategic and International Studies): *The Age of Consequences*, Washington 2007; CNA (Center for Naval Analyses): *National Security and the Threat of Climate Change*, Arlington/VA 2006.
10 Anja Shortland: »Piraterie in Somalia«, Deutsches Institut für Wirtschaftsforschung, 21. Juli 2010, http://www.diw.de/documents/publikationen/73/diw_01.c.358539.de/10-29-1.pdf
11 »Climate Change, Migration, and Conflict. Addressing complex crisis scenarios in the 21st Century«. Michael Werz und Laura Conley, Januar 2012. Center for American Progress und Heinrich-Böll-Stiftung.
12 Council on Foreign Relations: »Disaster Relief in a Dangerous World«, http://www.cfr.org/united-states/disaster-relief-dangerous-world/p24463

Kapitel 4

1 »Meeresspiegel legt trotz Klimaschutz stark zu«, in: *Der Spiegel*, 24. Juni 2012, http://www.spiegel.de/wissenschaft/natur/neue-prognose-meeresspiegel-legt-trotz-klimaschutz-stark-zu-a-840679.html

2 »Rising seas force Islanders to move inland, says UN«, ABC News online, 6. Dezember 2005, http://www.abc.net.au/news/2005-12-06/rising-seas-force-islanders-to-move-inland-says-un/755366

3 Adam Morton: »First climate refugees start move to new island home«, in: *The Age*, 29. Juli 2009.

4 Alex Kirby: »Islands disappear under rising seas«, BBC News, 14. Juni 1999, http://news.bbc.co.uk/2/hi/science/nature/368892.stm

5 John Vidal: »Pacific Atlantis: First climate change refugees«, in: *The Guardian*, 25. November 2005. Alister Doyle: »Pacific Islanders move to escape global warming«, Reuters, 6. Dezember 2005. Eine ständig aktualisierte Liste untergegangener Inseln findet sich unter http://www.globalislands.net/news/newsdeskitem.php?newstype=Special&newsid=4660&mfxsr=8

6 M. L. Parry u.a.: *Climate Change 2007: Impacts, Adaptation and Vulnerability*, Cambridge 2007, www.ipcc.ch/publications_and_data/publications_ipcc_fourth_assessment_report_wg2_report_impacts_adaptation_and_vulnerability.htm
Zum Meeresspiegelanstieg S. 23 in pdf: http://www.ipcc.ch/pdf/assessment-report/ar4/syr/ar4_syr.pdf

7 »Because understanding of some important effects driving sea level rise is too limited, this report does not assess the likelihood, nor provide a best estimate or an upper bound for sea level rise. Model-based projections of global average sea level rise at the end of the 21st century (2090-2099) are shown in Table 3.1.« 38–59 wird genannt auf S. 23 in pdf: http://www.ipcc.ch/pdf/assessment-report/ar4/syr/ar4_syr.pdf

8 Daten publiziert 2007: »Global average sea level rose at an average rate of 1.8 [1.3 to 2.3] mm per year over 1961 to 2003 and at an average rate of about 3.1 [2.4 to 3.8] mm per year from 1993 to 2003. Whether this faster rate for 1993 to 2003 reflects decadal variation or an increase in the longer term trend is unclear«. Siehe S. 8 links unten in http://www.ipcc.ch/pdf/assessment-report/ar4/syr/ar4_syr.pdf

9 *Climate Change 2007. Synthesis Report.* An Assessment of the Intergovernmental Panel on Climate Change, http://www.ipcc.ch/pdf/assessment-report/ar4/syr/ar4_syr.pdf

10 http://bildungsserver.hamburg.de/meeresspiegelanstieg-nav/2129384/meeresspiegel-sterisch.html

11 http://www.klimafakten.de/klimawissenschaft/dossier-die-wetter-und-klimamaschine

12 Bob Holmes: »Ocean heat store makes climate change inevitable«, 17. März 2005, http://www.newscientist.com/article/dn7161

13 Parry u.a., *Climate Change 2007*, http://www.ipcc.ch/pdf/assessment-report/ar4/wg2/ar4-wg2-chapter2.pdf

14 http://nsidc.org/cryosphere/glaciers/quickfacts.html

[15] Zum Beispiel http://reliefweb.int/node/166712

[16] Interview mit Tom Roper, UNFCCC, Montreal, 5. Dezember 2005. Dabei sollte man nicht vergessen, dass die Tsunamiwellen, die über die Malediven hereinbrachen, gerade einmal drei Meter hoch waren. C. Gramling: »Still standing«, in: *Science News,* 25. März 2006.

[17] Status-Report Korallenriffe 2000: http://www.gcrmn.org/status2000.aspx und C. Wilkinson: »Foreword, Countries, States and Territories Acknowledgements, Co-sponsors and supporters of GCRMN, Introduction and Executive Summary«, S. 1–66. in C. Wilkinson (Hrsg.): *Status of coral reefs of the world: 2004.* Vol. 1. Australian Institute of Marine Science, Townsville, Queensland, 2004, siehe http://www.reefbase.org/global_database/default.aspx?section=s1

[18] Richard Black: »›Hope for coral‹ as oceans warm«, BBC News, 7. Juni 2006. Clive Wilkinson (Hrsg.): *Status of coral reefs of the world: 2004.* Vol. 1. Australian Institute of Marine Science, Townsville, Queensland, 2004.

[19] Paul Rincon: »Warming set to ›devastate‹ coral«, BBC News, 15. Mai 2006.

[20] Carolyn Fry: »Acid oceans spell doom for coral«, BBC News, 29. August 2004.

[21] Black, »›Hope for coral‹ as oceans warm«.

[22] Rincon, »Warming set to ›devastate‹ coral.« Black, »›Hope for coral‹ as oceans warm«. »Tiny polyps gorge themselves to survive coral bleaching«, Pressemeldung, Ohio State University, 26. April 2006. Roger Harrabin: »A people dependent on coral«, BBC News, 8. Juli 2006.

[23] Radio New Zealand, 19. Juli 2002 (BBC Monitoring).

[24] http://libcom.org/history/tongan-riots-2006

[25] Gemessen an der relativen Größe der Bruttoinlandsprodukte, http://data.worldbank.org/indicator/NY.GNP.MKTP.PP.CD/countries

[26] Der Stolz ist berechtigt mit einer Einschränkung: Von 1900 bis 1970 war Tonga britisches Protektorat. Die Kontrolle aus London beschränkte sich auf die Außenpolitik und wurde rücksichtsvoll ausgeübt. Am 12. Juni 1900 berichtete der *Taranaki Herald* (Neuseeland), dass der britische Gesandte darauf verzichtet hatte, über dem Königreich eine britische Flagge zu hissen und von tongaischen Soldaten »Salut« zu verlangen. http://paperspast.natlib.govt.nz/cgi-bin/paperspast?a=d&d=TH19000612.2.10

[27] *Wall Street Journal,* 27. April 2012: Prof. Stephen Levine, Victoria University, Wellington, New Zealand: »Countries like Tonga are legally sovereign, but in actual fact they are not sovereign if you mean completely in control of their own destiny. If you are in debt to another country and that debt is a significant proportion of your total revenue, not even just your tax revenue it's not really independence.«

[28] UNU-EHS, *World Risk Report 2011,* S. 26, http://www.ehs.unu.edu/article/read/worldriskreport-2011

[29] Tatsächlich hatten einige meiner Gesprächspartner in Tonga mancherlei Probleme mit dem Gesetz. 'Akau'ola musste von der Polizei aus einem Apartment in der Hauptstadt vertrieben werden, nachdem er über viele

Monate die Miete schuldig geblieben war. Lord Dalgety und Paul Karalus standen vor Gericht wegen Pflichtverletzung im Zusammenhang mit dem Fährunglück der »MV Princess Ashika« vom 5. August 2009, bei dem 74 Menschen ums Leben kamen. Bei Manuskriptabschluss war noch kein endgültiges Urteil gefallen.

[30] Er ist ein Jahr nach unserem Besuch – am 18. März 2012 – verstorben. Sein jüngerer Bruder wurde Nachfolger und regiert als Tupou VI.

[31] http://www.imf.org/external/pubs/ft/wp/2011/wp1118.pdf

[32] IMF Working Paper WP/11/18, http://www.imf.org/external/pubs/ft/wp/2011/wp1118.pdf

[33] Übersicht des Projekts »Sea around us« des Pew Charitable Trust, http://www.seaaroundus.org/eez/776.aspx

[34] http://news.xinhuanet.com/english/china/2012-05/09/c_131576610.htm

[35] Scott Snyder: »The South China Sea dispute: prospects for preventive diplomacy«, Sonderbericht Nr. 18, United States Institute of Peace, Washington D.C. 1996.

[36] Ebenda.

[37] Michael W. Studeman: »Dragon in the Shadows: Calculating China's advances in the South China Sea«, Magisterarbeit, Naval Postgraduate School, Monterey 1996, www.dtic.mil/cgi-bin/GetTRDoc?AD=ADA313771&Location=U2&doc =GetTRDoc.pdf

[38] Bill Gertz: »China sub stalked US fleet«, in: *The Washington Times,* 13. November 2006.

[39] Bill Gertz: »China has carrier-killer missile, U.S. admiral says«, in: *The Washington Times*, 27. Dezember 2010.

[40] *Fiji Times*, 22. Juni 2009: »Father figure of Pacific Studies passes away«, http://www.fijitimes.com/story.aspx?id=124053

[41] Interview mit Ron Crocombe.

[42] Daniel Dombey: »US struggling to hold role as global leader, Clinton says«, in: *Financial Times*, 2. März 2011.

[43] Hillary Clinton: »America's Pacific Century«, in: *Foreign Policy*, 11. Oktober 2011, http://www.foreignpolicy.com/articles/2011/10/11/americas_pacific_century

[44] Hannah Beech: »The U.S. Military Eyes the Asia-Pacific«, in: *Time Magazine,* 9. Januar 2012, http://world.time.com/2012/01/09/the-u-s-military-eyes-the-asia-pacific-chinas-response-so-far-a-shrug/

[45] Nayan Chanda: »US pivot towards Asia is untenable«, in: *The Times of India*, 9. Juni 2012, http://articles.timesofindia.indiatimes.com/2012-06-09/edit-page/32125414_1_asia-panetta-china-defence-secretary

[46] David S. Cloud: »Panetta explains Pentagon's ›pivot‹ toward Asia«, in: *Los Angeles Times*, 1. Juni 2012, http://latimesblogs.latimes.com/world_now/2012/06/panetta-explains-pentagon-pivot-toward-asia-.html

[47] »Vietnam's Cam Ranh base to welcome foreign navies«. Associated Press, 2. November 2010.

[48] Ted Galen Carpenter: »The Looming US Return to Cam Ranh Bay«, in: *The National Interest*, 18. Juni 2012.

[49] Christian Geinitz: »China sichert sich im Meer Öl und Einfluss«, in: *Frankfurter Allgemeine Zeitung*, 20. Mai 2012, http://www.faz.net/aktuell/wirtschaft/unternehmen/tiefseebohrung-china-sichert-sich-im-meer-oel-und-einfluss-11756062.html

[50] Peter Kien-hong Yu: »Bomb an Island«, in: *Want China Times*, 18. Juni 2011, http://www.wantchinatimes.com/news-subclass-cnt.aspx?id=20110618000008&cid=1703&MainCatID=17

[51] https://www.law.columbia.edu/null/download?&exclusive=filemgr.download&file_id=5844

[52] Randeep Ramesh: »Paradise almost lost: Maldives seek to buy a new homeland«, in: *The Guardian*, 10. November 2008.

Kapitel 5

[1] Alleine 2006 gingen 174 Kohlekraftwerke ans Netz: http://www.globaldefence.net/kulturen-im-konflikt/ostasiat-kulturen/11643-china-volksrepublik-teil-2.html

[2] Jonathan Watts: *When A Billion Chinese Jump: How China Will Save Mankind – Or Destroy It*«. London: Faber & Faber, 2010, S. 211.

[3] http://www.thecuttingedgenews.com/index.php?article=21777

[4] http://www.bbc.co.uk/blogs/newsnight/paulmason/2009/11/rare_earth_the_new_great_game.html
http://blogs.forbes.com/gadyepstein/2010/10/29/names-you-need-to-know-in-2011-baotou-rare-earths-capital-of-the-world/
http://english.peopledaily.com.cn/90001/90778/90861/7098484.html
http://english.peopledaily.com.cn/90001/90778/90861/7065548.html
http://www.nytimes.com/2010/12/30/business/global/30smuggle.html

[5] http://www.thecuttingedgenews.com/index.php?article=21777

[6] Jetzt klagen Europa und die USA darüber, dass die Preise anziehen, möglicherweise so sehr, dass sich die Wiedereröffnung von Minen auch in Deutschland (z.B. in Sachsen) lohnt: http://www.welt.de/wirtschaft/article106211685/Ein-Dorf-in-Sachsen-im-Rausch-der-Seltenen-Erden.html

Kapitel 6

[1] Vertragstext auf Deutsch: http://www.admin.ch/ch/d/sr/i1/0.142.115.981.de.pdf

[2] Allister Doyle: »Arctic coalmining is a dream job for some«, Reuters, 23. Mai 2007.

[3] »Russia expands presence on Spitsbergen«, *The Voice of Russia*, 17. Mai 2012, http://english.ruvr.ru/_print/75044902.html

[4] »He was the last prime minister to believe Britain was a great power and the first to confront a crisis which proved she was not.« http://news.bbc.co.uk/2/hi/middle_east/5199392.stm

[5] Alfred Schüler: »Der Panama-Konflikt hat erst begonnen«, in: *Der Spiegel*, 22. Januar 1964, http://www.spiegel.de/spiegel/print/d-46162815.html

[6] Siehe die Einträge »Panama«, »Panama Canal« und »Panama Canal Zone« in *The New Columbia Encyclopedia,* London 1975, S. 2055 f.

[7] »Terms of the Treaties«, Panama Canal Treaties, Jimmy Carter Library & Museum, http://jimmycarterlibrary.org/education/panama/terms.phtml

[8] Ebenda.

[9] Andrew Cockburn: »Because we could«, in: *The Nation,* 8. November 2004.

[10] »1989: US forces oust General Noriega«, BBC News, http:news.bbc.co.uk/onthisday/hi/dates/stories/december/20/newsid_4054000/4054951.stm sowie James T. Alexander: »American Foreign Policy in the Third World: New World Order, Rhetoric or Reality?«, ACDIS Occasional Paper, University of Illinois, April 1992.

[11] Hutchison Port Holdings, http://hph.com, 20. September 2012.

[12] Ebenda.

[13] Ronald H. Cole: *Operation JUST CAUSE: The planning and execution of joint operations in Panama, February 1988–January 1990,* Joint History Office, Office of the Chairman of the Joint Chiefs of Staff, Washington, D.C., 1995, S. 7.

[14] »Hutchison Port ruled out of Indian ports bidding for security concerns«, People's Daily Online, 30. August 2006, http://english.people.com.cn/200608/30/eng20060830_298178.html

[15] http://tribune.com.pk/story/429152/gwadar-goes-to-china/

[16] http://www.focus.de/wissen/natur/klimafolgen-schoene-blaue-arktis_aid_213049.html

[17] Franklin Griffiths: »Towards a Canadian Arctic strategy«. Foreign Policy for Canada's tomorrow No. 1. Canadian International Council, Mai 2009.

[18] Michael Byers, Suzanne Lalonde: »Who controls the Northwest Passage?« *Vanderbilt University Journal of Transnational Law*, Vol. 42, Nr. 4 (2009), S. 1133 ff., http://www.vanderbilt.edu/jotl/manage/wp-content/uploads/Lalonde-Byers-final-cr-v2.pdf

[19] Franklyn Griffiths: »Time to Ante Up in the Arctic Game«, in: *The Globe and Mail* (Toronto), 22. August 1985; Bill Schiller: »Our Borderline Move on Arctic Sovereignty«, in: *Toronto Star*, 12. September 1985.

[20] Agreement on Arctic Cooperation, U.S.-Canada, 11. Januar 1988, T.I.A.S. (Treaties and Other International Acts Series) No. 11565, 1852 U.N.T.S. (United Nations Treaty Services) 59.

[21] Byers/Lalonde, ebenda S.1160.

[22] Nancy Teeple: »A Brief History of Intrusions into the Canadian Arctic«, in: *Canadian Army Journal,* Vol. 12.3 (Winter 2010), S. 45–68, http://www.army.forces.gc.ca/caj/documents/vol_12/iss_3/CAJ_Vol12.3_09_e.pdf

[23] Kristofer Bergh: »The Arctic Policies of Canada and the United States«, SIPRI Insights on Peace and Security, Nr. 2012/1, Juli 2012, S. 15.

[24] Alan MacEachern: »J. E. Bernier's Claim to Fame«, in: *Scientia Canadensis: Canadian Journal of the History of Science, Technology and Medicine/Scientia*, Vol. 33, Nr. 2 (2010), S. 43–73, http://history.uwo.ca/faculty/maceachern/Erudit,%20MacEachern,%20JE%20Bernier%27s%20Claims%20to%20Fame.pdf

[25] Ebenda, S. 45.

[26] »The Northern Dimension of Canada's Foreign Policy«, in: Foreign Affairs and International Trade Canada, 13. Juni 2008, www.international.gc.ca/polar-polaire/ndfp-vnpe2.aspx

[27] Ron Annandale: »Clear sailing in the North?«, in: *Maclean's,* 3. Oktober 2005.

[28] Clifford Krauss, Steven Lee Myers, Andrew C. Revkin und Simon Romero: »Arctic riches coming out of the cold«, in: *International Herald Tribune*, 10. Oktober 2005, http://www.highbeam.com/doc/1P1-113984319.html

[29] David Curtis Wright: »The Panda Bear Readies so Meet the Polar Bear«. Canadian Defence & Foreign Affairs Institute, Calgary, 2011, http://www.cdfai.org/PDF/The%20Panda%20Bear%20Readies%20to%20Meet%20the%20Polar%20Bear.pdf

[30] Ebenda (pdf) S. 8 sowie Robert Sibley: »Arrival of China in Arctic puts Canada on Alert«, in: *The Ottawa Citizen*, 28. Oktober 2011, http://www.freedominion.com.pa/phpBB2/viewtopic.php?f=10&t=148351

[31] Kristofer Bergh: »The Arctic Policies of Canada and the United States«. SIPRI Insights on Peace and Security, Nr. 2012/1, Juli 2012, S. 10, http://www.scribd.com/doc/99895997/The-Arctic-policies-of-Canada-and-the-United-States-domestic-motives-and-international-context

[32] http://jamestownfoundation.blogspot.de/2011/08/new-look-faces-north-part-one.html

[33] Jacob W. Kirby: »Russia: The New Look Faces North«, Jamestown Foundation Blog, 11. August 2011. http://jamestownfoundation.blogspot.de/2011/08/new-look-faces-north-part-one.html

[34] World Nuclear News: »Russian Floating Reactor Construction Starts«, 17. April 2007, http://www.world-nuclear-news.org/newsarticle.aspx?id=13250

[35] Terry Macalister: »US and Russia stir up political tensions over Arctic«, in: *The Guardian*, 6. Juli 2011, http://www.guardian.co.uk/world/2011/jul/06/us-russia-political-tensions-arctic

[36] Rob Huebert: »The Newly Emerging Arctic Security Environment«, 2010, http://www.cdfai.org/PDF/The%20Newly%20Emerging%20Arctic%20Security%20Environment.pdf

[37] Konrad Putzier: »Friedlicher Abbau des arktischen Öls in Sicht«, Welt Online, 26. September 2011, http://www.welt.de/wissenschaft/article13625247

[38] Ray Weaver: »China holds the key to Greenland treasure chest«, in: *The Copenhagen Post*, 13. Juni 2012, http://cphpost.dk/business/china-holds-key-greenland-treasure-chest

[39] Elisabeth Rosenthal: »China muscles in on Arctic resource race«, in: *The New York Times*, 19. September 2012, S. 1.

[40] Dina O'Meara: »Nexen gets friendly with China«, in: *The Vancouver Sun*, 24. Juli 2012, http://www.vancouversun.com/business/Nexen+gets+friendly+with+China/6979470/story.html

[41] Siehe auch *The Globe and Mail* vom 24. Juli 2012 zum allgemeinen Kon-

text: http://www.theglobeandmail.com/commentary/columnists/ottawa-will-approve-nexen-deal-because-it-cant-afford-not-to/article4437108/ sowie Reuters vom 25. Juli 2012: http://mobile.reuters.com/article/idUSBRE86O05J20120725?irpc=932

42 Rhéal Séguin: »Native group forging China link«, in: *The Globe and Mail*, 14. November 2008, http://landkeepers.ca/news/article/native-group-forging-china-link/

43 http://www.canada.com/topics/news/world/story.html?id=edbd3c17-6f58-492e-95b4-3d20a8f8baa2

44 Ebenda.

45 »Aboriginal chiefs pitch business deals to China«, in: *Canwest News Service*, 4. November 2008.

46 Ebenda.

Kapitel 7

1 M. Taylor Fravel, Vipin Narang: »The Asian Arms Race That Wasn't«, 8. Mai 2012, http://www.foreignpolicy.com/articles/2012/05/08/the_asian_arms_race_that_wasnt?page=0,1

2 Auswärtiges Amt Berlin, Länderinfos Indien 2012, http://www.auswaertiges-amt.de/DE/Aussenpolitik/Laender/Laenderinfos/Indien/Wirtschaft_node.html

3 Reliance hatte allerdings nur fünf Jahre Freude an Trevira. 2009 ging die Firma in Konkurs, wurde im nächsten Jahr neu gegründet und 2011 von Unternehmen aus Thailand und Italien gekauft.

4 SIPRI-Waffentransfer-Datenbank, 19.März 2012: http://www.sipri.org/media/pressreleases/rise-in-international-arms-transfers-is-driven-by-asian-demand-says-sipri

5 http://www.mepc.org/articles-commentary/commentary/pakistan-and-war-terror?print

6 http://www.rediff.com/news/report/china-bdesh-inch-closer-with-arms-deal-india-cautious/20120430.htm

7 Chronik der Missverständnisse in http://www.zeit.de/2010/05/U-IPCC-Kasten und http://www.zeit.de/wissen/umwelt/2010-01/gletscherprognose-kritik/seite-1

8 http://www.nature.com/nature/journal/v482/n7386/pdf/nature10847.pdf

9 http://ilrs.gsfc.nasa.gov/satellite_missions/list_of_satellites/graa_general.html

10 http://www.csmonitor.com/Science/2012/0209/Study-Himalayan-glaciers-melting-more-slowly-than-thought-but-seas-are-still-rising
http://www.colorado.edu/news/releases/2012/02/08/cu-boulder-study-shows-global-glaciers-ice-caps-shedding-billions-tons-mass

11 Voller Text: http://www.nature.com/nclimate/journal/vaop/ncurrent/pdf/nclimate1580.pdf
Zusammenfassung: http://www.nature.com/news/tibetan-glaciers-shrinking-rapidly-1.11010

12 Director of National Intelligence: »Global Water Security«, Washington,

2. Februar 2012, https://www.documentcloud.org/documents/327371-report-warns-that-water-shortages-could-threaten.html

[13] *The Economist*: »Unquenchable thirst«, 19. November 2011, http://www.economist.com/node/21538687

[14] John Daly: »Pakistani Editorial Says Nuclear War with India ›Inevitable‹ as Water Dispute Continues«, oilprice.com, 9. Dezember 2011, http://oilprice.com/Geopolitics/International/Pakistani-Editorial-Says-Nuclear-War-With-India-Inevitable-As-Water-Dispute-Continues.html

[15] *The Economist*: »Unquenchable thirst«, 19. November 2011. http://www.economist.com/node/21538687

[16] Ebenda.

[17] Lydia Polgreen, Sabrina Tavernise: »Water Dispute Increases India-Pakistan- Tension«, in: *The New York Times*, 20. Juli 2010, http://www.nytimes.com/2010/07/21/world/asia/21kashmir.html?pagewanted=all

[18] US Senate Majority Staff Report: »Avoiding water wars: water scarcity and Central Asia's growing importance for stability in Afghanistan and Pakistan«, 22. Februar 2011.

[19] Ebenda, S. 15.

[20] *The Economist*: »Unquenchable thirst«.

[21] Ebenda.

[22] http://www.indianexpress.com/news/in-six-months-naxals-killed-82-security-men/973868/

[23] *India Today*: »Belligerent on the Border«, 21. Januar 2012, http://indiatoday.intoday.in/story/indo-china-talks-intelligence-bureau-report-exposes-intrusions-by-china/1/169823.html

[24] Ranjit Sinha: »All quiet on China front, no new threat: ITBP chief«, in: *India Today*, 23. Oktober 2011, http://articles.timesofindia.indiatimes.com/2011-10-23/india/30312830_1_india-china-border-sino-india-border-border-dispute

[25] Illustrativ: *The Economist Online*: »Fantasy frontiers; Indian, Pakistani and Chinese Border disputes«, http://www.economist.com/blogs/dailychart/2011/05/indian_pakistani_and_chinese_border_disputes

[26] Maria Argos: »Arsenic exposure from drinking water«, in: *The Lancet*, Vol. 376, Issue 9737, S. 252, 24. Juli 2010, http://www.thelancet.com/journals/lancet/article/PIIS0140-6736(10)60481-3/abstract

[27] *WHO. Water sanitation and health*. Genf: World Health Organization, 2004.

[28] Human Rights Watch: »Trigger Happy, Excessive Use of Force by Indian Troops at the Bangladesh Border«, Dezember 2010, http://www.hrw.org/en/reports/2010/12/09/trigger-happy-0

[29] Scott Carney u.a.: »Fortress India«, in: *Foreign Policy Magazine*, 12. August 2012, http://www.foreignpolicy.com/articles/2011/06/20/fortress_india

[30] Interview in *Alliance Magazine*, Vol. 17, Nr. 1, S. 32, 1. März 2012, http://www.alliancemagazine.org/node/3950

[31] Nadya Ivanova: »Off the Deep End – Beijing's Water Demand Outpaces Supply Despite Conservation, Recycling and Imports«, in: *Circle of Blue*, 2011.

[32] http://chinawaterrisk.org/press-room/24-february-2012-china-water-risk-on-week-in-china/

[33] Leslie Hook: »China warns on growing water shortages«, in: *Financial Times*, 16. Februar 2012, http://www.ft.com/intl/cms/s/131bb6dc-588f-11e1-9f28-00144feabdc0

[34] Aaron Jaffe and Keith Schneider: »A Dry and Anxious North Awaits China's Giant Unproven Water Transport Scheme«, in: *Circle of Blue*, 10. Januar 2012, http://www.circleofblue.org/waternews/2011/world/a-dry-and-anxious-north-awaits-china's-giant-unproven-water-transport-scheme/

[35] http://www.charitarian.org/climate-change-china/chinas-water-crisis-interview-with-ma-jun-environmentalist/

[36] http://news.xinhuanet.com/english2010/china/2011-02/27/c_13752670.htm

[37] Reisebeschreibung von Ian Baker, *Das Herz der Welt: Eine Reise zum letzten verborgenen Ort*, Starnberg 2006.

[38] Vgl. die umfassende, auch kulturelle Darstellung von Tashi Tsering (University of British Columbia) in seinem Blog »Tibetan Plateau«: http://tibetanplateau.blogspot.de/2010/05/damming-tibets-yarlung-tsangpo.html

[39] Jonathan Watts schildert diese Bewegung in seinem großartigen Buch *When a Billion Chinese Jump. How China Will Save Mankind – or Destroy It*, London: Faber & Faber, 2010, S. 71.

[40] Ebenda, S. 57.

[41] Ebenda, S. 74.

[42] Press Trust of India (PTI): »China claims Brahmaputra dam not affecting water flow to India«, 2. März 2012, http://www.dnaindia.com/india/report_china-claims-brahmaputra-dam-not-affecting-water-flow-to-india_1657631

[43] http://indiatoday.intoday.in/story/china-diverting-tibet-water-northwards/1/176206.html

[44] Richard Stone: »For China and Kazakhstan, No Meeting of the Minds on Water«, in: *Science*, 27. Juli 2012: Vol. 337, Nr. 6093, S. 405–407.

[45] *Der Spiegel*: »Tote und Verletzte bei Unruhen im Nordwesten Chinas«, 31. Juli 2011, http://www.spiegel.de/politik/ausland/uiguren-konflikt-tote-und-verletzte-bei-unruhen-im-nordwesten-chinas-a-777578.html

[46] http://untreaty.un.org/ilc/texts/instruments/english/conventions/8_3_1997.pdf

[47] Elizabeth C. Economy: »China's Global Quest for Resources and Implications for the United States«. Aussage vor der »Kommission für die Überprüfung der chinesischen Wirtschafts- und Sicherheitspolitik« des US-Repräsentantenhauses am 26. Januar 2012, http://www.cfr.org/china/chinas-global-quest-resources-implications-united-states/p27203

Kapitel 8

[1] Percy Bysshe Shelley's ausgewählte Dichtungen, 2. Theil, S. 143, Übersetzer: Adolf Strodtmann, Verlag des Bibliograph. Instituts, Hildburghausen 1866.

[2] Claire Russell, W.M.S. Russell: *Violence, Monkeys, and Man*, London 1968, S. 10f.

[3] *The Concise Oxford Dictionary,* Oxford 1964, S. 1079.

[4] Sehr gut dargestellt findet sich dieser Kreislauf zum Beispiel in Claire Russell/W. M. S. Russell: *Population cycles and crises*, London 1999.

[5] Russell/Russell, *Population cycles and crises,* S. 11–19. Die Bevölkerungszyklen der Region waren auch schon viel früher verstanden worden, wie 1377 publizierte Texte des großen arabischen Gelehrten Ibn Khaldun aus Tunis belegen.

[6] Eine detaillierte Darstellung findet sich zum Beispiel in Russell/Russell, *Population cycles and crises.*

[7] Andrew Lawlor: »Climate spurred later Indus decline«, in: *Science,* 18. Mai 2007.

[8] Gerd Henghuber von Munich RE, München, Juli 2012.

[9] Robert Henson: *The Rough Guide to Climate Change*, London 2006, S. 55 f.

[10] *National Action Plan on Climate Change,* Prime Minister's Council on Climate Change, Neu-Delhi 2008, S 17.

[11] https://www.cia.gov/library/publications/the-world-factbook/geos/in.html

[12] »CIA Factbook: India«, Central Intelligence Agency, *The World Factbook,* Aktualisierung vom 8. Juni 2012.

[13] World Bank: »India – Priorities for Agriculture and Rural Development«, 2011, http://go.worldbank.org/8EFXZBL3Y0

[14] Vikas Bajaj: »Crops in India Wilt in a Weak Monsoon Season«, in: *The New York Times*, 3. September 2012.

[15] »India to import wheat«, in: *The Economic Times* (Neu-Delhi), 3. Februar 2006.

[16] Brook Lamer: »The Big Melt«, in: *National Geographic Magazine*, April 2010.

[17] Prasad Kulkarni: »Only Panshet, Khadakwasla have water, situation could get critical by Sunday: Irrigation dept«, in: *The Times of India*, Pune, 5. Juli 2012.

[18] »India dam project grows higher – and hotter«, CNN.com, 19. Oktober 2000.

[19] Dinesh Kumar Mishra: »The unbearable lightness of big dams«, in: *Hard News,* Oktober 2006. Himanshu Upadhyaya: »Cry me a river«, in: *Hard News,* Oktober 2006. Himanshu Thakkar: »Damn it, this was designed!«, in: *Hard News,* Oktober 2006. Monika Nautiyal: »Desert into sea«, in: *Hard News,* Oktober 2006. Ashok Patel: »Modidom's watery grave«, in: *Hard News,* Oktober 2006.

[20] Mishra, »The unbearable lightness of big dams«.

[21] Ebenda, S. 32.

[22] Nicholas Stern: *Stern Review on The Economics of Climate Change*, London: HM Treasury, 2006.

[23] Bajaj, »Crops in India Wilt«, a. a. O.

[24] »Climate change a ›deadly threat‹«, BBC News, 15. Mai 2006.

[25] »WMO statement on the status of the global climate in 2008.«

[26] Mark Tran: »UN and NGOs appeal for Sahel aid as west Africa food crisis worsens«, in: *The Guardian,* 12. Juni 2012.

[27] Anita Lichtarowicz: »›Millions more starving‹ by 2015«, BBC News, 17. Februar 2006.
[28] http://www.iisd.ca/climate/sb22/enbots/20may.html
[29] Interview mit Joshua Wairoto, UNFCCC, Montreal, 8. Dezember 2005.
[30] »National security and the threat of climate change«, The CNA Corporation, 2007, http://securityandclimate.cna.org/
http://www.cna.org/sites/default/files/National%20Security%20and%20the%20Threat%20of%20Climate%20Change%20-%20Print.pdf
S. 23: »When you add in the effects of climate change, it adds to the existing confusion and desperation, and puts more pressure on the Nigerian government. It makes the possibility of conflict very real. If the delta is flooded, or if major storms damage their drilling capacity, you lose the primary source of income.«
[31] Martin Walker: »Indian Ocean Nexus«, in: *Wilson Quarterly,* Frühjahr 2008.
[32] Qun Zhongwei: »China-Africa Trade hits Historic High«, in: *China Daily*, 6. Juli 2012, http://www.trademarksa.org/news/china-africa-trade-hits-historic-high-report
[33] Doaa El-Bey: »Reshaping ties with the world«, Al-Ahram Weekly Online, http://weekly.ahram.org.eg/2012/1082/sc141.htm
[34] *OOSKA News*: »Ethiopian Comments Heighten Tensions With Egypt, Sudan«, 27. Februar 2012, http://www.ooskanews.com/international-water-weekly/ethiopian-comments-heighten-tensions-egypt-sudan_21419 sowie Dagmar Dehmer: »Ein Fluss, zehn Länder, viele Probleme«, Zeit Online, 29. Juli 2009, http://www.zeit.de/online/2009/31/nil-wasser-streit
[35] http://www.indexmundi.com/agriculture/?country=eg&commodity=wheat&graph=imports
[36] J. Starr: »Water wars«, in: *Foreign Policy* 82 (1991).
[37] Felix Horne: »Understanding Land Investment Deals in Afrika. Country Report: Ethiopia«, The Oakland Institute, Oakland, CA, 2011.

Kapitel 9

[1] Steven Gish: *Desmond Tutu, A Biography,* Greenwood, Connecticut (USA), 2004, S. 101. Desmond Tutu hat das – in Variationen – häufig gesagt. Der Gedanke war jedoch nicht seine Schöpfung, er existiert in verschiedenen Variationen.
[2] »Concluding observations of the Committee against Torture: Ethiopia«, Committee Against Torture, Forty-fifth session, 1st – 19th November 2010, http://www2.ohchr.org/english/bodies/cat/docs/CAT.C.ETH.CO.1.pdf (Zugriff 17. Januar 2011).
[3] Von Hammerstein u.a.: »Zu wenig zu spät«, in: *Der Spiegel*, 25. Juni 2012.
[4] So berichtet Magnus Taylor, Herausgeber des angesehenen Blog »African Arguments«, am 15. Mai 2012: http://africanarguments.org/2012/05/15/diary-the-meles-zenawi-show-the-world-economic-forum-on-africa-2012-%E2%80%93-by-magnus-taylor/

[5] http://www.forbes.com/profile/mohammed-al-amoudi/

[6] Thomas Kruchem: *Der große Landraub*, Frankfurt: Brandes & Apsel, 2012.

[7] Ebenda, S. 133.

[8] Stephanie McCrummen: »The ultimate crop rotation: Wealthy nations outsource crops to Ethiopia's farmland«, in: *The Washington Post*, 23. November 2009.

[9] http://www.hrw.org/search/apachesolr_search/ethiopia

[10] http://mobile.bloomberg.com/news/2012-05-30/saudi-star-offers-jobs-to-overcome-criticism-of-ethiopia-project

[11] »Understanding Land Investment Deals in Africa / Country Report: Ethiopia«, Oakland Institute, Oakland, CA, 2011, S. 1.

[12] http://www.pbs.org/newshour/rundown/2012/02/ethiopian-farmers.html

[13] So die offizielle Angabe von Saudi Star gegenüber Bloomberg: William Davison: »Saudi Star offers Jobs«, in: *Bloomberg News*, 30. Mai 2012, http://www.businessweek.com/news/2012-05-30/saudi-star-offers-jobs-to-overcome-criticism-of-ethiopia-project

[14] Paul Collier: »The Politics of Hunger«, in: *Foreign Affairs*, Vol. 87, Nr. 6 (2012), S. 67.

[15] Alan Bjerga, Tony Dreibus: »Record Food Prices Causing Africa Riots Stoking U.S.«, in: *Bloomberg News*, 18. Januar 2011, http://www.bloomberg.com/news/2011-01-18/record-food-prices-causing-africa-riots-stoke-u-s-farmers-export-gains.html

[16] A. Green: »Saudi agriculture minister enticed by African land«, in: *This is Africa*, 8. Juni 2012, http://www.thisisafricaonline.com/Policy/Saudi-agriculture-minister-enticed-by-African-land

[17] http://oryza.com/Asia-Pacific/Pakistan-Market/9299.html
http://oryza.com/Middle-East/Saudi-Arabia-Market/9985.html
http://oryza.com/Rice-News/15093.html

[18] Winfried Bommert: *Bodenrausch*, Köln: Eichborn 2012, S. 67.

[19] HighQuest Partners, United States (2010): »Private Financial Sector Investment in Farmland and Agricultural Infrastructure«, in: *OECD Food, Agriculture and Fisheries Working Papers*, Nr. 33, OECD Publishing, S. 16, http://www.oecd-ilibrary.org/content/workingpaper/5km7nzpjlr8v-en

[20] Klaus Deininger, Berek Byerlee u.a.: »Rising Global Interest in Farmland: Can it Yield Sustainable and Equitable Benefits?« The World Bank, 2010, http://siteresources.worldbank.org/DEC/Resources/Rising-Global-Interest-in-Farmland.pdf

[21] Ed Cropley: »Daewoo finds African land is a risky business«, Reuters, 20. März 2009, http://www.reuters.com/article/2009/03/20/africa-land-idUSLJ18138720090320?sp=true
Vivienne Walt: »The Breadbasket of South Korea: Madagascar«, in: *Time*, 23. November 2008, http://www.time.com/time/world/article/0,8599,1861145,00.html
Song Jung-a, Christian Oliver: »Daewoo to cultivate Madagascar land for free«, ft.com, 19. November 2008, http://www.ft.com/intl/cms/s/0/6e894c6a-b65c-11dd-89dd-0000779fd18c.html#axzz22aO8a9Mz

[22] Lydia Polgreen: »Ousted Leader is Thwarted in a Return to Madagascar«, in: *The New York Times*, 21. Januar 2012, http://travel.nytimes.com/2012/01/22/world/africa/madagascars-ousted-president-is-rebuffed-in-bid-to-return.html?ref=marcravalomanana

Kapitel 10

[1] http://www.nytimes.com/2011/07/19/opinion/19stephen.html

[2] http://www.unep.org/Documents.multilingual/Default.asp?DocumentID=43&ArticleID=5252&l=en

[3] www.un.org/News/Press/docs/2011/sc10332.doc.htm

[4] Joseph S. Nye: *Soft Power, The Means To Success in World Politics,* New York 2004.

[5] http://www.theaustralian.com.au/news/opinion/a-case-for-chinese-legitimacy/story-e6frg6zo-1226447767278

[6] Hugh White: *The China Choice – Why America Should Share Power*, Black Inc.: Collingwood (Australien) 2012. Besprechung von Malcolm Turnbull im August 2012 mit überzeugenden Anmerkungen: http://www.themonthly.com.au/hugh-white-s-china-choice-power-shift-malcolm-turnbull-5847

[7] http://www.foreignpolicy.com/articles/2012/01/03/after_america

[8] Jonathan Watts: *When a Billion Chinese Jump. How China Will Save Mankind – or Destroy It*, London: Faber & Faber 2010, S. 369 ff.

[9] Ebenda, S. 74.

[10] Thomas L. Friedman: »The talk of China«, in: *International Herald Tribune*, 17. September 2012, S. 6.

[11] BBC News: »China protest closes toxic chemical plant in Dalian«, 14. August 2011, http://www:bbc.co.uk/news/world-asia-pacific-145-204389

[12] Jonathan Watts, a.a.O., S. 272.

[13] Bob Woodward: *Plan of Attack*, New York 2004, S. 149 ff.

[14] http://www.nytimes.com/2009/08/09/science/earth/09climate.html

[15] http://www.washingtonpost.com/wp-dyn/content/article/2011/01/16/AR2011011604900.html

[16] Karin Steinberger: »Wo Wasser Leben und Tod bringt«, in: *Süddeutsche Zeitung*, 7. Dezember 2010, S. 26.

Internet-Links aus Fußnoten

[I] http://www.goldmansachs.com/our-thinking/topics/brics/brics-reports-pdfs/build-better-brics.pdf

[II] http://www.bild-der-wissenschaft.de/bdw/bdwlive/heftarchiv/index2.php?object_id=32336196

[III] http://online.wsj.com/article/SB100014240527487040943045750287333358203068.html

[IV] http://www.praguepost.com/news/4272-compromised-minister-set-to-approve-coal-plant-expansion.html

V http://www.guardian.co.uk/global/2011/nov/08/antarctic-prospecting-treaty
VI http://news.xinhuanet.com/english/china/2012-06/05/c_131632790.htm)
VII http://www.botschaft-kaz.de/de/index.php?option=com_content&view=article&id=15&Itemid=19
VIII http://www.hrw.org/news/2012/01/16/ethiopia-forced-relocations-bring-hunger-hardship

Personenregister

(*kursiv* gesetzte Zahlen verweisen auf die Bildnummer)

Orts- und Sachregister

(*kursiv* gesetzte Zahlen verweisen auf die Bildnummer)

Bildnachweis

Agentur/Abbildungsnummer:

AFP Photo/Westcom: 15
Corbis/Xinhua Press/Ren Junchuan: 2
ddp images/AP/Anupam Nath: 56
ddp images/Faruque/Sipa: 55
Getty Images/ChinaFotoPress: 22
Jan Prillwitz: 3, 4, 5, 6, 8, 9, 10, 11, 12, 14, 17, 18 , 21, 24, 25, 27, 28, 30, 31, 32, 34, 35, 36, 38, 41, 42, 45, 46, 47, 48, 49, 50, 51, 52, 54
NASA: 1
Royal Geographical Society: 39, 40
ZDF: 7, 13, 29, 53

Die Zahlenangaben hinten den Bildgebern verweisen auf die Nummerierung der Abbildungen.

Spitzbergen
Resolute Bay
Grönland
Barrow
Beaufortsee
Baffin-Bucht
Europäisches Nordmeer
Nuuk
Anchorage
Hudson-Bucht
Churchill
Golf von Alaska
KANADA
London
Berlin
Boston
Atlantischer Ozean
New York
Washington D.C.
USA
Los Angeles
New Orleans
Kanarische Inseln
Golf von Mexiko
Honolulu
Hawaii
Karibisches Meer
Manaus
Pazifischer Ozean
Amazonas
Golf von Guinea
Lima
BRASILIEN
Rio de Janeiro
Atlantischer Ozean